博士生导师学术文库

A Library of Academics by
Ph.D.Supervisors

中国区域发展

——理论、战略与布局

肖金成 著

光明日报出版社

图书在版编目（CIP）数据

中国区域发展：理论、战略与布局 / 肖金成著．--
北京：光明日报出版社，2021.6
ISBN 978 - 7 - 5194 - 6005 - 1

Ⅰ.①中… Ⅱ.①肖… Ⅲ.①区域发展—中国—文集
Ⅳ.①F127-53

中国版本图书馆 CIP 数据核字（2021）第 077963 号

中国区域发展：理论、战略与布局
ZHONGGUO QUYU FAZHAN：LILUN、ZHANLUE YU BUJU

著　　者：肖金成

责任编辑：李　倩　　　　　　　责任校对：兰兆媛
封面设计：一站出版网　　　　　责任印制：曹　净

出版发行：光明日报出版社
地　　址：北京市西城区永安路 106 号，100050
电　　话：010-63169890（咨询），010-63131930（邮购）
传　　真：010 - 63131930
网　　址：http：//book.gmw.cn
E - mail：gmcbs@ gmw.cn
法律顾问：北京德恒律师事务所龚柳方律师
印　　刷：三河市华东印刷有限公司
装　　订：三河市华东印刷有限公司
本书如有破损、缺页、装订错误，请与本社联系调换，电话：010-63131930

开　　本：170mm×240mm
字　　数：341 千字　　　　　　印　　张：19
版　　次：2021 年 6 月第 1 版　　印　　次：2021 年 6 月第 1 次印刷
书　　号：ISBN 978 - 7 - 5194 - 6005 - 1
定　　价：98.00 元

目 录
CONTENTS

第三篇　布局篇

第一篇

01

| 理论篇 |

区域协调发展理论

区域协调发展历来是我国治国理政的要点和学术界关注的重点课题。从《资本论》到习近平新时代中国特色社会主义思想，马克思主义经典理论都有关于区域协调发展的阐述。中华人民共和国建立之初，第一代领导集体和众多学者就致力于促进沿海与内地的协调发展。改革开放以来，邓小平的"两个大局"理论以及进入新世纪相继实施的西部大开发战略、东北等老工业基地振兴战略、中部崛起战略和东部率先转型升级战略都是关于促进区域协调发展的战略举措。中国特色社会主义进入新时代，我国社会主要矛盾已经转化为人民日益增长的美好生活需要和不平衡不充分的发展之间的矛盾。因此，党的十九大报告明确把区域协调发展战略确立为国家七大战略之一。在新时代新矛盾新形势下，区域协调发展理论亟须深化。本文在梳理马克思主义经典理论的基础上，阐述了新时代区域协调发展的内涵，然后分析了我国区域协调发展的理论价值和现实意义，最后提出了新时代我国促进区域协调发展的战略思路。

一、马克思、恩格斯关于区域协调发展的经典论述

马克思在《资本论》中对分工的论述蕴含区域协调发展的思想。他从资本主义工场手工业看到了分工协作的好处。他认为，协作是指"许多人在同一生产过程中，或在不同的但互相联系的生产过程中，有计划地一起协同劳动"，协作不仅提高了个人的生产力，而且创造了一种新的生产力，这种新的生产力本身必然是集体力（马克思，2018）。马克思说的协作是由工场手工业工人间的分工带来的。他从工场手工业内部的分工协作想到了社会内部的分工协作，进而想到了地域间的分工协作，"产品交换是在不同的家庭、民族、共同体相互接触的地方产生的，以独立资格互相接触的不是个人，而是家庭、氏族等。不同的共同体在各自的自然环境中，找到不同的生产资料和不同的生活资料"，"把特殊生产部门固定在一个国家的特殊地区的地域分工，由于利用各种特点的工场手工业生产的出现，获得了新的推动力"（马克思，2018）。

　　马克思对劳动地域分工做过详细的解释。马克思说："一个民族的生产力发展的水平，最明显地表现在该民族分工的发展程度上"（中共中央马克思恩格斯列宁斯大林著作编译局，1995），"这既包括部门、企业间和企业内部的分工，也包括把一定生产部门固定在国家一定地区的地域分工"（马克思，2018）。然而，马克思认为劳动的地域分工并不是一蹴而就的，他认为"各种使用价值或商品体的总和，表现了同样多种的，按照属、种、科、亚种、变种分类的有用劳动的总和，即表现了社会分工。……在商品生产者的社会里，作为独立生产者的私事而各自独立进行的各种有用劳动的这种质的区别，发展成为一个多支的体系，发展成社会分工"（马克思，2018）。他认为社会分工是由交换产生的："不同的公社在各自的自然环境中，找到不同的生产资料和不同的生活资料。因此，它们的生产方式、生活方式和产品也就各不相同。这种自然的差别，在公社相接触时引起了产品的互相交换，从而使这些产品逐渐变成商品"（马克思，2018），因而"社会分工是由原来不同而又互不依赖的生产领域之间的交换产生的"（马克思，2018）。马克思将分工划分成社会的内部分工和工厂的内部分工两种，他认为劳动分工首先引发了工场手工业的产生，当社会的内部分工发展到一定程度，工场手工业的内部也产生了分工："为了使工场手工业内部的分工更完善，同一个生产部门，根据其原料的不同，根据同一种原料可能具有的不同形式，而分成不同的有时是崭新的工场手工业"（马克思，2018）。正是社会的内部分工和工厂的内部分工两种分工之间的协作促成了劳动地域分工，"一方面，协作可以扩大劳动的空间范围，因此，某些劳动过程由于劳动对象空间上的联系就需要协作……另一方面，协作可以与生产规模相比相对地在空间上缩小生产领域。在劳动的作用范围扩大的同时劳动空间范围的这种缩小，会节约非生产费用"。不同部门之间的协作导致生产资料越来越集中，最后导致某一个地区专门生产某种商品或从事某种行业，劳动地域分工便由此产生了。"把特殊生产部门固定在一个国家的特殊地区的地域分工，由于利用各种特点的工场手工业生产的出现，获得了新的推动力。在工场手工业时期，世界市场的扩大和殖民制度，为社会内部的分工提供了丰富的材料。"（马克思，2018）与此同时，机器的出现也促进了劳动地域分工的发展，"一方面，机器直接引起原料的增加……另一方面，机器产品的便宜和交通运输业的变革是夺取国外市场的武器。机器生产摧毁国外市场的手工业产品，迫使这些市场变成它的原料产地。……大工业国工人的不断'过剩'，大大促进了国外移民和外国的殖民地化，而这些外国变成宗主国的原料产地……一种与机器生产中心相适应的新的国际分工产生了，它使地球的一部分转变为主要从事农业的生产地区，以服务于另一部分主要从事工业的生产地区"（马克思，2018）。

分工的结果是造成城乡、工农的分离,马克思在总结分工的发展规律时曾指出:"某一民族内部的分工,首先引起工商业劳动和农业劳动的分离,从而也引起城乡的分离和城乡利益的对立"(中共中央马克思恩格斯列宁斯大林著作编译局,1972),"一切发达的、以商品交换为媒介的分工的基础,都是城乡的分离。可以说,社会的全部经济史,都概括为这种独立的运动"(中共中央马克思恩格斯列宁斯大林著作编译局,1972)。恩格斯在《反杜林论》中曾说过:"大工业在很大程度上使工业生产摆脱了地方的局限性……但是工厂城市把一切水变成臭气冲天的污水。因此,虽然向城市集中是资本主义生产的基本条件,但是每个工业资本家又总是力图离开资本主义生产所必然造成的大城市,而迁到农村地区去经营……资本主义大工业不断地从城市迁往农村,因而不断造成新的大城市。"(中共中央马克思恩格斯列宁斯大林著作编译局,1995)马克思、恩格斯认为,城乡分离是由于文明和国家制度的发展而产生的,"它贯穿着全部文明的历史并一直延续到现在"(中共中央马克思恩格斯列宁斯大林著作编译局,1960)。

马克思和恩格斯提出了要在共产主义阶段消灭城乡对立、实现城乡融合的理论。恩格斯指出:"通过消除旧的分工,进行生产教育、变换工种、共同享受大家创造出来的福利,以及城乡的融合,使社会主体成员的才能得到全面的发展。"(中共中央马克思恩格斯列宁斯大林著作编译局,1958)"城市和乡村的对立的消失不仅是可能的,它已经成为工业生产本身的直接需要,正如它已经成为农业生产和公共卫生事业的需要一样。只有通过城市和乡村的融合,现在的空气、水和土地的污染才能排除。只有通过这种融合,才能使现在城市中日益病弱的群众的粪便不致引起疾病,而是用来作为植物的肥料。"(中共中央马克思恩格斯列宁斯大林著作编译局,1971)他们认为可以通过生产力的平衡分布消灭城乡分离,这一思想主要集中在恩格斯的《反杜林论》中,他指出:"从大工业在全国的尽可能平衡的分布是消灭城乡分离的条件这方面来说,消灭城市和乡村的分离也不是什么空想。"(中共中央马克思恩格斯列宁斯大林著作编译局,1995)恩格斯由此提出了生产力平衡分布的思想,他指出可以充分利用各地区的资源优势,缩小各地区的发展差距,消灭城乡差别。马克思和恩格斯认为,无产阶级在夺得政权后,应当采取一系列措施改变生产力布局,如"把全部运输业集中在国家手里";"按照总的计划增加国家工厂和生产工具,开垦荒地和改良土壤";"把农业和工业结合起来,促使城乡对立逐步消灭"(中共中央马克思恩格斯列宁斯大林著作编译局,1995)。恩格斯在《论住宅问题》中指出:"只有使人口尽可能地平均分布于全国,只有使工业生产和农业生产发生密切的内部联系,并适应这一要求使交通工具也扩充起来"(中共中央马克思恩格斯列宁斯大林著作编译局,1995),才能真正实现城乡结合。恩格斯所说的"大工业在全国的尽可能平衡的分布"，并不是指绝对平均的分布生产力，而是应该从各地的实际情况出发，尽最大可能利用资源，合理发展生产力；同时恩格斯也指出，各地区之间的差别将会永久存在，不可能完全消灭，他在1875年写给马克思的一封信中提道："在国和国、省和省，甚至地方和地方之间总会有生活条件方面的某种不平等存在，这种不平等可以减少到最低限度，但是永远不可能完全消除。"（中共中央马克思恩格斯列宁斯大林著作编译局，1995）恩格斯认为各地区之间既要谋求统一，又要承认差异，在谋求共同发展的基础上，将地区间的差别减少到最低程度。

不仅如此，马克思和恩格斯还对生产力布局原则做出了详细的阐述。恩格斯在《反杜林论》中指出："只有按照一个统一的大的计划协调地配置自己的生产力的社会，才能使工业在全国分布得最适合于它自身的发展和其他生产要素的保持或发展。"（中共中央马克思恩格斯列宁斯大林著作编译局，1995）恩格斯的这一论断强调了生产力布局需要由一个"统一的大的计划"进行宏观调控，且不仅要保证自身的发展，还要与其他生产要素协调发展，最终实现共同、全面发展。在工业布局上，马克思认为生产地应当尽量接近原料产地，他曾在《资本论》中这样表述："如果由于原料价格的提高一方面引起了原料需求的减少，另一方面既引起了当地原料生产的扩大，又使人民从遥远的一向很少利用或根本不利用的生产地区去取得原料供给，而这两方面加在一起又使原料的供给超过需求，以致这种高价现在突然跌落下来。"（马克思，2018）恩格斯还分析了社会主义生产力平衡分布的可能性，他在《反杜林论》中提出："纺织工业所加工的原料大部分是进口的，西班牙的铁矿石在英国和德国加工；西班牙和南美的铜矿石在英国加工。每个煤矿区都把燃料远销本地区以外的逐年扩大的工业地区。在欧洲全部沿海地方，蒸汽机都是英国的，有的地方用德国和比利时的煤来发动。摆脱了资本主义生产的局限性的社会可在这方面更大大地向前迈进。"（中共中央马克思恩格斯列宁斯大林著作编译局，1995）

马克思恩格斯关于区域协调发展的思想里不仅强调公平，而且强调效率。马克思认为，"劳动在一切有劳动能力的社会成员之间分配得越平均，一个社会阶层把劳动的自然必然性从自身上解脱下来并转嫁给另一个社会阶层的可能性越小，社会工作日中必须用于物质生产的部分就越小，从而个人从事自由活动、脑力活动和社会活动的时间部分就越大"（马克思，2018）。他强调的是给予每个社会成员公平参与劳动的机会。一个国家或地区的社会成员不是一个虚拟概念，而是分布在不同区域或区位的个人即马克思认为分布在不同区域内的社会成员都享有公平参与劳动的机会。然而，马克思恩格斯也不是强调绝对公平，恩格斯就明确地指出："省和省,甚至地方和地方之间总会有生活条件方面的某种不平等存在,这种不平等可以减少到最低限度,但永远不可能完全消除。"(中共中央马克思恩格斯列宁斯大林著作编译局,1995)尤其是在像我国这样幅员辽阔、人口众多、地理自然环境千差万别的国家,区域间的发展差别不可能完全消失,将长期存在。可见,马克思恩格斯不是一味地坚持公平,而是认为区域协调发展要实现效率与公平之间的有机统一。

二、苏联马克思主义者关于区域发展的经典论述

列宁和斯大林继承了马克思、恩格斯的地域分工思想,并进一步发展了该理论。列宁在多篇文章中揭示了资本主义发展的绝对规律是"发展的不平衡",并在《俄国资本主义的发展》一书中揭露了俄国发展极端不平衡的现象:"根据资本主义的本质,只能通过一系列的不平衡与不合理比例来进行:繁荣时期被危机时期所代替,一个工业部门的发展引起另一个工业部门的衰落,农业的进步在一个区域包括农业的一面,在另一个区域则包括农业的另一面,工商业的增长超过农业的增长,等等。"(中共中央马克思恩格斯列宁斯大林著作编译局,1984)同时,他又以美国为例,分析了美国的地区不平衡发展现象,指出了地区经济发展不平衡是资本主义发展中普遍存在的现象这一事实。列宁在经过一系列的分析和考察后,认为社会主义国家应该实行生产力布局政策,使生产力在各区域内平衡分布。斯大林也指出:"我们绝不能只集中力量发展全国性的工业,因为全国性的工业,不可能满足一亿四千万人民各种不同的口味和需求。为了能满足这些需求,必须使每个区、每个省、每个区域、每个民族共和国的生活,即工业生活沸腾起来。……不发挥所有这些力量,我们就不能使我国的经济建设达到像列宁所说的普遍高涨。"(中共中央马克思恩格斯列宁斯大林著作编译局,1958)

关于生产力平衡分布,列宁和斯大林继承了恩格斯所提出的"按照一个大一统的大的计划协调地配置自己的生产力"的原则,列宁在1918年草拟的《科学技术工作计划草稿》中提出:"苏维埃最高经济委员会应委托科学院成立一系列由专家组成的委员会,以便尽快'制定俄国的工业改造和经济发展计划',用以指导全国工业改造和整体国民经济的发展,合理地进行生产力布局。"(中共中央马克思恩格斯列宁斯大林著作编译局,1985)不仅如此,他在《科学技术工作计划草稿》中更明确指出:"使俄国工业布局合理,着眼点是接近原料产地,尽量减少从原料加工转到半成品加工一直到制出成品阶段时的劳动消耗。"(中共中央马克思恩格斯列宁斯大林著作编译局,1985)除此之外,列宁还继承了大卫·李嘉图的比较优势理论,提出利用各地区比较优势合理布局生产力的思想,他在《俄罗斯电气化计

划》中强调："首先要把国家划分为'若干个经济上独立的单位——区域'，要采取比较的方法，即比较那些在实行各种措施，特别是实行电气化的基础上所制定的经济计划的各种方案。"（克尔日查诺夫斯基，1961）

列宁和斯大林都强调大城市在社会主义发展过程中的地位和作用。列宁指出："城市是经济、政治和人民的精神生活的中心，是前进的主要动力。"（中共中央马克思恩格斯列宁斯大林著作编译局，1956）斯大林也认为，大城市是"文化最发达的中心""大工业的中心""农产品加工和一切食品供应部门大发展的中心"（中共中央马克思恩格斯列宁斯大林著作编译局，1980）。在针对城乡分离问题中，列宁在1919年的《俄共（布）党纲草案》中指出：消灭城乡对立是"共产主义建设的根本任务之一"（中共中央马克思恩格斯列宁斯大林著作编译局，1956）。斯大林在1924年的《关于俄共（布）第十三次代表大会的总结》中也提道："建立城乡间的集合是党和国家的实践的基本问题。"（中共中央马克思恩格斯列宁斯大林著作编译局，1956）。在探讨实现城乡融合的物质基础时，列宁指出："只有农业人口和非农业人口混合和融合起来，才能提高乡村居民，使其摆脱孤立无援的地位。……正是农业人口和非农业人口的生活条件接近才创造了消灭城乡对立的条件。"（中共中央马克思恩格斯列宁斯大林著作编译局，1959）要促进城乡融合，"只有一条道路，就是城市工人和农业工人结成联盟"（中共中央马克思恩格斯列宁斯大林著作编译局，1956）。

列宁和斯大林还对苏联的行政区域的划分做过阐述。1914年，列宁提出："俄国行政区域的划分，不论农村或城市，都要根据对当地居民目前的经济条件和民族成分的考察而进行改变。"（中共中央马克思恩格斯列宁斯大林著作编译局，1958）十月革命后，沙俄政府留下的行政体系严重阻碍了经济发展，对此斯大林曾指出："毫无疑问，如果不实行区域划分，我们就不能展开改造农业和集体农庄运动的巨大工作。"（中共中央马克思恩格斯列宁斯大林著作编译局，1958）"区域划分的目的是使党机关和苏维埃机关、经济机关和合作社机关接近区和村，以便有可能及时解决农业的一切迫切问题，即发展农业，改造农业等问题。"（中共中央马克思恩格斯列宁斯大林著作编译局，1958）斯大林认为，经济区划的目的在于更好地在政治上和经济上管理国家。

巴朗斯基是苏联著名的经济地理学家，他运用马克思主义观点，对劳动地域分工进行阐述，提出了比较系统的地理分工论。他认为："所谓地理分工就是社会分工的空间形式""经济利益是地理分工发展的动力""生产地与消费地的分裂""既是地理分工的特点，也是其产生的原因，即：一个国家（或地区）为另一个国家（或地区）劳动，该劳动成果由一个地方运到另一个地方，使生产地和消费地不在一个地方"(巴朗斯基,1958)。除此之外,他还提出两种地理分工分类法:一类是分为"国际分工"和"国内分工";另一种可分为"绝对的地理分工"和"相对的地理分工"。某个国家因为自然地理完全无法生产某种商品而必须从另一个国家进口,即属于"绝对的地理分工";若该国家并非完全不能生产该商品,而是出于生产成本考虑转而向其他国家进口该产品,则是"相对的地理分工"。在分析地理分工的影响因素时,巴朗斯基认为,因为交通的改善和运输技术的提高导致的运输费用下降"是地理分工发展过程中的主要因素之一"(巴朗斯基,1958)。他还认为,关税是"使地理分工复杂化的因素"(巴朗斯基,1958)。巴朗斯基的地理分工理论继承和发展了马克思主义的劳动地域分工理论,对苏联以及中国影响深远。

萨乌什金在《经济地理学:历史、理论、方法和实践》一书中也对劳动地域分工理论做了详细的阐述。他认为"劳动地域分工"是"各地、中心、企业的各种各样的经济专门化的形成,在很大程度上,是经济社会过程的结果"(萨乌什金,1987)。劳动地域分工是"从许多部门及其分支部门和各种生产中选出经济上最有利的方面"(萨乌什金,1987),它是"由于拥有不同经济的地方结合起来的结果",是"经济专门化不同的地域(国家、区、中心等)在经济上互相补充的过程"(萨乌什金,1987)。他认为劳动地域分工"不仅反映出历史上形成的人们相互的社会关系,而且还表明社会生产力的发展水平"(萨乌什金,1987)。同样,萨乌什金也继承了马克思和巴朗斯基等人的观点,认为运输费用会影响劳动的地域分工,距离的缩短可以加强地区间的劳动地域分工。他还指出,"自然条件的空间差异和潜在的自然资源的集中,是劳动地域分工最重要的基础之一"(萨乌什金,1987),同时他也认为,"在很早以前,自然条件和资源的差异曾是劳动地域分工的原因",但这些差异"不能成为现代水平下劳动地域分工的原因",原因是"历史的积累、现代经济的发展以及科技进步已提到了首要地位"(萨乌什金,1987)。他还特别强调:"应把环境看作劳动地域分工复杂体系中的一个环节,而且体系中的某些部分自然界的'休养生息',应由其他部分经济的加速发展来补偿,以便从总体来说,整个体系能够维持生产力的扩大再生产。"(萨乌什金,1987)

萨乌什金在阐述"地域分工"与"经济区"之间关系时曾指出:"区域形成过程比劳动地域分工的过程缓慢而稳定。"(萨乌什金,1987)他认为"劳动地域分工"与"经济区"之间的联系紧密相关,当"劳动地域分工"发生变化时,由于二者之间的紧密联系,必然会导致"经济区"的改变。萨乌什金强调,经济区是以一定形式表现出来的国家专门化的一部分:"区界内所有的经济点,应该(以直接的或在某种程度上间接的方式)完成与经济区在全国范围内的专门化有关的职能。"(萨乌什金,1987)认为经济区内的生产部门应当分为主要、辅助、附属性等的生产部门,体现专门化生产。

　　萨乌什金还创造性地从劳动地域分工的角度对城市进行分析,他认为"城市类型和交通线路是劳动地域分工的支柱","城市是劳动地域分工链条上的一个环节"(萨乌什金,1987)。他强调要把有生产联系的城市连接起来,形成劳动地域分工体系的大的框架,这样"从劳动地域分工中能够看到整体,能够把城市结合在一起,并能够确定其中的每座城市更为复杂的空间体系的地位"(萨乌什金,1987)。萨乌什金在继承了马克思和巴朗斯基等人的基础上,对劳动地域分工理论做出了一定的拓展,并且自成体系,完整地叙述了劳动地域分工的内涵、特点等问题,他的理论在学术界具有重要意义。

　　"地域生产综合体论"是马克思主义区域发展思想与苏联区域规划相结合的产物,正式形成于20世纪三四十年代,20世纪50年代广泛推广并传入中国,对我国后来的生产力布局理论产生了深远的影响。1948年科洛索夫斯基完整地定义了"地域生产综合体":"在一个工业点或一个完整的地区内,根据地区的自然条件(经济条件)、运输和经济地理位置,恰当地(有计划地)安配各企业,从而获得特定的经济效果,这样的一种各企业间的经济结合(相互制约的结合)就称为生产综合体"(科洛索夫斯基,1958)。也就是说,一方面"地域生产综合体"内的各部门应该相互制约,另一方面通过有机结合能够"获得特定的经济效果",且这一综合体是根据特定的自然、运输等条件建立的,有计划地配置。科氏强调综合体内部生产之间的技术联系,他认为各生产过程中相互关联的整体是区域的基础,专业化部门之间的内部结构形成了一个相互关联的网络。他还将地域生产综合体划分为"初级地域生产综合体"和"区域性地域生产综合体"。即"只局限于一个地理点或一个中心的初级地域性生产综合体以及区域性地域生产综合体"(郭来熹,1987)。

　　20世纪60年代,普洛勃斯特在《社会主义工业布局理论》一书中阐述了他的地域生产综合体理论。他从地域范围的角度将"地域生产综合体"划分成了"中心地域工业综合体"和"地区生产地域综合体":前者只有一个地理点或一个中心点,这一中心集中了具有生产联系的企业,由于技术上的联系和地域上接近,于是便形成了一个地域生产综合体;后者强调的地域范围更大,生产部门由于专业化生产和在区域内共同起作用而被联合在一起。同时,他还批判了科洛索夫斯基过分强调综合体的内部的技术联系,认为"地域生产综合体"绝不等同于"生产联合企业"。他认为:"构成地区生产综合体的基础的,绝不是组成联合企业的基础的工艺的联系,而是经济上的联系,这种经济上的联系要灵活得多,比较不死板和不稳定。这些经济上的联系决定于区内各个企业的专业化及其区内协作。专业化和协作的过程本质上不同于联合化。"(普洛勃斯特,1987)他还将中心地工业综合体的结构分为六类同心圆,最核心的部分是专业化生产的各企业构成,配套的辅助性和服务性企业围绕着核心部门成外部同心圆的结构布局。

萨乌什金在《经济地理学:历史、理论、方法和实践》(1973)一书中也对"地域生产综合体"做出过阐述,他认为"地域生产综合体"是"合理的空间生产组织形式",是"有一定全国规模的专业化部门的区域",能够"保证最有效地利用自然资源",能"使劳动消耗(不合理的运输等)减少到最低限度"(萨乌什金,1987)。

涅克拉索夫在《苏联的地域生产综合体》(1981)中将"地域生产综合体"定义为:"地域生产综合体是在国家一定区域的自然资源和劳动资源的基础上发展的专门化部门企业间的空间结合,具有一定的生产和社会基础设施、共同的建筑基地和动力基地"(涅克拉索夫,1981),他认为"建立这类综合体不仅是建设专门化的工业中心,还必须建立一整套生产性的和社会性的基础设施"(周起业等,1989)。

1986年,班德曼在瑞典的讲演中称"地域生产综合体是解决区域问题的生产力组织的先进形式"(班德曼,1989)。他还认为,地域生产综合体的产出结构由生产部门、服务性基础设施、人口和当地自然资源四个要素共同构成。

苏联把地域生产综合体看作是在新开发区实现生产力布局综合性原则的最佳形式,并认为这种生产组织形式既可保证新开发区的专业化部门之间、主体企业同辅助性企业之间的综合发展,又可相应发展生产基础设施和社会基础设施。

总体来说,20世纪50年代以后,苏联学者对经济地理理论的理解更加深入和系统化,他们逐渐摆脱了早期资源均等、抑强补弱的观点,开始更加关注多种经济要素在区域中的协调演进。但是,其理论建构在计划经济框架之内,以政府为投资建设的主体尤其是以中央政府为主体,是一种理想化的空间布局模式,很难在现实中得到完全实现。因为其实现的前提是政府必须集中全部资源,然后再逐级分配。在分配的过程中,将带来资金泄漏和效率丧失,尤其是没有考虑市场的力量和消费需求对生产的引导作用。

三、新中国第一、二代领导集体关于区域发展的论述

中华人民共和国成立后,第一代领导集体很重视吸取苏联的经验,并开始区域协调发展的探索,于1953年,开始实施第一个五年计划。毛泽东结合我国的国情,提出了利用沿海工业发展内地的生产力平衡布局思想。他在《论十大关系》中提出:"沿海的工业基地必须充分利用,但是,为了平衡工业发展的布局,内地工业必须大力发展","好好地利用和发展沿海的工业老底子,可以使我们更有力量来

发展和支持内地工业"，"新的工业大部分应当摆在内地，使工业布局逐步平衡，并且有利于备战，这是毫无疑义的"（中共中央文献编辑委员会，1986）。这一思想也成为第一代中央领导集体生产力布局的指导思想。毛泽东强调，要利用沿海地区工业发展的优势，带动内地工业的发展，认为内地与沿海工业的发展最终是要追求平衡性，主张实行沿海工业与内地工业并举的生产力布局理论。

20世纪50年代，陈云同志就对工业合理布局的重要意义做过精辟的论断："工业布局是基本建设中一个至关重要的问题。工业布局合理了，就可以更加充分地利用我国国土广大、资源丰富、气候良好、人口众多等有利条件，使工业能够更多、更快、更好、更省地向前发展，并且逐步地改变我国工业生产力分布不合理状态，较快地建立起完整的工业体系，促进工业和农业、城市和乡村更好地结合。因此，在全国范围内有计划地合理地布置工业生产力，是基本建设中具有长远性质和全面性质的问题，是一个带有战略意义的问题。"（陈云，1959）

20世纪60年代，中苏关系破裂，中国周边局势紧张，毛泽东在分析国内外形势后，在研究"三五"计划的中央工作会议上指出："在原子弹时期，没有后方不行，'三五'计划要考虑全国工业布局不平衡的问题，要进行一、二、三线的战略布局，加强三线建设，防备敌人的入侵。"（孔全新，2002）为了平衡工业布局，中央采取了一系列向中西部倾斜的政策，使中西部的工业得到了一定的发展，但生产力和投资重点过分关注于较落后的中西部地区，因而忽视了经济效益。

邓小平将区域协调发展问题与中国特色社会主义发展的时代背景相结合，既坚持了毛泽东区域协调发展思想的合理内核，又适应了改革开放的新变化。邓小平认为："我们坚持走社会主义道路，根本目标是实现共同富裕，然而平均发展是不可能的。过去搞平均主义，吃'大锅饭'，实际上是共同落后，共同贫穷。我们就是吃了这个亏。改革首先要打破平均主义，打破'大锅饭'。"（中共中央文献编辑委员会，1993）1985年，邓小平在天津听取汇报和进行视察的过程中说："我的一贯主张是，让一部分人、一部分地区先富起来，大原则是共同富裕。一部分地区发展快一点，带动大部分地区，这是加速发展、达到共同富裕的捷径。"1988年9月，邓小平提出："沿海地区要加快对外开放，使这个拥有两亿人口的广大地带较快地发展起来，从而带动内地更好地发展，这是一个事关大局的问题。内地要顾全这个大局。反过来，发展到一定的时候，又要求沿海拿出更多力量来帮助内地发展，这也是个大局。那时沿海也要服从这个大局。"这是邓小平关于区域发展的重要观点，通过先富带动后富，一方面可以摆脱当时国力不强的问题，另一方面东部发展起来后反哺西部，可以缩小区域间的发展差距。这一思想不仅承认了地区之间发展的差别，破除了平均主义，且明确了发展的最终目的是实现区域协调发展。

在这一思想的指导下,我国在沿海地区设立了四个经济特区,培育新的经济增长极来带动整个国民经济的发展。在邓小平理论的指导下,区域分工和国际贸易有了新的发展,对外开放的格局不断深入,整个国民经济步入了良性发展轨道。

四、党中央对区域协调发展的论述

以江泽民同志为核心的党中央对区域发展理论进行了探索。在 1995 年《正确处理社会主义现代化建设中的若干重大关系》的讲话中,江泽民概括了我国现代化发展的十二大关系,深入诠释了产业与产业之间、区域与区域之间、所有制与所有制之间的一系列对立统一关系,指出"我们要善于统观全局,精心谋划……做到相互协调、相互促进",从而把区域协调发展的理念提升到了更为突出的位置(黄俊、张晓峰,2008)。

20 世纪末,全国经济发展已达到较高水平,解决沿海与内地发展差距问题所需的条件已经具备。江泽民不失时机地把西部大开发提上了议事日程,实施区域战略重点的转移。江泽民指出:"国家要加大对中西部地区的支持力度,优先安排基础设施和资源开发项目,鼓励国内外投资者到中西部投资","主要是通过向内地辐射先进技术管理经验,向内地投资,转移劳动密集型产业,参与改造内地的一些老企业,以及对口扶助内地一些贫困地区脱贫方式来进行"(苟兴朝、杨继瑞,2018)。西部大开发战略有力地推动了西部地区经济的发展,极大地促进了我国整体经济实力的提高和综合国力的增强。

中共十六大以后,胡锦涛提出了"以人为本、全面协调可持续"的科学发展观。统筹区域发展是科学发展观的重要内容,就是统筹兼顾,合理布局,妥善处理区域发展中的各方面关系,走各地区协调发展、共同富裕之路。胡锦涛在总结中国区域经济发展进程的基础上,先后启动了东北振兴和中部崛起发展战略。根据科学发展观的要求,重新调整了区域布局:"积极推进西部大开发,有效发挥中部地区的综合优势,支持中西部地区加快改革发展,振兴东北地区等老工业基地,鼓励有条件的东部地区率先基本实现现代化,逐步形成东、中、西部经济互联互动、优势互补、协调发展的新格局。"(郭丽,2008)胡锦涛在中国共产党第十七次全国代表大会上的报告提出,"推动区域协调发展,优化国土开发格局","遵循市场经济规律,突破行政区划界限,形成若干带动力强、联系紧密的经济圈和经济带。重大项目布局要充分考虑支持中西部发展,鼓励东部地区带动和帮助中西部地区发展。加大对革命老区、民族地区、边疆地区、贫困地区发展扶持力度。帮助资源枯竭地区实现经济转型。更好发挥经济特区、上海浦东新区、天津滨海新区在改革开放和自主创新中的重要作用。走中国特色城镇化道路,按照统筹城乡、布局合理、节约土地、功能完善、以大带小的原则,促进大中小城市和小城镇协调发展。以增强综合承载能力为重点,以特大城市为依托,形成辐射作用大的城市群,培育新的经济增长极"。

五、习近平关于区域协调发展的论述

党的十八大后,习近平多次强调促进区域协调发展。习近平强调区域政策和区域规划要完善、创新,特别强调要缩小政策单元,重视跨区域、次区域规划,提高区域政策精准性。提高区域政策精准性是习近平狠抓落实的工作作风的重要体现。

多年来,我国区域发展战略的政策单元基本上都属于大尺度的,是对若干省市区组成的区域进行战略指导。从顶层设计的角度讲,这种大区域的战略指导无疑是不可或缺的(孙久文,2018)。但是,战略的落实需要有具体区域的规划,这就必须提高区域政策的精准性,更加有效地依据当时当地的资源条件和发展环境提出有针对性的发展路径。2013年,中央经济工作会议把改善需求结构、优化产业结构、促进区域协调发展、推进城镇化作为我国经济发展的四个主攻方向,提出加大对革命老区、民族地区、边疆地区、贫困地区的扶持力度,"精准扶贫"是这一时期提出的最有代表性的扶持政策。

以习近平同志为核心的党中央先后提出京津冀协同发展、长江经济带建设、粤港澳大湾区建设、长江三角洲地区一体化发展、黄河流域生态保护与高质量发展、成渝地区双城经济圈建设等区域发展战略,形成了由"四大板块+六大战略"构成的新的区域协调发展战略格局。

为了解决社会主要矛盾中的"不平衡不充分"问题,党的十九大报告将区域协调发展战略提升为七大国家战略之一,首次成为统领性的区域发展战略。在十九大报告中,习近平对区域协调发展战略的阐述是:"加大力度支持革命老区、民族地区、边疆地区、贫困地区加快发展,强化举措推进西部大开发形成新格局,深化改革加快东北等老工业基地振兴,发挥优势推动中部地区崛起,创新引领率先实现东部地区优化发展,建立更加有效的区域协调发展新机制。以城市群为主体构建大中小城市和小城镇协调发展的城镇格局,加快农业转移人口市民化。以疏解北京非首都功能为'牛鼻子'推动京津冀协同发展,高起点规划、高标准建设雄安新区。以共抓大保护、不搞大开发为导向推动长江经济带发展。支持资源型地区经济转型发展。加快边疆发展,确保边疆巩固、边境安全。坚持陆海统筹,加快建设海洋强国。"习近平的报告概括了区域协调发展的基本内容。

习近平在中共中央政治局集体学习时提出:建设彰显优势、协调联动的城乡

区域发展体系,实现区域良性互动、城乡融合发展、陆海统筹整体优化、培育和发挥区域比较优势、加强区域优势互补,塑造区域协调发展新格局。积极推动城乡区域协调发展,优化现代化经济体系的空间布局,实施好区域协调发展战略,推动京津冀协同发展和长江经济带发展,同时协调推进粤港澳大湾区发展①。中国是发展中大国,区域经济发展呈现差异性,各个区域具有比较优势,应加强区域合作,打破区域分割,按照优势互补、互利共赢的原则,走出一条科学持续、协同发展的路子,最后达到区域协调发展的目标。

习近平于 2019 年在中央财经委员会第五次会议上发表的重要讲话强调,要根据各地区的条件,走合理分工、优化发展的路子,落实主体功能区战略,完善空间治理,形成优势互补、高质量发展的区域经济布局。中心城市和城市群正在成为承载发展要素的主要空间形式,要增强经济和人口承载能力。

六、关于区域协调发展的文献综述

在经济学研究中,当发展经济学兴起之时,关于区域协调发展的研究随之而起,成为区域经济学的研究基础。经济学中的区域经济协调发展理论可以分为均衡发展理论和非均衡发展理论。其中,区域非均衡增长理论,包括增长极理论(佩鲁,1949)、不平衡发展理论(赫希曼,1958)、循环累积因果理论(缪尔达尔,1957)、中心—外围理论(J. Friedmann,1966)、核心—边缘区域理论(弗里德曼,1996)、倒 U 型假说(Williamson,1965)、点—轴开发模式(萨伦巴和马利士)和区域经济发展梯度转移理论。区域均衡理论包括临界最小努力理论(赖宾斯坦,1957)、低水平陷阱理论(纳尔森,1956)、大推进理论(罗森斯坦·罗丹,1943)、贫困恶性循环理论(纳克斯,1953)、平衡增长理论(纳克斯,1953)等。此外,哈维从马克思主义政治经济学角度对地理经济问题进行阐释,主要关注贫困、区域衰退、劳动地域分工、工业化、不平衡发展和资本主义积累方式等问题(哈维,1973)。

我国学术界对区域协调发展的具体内涵,有较多深入的研究成果。张可云(2007)指出,区域协调是国内不同区域走向或趋于理想均衡状态的过程。郝寿义(2007)认为,区域协调发展是区域经济高效增长、区域差距合理并逐步收敛,经济分工趋向合理,区域间经济开放程度较高、交往密切、经济互动为良性、正向积极促进的一种状态和形成这种状态的过程。覃成林和姜文仙(2011)认为,区域协调发展是在区际相互联系这一前提下,区域经济联系日益紧密、区域分工更加合理,

---

① 习近平.深刻认识建设现代化经济体系重要性,推动我国经济发展焕发新活力迈上新台阶[EB/OL].中国共产党新闻网,2018-02-01.

区域间社会经济发展差距逐渐缩小并收敛的过程,其特征为:区域经济联系日趋紧密,区域分工更趋合理,区域经济社会发展差距减小,整体经济效率持续增长。范恒山、孙久文(2012)认为,以人为本是区域协调发展的核心,全面协调可持续是基本要求,统筹兼顾是实现协调的基本方法。安虎森和何文(2012)认为,区域经济协调发展的实质是区域经济差距保持在合理区间内。区域协调发展战略是在马克思主义经济学和习近平新时代中国特色社会主义经济思想指导下的区域经济研究的最新发展,有着坚实的理论基础和明确的理论标准。

区域协调发展战略是在马克思主义经济学和习近平新时代中国特色社会主义经济思想指导下的区域经济研究的最新发展。孙久文(2018)在梳理我国区域协调发展战略演进的基础上,论述了新时代区域协调发展的理论内涵。"协调"的含义是"配合适当、步调一致"。所谓协调发展,就是促进有关发展各系统的均衡、协调,充分发挥各要素的优势和潜力,使每个发展要素均满足其他发展要素的要求,发挥整体功能,实现经济社会持续、均衡、健康发展。

从理论上讲,协调发展反映的是人们对市场经济规律的认识,是把经济规律和自然规律结合起来认识客观世界的实践总结。在全面建设小康社会的进程中,坚持协调发展,就是要自觉地纠正一些地区和领域出现的重经济增长、轻社会进步,重效率、轻公平,重物质成果、轻人本价值,重眼前利益、轻长远福祉,重局部、轻全局的倾向,避免造成经济社会发展的失衡。为实现经济社会可持续发展的战略目标,不是单纯追求 GDP 的增长,而是在经济发展的基础上提升全体人民的福利(范恒山和孙久文等,2012)。

从区域经济的理论出发,区域经济是特定区域的经济活动和经济关系的总和。如果我们把全国的国民经济看作是一个整体,那么区域经济就是整体的一个部分(赫特纳,1982),是国民经济整体不断分解为局部的结果。对于国家的经济来说,整体系统涵盖了部门体系,也涵盖了区域体系。区域是它一个实体,是一个子系统。区域体系是由无数个区域实体组成的,而且每一个实体都有其自身的特点和运行规律。区域协调发展正是对区域发展导向的调整和干预,旨在树立整体协调的区域之间的发展关系。不能抛开区域与国家的关系而孤立考虑区域的发展,也不能用每一个区域经济增长的叠加来计算国民经济整体的增长。正确处理区域与国家的关系和区域之间的关系,是促进协调发展的重要原则(范恒山和孙久文等,2012)。

七、新时期促进区域协调发展的现实意义

促进区域协调发展,着眼更高层面、涵盖更广领域统筹谋划区域发展新棋局,

具有十分重要的现实意义。立足突出问题,缩小区域单元,实施差别化经济政策,不断提高区域政策精准性,细化区域发展战略,既是我国当前区域经济发展的必经阶段,也是必然选择。

（一）新形势下适应国际国内环境做出的重大决策

从国际环境看,外部形势依然错综复杂,世界经济存在不稳定、不确定因素,一些国家宏观政策调整带来变数,新兴经济体又面临新的困难和挑战。经济全球化面临挑战,区域经济一体化成为新趋势,全球经济正处于后金融危机时期结构调整和再平衡的重要阶段,全球经济格局和产业分工深度调整,国际竞争更趋激烈。从国内情况看,我国经济仍处于发展的战略机遇期和经济提质增效、转型发展的关键期,工业化、城镇化持续推进,区域发展回旋余地大,今后一个时期保持经济中高速增长有基础也有条件。但我国也处于结构调整阵痛期、增长速度换挡期,经济增长已从原来的高速增长进入平稳增长阶段,支撑发展的要素条件也在发生深刻变化,深层次矛盾凸显。中共中央、国务院做出全面深化改革和全方位开放的重要部署,统一开放、竞争有序的市场体系正逐步完善,市场将在资源配置中起决定性作用;城镇化有序推进,区域发展协调机制和人口有序转移机制正在形成。总的来讲,区域发展与全球经济联系更加密切,区域发展战略实施与产业发展、资源环境、市场经济体制等的互动融合更为紧密,以板块为主体的区域发展战略已不能完全适应上述要求,必须立足新形势的需要实施区域协调发展战略。

（二）有利于区域联动发展,增强经济发展动力

促进区域协调发展,要在发挥市场配置资源决定性作用的前提下,通过强化政府规划引导和宏观指导,进一步优化国土空间开发格局,促进生产要素分布与国家重大生产力布局相协调,在更大范围、更高层次、更广空间顺畅流动与合理配置。要从更高层次、更大范围、更宽视野推动经济发展方式加快转变,加强区域统筹协调的高度,进一步明确和完善区域协调发展的战略思路。

改革开放之后,我国区域政策的重点是通过支持有条件地区率先发展,带动和支撑全国经济发展。随着区域协调发展战略思想的提出和付诸实践,区域政策的重点转向发挥各个地区的比较优势,强调促进区域联动和一体化发展,实现资源要素在更大范围优化配置,从而促进产业结构优化升级和发展方式转变,增强国民经济发展的后劲和整体竞争力。促进区域协调发展,需要强调从全局出发谋划区域发展格局,通过建设网络化运输通道,构建连接东中西、贯通南北方的多中心、网络化的区域开发框架,推进形成功能清晰、分工合理、各具特色、协调联动的区域发展格局,顺应了区域协调发展的总体要求,有利于在更大范围、更高层次、

更广空间顺畅流动与合理配置，促进生产要素分布与国家重大生产力布局相协调，从而为经济发展提供持久动力。

（三）有利于实施分类指导、提高区域政策的精准性

我国国土面积辽阔，地区差异很大，必须因地制宜、分类指导、区别对待。国家在实施以四大板块为主体的区域发展战略的基础上，一方面制定实施一系列重大区域规划，进一步细化区域政策指导的空间范围，极大地增强了区域政策的针对性；另一方面，紧扣不同区域的比较优势和面临的突出困难与问题，提出了差别化的发展思路和对策，有效增强区域政策的精准性和有效性。但与现实需要相比，区域政策的精准化探索仍有较大空间。促进区域协调发展，就是要在已有工作的基础上，适应形势环境的变化，在发展空间上，注重将点、线、面统筹考虑，宏观、中观、微观统筹结合，注重提高战略的全局性和精准性；在工作思路上，进一步突出问题导向，从而加快破解制约区域发展的突出困难和瓶颈。

我国各区域的发展潜力正在释放。一是中西部地区经济发展速度快于东部地区已形成并将在一定时期得以持续。东部地区产业体系完善、产业层次较高、民营经济活跃，综合竞争力、抵御风险能力和自我恢复能力较强。中西部和东北地区的发展基础和产业特点使其更易受外部因素影响，与东部地区相比，抗风险能力明显偏低，经济下行压力较大，但资源丰富、发展空间和潜力巨大，是缩小区域发展差距的突破之地。近年来，国际金融危机影响由东部地区向中西部和东北地区传导，但如果中西部和东北地区等区域一旦顺利走出危机影响，将对全国经济发展具有持久的拉动作用，成为支撑全国经济持续健康发展的重要力量。二是区域合作和联动发展更加深入。我国区域开发开放由沿海向内陆向沿边、由东部向中西部不断扩展，在新形势下，东部地区加快转型升级，经济发展质量和效益不断提高，继续在改革开放中发挥排头兵的作用，中西部地区积极承接沿海产业转移，大力推进对内对外开放，各种形式的区域合作深入开展，东中西良性互动不断增强，区域一体化进程明显加快。三是全方位对外开放格局加速形成。国家实行更加积极主动的开放战略，促进沿海内陆沿边开放优势互补，培育带动区域发展的开放高地，与周边国家在基础设施互联互通、资源开发、产业发展等方面合作不断深化，区域开放合作空间不断拓展，为区域协调发展提供了新的动力。

（四）有利于全面深化改革，形成促进区域发展的长效机制

体制机制创新是促进区域发展的重要途径，是促进区域协调发展的根本保障。近年来，国家围绕一些重大问题，选择一些条件较为成熟的地区搭建试验平台进行先行先试，取得了良好成效，也积累了丰富经验；围绕构建促进区域协调发

展的长效机制,开展了一系列探索,在完善市场环境、促进良性互动等方面取得了积极进展。但与此同时,区域发展差距依然较大,地区间无序开发问题仍然存在,资源环境约束增强,板块利益格局日趋固化,区域协调发展机制和管理体制有待完善等矛盾和问题也十分突出。

党的十八届三中全会对全面深化改革做出重大部署,其中很多重大任务需要通过在特殊区域先行先试、积累经验、探索路径。促进区域协调发展,就是要充分发挥市场的决定性作用,打破地区封锁,促进资源要素在跨行政区范围调动、配置和流动,在建立区际利益分享机制、跨区域综合管理机制、完善法律保障、统筹城乡发展等方面进行探索试验;通过打造特殊功能区、试验区等,打造重大改革试验平台,就一些处于前沿、具有较强不确定性、存在较大风险的重大问题和重点领域进行探索,为推动完成十八届三中全会明确的有关改革任务发挥积极的试验示范作用。

(五)有利于统筹国际国内开放合作,形成全方位开放新格局

改革开放以来,国际合作与"走出去"步伐不断加快,我国在对外开放领域大放异彩,进出口成为拉动国民经济增长的重要动力。从区域分布看,我国对外开放仍主要集中在东部沿海地区,沿边与内陆开放水平不高,对外开放与对内合作缺乏统筹衔接,这在很大程度上影响了对外开放水平的提升和空间拓展。新时期,扩大沿边和内陆开放已成为我国继沿海开放后的重大战略,但沿边地区基础比较薄弱、支撑能力不足,内陆地区"不沿边、不靠海"的区位条件,造成其扩大开放的相对劣势。党的十八届三中全会明确提出扩大内陆沿边开放、形成全方位开放新格局的战略任务,党的十九大报告又提出区域协调发展战略,需要推动形成具有国际水平和竞争力的管理体制、运行机制和发展模式,促进内陆地区、沿边、沿海地区互动联合,统筹推进对外开放与国内合作,从而使我国更加全面地融入经济全球化和区域一体化进程之中去,更加充分地利用两种资源和两个市场,更好地参与国际竞争与合作,获取更大发展利益。

(六)有利于推动生态文明,构建高效安全国土开发保护格局

党的十八大把生态文明建设提升到突出地位,将其融入经济建设、政治建设、文化建设、社会建设各方面和全过程,提出努力建设美丽中国,实现中华民族永续发展的战略目标。党的十八届三中全会明确提出要加快生态文明制度建设,建立空间规划体系,划定生产、生活、生态空间开发管制界限,落实用途管制;坚定不移地实施主体功能区制度,建立国土空间开发保护制度,严格按照主体功能区定位推动发展。党的十九大明确提出加快生态文明体制改革,建设美丽中国。实施区

域协调发展战略,有利于把生态文明的理念贯穿于发展的全过程,着力优化生产力布局,促进陆海统筹发展,推动形成人口、产业与区域资源环境承载能力相适应的发展模式;推动实施主体功能区战略,探索建立区际转移支付、生态补偿等长效机制,加强重点生态功能区保护,从而加快生产文明建设,构建高效安全国土开发保护格局,缓解我国面临的资源环境承载压力,实现可持续发展。

参考文献

[1]马克思.资本论:第1卷[M].北京:人民出版社,2018.

[2]中共中央马克思恩格斯列宁斯大林著作编译局.马克思恩格斯选集:第3卷[M].北京:人民出版社,1995.

[3]中共中央马克思恩格斯列宁斯大林著作编译局.马克思恩格斯全集:第1卷[M].北京:人民出版社,1972.

[4]中共中央马克思恩格斯列宁斯大林著作编译局.马克思恩格斯全集:第23卷[M].北京:人民出版社,1972.

[5]中共中央马克思恩格斯列宁斯大林著作编译局.马克思恩格斯选集:第1卷[M].北京:人民出版社,1960.

[6]中共中央马克思恩格斯列宁斯大林著作编译局.马克思恩格斯选集:第4卷[M].北京:人民出版社,1958.

[7]中共中央马克思恩格斯列宁斯大林著作编译局.马克思恩格斯选集:第20卷[M].北京:人民出版社,1971.

[8]中共中央马克思恩格斯列宁斯大林著作编译局.马克思恩格斯选集:第1卷[M].北京:人民出版社,1995.

[9]马克思.资本论:第3卷[M].北京:人民出版社,2018.

[10]中共中央马克思恩格斯列宁斯大林著作编译局.列宁全集:第3卷[M].北京:人民出版社,1984.

[11]中共中央马克思恩格斯列宁斯大林著作编译局.斯大林全集:第7卷[M].北京:人民出版社,1958.

[12]中共中央马克思恩格斯列宁斯大林著作编译局.列宁全集:第34卷[M].北京:人民出版社,1985.

[13]Г.М.克尔日查诺夫斯基.苏联经济区域问题论文集(1917—1929)[M].王守礼,译.北京:商务印书馆,1961.

[14]中共中央马克思恩格斯列宁斯大林著作编译局.列宁全集:第19卷[M].

北京:人民出版社,1956.

[15]中共中央马克思恩格斯列宁斯大林著作编译局.斯大林选集:下卷[M].
北京:人民出版社,1980.

[16]中共中央马克思恩格斯列宁斯大林著作编译局.斯大林选集:第6卷
[M].北京:人民出版社,1956.

[17]中共中央马克思恩格斯列宁斯大林著作编译局.列宁全集:第2卷[M].
北京:人民出版社,1959.

[18]中共中央马克思恩格斯列宁斯大林著作编译局.列宁全集:第29卷[M].
北京:人民出版社,1956.

[19]中共中央马克思恩格斯列宁斯大林著作编译局.列宁全集:第20卷[M].
北京:人民出版社,1958.

[20]中共中央马克思恩格斯列宁斯大林著作编译局.斯大林选集:第12卷
[M].北京:人民出版社,1958.

[21]H.H.巴朗斯基.经济地理学论文集[M].邓静中,等译.北京:科学出版
社,1958.

[22]IO.Γ.萨乌什金.经济地理学:历史、理论、方法和实践[M].毛汉英,等译.
北京:商务印书馆,1987.

[23]H.H.科洛索夫斯基.经济区划原理[M].莫斯科:莫斯科政治书籍出版
社,1958.

[24]肖金成,黄征学.未来20年中国区域发展新战略[J].财经智库,2017,2
(5):41-67,142-143.

[25]A.E.普洛勃斯特.社会主义工业布局概论[M].郝乃毓,胡序威,等译.北
京:商务印书馆,1987.

[26]H.H.涅克拉索夫.苏联地域生产综合体[M].莫斯科:莫斯科经济科学出
版社,1981.

[27]周起业,祝诚,张可云.区域经济学[M].北京:中国人民大学出版
社,1989.

[28]M.K.班德曼.地域生产综合体(TPC)是解决区域问题的生产力组织的先
进形式[J].地理译报,1989(2):32-38.

[29]中共中央文献编辑委员会.毛泽东著作选读:下册[M].北京:人民出版
社,1986.

[30]孔全新.论毛泽东的区域经济均衡发展战略[J].济宁师范专科学校学
报,2002(4):19-23.

[31]毛泽东.毛泽东选集:第5卷[M].北京:人民出版社,1977.

[32]陈云.当前基本建设工作中的几个重大问题[J].红旗,1959(5):1-16.

[33]中共中央文献编辑委员会.邓小平文选:第3卷[M].北京:人民出版社,1993.

[34]黄俊,张晓峰.科学发展观:马克思主义协调发展理论的时代解读——以协调发展为例[J].湖北社会科学,2008(1):9-11.

[35]郭丽.中国区域经济发展的理论与实践——基于四代领导人区域经济思想的分析[J].山东省青年管理干部学院学报,2008(1):120-123.

[36]苟兴朝,杨继瑞.从"区域均衡"到"区域协同":马克思主义区域经济发展思想的传承与创新[J].西昌学院学报(社会科学版),2018,30(3):17-22.

[37]HARVEY D. Social justice and the city (Revised edition) [M]. Athens:University of Georgia Press, 2009.

[38]张可云.区域协调发展战略与泛北部湾区域合作的方向[J].创新,2007(2):26-32.

[39]郝寿义.区域经济学原理[M].上海:上海人民出版社,2007.

[40]覃成林,姜文仙.区域协调发展:内涵、动因与机制体系[J].开发研究,2011(1):14-18.

[41]范恒山,孙久文,陈宣庆,等.中国区域协调发展研究[M].北京:商务印书馆,2012.

[42]安虎森,何文.区域差距内生机制与区域协调发展总体思路[J].探索与争鸣,2012(7):47-50.

[43]孙久文.论新时代区域协调发展战略的发展与创新[J].国家行政学院学报,2018(4):109-114.

[44]赫特纳.地理学[M].北京:商务印书馆,1982.

(本文发表于《经济研究参考》2020年第4期。合作者:马燕坤,中国人民大学经济学博士,中国社会科学院博士后,国家发改委体制与管理研究所副研究员;洪晗,中国社会科学院研究生院博士生。)

国土空间开发的基本理论

国土空间开发的理论经历了区位选择理论、分工与贸易理论、区域增长理论、区域开发理论的演变过程,研究的重点分别对应于国土空间开发的 4 个维度:开发区位、开发功能、开发强度、开发组织。近年来,克鲁格曼的新经济地理理论为国土空间开发提供了新的视角,该理论以规模报酬递增为基础,深刻揭示了城市的出现、城镇体系的演化、区域的集聚、分工与贸易等规律,展示出对现实世界强大的解释力。从这些理论中得到的启示是,国土空间格局的形成受到多种因素影响,其中开发区位具有路径依赖特征,应在尊重现状基础上进行渐进式优化;开发功能上应突出要素禀赋;开发强度上要突出空间集聚;开发组织上应根据区域发展阶段因地制宜地选择相应模式和结构,并通过政策工具弥补市场失灵。

一、国土空间开发的基础理论

国土空间开发一直是区域经济学和发展经济学关注的重点命题。自 1826 年杜能提出农业区位论以来,学者们进行了扎实有效的研究。从国土空间开发相关理论演进过程来看,主要包括:一是区位选择理论,主要是以运输费用为核心的成本分析、市场分析、成本—市场综合分析等;二是区域经济增长理论,包括均衡发展理论、非均衡发展理论及内生增长理论等,其核心是集聚与区域经济增长的关系;三是区域分工与贸易理论,包括绝对优势理论、比较优势理论、要素禀赋理论等;四是区域开发理论,包括据点开发、点—轴开发、网络开发等。此外,近年来兴起的新经济地理学成为理论界的热点。

(一)区位选择理论

区位选择理论通过建立假设,运用成本分析、市场分析,或者成本市场综合分析,来解释经济活动区位的选择。主要包括:杜能的农业区位论、韦伯的工业区位论、克里斯塔勒的中心地理论和廖什的市场区位论。

——农业区位论。德国经济学家杜能最早注意到运输费用对区位的影响,在他的《孤立国同农业和国民经济之关系》①(1826)一书中,杜能指出,距离城市远近的地租差异即区位地租或经济地租,是决定农业土地利用方式和农作物布局的关键因素。由此他提出了以城市为中心呈6个同心圆状分布的农业地带理论,即著名的"杜能环"。

——工业区位论。德国经济学家韦伯继承了杜能的思想,在其著作《论工业区位》②(1909)、《工业区位理论》③(1914)中,韦伯得出3条区位法则:运输区位法则、劳动区位法则、集聚或分散法则。他认为运输费用决定着工业区位的基本方向,理想的工业区位是运输距离和运量乘积最低的地点。除运费以外,韦伯又增加了劳动力费用因素与集聚因素,认为由于这两个因素的存在,原有根据运输费用所选择的区位将发生变化。

——中心地理论。德国地理学家克里斯塔勒在其《德国南部的中心地原理》一书④中,将区位理论扩展到聚落分布和市场研究,认为组织物质财富生产和流通的最有效的空间结构是一个以中心城市为中心地、由相应的多级市场区组成的网络体系。在此基础上,克氏提出了正六边形的中心地网络体系。并且认为有三个原则支配中心地体系的形成:市场原则、交通原则和行政原则。

——市场区位论。德国经济学家廖什在其著作《经济空间秩序》⑤(1940)一书中,将利润原则应用于区位研究,并从宏观的一般均衡角度考察工业区位问题,从而建立了以市场为中心的工业区位理论和作为市场体系的经济景观论。

(二)区域经济增长理论

1.均衡发展理论

均衡发展理论的假设前提是要素替代、完全竞争、规模报酬不变、资本边际收益递减。这样在市场经济下,资本从高工资发达地区向低工资欠发达地区流动,劳动力从低工资欠发达地区向高工资发达地区流动,随着生产要素的流动,各区域的经济发展水平将趋于收敛(平衡),该理论主张在区域内均衡布局生产力,从而使得各地区经济平衡增长。⑥ 区域均衡发展理论包括:赖宾斯坦的临界最小努力命题论,纳尔森的低水平陷阱理论,罗森斯坦·罗丹的大推进理论,纳克斯的贫

① 杜能.孤立国同农业和国民经济的关系[M].北京:商务印书馆,1986.
② 韦伯.论工业区位[M].北京:商务印书馆,2010.
③ 韦伯.论工业区位[M].北京:商务印书馆,2010.
④ 克里斯塔勒.德国南部的中心地原理[M].北京:商务印书馆,2010.
⑤ 廖什.经济空间秩序[M].北京:商务印书馆,2010.
⑥ 杨开忠.改革开放以来中国区域发展的理论与实践[M].北京:科学出版社,2010.

困恶性循环理论等。

赖宾斯坦的临界最小努力命题论,认为为使一国经济取得长期持续增长,就必须在一定时期受到大于临界最小规模的增长刺激。纳尔森的低水平陷阱理论,认为不发达经济的居民收入通常也很低,这使储蓄和投资受到极大局限;如果以增加国民收入来提高储蓄和投资,又通常导致人口增长,从而又将人均收入退回到低水平均衡状态中,这是不发达经济难以逾越的一个陷阱。在外界条件不变的情况下,要走出陷阱,就必须使人均收入增长率超过人口增长率。罗森斯坦·罗丹的大推进理论,主张发展中国家在投资上以一定的速度和规模持续作用于各产业,从而冲破其发展瓶颈。由于该理论基于三个"不可分性"①,因此更适用于发展中国家。纳克斯的贫困恶性循环理论,认为资本缺乏是不发达国家经济增长缓慢的关键因素,这是由于投资能力不足或储蓄能力太弱,而这两个问题的产生又是由于资本供给和需求两方面都存在恶性循环。但通过平衡增长可以摆脱恶性循环,进而扩大市场容量并形成投资能力。

均衡发展理论的缺陷在于忽略了规模效应和技术进步的因素,特别是由于规模效应的存在,规模报酬并不是不变的,市场力量作用通常导致区域差异增加而不是缩小。② 发达地区由于具有更好的基础设施、服务功能和更大的市场,必然对资本、劳动力等要素具有更强的吸引力,这就导致在完全竞争下,极化效应往往超过扩散效应,区际差异加大。此外,这一理论没有考虑要素空间流动时要克服空间距离而发生的运输费用。

2.非均衡发展理论

——梯度转移理论。源于弗农提出的产品生命周期理论。③ 该理论认为,工业各部门及各种工业产品,都处于生命周期的不同发展阶段,即经历创新、发展、成熟、衰退四个阶段。此后区域经济学家将这一理论引入区域经济学中,便产生了区域经济发展梯度转移理论。该理论认为,区域经济的发展取决于其产业结构的状况,而产业结构的状况又取决于地区经济部门,特别是主导产业在工业生命周期中所处的阶段。如果其主导产业部门由处于创新阶段的专业部门所构成,则说明该区域具有发展潜力,因此将该区域列入高梯度区域。随着时间的推移及生命周期阶段的变化,生产活动逐渐从高梯度地区向低梯度地区转移,而这种梯度

---

① 即社会分摊资本的不可分性、需求的不可分性、储蓄供给的不可分性以及外部的经济效果。

② 王凯.国家空间规划论[M].北京:中国建筑工业出版社,2010.

③ 方创琳.区域发展规划论[M].北京:科学出版社,2004.

转移过程主要是通过多层次的城市系统扩展开来的。

梯度转移理论主张发达地区应首先加快发展，然后通过产业和要素向欠发达地区的转移带动整个区域发展。梯度转移理论的局限性在于，其难以精确划分梯度，有可能把不同梯度地区发展的位置凝固化，造成地区间发展差距进一步扩大。

——累积因果理论。缪尔达尔认为，在一个动态的社会过程中，社会经济各因素之间存在着循环累积的因果关系。[①] 市场力量的作用一般趋向于强化而不是弱化区域间的不平衡，即如果某一地区由于初始的优势而比别的地区发展得快一些，那么它凭借已有优势，在以后的日子里会发展得更快一些。这种累积效应有两种相反的效应，即回流效应和扩散效应。前者指落后地区的资金、劳动力向发达地区流动，导致落后地区要素不足，发展更慢；后者指发达地区的资金和劳动力向落后地区流动，促进落后地区的发展。

区域经济能否得到协调发展，关键取决于两种效应孰强孰弱。在欠发达国家和地区经济发展的起飞阶段，回流效应都要大于扩散效应，这是造成区域经济难以均衡发展的重要原因。因此，要促进区域经济的协调发展，必须有政府的有力干预。这一理论对于发展中国家解决地区经济发展差异问题具有重要指导作用。

——不平衡增长论。赫希曼认为经济进步并不同时出现在每一处，经济进步的巨大推动力将使经济增长围绕最初的地区集中，即增长极。他提出了与回流效应和扩散效应类似的"极化效应"和"涓滴效应"，在经济发展的初期阶段，极化效应占主导地位，因此区域差异会逐渐扩大；但从长期看，涓滴效应将逐步占主导，区域差异也趋向缩小。[②]

——增长极理论。佩鲁认为增长并非同时出现在各部门，而是以不同的强度首先出现在一些增长部门，然后通过不同渠道向外扩散，并对整个经济产生不同的终极影响。显然，他主要强调规模大、创新能力高、增长快速、居支配地位的且能促进其他部门发展的推进型单元即主导产业部门，着重强调产业间的关联推动效应。[③] 布代维尔从理论上将增长极概念的经济空间推广到地理空间，认为经济空间不仅包含了经济变量之间的结构关系，也包括了经济现象的区位关系或地域

---

① 郝守义,安虎森.区域经济学[M].北京:经济科学出版社,2004.
② 安虎森.空间经济学原理[M].北京:经济科学出版社,2005.
③ 增长极概念的出发点是抽象的经济空间,是以部门分工所决定的产业联系为主要内容,所关心的是各种经济单元之间的联系。

结构关系。①

　　增长极理论认为,增长极的产生取决于有无发动型的产业,而区域上则取决于有无发动型的核心区域。这个核心区域通过极化和扩散过程形成增长极,以获得较高的经济效益和发展速度。这种核心区域的发展速度较快,且与其他地区的关系特别密切,在没有制度障碍的情况下,具有持续的空间集中倾向。

　　点—轴开发理论是增长极理论的重要拓展②,该理论不仅强调"点"(城市或优区位地区)的开发,而且强调"轴"(点与点之间的交通干线)的开发,形成点轴系统。但是点—轴理论具有局限性,其更适用于区域发展初期,可在有限投入下获得较好的效果,但在区域发展的中后期,特别是城镇体系较为发育的情况下,这一理论在微观尺度上已经不再适应实践要求(如城市群内部),但在宏观尺度上(城市群之间)仍具有一定指导意义。

　　——中心—外围理论。是由普雷维什(Prebisch,1949)最早提出的,他对拉美的研究发现,在传统的国际劳动分工下,世界经济被分成了"中心"和"外围"③两部分。在这种"中心—外围"的关系中,"工业品"与"初级产品"之间的分工并不像古典或新古典主义经济学家所说的那样是互利的,恰恰相反,由于技术进步及其传播机制在"中心"和"外围"之间的不同表现和不同影响,这两个体系之间的关系是不对称的。

　　弗里德曼对其进行了发展,从区域经济学的角度讨论了中心和外围的关系。④ 弗里德曼认为区域发展是通过一个不连续的,但又逐步积累的创新过程实现的,而发展通常起源于区域内少数的"中心",创新由这些中心向周边地区扩散,周边地区依附于"中心"而获得发展。中心区发展条件较优越,经济效益较高,处于支配地位,而外围区发展条件较差,经济效益较低,处于被支配地位。因此,经济发展必然伴随着各生产要素从外围区向中心区的净转移。在经济发展初始阶段,二元结构十分明显,最初表现为一种单核结构,随着经济进入起飞阶段,单核结构逐渐为多核结构替代,当经济进入持续增长阶段,随着政府政策干预,中心和外围界限会逐渐消失,经济在全国范围内实现一体化,各区域优势充分发挥,经济获得全面发展。该理论对制定区域发展政策具有指导意义。

---

① 增长极有两种含义:一是经济意义上的推进型主导产业部门;二是地理意义上的区位条件优越的地区。
② 切希尔.区域和城市经济学手册[M].北京:经济科学出版社,2003.
③ 即"大的工业中心"和"为大的工业中心生产粮食和原材料"的"外围"。
④ 切希尔.区域和城市经济学手册[M].北京:经济科学出版社,2003.

表1　发展阶段与区域特征

	前工业化阶段	工业化初级阶段	工业化成熟阶段	空间经济一体化阶段
资源要素流动状态	较少流动	外围区域资源要素大量流入中心区	中心区要素高度集中,开始回流到外围区	资源要素在整个区域内全方位流动
区域经济典型特征	已存在若干不同等级的中心,但彼此之间缺乏联系	中心区进入极化过程,少数主导地带迅速膨胀	中心区开始对外扩散过程,外围区出现较小中心	多核心区形成,少量大城市失去了原有的主导地位,城市体系形成

　　——倒"U"型理论。威廉姆逊把库兹涅茨的收入分配倒"U"型假说应用到分析区域经济发展方面,将时序问题引入了区域空间结构变动分析,提出了区域经济差异的倒"U"型理论。[①] 他通过截面分析和时间序列分析发现,发展阶段与区域差异之间存在着倒"U"型关系,均衡与增长之间的替代关系依时间的推移而呈非线性变化。

　　纵观上述非均衡发展理论,其共同的特点是,二元经济条件下的区域经济发展轨迹必然是非均衡的,但随着发展水平的提高,将逐渐向区域经济一体化过渡。其区别主要在于,它们分别从不同的角度来论述均衡与增长的替代关系,在发展阶段与非均衡性的关系上截然不同。增长极理论、不平衡增长论和梯度转移理论倾向于认为,无论处在经济发展的哪个阶段,进一步的增长总要求打破原有的均衡。而倒"U"型理论则强调经济发展程度较高时期增长对均衡的依赖。

　　3.内生增长理论

　　内生增长理论认为经济能够不依赖外力推动实现持续增长,内生的技术进步是保证经济持续增长的决定因素。[②]

　　内生增长模型在完全竞争假设下考察长期增长率的决定因素。有两条路线:一是罗默、卢卡斯等人用全经济范围的收益递增、技术外部性解释经济增长,代表性模型有罗默的知识溢出模型、卢卡斯的人力资本模型、巴罗模型等;二是用资本持续积累解释经济内生增长,代表性模型是琼斯—真野模型、雷贝洛模型等。

　　为克服完全竞争假设条件过于严格,解释力弱,以及无法较好地描述技术商

---

①　安虎森.空间经济学原理[M].北京:经济科学出版社,2005.
②　波金斯.发展经济学[M].北京:中国人民大学出版社,2005.

品的非竞争性和部分排他性等不足,20 世纪90 年代以来,增长理论家开始在垄断竞争假设下研究经济增长问题,提出了一些新的内生增长模型。根据对技术进步的不同理解,主要有三类:产品种类增加型、产品质量升级型、专业化加深型。

(三)区域分工与贸易理论

区域分工与贸易理论包括传统的斯密绝对优势理论、李嘉图比较优势理论、俄林生产要素禀赋理论等。

1.绝对优势理论

绝对优势是指一个国家较另一个国家在生产某种商品中拥有最高的劳动生产率(单位劳动投入带来的产出率最大),或指一个国家较另一国家在生产同种商品中所具备的最低的生产成本(单位产出的劳动投入量最小)。

斯密认为国家或区域间分工原则是成本的绝对优势。① 分工可以极大地提高劳动生产率,企业、区域或国家从事最有优势的产品的生产,然后彼此交换,则对每个人都是有利的。斯密将该理论由家庭推及国家,论证了国际分工和国际贸易的必要性。他主张,如果外国的产品比本国生产便宜,那么最好是输出在本国有利的生产条件下生产的产品,去交换外国的产品,而不要自己生产。这样对所有国家都是有利的,世界的财富也会因此而增加。绝对优势的基础在于自然禀赋或者后天的优势,它可以使一个国家生产某种产品的成本绝对低于别国,从而在该产品的生产和交换上处于绝对有利地位。

2.比较优势理论

两个国家刚好具有不同商品生产绝对优势的情况是极为偶然的,因而绝对优势理论在现实中面临一些挑战。

李嘉图对绝对优势理论进行了发展,提出比较成本学说②认为:国际贸易产生的基础并不限于生产技术的绝对差别,只要各国之间存在着生产技术上的相对差别,就会出现生产成本和产品价格的相对差别,从而使各国在不同的产品上具有比较优势,使国际分工和国际贸易成为可能,进而获得比较利益。比较利益学说进一步揭示了国际分工贸易的互利性和必要性。它证明各国通过出口相对成本较低的产品、进口相对成本较高的产品就可能实现贸易的互利。

---

① 亚当·斯密.国民财富的性质和原因的研究[M].北京:商务印书馆,1974.
② 大卫·李嘉图.政治经济学及赋税原理[M].北京:光明日报出版社,2009.

3.要素禀赋理论

要素禀赋论①又称要素比例说。是赫克歇尔(Heckscher,1919)②和俄林(Ohlin,1933)③提出的。该理论阐明了什么因素确定外贸模式和国际分工;同时也指出外贸对资源配置、价格关系和收入分配的效应。赫克歇尔和俄林认为,现实生产中投入的生产要素不止一种,而是多种。根据生产要素禀赋理论,在各国同一产品的生产技术水平相同的情况下,两国生产同一产品的价格差来自产品的成本差别,这种成本差别来自生产过程中所使用的生产要素的价格差别,这种生产要素的价格差别则决定于该国各种生产要素的相对丰裕程度。

狭义的生产要素禀赋论认为,一国在生产密集使用本国比较丰裕的生产要素的产品时,成本就较低,而生产密集使用别国比较丰裕的生产要素的产品时,成本就比较高,从而形成各国生产和交换产品的价格优势,进而形成国际分工和贸易。此时本国专门生产有成本优势的产品,而换得外国有成本优势的产品。

广义的生产要素禀赋论认为,当国际贸易使参加贸易的国家在商品的市场价格、生产该商品的要素价格相等的情况下,以及在生产要素价格均等的前提下,两国生产同一产品的技术水平相等(或生产同一产品的技术密集度相同)的情况下,国际贸易取决于各国生产要素的禀赋,每个国家都专门生产密集使用本国比较丰裕生产要素的商品。生产要素禀赋论假定,生产要素在各部门转移时,增加生产某种产品的机会成本保持不变。

(四)区域开发理论

1.据点式开发

据点式开发的理论基础是增长极理论。即一个地区的开发应当从一个或若干个"点"开始,并使其逐步发展成中心城市,进而以中心城市为基础,带动周围区域的发展。中国区域开发实践的经验与教训表明,对欠发达地区,据点式开发是一种适宜的国土开发空间战略。通过政府的作用来集中投资,加快若干条件较好的区域或产业的发展,进而带动周边地区或其他产业发展,可集中使用有限的建设资金,发挥各种设施空间集中形成的集聚效应。同时也可使新区开发就近得到

---

① ELI. F. Heckscher and Bertil Ohlin. Heckscher-Ohlin Trade Theory.Translated and edited by H. Flam and M.June Flanders[M].Cambridge:the MIT Press,1991.
② ELI. F. Heckscher. The effect of foreign trade on the distribution of income[J]. Reading in the theory of international trade, 1949:272-300.
③ 俄林.区际贸易与国际贸易[M].北京:商务印书馆,1986.

支援。20 世纪 70 年代以来,中国在中西部地区,实际上实行的是据点式开发空间发展战略。

但该模式忽略了在培育据点或增长极的过程中,增长极和周围地区的发展差距加大,进而导致彼此之间产业难以配套,影响了区域发展的平衡性和可持续性。

2.点—轴开发

点—轴开发理论除了重视"点"(中心城镇或经济发展条件较好的区域)的增长极作用外,还强调"点"与"点"之间的"轴"(交通干线)的作用,认为随着重要交通干线如铁路、公路、河流航线的完善,连接地区的人流和物流迅速增加,生产和运输成本降低,形成了有利的区位条件和投资环境。① 产业和人口向交通干线聚集,使交通干线连接地区成为经济增长点,沿线成为经济增长轴。在国家或区域发展过程中,大量生产要素在"点"上集聚,并由线状基础设施联系在一起而形成"轴"。

点—轴理论十分重视地区发展的区位条件,强调交通条件对经济增长的作用,点轴开发对地区经济发展的推动作用要大于单纯的增长极开发,也更有利于区域经济的协调发展。我国的生产力布局和区域经济基本上是按照点轴开发的战略模式逐步展开的。

3.网络开发

网络开发理论是点—轴理论的延伸。该理论认为,在经济发展到一定阶段后,一个地区形成了增长极(各类中心城镇)和增长轴(交通沿线),点和轴的影响范围不断扩大,在更大的区域范围内形成商品、资金、技术、信息、劳动力等生产要素的配置网和交通、通讯网。② 网络开发理论强调增长极与整个区域之间生产要素交流的广度和密度,促进地区经济一体化和城乡一体化;同时,通过网络的拓展,加强与区外其他区域经济网络的联系,将更多的生产要素进行合理配置和优化组合,促进更大区域内经济的发展。网络开发理论宜在经济较发达地区应用。

网络开发理论有利于缩小地区间的发展差距。增长极开发、点轴开发都是以强调重点发展为特征,在一定时期内会扩大地区发展差距。而网络开发是以均衡分散为特征,将增长极、增长轴的扩散向外推移。一方面要求对已有的传统产业进行改造、更新、扩散、转移;另一方面又要求及时开发新区,以达到经济布局的平衡。新区开发一般也采取点轴开发形式,而不是分散投资,全面铺开。这种新旧

① 陆大道.区域发展及其空间结构[M].北京:科学出版社,1999.
② 李国平.网络化大都市——杭州市域空间发展战略[M].北京:中国建筑工业出版社,2009.

点轴的不断渐进扩散和经纬交织,逐渐在空间上形成一个经济网络体系。

网络开发一般适用于较发达地区或经济重心地区。① 它同时强调推进城乡的一体化,加快整个区域经济全面发展。所以,该理论应用的时机应选择在经济发展到一定阶段后,区域之间发展差距已经不大,区域经济有能力全面地开发新区的时候实施。

(五)新经济地理论

克鲁格曼将贸易理论和区位理论之间建立关联,把"空间"因素引入对区际贸易的分析,克鲁格曼以规模报酬递增、不完全竞争的市场结构为假设前提,在 D-S 垄断竞争模型②的基础上,认为产业集聚是由企业的规模报酬递增、运输成本和生产要素移动通过市场传导的相互作用而产生的。这从理论上证明了工业活动倾向于空间集聚的一般性趋势,揭示了外在环境的限制,如贸易保护、地理分割等原因,产业区集聚、特殊的历史事件等对空间格局的影响,解释了现实中空间集聚的路径依赖性③,并且认为在一个区域内,工业生产活动的空间格局演化的最终结果将会是集聚④。最具有代表性的著作是《空间经济学:城市、区域与国际贸易》⑤。该书将空间经济模型的特征总结为四条,即 D-S 模型、冰山成本、动态演化和计算机数值模拟。空间经济的动态演化并不是通过基于理性预期的跨时决策对厂商和家庭建立清晰的模型进行模拟,这样将会非常复杂,而是采取了一条捷径,通过对静态模型的动态化处理,使得一系列空间现象得以在演化中产生。因此,空间经济的动态并不具有真实时间意义下的微观动态特征,只是在时间序列上展现了空间集中不断累积时的每一个均衡。在主流经济理论特别强调理性预期和策略博弈的今天,这可能是空间经济理论未来的发展方向之一。⑥

经济模型中的均衡总是来自个人理性的最优决定。但是在空间经济系统中,由于空间最初总是被假定为完全均质的,在报酬递增的作用下,空间由分散向集中的转变就会出现多重均衡的特征。克鲁格曼等认为多重均衡下的空间演化具

---

① 王凯.国家空间规划体系的建立[J].城市规划学刊,2006(1):6-10.

② 即迪克斯特-斯蒂格利茨模型,下同。

③ 产业空间集聚一旦建立起来,就倾向于自我延续下去。

④ 也就是说,克鲁格曼将最初的产业集聚归于一种历史的偶然,初始的优势因"路径依赖"而被放大,从而产生"锁定"效应,所以集聚的产业和区位都具有"历史依赖"性。

⑤ 藤田昌久,保罗·克鲁格曼,安东尼·J.维纳布尔斯.空间经济学:城市、区域与国际贸易[M].北京:中国人民大学出版社,2005.

⑥ 段学军,虞孝感,陆大道,等.克鲁格曼的新经济地理研究及其意义[J].地理学报,2010,65(2):131-138.

有两个突出特征:一是如何从许多可能的地理结构中选择其一集聚,比如两地区模型中,最初的要素分布完全相同,当运输成本降至足够低时,制造业将在"报酬递增"的作用下选择两地区之一集聚,而且任何地点的集聚在个人理性看来都是最优的。而究竟在哪个地方集聚就依赖于历史偶然因素的选择。也就是说,如果某个区位碰巧在早期吸引了更多的企业,接下来的发展如果没有更大的反方向刺激,就会在报酬递增引致的循环累积下按照这一条路径一直演化下去,即"路径依赖"或称之为"锁定",于是早期稍具优势的地区就会成为集聚的中心。

二、国土空间的结构

(一)国土空间与国土空间开发

空间,哲学上认为是运动行为和存在的表现形式,行为是相对彰显的运动,存在是相对静止的运动。物理学上的空间,是指能够包容(所有)物理实体和物理现象的场所;空间是有或没有具体数量规定的认识对象,具有长、宽、高等多个维度。国土空间是"区域"在国家尺度上的称谓。首先具有"区域"的基本内涵:一是具有基本的自然地理规定性,"是地域分异规律作用的产物"①。二是具有一定的经济规定性,它是"社会经济客体在区域空间中的相互作用和相互关系以及反映这种客体和现象的空间聚集规模和聚集形态"②。三是具有一定的政治规定性,列昂提夫认为将"区域"与行政区划相结合有助于掌握数据、描述、制定实施政策等③。其次,国家尺度下的"区域"(国土空间)具有不同于一般意义"区域"的特定内涵。一是受关税、贸易壁垒等影响,其要素流动的交易成本或广义运输距离更显著,在经济全球化、区域经济一体化发展日益深入的背景下,国土空间受到外部环境的影响越来越大,国际政治经济环境、贸易政策等都会对其产生重要影响,这使得国土空间相比于一般区域呈现出更强的行政规定性。二是出于国家安全的考虑,国土空间上战略性资源配置要立足内部,这样以效率为导向的市场机制将呈现部分失灵,从而需要中央政府层面的宏观调控或管制来辅助。

国土空间开发具有阶段性。从全球角度看,国土空间开发格局形成和发展与区域经济社会发展阶段密切相关。在农业社会,水资源对于经济社会的发展具有决定性意义,国土空间开发长期处在"流域主导期"。如两河文明、尼罗河文明、印

---

① 胡兆量.地理环境概述[M].北京:科学出版社,1994.
② 陆大道.区位论及区域研究方法[M].北京:科学出版社,1991.
③ 埃德加·M.胡佛,弗兰克·杰莱塔尼.区域经济学导论[M].上海:上海远东出版社,1992.

度河文明、黄河文明等。工业化时期,推动经济社会发展的主导力量逐渐地由农业转向工业,国土空间开发特征也由"流域主导"向"产业主导"转化。工业化中后期伴随快速城镇化进程,农业剩余劳动力向城市转移,城市数量增加和城市规模的扩大,引发了服务业的快速发展,国土空间开发特征由"产业主导"向"城市主导"转化,同时,城市人口剧增导致空气污染、噪声干扰、交通拥堵等问题,城市居住质量下降①,产业发展导致资源过度开采、生态遭到侵蚀等问题,可持续发展日益得到重视,国土空间开发特征在"产业主导、城市主导"的基础上,增加了"生态约束"特征。

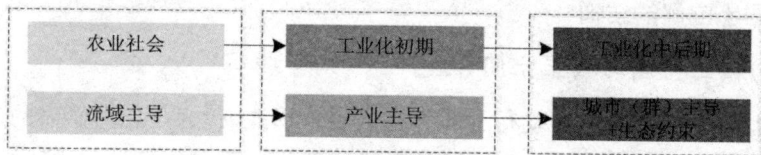

图1　不同阶段的国土空间开发

国土空间开发具有效率性。国土空间要素主要包括土地、劳动力、矿产资源、资本等,这些要素的丰沛程度在很大程度上影响着国土空间开发。早期的国土空间开发,多具有资源指向,如德国的鲁尔区、英国中部、中国的辽中南地区等,都明显受到这一规律的影响。各要素间的匹配程度是影响国土空间开发的另一个因素,尽管要素之间的相互替代可在一定程度上减少要素不匹配的影响,但低于某个门槛值时,这种替代便难以形成,这样使得要素匹配性好的地区生产活动的效率更高。无论在哪个阶段,效率都是各种要素配置目标,市场则是要素配置的基础,为实现高效,一方面要通过空间组织,形成有效的区域分工,提高全要素生产率;另一方面,市场的效率导向会引导生产活动撤离那些不具备竞争力的地区,或由于过度开发而产生负的外部性的地区。

国土空间开发具有公平性。公平性的核心是空间中人的发展机会和福利的均等,包括受教育机会、就业机会、社会保障、住房保障、医疗保障等。② 新区域主义认为③,市场机制最终将通向不平衡的地理发展,市场本身难以阻止地理不平

① 陈修颖.区域空间结构重组:理论基础、动力机制及其实现[J].经济地理,2003(4):445-450.

② 杜鹰.区域发展与政策[M].北京:中央编译出版社,2007.

③ 彼得·霍尔.城市和区域规划[M].第四版.北京:中国建筑工业出版社,2008.

衡,因此需要政府政策的引导,引导并不是为了空间发展的均衡,而是为了空间中人的公平。

(二)国土空间开发的四个维度

理想的国土空间开发格局应该是能够促进要素充分流动和优化配置、空间中人的发展机会和福利水平相对公平、生态环境可持续发展,经济、社会、环境发展与人的发展相协调的空间格局。国土空间开发应包括四个维度,即开发区位、开发功能、开发强度、开发组织。如图2所示:

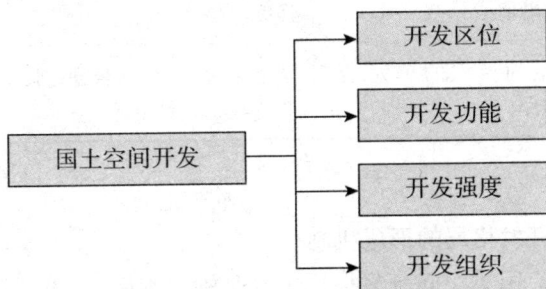

图2 国土空间开发的理论内涵

一是开发区位,主要解决在哪开发的问题。即根据资源环境条件、发展基础和发展潜力,确定哪些地区可以开发、哪些地区不可以开发,划定空间开发的边界。

二是开发功能,主要解决开发什么的问题。其中主要对国土空间内某一特定区域能发展什么、不能发展什么即主体功能进行安排,如城市发展区、粮食主产区、生态保护区等,通过规划进行控制,强化可以发展的功能,控制不可以发展的功能。

三是开发强度,主要解决开发到什么程度的问题。依据特定区域的承载能力、开发程度和开发潜力来综合评定,如主体功能区规划中按照开发强度分为优化开发、重点开发、限制开发、禁止开发四种类型。

四是开发组织,主要解决如何进行开发的问题。开发组织要明确基本单元、划分层级、制定结构等,其本质上取决于基于资源禀赋和动态比较优势的要素流动。在纯经济属性的"区域"中,市场机制在各要素配置中发挥基础性作用。而在国家尺度的"区域"中,由于各级行政边界的存在,特别是地方政府发展诉求强烈,产生恶性竞争,要素流动不畅,这时就需要综合运用国土空间组织等手段进行干预,引导市场主体有序开发,促进要素合理流动。

表2　国土空间开发格局的维度

	引导	管制	核心问题
开发区位	确定空间开发的重点区域	划定空间开发的边界	在哪开发
开发功能	确定开发区域的主导功能	明确禁止或限制开发的区域	开发什么
开发强度	确定开发强度的总体格局,即集聚或分散	制定各类区域相应功能的强度门槛	开发到什么程度
开发组织	制定空间组织的单元、层次和结构	制定限制要素不合理、低效流动的政策措施	如何开发

三、国土空间开发格局的形成机制

基于理论综述,国土空间开发格局主要受资源本底、政策环境、发展阶段三类因素影响,这些因素通过路径依赖、集聚与知识溢出、外部性、区域政策和制度等四种机制共同作用于国土空间格局。

(一)影响因素

国土空间开发格局的影响因素很多,静态看,主要受到资源禀赋、政策环境两方面影响,其中资源禀赋具有客观性,而政策环境则具有主观能动性;而动态看,还受到区域发展差距、工业化城镇化发展阶段的影响,发展阶段具有客观性。

1.资源禀赋

资源禀赋包括区域的土地资源、水资源、矿产资源、生态资源等的丰裕程度、匹配程度、比较优势和承载能力,区域已开发程度与开发潜力等。① 海拔很高、地形复杂、气候恶劣以及其他生态脆弱或生态功能重要的区域,并不适宜大规模高强度的工业化城镇化开发,否则,将对生态系统造成破坏。各区域资源禀赋决定了其主体功能,如有的区域在提供农产品上具有优势,有的区域则更适合提供生态产品,而另外一些区域则适合大规模高强度的工业化城镇化开发等。

资源禀赋具有客观性,可分为两类,一类是很难通过人类努力进行调整的,如气候、水文、开发建设条件等,具有绝对客观性;另一类是通过人类努力得到适当改变的,如资源能源的跨区域调配、交通条件的改善等,但其受到市场机制的约

① 樊杰.我国主体功能区划的科学基础[J].地理学报,2007(4):339-350.

束,具有相对客观性。

2.政策环境

政策环境包括区域发展战略、区域增长模式、经济体制等。

区域发展战略受政府意志影响显著,多为解决特定历史条件下经济社会发展中存在的问题而采取的空间上的解决途径,这在政府调控力度较强的国家表现得尤为显著。① 如我国,中华人民共和国成立初期,实行高度集中的计划经济体制,为应对可能出现的战争,大量项目布局在中西部地区②;而改革开放以后,为对外开放和招商引资的需要,沿海成为经济发展的重点地区,在区域发展战略上强调东部率先③。

区域增长模式是在特定历史条件下市场力量和政府力量共同作用形成的,比较有代表性的有出口导向、内需导向、出口替代战略等,任何一种增长模式必然要求在空间上相应地给以支撑,如我国长期实施出口导向战略④,在全球化和本地化循环累积作用下,沿海经济带得到快速发展。国土空间是经济增长模式的重要载体,而国土空间开发格局的调整也是转变增长方式的重要内容⑤。

经济体制直接影响着经济要素在空间上的组织方式,如我国在计划经济体制下,各种生产要素和产品按照计划进行配置,地方政府缺少经济发展和空间开发的能动性,呈点状均衡化布局,但各点之间缺乏内在的经济联系,其结果必然是低效率和低效益。从20世纪80年代开始,财政实行地方政府承包制⑥,即"分灶吃饭",诱发了地方政府发展经济的冲动,经济组织在空间上表现为行政区经济,"断头路"等使得行政区交界地区发展缓慢,过多的行政干预使行政区之间缺少有效的分工,要素配置效率不高,比较优势难以充分发挥,发展潜力难以完全释放⑦。

3.发展阶段

学者们的研究表明,发展阶段与区域空间结构之间存在显著关系。⑧ 威廉姆逊的研究认为发展阶段与区域差异之间存在着倒"U"型关系,均衡与增长之间的

① 张可云.区域经济政策[M].北京:商务印书馆,2005.
② 陈秀山,孙久文.中国区域经济问题研究[M].北京:商务印书馆,2005.
③ 张军扩,侯永志.协调区域发展:30年区域政策与发展回顾[M].北京:中国发展出版社,2008.
④ 林毅夫.自生能力、经济发展与转型[M].北京:北京大学出版社,2004.
⑤ 胡序威.我国区域规划的发展态势与面临问题[J].城市规划,2002(2):23-26.
⑥ 贾康,赵全厚.中国财税体制改革30年回顾与展望[M].北京:人民出版社,2008.
⑦ 魏后凯.中国区域政策——评价与展望[M].北京:经济管理出版社,2011.
⑧ 王凯.国家空间规划论[M].北京:中国建筑工业出版社,2010.

替代关系依时间的推移而呈非线性变化。弗里德曼也研究发现了空间一体化过程与区域经济发展阶段的对应关系。① 一般说来,在发展初期,区域差距比较小,空间开发上多采取增长极战略,进行据点式开发;而发展中后期,区域发展差距会逐渐扩大,这时,需要引导生产要素跨区域合理流动以缩小区域发展差距,成为影响国土空间开发战略的重要方面。这一过程中,同时还要受到工业化城镇化阶段、经济体制转型等时间维度变量的影响。

（二）形成机制

国土空间开发格局的形成,从根本上说,是资源和要素在空间上配置的结果。在市场经济条件下,市场是国土空间开发格局的主要推动力量,伴随市场配置资源和要素的过程,正外部性和负外部性不断产生。如在一些地区进行项目建设,改善其产业配套条件,增强其承接产业转移的能力,增强这些地区承载经济和人口的能力,从而产生正外部性;而在生态环境比较脆弱的地区进行资源开发,则有可能破坏这些地区的生态环境,降低其提供生态产品的能力。

优化国土空间开发格局,就是要鼓励正外部性,抑制负外部性。在存在外部性和公共产品生产②的领域,市场经常会失灵,因此国土空间开发格局的优化也离不开政府力量。政府发挥作用主要是设计合理的政策体系,选准作用的领域——主要是弥补市场失灵,而不是代替市场的作用。其中市场机制主要包括:路径依赖效应、集聚与知识溢出、外部效应等,政府机制主要包括土地制度、财税制度、户籍制度、环境制度等。

1.路径依赖

路径依赖是指一个具有正反馈机制的体系,一旦在外部性偶然事件的影响下被系统所采纳,便会沿着一定的路径发展演进,很难为其他潜在的更优的体系所代替。一旦进入一种低效或无效的状态则需要付出大量的成本,否则很难从这种路径中解脱出来。克鲁格曼认为,现实中的产业区的形成是具有路径依赖性的,而且产业空间集聚一旦建立起来,就倾向于自我延续下去。

产生空间上路径依赖的原因,一是市场保护,城市或区域政府出于就业和稳定的考虑,倾向于保护辖区内的企业和产业,这样就在政府的市场保护政策下形成了一个进入壁垒,阻碍外地商品进入③;二是迁移成本,即新企业从一个地区迁

---

① 崔功豪,等.区域分析与规划[M].北京:高等教育出版社,1999.
② 国土空间开发也是创造公共产品的过程,如交通、水利、历史文化等,有的是区域性公共产品,有的是全国性公共产品。
③ 林毅夫.经济发展与转型——思潮、战略与自生能力[M].北京:北京大学出版社,2008.

移到另一个地区所要付出的代价;三是制度障碍,地方政府往往设置许多不利于企业迁移的地方政策,同时为了营造一种能使这类企业继续生存的空间,这会使有迁移愿望的企业锁定在原来的区位。要素流动不顺畅,也使得在宏观空间结构上倾向于保持固有的格局。

2.集聚与知识溢出

所有的区域空间结构理论都强调集聚经济在区域经济发展中的作用。运用集聚经济将那些在生产或分配方面有着密切联系,或是在产业布局上有着共同指向的产业,按一定比例在某个拥有特定优势的区域,形成一个地区生产系统。在系统中,每个企业都因与其他关联企业接近而改善自身发展的外部环境,并从中受益,结果系统的总体功能大于各个组成部分功能之和。① 梯度推移理论认为大城市是高区位区,就因为它可以依靠集聚经济来推动与加速发明创造、研究与开发工作的进程,节约所需投资;增长极理论强调城市体系中城市等级结构的差异,实际上是考虑城市集聚经济能力;生产综合体理论更是指出要追求集聚经济;而产业集群理论不仅强调大量产业联系密切的企业集聚,而且还强调相关支撑机构在空间上的集聚,获得集聚经济带来的外部规模经济。

知识溢出效应近年来也得到了更多的关注。新经济地理理论认为,空间邻近的知识溢出在产业区位形成中具有重要作用,空间集聚与经济增长之间之所以具有显著的相互影响,其关键就在于知识溢出的空间特征。② 内生增长理论将区域增长归结为要素投入与知识积累,在区域层面,知识溢出依赖于区域之间的地理距离、技术差距及学习能力,知识溢出在领先和落后地区的流动是双向的,但领先地区向落后地区的溢出更大,外生知识增长是影响区域增长的主要变量,邻近区域的知识溢出效应更为明显,知识溢出的生产力效应随着地理距离的邻近而增强。

3.外部效应

外部性通常是指私人收益与社会收益、私人成本与社会成本不一致的现象。如果一种经济行为给外部造成了积极影响,使社会收益大于私人收益,使他人减少成本,则称为正外部性;如果一种经济行为给外部造成消极影响,导致社会成本大于私人成本,使他人收益下降,则成为负外部性。③ 萨缪尔森认为,"生产和消费过程中当有人被强加了非自愿的成本或利润时,外部性就会产生。更为精确地

---

① 阿姆斯特朗・泰勒.区域经济学与区域政策[M].上海:上海人民出版社,2007.
② 藤田昌久,雅克-弗朗科斯・蒂斯.集聚经济学:城市、产业区位与区域增长[M].成都:西南财经大学出版社, 2004.
③ 高培勇.公共经济学[M].北京:中国人民大学出版社,2008.

说,外部性是一个经济机构对他人福利施加的一种未在市场交易中反映出来的影响"。科斯对制度的外部性进行了研究①,认为如何让外部效应内部化是解决负外部性的关键。

在区域经济活动中,河流、空气、人才等流动性明显的资源无法明确界定其区域空间归属,因而,企业缺乏保护河流、治理污染的动力。而我国地方政府具有特别突出的"经济人"属性,他们的行为"同经济学家研究的其他的行为没有任何不同",他们都以自身利益最大化为目标,缺少对外部性的考虑。这两方面原因共同作用于国土空间开发格局。

正是由于外部性特别是负的外部性的存在,所以就需要中央政府进行政策调整以达到优化国土空间格局的目的。② 体现为两种不同的政策模式:一是通过区域经济一体化与区域合作,在私人市场中把外部性内部化,减少区域之间的恶性竞争,内化区域之间的交易成本以及克服区域之间的负外部性;二是区域补偿政策,政府对有负外部性的活动征税以及对有正外部性的活动提供补贴。

4.区域政策与制度

在市场经济下,虽然中央政府对于经济资源的掌握能力大大弱于计划经济,但中央政府仍然拥有一系列干预区域经济运行的手段。区域政策工具可以分为三大类:一类是微观政策工具,一类是宏观政策工具,另外一类是协调政策工具。微观政策工具包括劳动力再配置政策(迁移政策、劳动力市场政策、劳动力报酬政策)、资本再配置政策(如对资本、土地、建筑物等生产要素的投入进行财政补贴,对产品进行税收减免,对技术进步进行财政补助、税收减免,等等)。宏观政策工具包括区域倾斜性的税收与支出政策、区域倾斜性的货币政策、区域倾斜性的关税与其他贸易政策。③ 协调政策工具主要用于微观政策之间的协调、微观与宏观政策之间的协调、中央与区域开发机构之间的协调、区域开发机构与地方政府之间的协调。

按照政策的功能,区域政策工具可以分为奖励性政策和控制性政策两大类。④ 前者包括转移支付、优惠贷款、税收减免、基础设施建设、工业和科技园区设立等,后者包括明文禁止相关开发活动、对一些开发活动实施许可制度和提高税收等。

---

① 科斯.企业、市场与法律[M].上海:格致出版社,2009.
② 梁鹤年.政策规划与评估方法[M].北京:中国人民大学出版社,2009.
③ 国务院发展研究中心课题组.主体功能区形成机制和分类管理政策研究[M].北京:中国发展出版社,2008.
④ 魏后凯.中国区域政策——评价与展望[M].北京:经济管理出版社,2011.

——财税政策。包括收入类政策和支出类政策。其中收入类政策大体可以分为税、费、债和转移性收入四项,支出类政策大致包括政府投资、公共服务、财政补贴和政府采购四项。其作用主要包括:一是支持特定地区改善发展所需要的基础设施;二是支持特定地区增强提供公共产品的能力,或向特定地区的居民提供特定的公共产品;三是在特定地区进行生态环境基础设施建设;四是鼓励资本和劳动力进入或转移出特定地区;五是鼓励或限制某些产业的发展;六是引导市场参与者节约资源、保护环境。

——投资政策。包括中央财政基本建设支出预算安排、固定资产投资规模控制、重大项目布局等。其作用主要包括:一是在特定地区进行交通、通信、生态环境保护等基础设施建设;二是鼓励或抑制特定地区固定资产投资的增长;三是在特定地区培育经济增长极;四是引导社会投资的空间流向。

——产业政策。包括鼓励性或限制性产业发展指导目录、产业技术标准的设立等。其作用主要包括:一是引导资源和要素在空间上的配置,合理化产业的空间布局;二是鼓励或限制特定产业发展,优化特定地区产业结构;三是鼓励或限制特定开发活动,促进资源开发与生态环境保护的协调。

——土地政策。包括建设用地指标分配、土地最低价格标准、单位土地投入产出强度控制等。其作用主要包括:一是鼓励或限制特定地区的发展;二是鼓励或抑制特定产业的发展;三是鼓励或限制特定的开发活动。

——人口管理政策。包括人口生育政策、人口迁移政策、劳动力培训政策和劳动力市场政策等。其作用主要包括:一是调节特定地区的人口生育率和人口增长率;二是鼓励或限制城乡居民迁入迁出特定地区;三是增强劳动者在区外寻求生存和发展机会的能力;四是合理调节劳动要素在空间上的配置。

——环境保护政策。包括环保标准的制定和实施、环保禁令的颁布、环保税收的设定、污染排放指标的分配、环境基础设施投资的安排等。其作用主要包括:一是在特定地区进行生态环境保护工程假设;二是鼓励或限制特定产业在特定地区的发展;三是调节特定地区的生产和消费活动,促进人与自然的和谐相处。

——绩效评价和政绩考核政策。包括指标的设立、奖惩制度安排等。其作用主要包括:一是引导各地区制定和实施符合自身功能定位的经济社会发展规划;二是引导各地进行符合自身功能定位的开发活动。

——规划政策。包括空间开发规划的制定与实施、经济社会发展规划的制定与实施等,以及各类规划之间的协调。其作用主要包括:一是规范国土空间开发秩序;二是引导各地区制定符合自身功能定位的经济社会发展规划;三是促进各地区协调发展。

参考文献

[1]FUJITA M, THISSE J F. Economics of Agglomeration: Cites, Industrial location, and Regional Growth[M]. Cambridge, UK: Cambridge University Press, 2002.

[2]FUJITA M, KRUGMAN P, ANTHONY J. Venables. The Spatial Economy: Cities, Regions, and International Trade[M]. Cambridge, Massachusetts: The MIT Press, 1999.

[3]阿姆斯特朗·泰勒.区域经济学与区域政策[M].刘乃全,等译.上海:上海人民出版社,2007.

[4]埃德加·胡佛.区域经济学导论[M].第四版.北京:商务印书馆,1990.

[5]安虎森.空间经济学原理[M].北京:经济科学出版社,2005.

[6]保罗·克鲁格曼.地理与贸易[M].北京:北京大学出版社,2001.

[7]彼得尼茨坎普.区域和城市经济学手册[M].安虎森,等译. 北京:经济科学出版社,2001.

[8]伯金斯.发展经济学[M].北京:中国人民大学出版社,2005.

[9]陈修颖.区域空间结构重组:理论基础、动力机制及其实现[J].经济地理, 2003(4):445-450.

[10]陈秀山,孙久文.中国区域经济问题研究[M].北京:商务印书馆,2005.

[11]崔功豪,等.区域分析与规划[M].北京:高等教育出版社,1999.

[12]大卫·李嘉图.政治经济学及赋税原理[M].北京:光明日报出版社,2009.

[13]杜能.孤立国同农业和国民经济的关系[M].北京:商务印书馆,1986.

[14]俄林.区际贸易与国际贸易[M].北京:商务印书馆,1986.

[15]樊杰.我国主体功能区划的科学基础[J].地理学报,2007(4):339-350.

[16]樊杰,曹忠祥,张文忠,等.中国西部开发战略创新的经济地理学理论基础[J].地理学报,2001(6):711-721.

[17]方创琳.区域发展规划论[M].北京:科学出版社,2004.

[18]国务院发展研究中心课题组.主体功能区形成机制和分类管理政策研究[M].北京:中国发展出版社,2008.

[19]郝守义,安虎森.区域经济学[M].北京:经济科学出版社,2004.

[20]胡序威.区域与城市研究[M].北京:科学出版社,1998.

[21]胡序威.国土规划的性质和理论方法问题[J].地理学与国土研究,1986(2):1-7.

[22]胡序威.我国区域规划的发展态势与面临问题[J].城市规划,2002(2):23-26.

[23]胡兆量.地理环境概述[M].北京:科学出版社,1994.

[24]贾康,赵全厚.中国财税体制改革30年回顾与展望[M].北京:人民出版社,2008.

[25]克里斯塔勒.德国南部的中心地原理[M].北京:商务印书馆,2010.

[26]廖什.经济空间秩序:经济财货与地理间的关系[M].北京:商务印书馆,2010.

[27]李国平.网络化大都市——杭州市域空间发展战略[M].北京:中国建筑工业出版社,2009.

[28]林毅夫.自生能力、经济发展与转型[M].北京:北京大学出版社,2004.

[29]刘洋.优化国土空间开发格局思路研究[J].宏观经济管理,2011(3):19-23.

[30]陆大道.区域发展及其空间结构[M].北京:科学出版社,1999.

[31]陆大道.论区域的最佳结构与最佳发展——提出"点—轴系统"理论和"T"型结构以来的回顾与再分析[J].地理学报,2001(2):127-135.

[32]陆大道,樊杰.2050:中国的区域发展[M].北京:科学出版社,2009.

[33]段学军,虞孝感,陆大道,等.克鲁格曼的新经济地理研究及其意义[J].地理学报,2010,65(2):131-138.

[34]陆大道.中国区域发展的理论与实践[M].北京:科学出版社,2003.

[35]切希尔.区域和城市经济学手册[M].北京:经济科学出版社,2003.

[36]世界银行.2009年世界发展报告——重塑世界经济地理[M].北京:清华大学出版社,2009.

[37]藤田昌久,保罗·克鲁格曼,安东尼·J.维纳布尔斯.空间经济学:城市、区域与国际贸易[M].北京:中国人民大学出版社,2005.

[38]藤田昌久,雅克-弗朗科斯·蒂斯.集聚经济学:城市、产业区位与区域增长[M].成都:西南财经大学出版社,2004.

[39]王凯.国家空间规划论[M].北京:中国建筑工业出版社,2010.

[40]韦伯.论工业区位[M].北京:商务印书馆,2010.

[41]魏后凯.中国区域政策——评价与展望[M].北京:经济管理出版社,2011.

[42]肖金成.优化国土开发空间结构[N].人民日报,2010-03-09.

[43]肖金成,高国力.中国空间结构调整新思路[M].北京:经济科学出版

社,2008.

[44]亚当·斯密.国民财富的性质和原因的研究[M].北京:商务印书馆,1974.

[45]杨开忠.改革开放以来中国区域发展的理论与实践[M].北京:科学出版社,2010.

[46]杨吾杨,梁进社.高等经济地理学[M].北京:北京大学出版社,1997.

[47]袁朱.未来10年国土开发空间结构的调整重点及对策[J].宏观经济管理,2011(6):19-22.

[48]张军扩,侯永志.协调区域发展:30年区域政策与发展回顾[M].北京:中国发展出版社,2008.

[49]张可云.区域经济政策[M].北京:商务印书馆,2005.

[50]郑度,葛全胜,张雪芹,等.中国区划工作的回顾与展望[J].地理研究,2005(3):330-344.

[51]周一星.城市地理学[M].北京:商务印书馆,1992.

（本文发表于《区域经济评论》2013年第1期。合作者:刘保奎,北京大学博士,国家发改委国土开发与地区经济研究所战略研究二室主任,副研究员。）

我国促进欠发达地区发展的理论与实践

中华人民共和国成立以来,我国在促进欠发达地区的经济发展方面取得了举世瞩目的成就,积累了比较丰富的正反两方面的经验,理论工作者对此进行了总结和探索,回顾和分析通过实践得来的理论和经验,对于研究西部发展战略具有十分重要的意义。

一、均衡发展思想与西部工业基础的建立

中华人民共和国成立之初,我国生产力水平十分低下,工业基础非常薄弱,地区分布也极不平衡。全国工业总产值77%以上集中在占国土面积不到12%的东部沿海狭长地带,其中68%集中在以上海为中心的长江三角洲(占23%)、以沈阳为中心的东北南部(占20%)、以天津为中心的京津唐地区(占10%)、以青岛为中心的胶济沿线(占5%)和广州(占3%)等少数几个地区,而广大地区,尤其是西南、西北地区,除少数采矿业之外,几乎没有什么近代工业。占国土面积45%的西北和内蒙古广大地区,工业总产值仅占全国的3%;占国土面积23%的四川、重庆、云南、贵州和西藏,工业总产值仅占全国的6%。① 这种工业布局被看作是旧中国在殖民地半殖民地条件下留下的历史遗产,客观上也与我国人口土地和资源的分布极不对称,严重影响了广大内地的经济发展和民族团结。改变这种工业偏集于沿海的状况,成为新中国领导人首要考虑的问题。

我国产业布局思想来自苏联的"社会主义生产布局理论",该理论的核心除了"生产关系决定论"之外,就是"均衡布局论"。经典作家的论述是均衡布局论的理论依据。恩格斯在论述社会主义生产时曾说过:"大工业在全国尽可能平衡的分布,是消灭城市和乡村的分离的条件。"②列宁也说过:"经济政治发展的不平衡

---

① 陈栋生.区域经济学[M].郑州:河南人民出版社,1993:284.
② 中共中央马克思恩格斯列宁斯大林著作编译局.马克思恩格斯全集:第20卷[M].北京:人民出版社,2006:312.

是资本主义的绝对规律。"①均衡布局理论无疑对我国产业布局理论的建立和发展以及大规模的经济建设实践起了相当大的推动作用。均衡布局与我国传统的平均思想一脉相承，极易为我国多数人所接受，因此，成为指导我国生产力布局的重要发展战略之一。

从 20 世纪 50 年代初到 70 年代末，我国宏观区域政策的主线或基调是均衡发展战略，即以内地为投资和建设的重点，以缩小沿海与内地之间的差距，实现社会生产力的均衡布局为基本目标，追求地方经济的同步发展和自成体系。

"一五"时期，我国开始了以重工业为主的大规模基本建设。"发展国民经济的第一个五年计划"文件中明确指出："在全国各地区适当地分布工业的生产力，使工业接近原料、燃料产区和消费地区，并适合于巩固国防的条件，来逐步地改变这种不合理的状态，提高落后地区的经济水平。"在这五年内动工兴建的限额以上（投资在 1000 万元以上）的 694 个工业建设项目，有 472 个分布在内地，占总额的 68%。在全国基本建设投资总额中，沿海和内地分别占 36.9% 和 46.8%，沿海与内地之比为 0.79（以内地投资为 1）。苏联援建的 156 项重点工程中（实际施工 150 项），有 4/5 布局在内地，仅西部就占 44 项，其中西北的陕西省就有包括西安和咸阳的纺织、铜川煤矿和兵器项目等 24 项，居全国各省区首位。这一时期还修建了成渝、宝成、天兰、兰新铁路和青藏、康藏线等公路，形成了以兰州、西安、成都等城市为依托的新工业基地。由于注重了项目布局的集聚经济效益，其投资效果比较明显，综合计算，全国固定资产的交付使用率高达 83.6%，资金产出率为 0.338。"一五"时期在西部建设的项目均成为西部的骨干企业，为西部经济的发展奠定了良好的基础。

针对"一五"时期忽视沿海发展的倾向，毛泽东在《论十大关系》中，强调要兼顾内地与沿海地区的发展。毛泽东指出："好好地利用和发展沿海的工业老底子，可以使我们更有力量来发展和支持内地工业。如果采取消极态度，就会妨碍内地工业的迅速发展。"②毛泽东又同时指出："我国全部轻工业和重工业，都有约百分之七十在沿海，只有百分之三十在内地。这是历史上形成的一种不合理的状况。沿海的工业基地必须充分利用，但是，为了平衡工业发展的布局，内地工业必须大力发展。"由此可见，毛泽东始终重视内地工业的发展。所以，"发展国民经济的第二个五年计划的建议"提出：必须根据资源情况和合理分布生产力的原则，在内地

---

① 中共中央马克思恩格斯列宁斯大林著作编译局.列宁选集：第 2 卷[M].北京：人民出版社，1972：709.

② 毛泽东.毛泽东选集：第五卷[M].北京：人民出版社，1977：270.

继续建立和积极准备建立新的工业基地,使全国各地区经济逐步走向平衡发展。但是,在内地进行大规模工业建设的同时,还必须积极地、充分地利用并适当地发展沿海各地原有的工业,这不仅是为着适应国家和人民日益增长的需要,而且也是为着支援内地的建设。"二五"计划,对全国生产力布局进行了具体部署:继续加强东北工业基地,充分利用并适当加强华北、华东、中南沿海城市的工业;积极进行西南、西北和三门峡周围地区以钢铁、有色金属和大型水电站为中心的新基地建设,继续建设新疆地区的石油、有色金属工业,加强西藏的地质工作,为发展西藏地区的工业准备条件。然而,1958年开始的"大跃进"运动打乱了这一部署。各地区不管有无资源条件和实际可能,都追求本地区工业自成体系,大中小项目遍地开花,星罗棋布,直到1964年,钢铁工业的投资重点才重新转向西部,在大力建设攀枝花钢铁公司的同时,新建和扩建了四川江油长城钢厂、成都无缝钢管厂、西宁钢厂、陕西钢厂、贵阳钢铁厂等企业,新建的煤炭工业大多设在西北、西南地区,机械工业在进一步发展和利用原有基地的同时,在西部又建设了重庆、成都、昆明、贵阳、西安、兰州等十多个新的机械工业基地。内地基本建设投资在全国的比重提高到58.3%,沿海与内地投资之比下降为0.60。

整个20世纪50年代,我国在均衡发展战略的指导下,大规模投资于中西部地区,初步建立了现代工业的基本框架体系,加快了西部地区的经济发展,基本实现了生产力均衡布局的区域政策目标,既有利于国家统一和民族团结,也有利于开发利用西部地区的优势资源,改变了旧中国遗留的70%以上工业和交通设施偏集沿海一隅的状况,在实现全国生产力的均衡配置方面取得很大成效。在较短的时间里为中西部地区奠定了工业化的基础。从东西部发展差距看,1952年至1965年间,人均国民收入的相对差距缩小了12.6个百分点。没有这一时期的工业和铁路等基础设施建设,广大中西部地区的经济社会进步或许还要延迟若干年,而且正是这一时期奠定的中西部工业化基础,有力支撑了改革开放以后沿海地区乃至整个国民经济的快速增长。

在此期间,也出现了忽视沿海地区发展的问题,主要体现在投资减少,增长率下降,如1955年上海、天津两市的投资仅分别相当于同年折旧费的76%和108%,致使上海、华北等老工业基地的作用和潜力远未得到应有的发挥和加强,工业生产没有得到应有的发展。因此,可以认为,国家对西部地区的投资,其机会成本是很高的,国家为此付出了很大的代价。问题的关键是,支付此代价是否值得。事实已经证明,加快西部地区的发展不仅具有重要的经济意义,而且具有重要的政治意义和国防意义,因此,付出这些代价是值得的。落后地区的发展,离不开国家和外界的支持。我国之所以能够在短时间内集中如此大量的投资是和当时的经济体制,即政府主导型的计划经济体制分不开的,利用政府的力量集中资金,并把其集中投入到欠发达地区去,正是政府主导型经济的优势所在,但在市场化情况下,要做到这一点,是十分困难的,历史给了西部这一难得的机遇。

二、三线建设的回顾与评价

20世纪60年代中期,由于中苏关系日趋恶化,客观上存在着战争危险,党中央和毛泽东做出了加快三线建设,建立战略后方的战略决策。1965年4月,中央发出《关于加强备战工作的指示》,根据中央指示,我国第三和第四两个五年计划的制定以及生产建设,都转向了以备战为中心,以三线建设为重点的轨道①。"三五"时期,主要以西南为重点开展三线建设,修筑连接西南的川黔、成昆、贵昆、襄渝、湘黔等几条重要干线,建设攀枝花、酒泉、武钢、包钢、太钢五大钢铁基地,以及为国防服务的10个迁建和续建项目;煤炭工业重点建设贵州省的六枝、水城和盘县等12个矿区;电力工业重点建设四川省的映秀湾、龚咀,甘肃省的刘家峡等水电站和四川省的夹江等火电站;机械工业重点建设四川德阳重机厂、东风电机厂、贵州轴承厂等。五年内,内地建设投资达631.21亿元,占全国基本建设投资的64.7%。其中三线地区的11个省、区的投资为482.43亿元,占基本建设投资总额的52.7%。"四五"时期,三线建设的重点转向"三西"(豫西、鄂西、湘西)地区,同时继续进行大西南的建设。5年中,累计投资959.34亿元,占全国基本建设投资的54.4%,其中三线11个省、区的投资额为690.98亿元,占全国基本建设投资的41.1%。在三线建设过程中,国家还把一大批沿海地区老企业逐步搬迁到三线地区。据1971年统计,全国内迁项目共计380个,包括14.5万名职工和3.8万台设备。②

经过10年建设,通过新建、迁建和改扩建等方式,在三线地区相继建成了近2000个大中型企业和科研单位,形成了5个大型科研基地和30个新兴工业城市,建成了拥有全国1/3以上工业固定资产原值,以国防工业和机电工业为主体的庞大三线工业。截至1975年年底,三线地区全民所有制大型企业占全国的43.1%,煤炭开采能力和水电机组容量占50%以上;炼铁、炼钢和轧材能力超过30%;有色

---

① 第三个和第四个五年计划时期,根据各地区战略位置的不同,将全国划分为一、二、三线地区,一线地处战略前沿,三线地区为全国的战略后方。在一、二线地区内,又依本地区情况,划出若干地方作为区内的三线地区。前者称大三线,后者称小三线。大三线一般包括四川、贵州和云南,陕西、甘肃三省的大部分地区,以及豫西、鄂西、湘西、冀西、粤北、桂西北和青海东部地区。

② 陈栋生.区域经济学[M].郑州:河南人民出版社,1993:289-291.

金属开采和冶炼能力的大部分、电子工业 2/3 的企业和职工集中在这里;机械工业固定资产净值占全国的 1/3。

"三线"建设时期,正值"文化大革命",正常的经济秩序被打乱,少数国防尖端项目布点要"分散、靠山、隐蔽",有的还要进洞,人为割断生产的有机联系,很多项目和企业成了后来经济发展的包袱,不得不花费大量资金再从山里搬出来,造成了十分惊人的浪费。三线建设在指导思想上,是想赶在战争爆发以前把三线大后方建设起来,所以,规模安排无穷大,建设速度要求过快,而且没有经过周到、充分的准备,决策之后就立即上马,全面铺开。在具体实施过程中,缺乏前期的准备工作,往往是边勘探、边设计、边施工、论进度、争时间,留下了许多难以弥补的缺陷。如建设不配套,选址不科学,生产成本高等。

除了三线建设本身存在的问题之外,要求过快过急的三线建设,对我国整个工业的发展乃至对国民经济都产生了一定的消极影响。首先对沿海地区工业的发展有影响。"三五"时期,沿海地区的投资降到了中华人民共和国成立以来各个时期的最低点,在全国基本建设投资总额中仅占 30.9%,比"一五"时期下降了10.9 个百分点。其次影响了轻工业的发展,"三五"时期,轻工业投资仅占全国基本建设投资总额的 4.4%,"四五"时期,仅占 5.8%,造成很长时期的轻工产品的严重短缺。最后,由于同样的原因,国民经济许多部门的发展都受到了不同程度的影响。

任何事物都有正反两个方面,三线建设也是如此。从区域发展来看,如此规模的三线建设,对西部的发展是一个非常有力的促进。

1.三线建设建成了一批重要项目

横贯西部的几条铁路干线,均是在地形复杂、气候恶劣、条件艰苦的地区修筑而成,尤其是成昆铁路的修筑,可称是创造了筑路史上的奇迹。四川攀枝花钢铁厂、酒泉钢铁厂、成都无缝钢管厂、贵州铝厂、四川德阳第二重型机械厂等等,这些企业为西部地区的发展发挥了极为重要的作用。三线建设使一些省份一跃成为工业门类齐全、机械装备程度很高的地区。如四川省,三线建设投资规模 393 亿元,占三线建设总投资的 33.5%,新建、扩建、内迁来的以重工业为主的项目 250多个。1975 年,全省固定资产原值已达到 182.3 亿元,超过了上海,仅次于辽宁,位居全国第二。陕西省在三线建设中,建立起了相当程度的工业基础。西安、成都等城市成为新兴技术的中心和高精尖产品生产基地。

2.通过三线建设集中大量人力物力对欠发达地区实行全面的综合开发具有历史意义

三线建设期间,正值"文化大革命"时期,各大城市全面停工停产,能够集中如此大量的人力、物力、财力,充分说明共产党领导的坚强有力。也说明在政府的主导下,实行工业生产能力与生产技术大踏步地向内地与边远地区推进是促进不发达地区经济发展的一种方策。当时,全国人民"勒紧裤带搞建设",固然吃了很多苦头,但由此形成的大量基础设施和工业基础却成为维系国民经济运行的依托。由此可以证明,在国家财力、物力许可的条件下,只要有充分、周到的准备和科学的实施方案,对欠发达地区实施综合开发,可以取得比较好的效果。在政府主导型的计划经济时期,资金和物质资源绝大部分集中于中央,对西部进行大规模投资,相对是比较容易的。在市场经济条件下,集中资金要相对困难一些,因此,要更多地采用政策手段、市场手段,通过经济利益引导投资者去欠发达地区投资。

3.三线企业不仅集中了大量的设备和物质资源,而且还集中了一大批高素质的人才

三线建设时,主要采取了老工业区、老企业支援新建项目的办法,而且强调支援三线"人要好人,马要好马",因此,三线企业集中了一批年轻的技术人才。大量的高素质的技术人才集中于西部,相当大地改善了西部的人力资本结构,某种程度上,比机器设备不知重要多少倍,这些人才,有的已经退休,有的已作"孔雀东南飞",有的还在各级领导岗位和其他工作岗位继续为西部发展贡献力量,他们所起的作用是难以估量的。在他们的培养和带领下,一大批年轻的人才成长起来,他们是西部土生土长的一代,西部大开发需要依靠他们。

4.三线建设形成的企业成为新的西部大开发的重要基础

三线建设是我国沿海地区工业生产能力向内陆腹地的一次大推移。在工业技术和管理经验上,是继"一五"时期以后,又一次全国性的传播与扩散,建成了几千个企业,形成了数千亿元资产。这些都成为西部大开发的基本条件。

三、梯度推移论与区域非均衡发展

1978年以来,我国经济体制和发展战略开始双重转轨。理论界在对过去经验教训的总结中,对那种以牺牲效率为代价的绝对平衡观进行了反思,重新探讨促进经济发展的区域经济理论体系,把效率原则和效益目标放在优先的地位。在全国范围内形成一种非均衡发展思潮,绝对平衡观也被相对平衡观所取代。与此同时,国际上盛行的梯度推移理论被引入我国生产力布局与区域经济研究中,并形成了相当广泛的影响。梯度推移论在某种程度上主导了我国区域经济发展战略和区域经济政策的制定。

在区域经济学中,梯度被用来表现地区间经济发展水平的差别,以及由高水平地区向低水平地区过渡的空间变化过程。根据梯度推移理论,每个国家和地区

都处在一定的经济发展梯度上,一个区域究竟是处在梯度的顶端、中层还是低层,并不是由它的地理位置,而是由它的经济发展水平,特别是创新能力决定的。一个地区的经济发展水平,特别是其发展能力,则主要取决于产业结构的优劣,取决于地区经济部门,特别是主导产业部门在工业生命循环中所处的阶段。如果一个区域的主导产业部门主要是由处在创新阶段的兴旺部门所组成,则不但说明它今天经济发展实力雄厚,而且说明它在今后一个时期内仍然可以保持住发展的势头,这种地区属于高梯度地区。如果一个地区的主导产业部门都是由那些处在成熟阶段后期或衰老阶段的衰退部门所组成,则地区经济必然会呈现出增长缓慢、失业率上升、人均收入下降等现象,或已陷入严重危机之中,这种地区属于低梯度地区。经济发展中的创新活动,包括新产业部门、新产品、新技术、新的生产管理与组织方法等大都发源于高梯度地区,然后随着时间的推移,工业生命循环阶段的变化,按顺序逐步由高梯度地区向低梯度地区转移。世界上每出现一种新行业、新产品、新技术,都会随着时间的推移,大致像接力赛跑那样,由处在高梯度上的地区向处在低梯度上的地区,一级一级地传递下去。

梯度推移理论认为:梯度转移主要是通过多层次城市系统扩展开来的。创新在空间上的扩展主要有局部范围与大范围的两种方式。局部范围的扩展指的是创新活动由发源地大致按距离远近,向经济联系比较密切的邻近城市转移。创新多发源于城市密集带内的中心城市,当社会上对新产品的需求增大,创新地区已经没有能力单独把生产发展到能够充分满足需要的水平时,邻近的城市就会凭借近水楼台之便,把这种产品的生产接过来。大范围的扩展则是指创新活动由发源地按全国或区域城市系统的等级顺序,蛙跳式地向广大地区扩展。例如由纽约向相距数千里的芝加哥、旧金山等城市扩展。这时决定转移去向的就不是距离远近,而是接受新事物能力的差距,而梯度划分正是这种差距的反映。

梯度推移理论在多国的实践中被证明是正确的,符合区域经济发展的一般规律。但是,梯度推移在时间和空间上并非一致的,也不是静止不变的。一些原来处在最高发展梯度上的国家、地区逐渐衰败下去,沦为第二流,甚至第三流的国家、地区,而另一些原来处在较低发展梯度上的国家、地区,却能后来居上。而另一种情况是,位于高梯度的国家和地区并没有随着时间而向低梯度的国家和地区推移,却出现了发达地区越来越富,贫穷地区则越来越困难的现象,在资本广义条件下,贫富两极分化日益加剧。瑞典经济学家缪尔达尔对这一现象进行了研究,提出了累积因果理论,迈达尔认为,在地区经济发展中有三种效应在同时起作用,这就是极化效应、扩散效应和回波效应。它们共同制约着地区生产分布的集中与分散,从而左右梯度推移的速度和趋势。

（一）极化效应

根据累积因果论,任何一个区域,不管因为什么原因,只要它的发展达到了一定的水平,超过了起飞阶段,就会具有一种自我发展的能力,可以不断地积累有利因素,为自己的进一步发展创造条件。这时,即使赖以发展的优势已经丧失,它们仍然可以向前发展。其原因是:①集中了主导产业和创新企业的中心地区,在经济发展上积累了多方面的优势,如强大的科技力量、便捷的交通与通信联系、完备的基础设施与优越的协作条件、雄厚的资本、集中的消费市场。从而对周围地区产生一定的吸引力和向心力,周围地区的劳力、农副产品、原材料等资源,被吸引到极点上来,形成大量的外部投入,使该中心地区的经济实力、人口规模迅速扩大,形成区域增长极。②经济中心地区能够产生巨大的聚集经济效益,能够吸引并培育大型企业的发展,从而使这一地区在竞争中处于更为有利的地位。③乘数效应会促进经济中心地区进一步发展。由于技术密集型和规模大的工业日益向发达地区集中,势必需要一系列为它们服务的生产性与非生产性行业也在这些地区相应发展,这样引起人口的增长。而人口的增多又要引起一系列为居民服务的行业相应发展,从而促使人口进一步增长。这种乘数效应是一轮又一轮地按乘数增大的,它能大大促成生产分布的极化。由此可见,一个地方一旦由于某种原因而发展起来,就会在上述几种力的作用下,像滚雪球一样越滚越大,就有可能在那里形成高度发达的城市、城市群,甚至绵延千里的城市密集带。

（二）扩散效应

扩散效应是指增长极通过其产品、资金、人才、信息的流动,将其经济动力和创新成果,传导到广大腹地,促使腹地经济成长。随着城市与城市带的发展梯度上升,周围地区的经济也会在它们的带动下有程度不同的提高。随着城市密集带越来越向新的高度发展,它们就必须从越来越大的范围内取得越来越多的农林矿产品等初级产品供应。先进地区必须通过对外投资、技术转让、产品收购等多种方式,促使广大不发达地区增加这些产品的生产,改善它们的供应状况。此外,在大城市中首创的工业部门总会由创新阶段转到成熟阶段,从而由原来的技术密集型工业转为简单劳动密集型工业,它们的最优区位也就由梯度高的发达地区转到梯度低的不发达地区,由高工资、高技术地区流到低工资、低技术地区。随着城市规模的扩大,收入的增多,假期的加长,城市居民们便特别向往外出旅游观光,于是那些人口较少、风景秀丽或拥有众多名胜古迹的地区,旅游业得以迅速发展,并推动地方旅馆业、饮食业、商贸业、客运业等的发展。扩展效应是在极化效应作用的同时发生作用。没有扩展效应的配合,极化效应不可能持续增强。扩展效应在一定程度上促进了较低梯度国家与地区的发展。

(三)回波效应

回波效应是作为扩展效应的对立物而起作用的。发达地区在极化效应的作用下,投资环境、就业机会也会随之得到改善,竞争力日益增强,资金、人才等生产要素会流回这些地区。回波效应在三个方面起着削弱低梯度地区增强高低度地区的作用。一是发达地区在扩展效应作用下,向不发达地区投放的大量资本、贷款,到一定时期都要还本付息或支付利润。如果不发达地区不能迅速改善投资环境,它将被源源不断地汇回发达地区。二是不发达地区的人才倾向于流向发达地区。三是发达地区在经济繁荣的过程中,可以不断扩大其产业规模,增添先进设备,改善经济发展的外部条件,开展创新,提高劳动生产率,从而进一步加强其在市场竞争中的优势地位,迫使不发达地区只能发展那些衰退部门,无法改善落后的产业结构。

在经济发展过程中,低梯度地区可能获得的发展机会的大小归根结底取决于"扩展效应"与"回波效应"在该地区的作用力的对比。而极化效应始终起着主导作用,因此,梯度推移相当缓慢,再加上回波效应的作用,地区间的不平衡会不断加剧。迈达尔也认为,在市场力的作用下,根本不存在可以自动缩小地区差别的机制,要缩小地区差别的唯一切实可行的办法是加强国家干预。

"六五"(1981—1985)以来,国家对经济布局和地区经济发展战略进行了重大调整。"六五"计划明确指出:要积极利用沿海地区的现有基础充分发挥它们的优势,带动内地经济进一步发展。"七五"(1996—1990)计划又明确按东部——中部——西部的顺序安排发展重点;沿海要"加速发展",中部要"有重点地发展";西部则应"做好进一步开发的准备"。"七五"计划强调集中资金与资源实行重点发展,在地区间形成产业结构转移的接续关系,使产业空间分布同地区经济发展联系起来。

采用非均衡发展战略,强调经济效率和发展东部沿海地区的经济优势,在理论上是正确的,在实践中也取得了巨大的成就。推动了沿海地区,特别是东南沿海新兴工业地区的发展,为推进改革开放和建立社会主义市场经济新体制积累了宝贵经验;东部地区的发展,提高了资金的运用效益,吸纳了大批在西部农村的劳动力,在一定程度上提高了国民经济的整体效率;东部地区的发展尤其是特区开放城市和开发区的发展,通过示范效应、扩散效应和技术经济合作等多种途径,在一定程度上促进了中西部地区的繁荣;产业结构失衡状况得以扭转,投资主体多元化,所有制结构多元化,市场体系的建立,使各地区经济发展呈现出活跃的态势和不同的特色。

非均衡发展战略的实施在取得明显成效的同时，也出现了一些问题。①东部地区与中、西部地区的经济发展差距不断拉大，不仅体现出经济增长的不平衡，也体现出经济发展的不平衡。经济发展差距的持续扩大，既不利于各地区经济的协调发展，也不利于民族团结、社会稳定和政局稳定。②地区产业结构严重失调。以各地政府为首的投资主体竞相发展价高利大的加工产品，区域分工弱化，稀缺资源浪费巨大；产业的空间组织缺乏专业化协作基础上的集中度和分散度，企业规模趋向小型化和空间分布上的过度分散化。③区际摩擦、封锁日趋加剧。各地政府运用种种手段，构筑名目繁多的贸易壁垒，对地区资源、技术、人才和商品的进出实行封锁和垄断经营，分割市场，运用行政权力干预本地原材料、资金和人才的流出与外地商品销入，严重阻碍了经济的发展和市场的发育，使区域经济秩序发生严重混乱。一些学者借此对梯度推移理论和非均衡发展战略和政策提出了批评。

我们认为，从经济发展的历史和我国经济发展的现实来看，梯度推移理论和非均衡发展战略是正确的。问题是在实施这项战略和制定政策时出了偏差。一是机械划分东、中、西三大地带，失之于过粗。中国经过三十年的发展，经济技术梯度已经发生了明显的变化：东部地区虽然临海，但并非都是发达地区，而中部的武汉、郑州，西部的重庆、成都、西安、兰州等大城市并非欠发达地区。忽视了这些城市的发展和辐射作用，的确是一种失误。二是片面对东部地区扩大开放，而推迟了对中部、西部地区的开放。对外开放最先在四个特区实行，事实证明是完全正确的，但并未适时地在中、西部地区扩大对外开放，使中、西部地区失去了发展的机遇。三是政策的过度倾斜。在对外开放过程中，国家在投资、外贸、财政、税收、金融、工资和价格等方面对东部特别是沿海开放城市实行全面的特殊优惠政策，这一政策有力地推动了沿海经济的高速增长，但也同时对内地经济乃至国民经济产生不良影响。国家对东部沿海地区实行过多的特殊优惠政策，使各地区发展在一个极不公平的环境中相互竞争。这一不公平的竞争环境是诱发上述种种问题及扩大差距的重要原因。

（四）梯度推移

梯度推移是一个漫长的历史过程，不能寄希望在短期内发生作用。20世纪70年代末80年代初，梯度推移理论被引入我国生产力布局与区域经济研究中，主要是针对我国经济分布的不平衡性，运用这一理论探讨开发重点的空间转移，调整空间结构的途径。主张实行梯度推移战略的人认为：我国各地区经济技术的发展是不平衡的,地区间客观上已形成一种经济技术梯度,有梯度就有空间推移,因此,应让有条件的高梯度地区引进和掌握先进技术,先发展一步,然后逐步依次向处于二级梯度、三级梯度的地区推移,随着经济的发展,推移的速度加快,也就可以逐步缩小地区间的差距,实现经济分布的相对均衡。虽然这种推移是客观的必然的,但靠经济的自然推移是逐步的、渐进的并十分缓慢的。而在经济起飞的初期,极化效应和回波效应一般起着主导作用。我国二十年的经济发展现实完全符合这一特征,东中西部的地区差异没有缩小的迹象而有继续增大的趋势。

四、区域协调发展思想与"西部大开发"战略

随着东、中、西三大地带的经济发展差距的扩大被越来越多的人所认识,区域经济学者们提出了区域协调发展的观点,就是既要保持国民经济的高效运转和适度增长,又要促进各地区经济协调发展,共同繁荣。国民经济是一个有机的整体,在这一有机整体中,各地区之间、各产业之间都存在着一定的有机联系和相互依存关系,各地区、各产业的发展要保持协调,即各地区、各产业间的发展水平的相对差距应逐渐有所缩小或至少把地区间差距的扩大幅度控制在一定限度内,保持各区域经济普遍有所增长,不能出现个别区域经济衰退的状况,从而保持国民经济、政治、社会秩序的安定。曾昭宁在所著《公平与效率》一书中提出,在指导地域发展的原则上,要兼顾公平与效率,选择二者的适度结合区间。具体表现为正确处理东西部关系,确定西部地区在全国布局中的地位及其同其他地域的关系。从政策上帮助特困区和"贫困线"以下的人民脱贫致富,走向现代化,构成经济发展的重要目标之一。国家要为西部贫困地区人民提供参与经济发展的机会,并帮助提高贫困地区人民运用上述经济机会的能力。①

实施区域经济协调发展战略,必须在"效率优先,兼顾公平"的原则基础上进行,要求国家在对重点地区实行倾斜政策时必须适度,必须以保持地区间和产业间的协调发展为前提。区域经济协调发展战略应是一种适度倾斜的不均衡发展战略,是一种区域之间协调与互补的、符合社会综合利益原则的经济发展战略。②

邓小平同志早在改革开放初期就指出:"一部分地区有条件先发展起来,一部分地区发展慢点,先发展起来的地区带动后发展起来的地区,最终达到共同富裕。""我们的政策是让一部分人、一部分地区先富起来,以带动和帮助落后地区。"

---

① 曾照宁.公平与效率[M].东营:石油大学出版社,1994.
② 盖文启.谈区域经济发展理论与实践的演变[J].山东师大学报(社会科学版),1999(2):3-5.

"沿海地区要加快对外开放，使这个拥有两亿人口的广大地带较快地发展起来，从而带动内地更好地发展，这是一个事关大局的问题。内地要顾全这个大局。""反过来，发展到一定时候，又要求沿海拿出更多力量来帮助内地发展。这也是个大局，那时沿海也要服从这个大局。""我们坚持走社会主义道路，根本目标是实现共同富裕，然而平均发展是不可能的。"①

区域经济协调发展是我国社会主义市场经济条件下区域经济发展模式的必然选择。纵观世界现代化历史，凡是幅员较大的发展中国家和西方发达国家，在实现工业化、现代化的历程中，都不可避免地由地区非均衡发展到均衡协调发展的过程。

陈栋生在一篇题为《论产业政策和区域政策的结合》文章中针对区域差距扩大趋势指出：为了在追求效率的同时防止区际差距扩大到引起社会的震荡，往往需要从逆向，按"补偿原则"，实施区域政策，以弥补市场机制的缺陷或不足，缓解追求效率过程中同时伴生的诸多社会矛盾，发挥促进社会和谐的稳定机制作用。② 在另一篇文章中又提出了东中西部合理分工、协调发展的思路，即国家通过计划和政策的引导，使中西部内地的资源转换战略和东部沿海地区的外向型经济发展战略相互联结、有机耦合。资源转换与外向发展联结的关键点，就是国家和东部地区要有意识地支持中西部，使之成为东部沿海地区实施外向型经济发展战略的原材料基地，提高内地产品在国内市场的份额，并相应地在资金、技术、人才、政策等方面给予支持。这样，通过东部地区的外向经济循环带动起来的中西部内向经济循环，反过来将进一步促进东部外向经济循环的顺利运转，从而使我国区域经济走上协调发展、共同繁荣的道路。

从 20 世纪 80 年代末开始，学者们对东中西部的差距扩大问题和形成的原因进行了充分的讨论并基本达成了共识，对新的区域经济发展战略进行了探讨。从多数学者的观点来看，他们对 20 世纪 80 年代实施的非均衡发展战略给予了充分肯定，认为这一战略的实施是适时的、必要的，与此同时，采取新区域经济发展战略，借以阻止差距的扩大也是必要的。新的发展战略不能抑制东部地区的发展，也就是说促进中西部发展不能以牺牲东部发展为代价。在新战略的探讨中，基本摒弃了"抽肥补瘦"，地区平均主义等思路，新战略不是对非均衡发展战略的否定，而在非均衡发展战略的基础上进行调整。有的学者认为新区域经济发展战略应概括为非均衡协调发展战略。从根本上说，区域经济协调发展战略的实施是依赖

---

① 中共中央文献编辑委员会.邓小平文选：第三卷[M].北京：人民出版社,1993:126-127.

② 陈栋生.区域经济研究的新起点[M].北京：经济管理出版社,1991:169-170.

于社会主义市场经济体制的建立和不断完善、资源(自然资源和社会人文资源)在部门和空间的配置过程中,市场对其起到基础性的作用,由于市场主体——企业的目标是追求利润的最大化,通过价格、竞争、利益机制和市场信息,促使劳动力、资金、技术等生产力要素在地区间流动。国家所掌握的资源已十分有限,因此,不会发生因促进中西部发展而抑制东部发展的情况,国家将主要通过实施财政、金融、税收等政策进行宏观调控,着力于改善中西部地区的体制和投资环境,改善基础设施和提高劳动力素质,促进经济和社会的发展。从这一点来看,区域经济理论已经进到理性化、科学化的层次,区域经济学家们已经超越了自身所处地区、所处地位的局限,站在了宏观的高度、理论的高度去分析考察东、中、西部的发展问题。进入20世纪90年代,区域经济发展出现了与20世纪80年代不同的新特点。首先,国家区域政策在继续强调效率目标的同时,开始注意区域平等的目标取向。在《90年代国家产业政策纲要》中明确指出:"在继续发挥经济较发达地区优势并加快其发展的同时,积极扶持欠发达地区的经济发展,逐步缩小经济发达地区与欠发达地区的差距。""八五"计划中,区域经济开发和生产力布局遵循的基本指导原则是:"统筹规划,合理分工,优势互补,协调发展,利益兼顾,共同富裕",这表明国家对20世纪80年代的过分东倾的区域经济政策的调整。其次,通过进一步扩大对外开放,特别是重点开放沿海、沿江、沿边地区,建立各种类型的经济开发区,逐步扩大外商投资领域,为中西部地区的开发创造了良好的政策环境。"沿边开放"战略使西部地区陆地边境线长的区位优势充分显示出来,通过扩大对周边地区的经济技术交流,特别是发展边境贸易,有力地推动了西南西北经济发展。再次,"八五"计划突出了基础产业和基础设施建设,地区布局在继续考虑沿海发展的同时,较多的项目安排在中西部,如兰新复线、宝中铁路、西康铁路、二滩水电站、贵州瓮福磷矿、神府东胜煤田等,这一时期,西部九省区在国家预算投资中的比重有所上升,在投资较大的1993年和1994年分别达到17.4%和16.8%。最后,为了加快贫困地区的脱贫,国家还制定了《八七扶贫攻坚计划》,并采取各种措施,鼓励中西部地区大力发展农村乡镇企业。

江泽民同志对西部发展极为重视,1999年6月17日在西安就加快中西部地区发展发表了重要讲话,正式提出了"西部大开发"战略。江泽民指出:逐步缩小全国各地区之间的发展差距,实现全国经济社会的协调发展,最终达到全体人民的共同富裕,是社会主义的本质要求,也是关系我国跨世纪发展全局的一个重大问题,要把逐步缩小东部与中西部地区发展的差距作为一条长期坚持的重要方针。加快开发西部地区是全国发展的一个大战略大思路。加快西部地区的经济发展是保持国民经济持续快速健康发展的必然要求,也是实现我国现代化建设第三步战略目标的必然要求。江泽民的讲话拉开了西部开发的大幕。中共十五届四中全会的决定也将西部大开发作为 21 世纪我国经济发展的重要战略之一,表明区域协调发展的思路从理论准备阶段进入实施阶段。

实施西部大开发战略不仅有着重大的经济意义,而且有着深远的政治意义和社会意义。

1.实施西部大开发战略是实现邓小平同志提出的"两个大局"思想的重大举措

早在改革开放之初,邓小平同志对全国经济的协调发展就进行过深刻的考虑,提出了"两个大局"的思想:一个大局就是东部沿海地区加快对外开放,使之较快地发展起来,中西部地区要顾全这个大局。另一个大局,就是当发展到一定时期,比如 20 世纪末达到小康水平时,就要拿出更多的力量帮助中西部地区加快发展,东部沿海地区也要服从这个大局。按照邓小平同志的设想,在 2000 年前后,要突出地提出和解决地区发展不平衡问题。改革开放二十年时,东部沿海地区经济和社会发展很快,已积累了相当的经济实力,具备了自我发展的动力和能力,加快中西部地区开发的时机已经到来。不失时机地实施西部开发战略是促进地区经济协调发展,逐步缩小地区发展差距,最终实现共同富裕的重大战略步骤。

2.西部大开发是保持国民经济持续快速健康发展的现实需要

西部地域广大,自然资源丰富,有巨大的发展潜力,也是一个巨大的潜在市场,加快发展西部地区不仅有利于扩大国内需求,为东部地区的发展带来新的机遇,促进各种资源的合理配置和流动,而且为国民经济的发展提供广阔的空间和巨大的推动力量。

3.加快西部地区的开发是实现民族团结、巩固边疆安全的客观要求

西部地区与周边十几个国家接壤,少数民族居住比较集中,多年来,国内外敌对势力一直企图利用西部少数民族和宗教问题对我国搞颠覆和分裂活动。加快西部地区的发展,对于保持西部地区政策和社会稳定、促进民族团结和保障边疆安全具有重大意义。江泽民同志指出:维护民族地区的稳定,很重要的一条就是要不断加快这些地区的经济发展和社会进步。经济发展了、社会进步了,各民族共同富裕了,就会进一步巩固和发展平等团结互助的社会主义民族关系,就会大大增强整个中华民族的凝聚力。保持民族地区的稳定和巩固祖国边防,也就具有了更加强大的物质基础和思想政治基础。

4.实施西部大开发战略对于改善我国的生态环境、实现可持续发展至关重要

由于千百年来战乱频繁,自然灾害和无序开发等原因,西部地区自然环境不断恶化,水土流失、沙漠化、石漠化十分严重,生态环境越来越恶劣,这不仅对西部

地区而且对其他地区的经济社会发展也带来十分不利的影响。西部地区是我国长江、黄河等重要河流的发源地,生态环境脆弱,合理开发利用和保护,对于中下游地区的经济与社会发展关系重大。从这一意义上讲,开发意味着保护。只有经济发展了,才能改变传统的资源利用方式、生产方式和生活方式,才能有条件对恶劣的自然环境进行治理和改善。

当然,西部大开发战略的确定,并不意味着一切问题的解决。如何开发?需要通盘的考虑。理论工作者、政策制定部门、西部地区以及全国人民都以极大的热情关注这项事业。有理由相信,在中国共产党的正确领导下,通过几十年乃至整个 21 世纪的艰苦努力,一定能将西部建设成为经济繁荣、社会进步、生活安定、民族团结、山川秀美的地区。

（本文收录于湖南人民出版社 2000 年出版的《中外西部开发史鉴》一书。）

城市群理论与中国的城市群

　　进入 21 世纪,我国区域经济发展的重要特点是城市群的出现。《国家"十一五"规划纲要》明确指出:"要把城市群作为推进城镇化的主体形态;已形成城市群的发展格局的京津冀、长江三角洲、珠江三角洲等区域,要继续发挥带动和辐射作用,加强城市群内各城市的分工协作和优势互补,增强城市群的整体竞争力;具备城市群发展条件的区域,要加强统筹规划,以特大城市和大城市为龙头,发挥中心城市作用,形成若干用地少、就业多、要素集聚能力强、人口分布合理的新市群。"这是我国对促进城镇化进程和区域发展的战略决策,必将对我国经济和社会发展产生重要而深远的影响。

一、城市群的基本概念、特征与界定标准

　　随着经济全球化和区域经济一体化进程的演进,在一个区域内,资本、信息、资源、技术等逐渐形成一个相互依赖、相互作用的网络,城市便是支撑这个网络系统的关键节点。作为一种重要的空间组织形式,城市群的出现有利于解决行政区划分割造成的区域经济联系松散、产业分工不合理、生态环境治理缺乏整体性等问题。以大都市为核心的城市群已成为经济最为活跃的区域,并开始主导国家经济乃至全球经济。

　　(一)基本概念

　　城市群是在工业化、城镇化进程中出现的区域空间形态的高级现象,能够产生巨大的集聚经济效益,是国民经济快速发展、现代化水平不断提高的标志之一。对城市群概念的表述,学者们认识渐趋一致,即城市群是由许多城市组成的,彼此的联系越来越紧密,共同对区域发展产生影响。城市群是在特定的区域范围内云集相当数量的不同性质、类型和等级规模的城市,以一个或几个特大城市为中心,依托一定的自然环境和交通条件,城市之间的内在联系不断加强,共同构成一个相对完整的城市"集合体"。

（二）主要特征

城市是一个区域的中心,通过极化效应集中了大量的产业和人口,获得快速的发展。随着规模的扩大,实力的增强,城市对周边区域产生辐射带动效应,形成一个又一个都市圈或城市圈。伴随着城市规模的扩大和城际交通条件的改善,尤其是高速公路的出现,相邻城市辐射的区域不断接近并有部分重合,城市之间的经济联系越来越密切,相互影响越来越大,就可以认为形成了城市群。城市群的出现是一个历史的嬗变过程。

1.功能高端化

城市群往往位于交通通信枢纽、内外联系便利的经济比较发达的区域,人口众多,腹地广大,经济强劲,新技术、新思想活跃,是连接国内、国际要素流动和资源配置的节点以及科学技术创新的孵化器和传输带。城市群多集外贸门户职能、现代化工业职能、商业金融职能、文化先导职能于一身,空间密集程度较高,成为区域政治、文化、经济核心区,对国家、区域乃至世界经济都具有不可替代的中枢支配作用。

2.结构等级化

城市群的空间形态表现出明显的等级结构,至少有一个或多个规模较大、经济发达和辐射功能较强的中心城市,这些城市是城市群的中心和增长极点。在这些城市的周边分布了大小不等的二级城市和三级城市,并穿插了众多小城镇。还有相当大面积的农业地区和农村。

3.分工合理化

城市群的发展使区域经济的组织与创新能力加强,产业结构与空间布局不断优化。作为有机整体,城市群内部存在着密切的联系,包括资源、金融、市场、信息以及一些集团公司控制的更紧密联系在内的要素流动,按照市场经济规律合理配置,形成城市间日趋合理的职能分工。受规模经济内在要求的驱动,大量不同等级规模的企业或一系列配套产业及相应的上下游产业等集中连片分布,形成有特色的分工与合作网络,使各城市优势互补,以实现资源的集约利用与效益的最大化。

4.城乡一体化

由于城市功能各异,具有较强的互补性,中心城市与周边城市、各城市之间以及城市、城镇与农村之间存在紧密的经济联系,特别是现代交换手段与频率的不断翻新,在城市群各个层次上,表现为人流、物流、资金流、信息流等多种流态的集聚与辐射形式,又进一步增强区域内部的互动能力。中心城市的作用呈现逐级传递特征,即中心城市对区域内其他城市辐射,其他城市再对区域内其他地区辐射,有力地推动城乡协调发展。中心城市、中小城市、小城镇和农村互促互进,城乡各种要素统筹配置,公共产品共享,人口自由流动,城乡界限模糊,城镇化进程加快。

5.交通网络化

城市群雏形一般沿综合交通走廊展开,并随着交通等基础设施的改善而不断扩大。城市群拥有由高速公路、高速铁路、航道、通信干线、运输管道、电力输送网和给排水管网体系所组成的区域性基础设施网络。发达的交通运输、信息等网络构成城市群空间结构的骨架,将大中小城市串联为一体,因此,区域性基础设施建设与城镇空间结构相互协调。以不同等级、规模、性质的城市为节点,每个城市都具有一定的集聚和辐射范围,它们相互嵌套,有机结合,共同形成千丝万缕的节点网络城市格局。以往离散型、极核型的城市空间布局向点轴型、网络型演变,日益显示城市群体从线性联系到网络联系的巨系统特征。

6.发展动态化

城市群不是封闭和孤立的,而是一个开放系统,对内对外都保持着经济、社会、文化和技术等广泛交流。随着生产力发展和市场化水平的提高,不同层次、不同类型的区际联系强度越来越大,城市群的范围、结构、性质等发生改变,不断向其高级形态进化。城市群的发展是渐进的连续的过程,既包括区域内多维连续与协调发展,又要考虑与相邻区域互动互进的联合与协作,甚至发挥对更大区域范围的影响和联动效应。城市群的形成和发展始终处于动态变化之中,从简单到复杂,从低级到高级,当其范围、功能、结构、对外联系或其他相关要素发生变化,都会导致城市群内部的连锁反应乃至城市群范围的改变。

(三)与都市圈、城市连绵区等相关概念的区别

和城市群相关的概念有很多,比如都市圈、城市连绵区、城市带、组团式城市等。由于这些概念存在着一定的共性,有时将其混用。但其实,城市群与其他概念是有区别的。

城市连绵区是城市群的一种特殊形态,指以若干个数十万以至百万人口以上的大城市为核心,与周围地区保持强烈交互作用和密切经济社会联系,沿一条或多条交通干线,大小城镇连续分布的巨型城市一体化地区。

城市带是指在一条交通干线上分布了大大小小多个城市。和城市群概念不同的是,城市带所强调的是城市分布的形态,但城市之间不一定存在密切联系,而城市群强调城市之间的经济联系及相互影响。多数情况下,也属于城市群的特殊形态。

组团型城市和城市群极为类似,在经济联系、功能互补、交通发达程度等方面都可谓是典型的城市群,二者的本质区别是,前者是一个呈分散状布局的城市,是现代大都市为避免交通拥堵和环境恶化通过建立新区形成的多中心格局,也有将周围的城市扩展进来,从而形成一个新的组团型城市。而城市群则是由多个城市组成的集合体,无论如何发展也不会成为一个城市。

都市圈一词出现和使用的频率极高。此概念起源于日本,日本在太平洋沿岸分布了(东)京(横)滨、(大)阪神(户)、名古屋三大都市圈,共同构成东海道城市群。因此,可以认为,每个城市群都有一个或多个都市圈。都市圈属于同一城市场的作用范围,一般是根据一个或几个大都市辐射的范围为边界并以该城市命名。如长三角城市群有上海都市圈、杭州都市圈和南京都市圈,京津冀城市群中有(北)京(天)津都市圈,长江中游城市群有武汉都市圈,中原城市群有郑州都市圈。

(四)城市群的界定标准

判别城市群并无单一固定的标准,因时间、空间的不同而变化,城市群的边界是渐变的,没有精确现成的模型可用。界定城市群需要有效把握其本质内涵,采用定性定量相结合的方法。

1.有一到几个较强经济实力的中心城市

中心城市处于城市群的核心与支配地位,对整个区域经济社会活动起着组织和主导作用,促进其他城市和地区的全面发展。城市群的中心是一两个或以上的超大或特大型城市,也可以是一两个或多个规模相近的大中城市。中心城市具有开放性、服务性、创新性,具有对区域经济社会发展能量与要素进行高效、有序、合理聚集与扩散的功能,主要表现为工业生产、就业、金融、商贸、物流、人才技术信息、决策功能等极化效应,同时又向周边扩散。

2.完善的城镇体系

城市群属于高城镇化水平区域,由于各国、各地的自然、历史、文化、经济、社会状况差异巨大,城镇化水平也难以确定单一的标准。一般来说,我国现阶段城市群区域的城镇化水平应超过全国平均水平较为合理。城市群具有完善的城市等级体系,在空间上与某一级城镇体系地域单元相重合,还可能包含几个较低层次的城镇体系。由少数特大、大型以上核心城市与多数中小城市及市镇相互串联而成的城市群体,层次分明,各规模等级城市之间保持金字塔结构比例关系,中间不发生断层,上下不缺层,城市的职能作用通过城市网络依次有序地逐级扩散到整个体系,产生较高的城市群体能级效应。

3.一定规模的人口与空间

城市群内城镇数量多,分布稠密,人口规模大、密度高。虽然不同地区的差别很大,但综观国内外城市群的发展过程,并结合我国国情,人口和空间规模与密度的标准大致为:面积5万平方公里左右,区域人口2000万人以上,人口密度400人/平方公里左右,中等以上城市10个左右,城市密度2个/万平方公里左右。

4.较高的产业发展与分工协作水平

城市群内非农产业比重较高,特别是第三产业增加值占GDP的比重较高。一般来说,城市群的第二产业、第三产业增加值合计占GDP比重应达到70%以上。在市场一体化、资源配置一体化前提下,城市间、城市与区域间产业配套合理、分工互补、协作密切,产业的梯度转移顺畅,分工协作程度较高。

5.完善的基础设施网络

城市群内基础设施网络是由公路、铁路、航空、水运与通信等许多现代运送方式叠加而成的综合性、一体化系统。多种运输方式间相互贯通,速度快,密度高,运量大,技术领先,将核心城市、一般城市和小城镇以及相关区域连接成为一个有机整体。城市群拥有包括大型交通通信枢纽,如规模相当的海港或空港或多条国际航线在内的成熟的基础设施网络。

(五)城市群的发展阶段

从城市群的萌生、发展到成形,需要经历一个较为长期的过程,其在空间形态上也会呈现出一定的变化,究其实质,由企业所主导的经济活动及其由此所带来的集聚和扩散效应构成这一过程持续演进的基本动力。对城市发展的研究较多,但观点基本是一致的,大体上是将城市发展过程划分为四个阶段,而城市群是城市发展演进过程的高级阶段。

1.分散发展的单核心城市发展阶段

该发展阶段为城市群发展的最初阶段,也即萌芽阶段。城市主要表现为单核心向外蔓生发展,分散的城市间规模等级差别较小,大多数城市沿交通干线分布,也有少数城市分布于远离交通沿线的地区。因此,主要城市中心的吸引范围非常有限,城市间的经济联系仅限于狭窄的交通沿线的城市之间,远离交通沿线的城市间以及这些城市与交通沿线的主要城市间仅有微弱的经济联系。城市间专业化生产联系差,各城市周围被不同的农业地带所环绕。这一阶段又可分为两个时期:低水平均衡发展时期,这是以经济活动分散孤立、小范围的封闭式循环为特征的空间结构;极核发展时期,这是形成单一中心、核心—边缘式发展为特征的空间结构时期,城市和边缘区竞争加剧,但城镇之间共生作用尚弱,城市经济结构比较简单。在这一时期,一些具有较好区位条件和基础设施发达、交通便利而且创新能力强的城市迅速发展,成为区域经济的"增长极",直接承接更大范围甚至国际化、全球化的要素转移。

2.城市组团发展阶段

在该发展阶段,交通干线重要中心城市侧向联系的交通干线发展。起初的侧向联系首先从重要城市中心开始,并与远离交通干线的边远城市相连接,这极大地优化了两个中心城市和边远城市间的功能结构。随着交通干线的延伸以及在交通干线上较大规模城市的建立,各城市市场区域进一步扩大,城市以内城为中心继续向外扩展,而原有的联系密切的城市开始形成城市组团。在这一阶段,容易形成以多核心为特征的空间结构,基本部门体系以垂直发展为主,前、后向联系纵深发展,共生作用加强,企业由极核中心向外围扩散十分显著,形成次级核城市向较低等级城镇逐步发展的城镇体系。

3.市圈阶段

在这一阶段,区域内城市间相互联系通常需要相对长的时间,这取决于与交通干线间有着密切联系的支线网络的发展。那些位于交通干线上的主要城市继续接受较高级城市的辐射,自身又对次级城市扩散其部分功能,开始扮演地区中心的角色。不久,来自边远城市的交通支线得以建立,除了通过交通干线间的联系外,它们之间的直接联系开始得到发展。然后,更小的城市便通过起初的干线开始发展,不久它们也开始连接起来。这种相互联系的过程继续沿着干线和支线,与日益增加的专业化生产相对应。通过空间经济联系以及集聚与扩散作用,各城市试图改进其在交通网络中的地位。出现了以大城市为核心的不同等级城市相互依存的都市圈。

4.城市群形成阶段

在这一阶段,都市圈综合交通走廊的发展以及城市等级系统的出现是成熟的城市群的重要特征。都市圈综合交通走廊的发展可以追溯到都市圈内城市间的联系,这种联系已经不能满足都市圈整体发展的要求,需要在更大的空间范围中发展都市圈整体与外部的经济社会联系,这种联系在很大程度上是都市圈功能空间竞争的结果。城市群内各城市间的共生互控效应逐步加强,城市功能分工日趋明确,产业结构与产品结构梯度转移的波及效应逐渐明显,不同等级城市间纵向联系的行政隶属关系逐步弱化,同一等级城市间的横向联系进一步强化,城市群地域结构的功能组织方式日益优化,城市群地域结构开始形成。

(六)城市群的空间扩展

城市群在各个发展阶段呈现出不同的空间结构特征,伴随着城市群的空间演进,城市群的空间也在不断扩展。但在实践中,由于各种条件因素的非均质性,特别是交通条件和基础设施的较大差异,城市群的空间扩展模式也会发生变形。按照城市群空间扩展的宏观形态,可以把城市群的整体外推划分为四种模式:

1.团状空间扩展

这种空间扩展模式大多都分布在平原地区。它以核心城市为中心,向周边扩展,形成一个圆弧,城市群主体部分都在其范围之内。团状空间扩展模式的形态表现为核心城市的功能强大,城市节点和结节地域在城市群的伸展轴上均匀地分布。我国的中原城市群和长江中游城市群就是比较典型的例证。

2.带状空间扩展

这种空间扩展模式主要分布在河谷地区,沿交通线扩展成为明确的空间指向。由于自然地理条件的限制,城市群向外均匀扩展的态势被打破,致使其回避限制条件而沿着几条主要轴线向外延伸。如果城市群向外延伸受自然地理条件的限制较小,则城市群呈现出典型的带状;如果受到的限制较大,则城市群表现为组团与廊道形式的带状。这类城市群通常规模比较小,等级较低。我国的关中城市群和海峡西岸城市群就是较典型的例证。

3.星状空间扩展

这种空间扩展模式没有明显的地域特征。它或者是由于自然地理条件的限制,或者是受放射型城市交通网络的影响,导致城市群的伸展轴沿着三条或三条以上的轴线向外扩展,大中城市数量增加,集聚与扩散并存,城市群的圈层结构表现出不规则的变形,空间形态呈现出星状。这类城市群的规模通常较大,等级较高的东京、纽约、伦敦等一些世界级的城市群都属于该类型。我国珠三角城市群、长三角城市群和京津冀城市群的空间形态也都属于该类型。

4.多中心网络化空间扩展

在城市群内部同时存在着几个在规模、功能等方面相当的城市,且经济要素和经济活动在空间上也表现为集中与分散相结合,在向心发展过程中,城市间的吸引范围不断袭夺、削弱或加强,城市群体内部的联系进一步密切,位移扩展和跳跃式扩展并存,两个或多个都市之间由于引力加强和影响空间的临近,会出现互为影响区、互为空间环境的局面,城市群体空间向多中心网络化的空间结构演化。沿交通走廊的扩展使它们进一步聚合,同时新生的次级交通走廊也成为城市群扩展的方向,波及城市化发展的低谷区,形成交互式的扩展局势,人流、物流和信息流等可以便利地进入这些网络体系,从而促进多中心网络化的空间模式的形成。如辽中南城市群、山东半岛城市群和川渝城市群都具有这种特征。

综上所述,城市群空间结构实际上是点—线—面系统逐步完善的过程。不同规模等级城市"节点"是城市群地域结构形成、演化的动力源;连接各"节点"的线状交通设施(干线铁路、干线航道、公路)综合交通走廊所形成的不同级别的城市发展轴,是城市群区域城市间"流"(人流、物流、信息流、资金流)的传输线,是城市群地域结构的骨架;在城市群区域多条城市发展轴的基础上,逐步充填多条发展轴间的发展空间而形成地域结构单元——"生长面"。之后,城市发展轴进一步延伸发展,形成城市发展轴—生长面—城市发展轴的循环递进的演化过程,每次演化所产生的城市群规模更大、功能更合理、空间结构更复杂,最终形成城市群地域结构。

从动态着眼,城市群的空间结构的特征、规模层次和空间演化的趋势,主要由三个基本要素构成。第一,伸展轴,它以城市群内部、城市群与外部环境联系的交通通道为轴心(包括干线铁路、高等级公路、内河航运线等),形成产业分布带和经济发展轴,并且沿着这些交通干线向外辐射。因此,交通网络的分布、数量和密度在相当大的程度上决定着城市群的扩展方向和速度,影响城市群的形态类型和城市群对外的扩展。第二,节点和结节地域,它是城市群形态构成、集聚和扩散经济要素的主体,包括都市圈、大中小城市和小城镇。它们的结构、规模和空间分布受制于城市群的演化阶段,决定城市群类型演化的趋势。第三,轮廓线,它是指从平面和立体方面感知的城市群边缘形态,包括三个层次:城市群外缘区域(城镇集中分布区域和城镇密切联系的地区)、都市圈的外缘线、城市建成区集中连片部分的外缘线。轮廓线的变化标志着城市群向外扩散的进程。

二、城市群演进的动力机制

在城市群的形成和发展过程中,市场机制是城市群空间演变的动力源,政府机制是城市群空间演变的推动力,通过政府和市场的共同作用产生集聚和扩散效应,从而影响和改变着城市群的发展演变。

(一)市场机制

在市场经济条件下,城市群的空间扩展主要还是依赖市场机制。市场力决定了经济活动的发生以及其中的企业行为,并且由此引发了人口的空间集聚,这些都构成了城市群空间格局的前提和内容。

经济活动在城市群演进过程中起着决定性作用。经济发展使城乡矛盾渐趋突出并最终打破城乡空间结构系统的平衡,在空间上产生了适应变化的内应力,也引起其他要素(如技术、用地结构等)的变化,增强了空间结构的适应能力,形成城市群空间的外延扩展。经济运行的规模决定城市群扩展的规模,产业发展的结构特征决定城市群结构，经济发展的周期性规律决定城市群扩展的波动性。当经济处于高速发展阶段时，带来实际收入水平的提高和建设投资的增加，促使城市群空间的加速扩展，并以外延式扩展为主；反之则导致城市群空间扩展的停滞并以内涵式扩展为主。

企业是经济活动的主体。从劳动地域分工和工业生产组织理论角度，为了获得最大效益，企业纵向联合、空间分散的生产组织方式，比横向联合、空间集聚的生产组织方式要优越；而纵向分离、空间分散的生产方式最为优越。做出这种论断的主要原因不仅与企业纵向分离的形式有关，而且与它们分离的原因有关。一般而言，企业纵向分离有三种形式：一是制造业部门内部的分离；二是技术开发部门与制造部门的分离；三是技术开发领域存在的分工。而企业纵向分离的原因主要有两方面：一是降低成本；二是不具备相关的知识。前者表明企业如果想要自己生产也可以完成，只是出于降低成本等原因而委托其他企业生产，而后者表明自己不具备生产所需要的知识，只能依赖外部组织。企业采用纵向分离、空间分散的生产方式，不仅降低了生产成本，而且汇集了外部知识，提高了产品和企业的市场竞争力。但从企业的联系费用、知识和信息的有效传递距离看，企业在空间的分散又不可能离得太远，还需要空间上的适度集聚。城市群内集群经济的产生以及工厂企业在城市群内迁移都是上述两个方面综合考虑的结果与反映。

企业的纵向分离、空间分散除了基于成本和竞争力的考虑外，还与城市群空间扩展过程中自身市场规模不断扩大有关。在城市群形成和发展的过程中，随着经济要素和人口的集聚，社会对各种最终产品和中间产品的需求也在急剧增加，最终导致了企业规模的扩大和生产专业化程度的提高。为满足社会和专业化生产的需求，企业开始纵向分解生产活动，把部分加工生产向城市外转移，给予同行业别的独立厂家去生产。在经济全球化和区域经济一体化背景下，城市的国际化与开放性水平进一步提高。新的形势使得传统的决定经济集聚的因素有所削弱，城市发展产生了新的动力，出现了"生产转包"的城市发展形式。在"生产转包"过程中，城市群空间扩展变化最为显著的是，核心首位城市逐步成为公司总部、研发基地、金融中心和人才的集散地；而城市群体系中的其他城市根据比较优势的原则，成为大量的分厂或占地多、技术含量低的简单的加工组装企业聚集地，促进了城市空间的外延扩展。随着城市群内不同等级城市间"生产转包"的进行，企业在城市群内部开始形成合理的布局，而城市群地域结构也随之发生重大变化。

因此，从某种意义上说，企业的纵向分离既是城市群形成的基本原因，也是城市群形成的重要结果。在"因"和"果"的相互关系中，形成了企业之间高度的分工与协作和较大的市场规模，最大限度降低了企业内部的管理成本和外部的交易成本,赢得了城市群整体竞争优势,实现了城市群的动态演进和扩展。

(二)政府作用

作为城市规划、城市管理以及基础设施供给的主体,政府对城市群的空间扩展模式也起到了关键性作用。一般而言,政府作用于城市群的行为主要有引导性行为和强制性行为两种。政府引导性行为是指政府通过制定相关政策、供给基础设施、建立协调机制和培养人才等方式改革和完善投资环境,提高经济要素配置的效率,促进城市和城市群发展的行为。实行引导性行为的政府主体包括城市群内所有的城市政府,实施的手段主要包括产业发展规划、空间布局规划、城市规划以及各种类型的基础设施规划等。政府的强制性行为是指通过行政管理手段决定城市的设立及其区划范围、参与城市的管理和协调城市群内部的事务等行为。实行强制性行为的政府主体不仅包括城市群内所有的城市政府及其上级政府,而且包括具有官方性质的中介机构,实施的手段基本都是行政强制手段。

(三)市场与政府的合力

经济学理论认为市场因外部性而失灵,政府因内部性而失灵,因此,只选择市场或只选择政府都是不完善的。尽管在市场机制的作用下经济要素能够在城市群间合理有序地流动,但如果没有政府行政、经济、法律等支撑体系做保证,没有政府对基础设施的投入,城市群的空间扩展将受到较大的制约。特别是在绝大多数城市群的扩散主要沿交通干线进行以及城市群内的城市建成区扩展也是自市中心沿交通干线呈触角式增长的情况下,市场和政府的合力机制愈显重要。只有市场机制和政府机制同时发挥作用,才能最大限度地减少市场失灵和政府失灵,促进城市群规模和体系的合理化,释放城市群的整体功能。

但是在不同的发展阶段,市场和政府的合力有所差异,主要体现就是集聚与扩散的交替主导。这两种显著的机制贯穿于城市群发展的始终,即聚集与扩散这样一种既矛盾又统一的空间过程。在聚集与扩散机制双重作用下,城乡空间格局发生着演化和交替。随着相近的城市不断聚集和扩散,区域经济发展和城镇化水平不断提高,逐渐形成城市群的轮廓。在城市群形成的初期阶段,集聚是主要的驱动力;在成长阶段,集聚与扩散是主要的驱动力;在形成阶段,扩散是主要的驱动力;在成熟阶段,扩散是主要的驱动力。正是通过城市群内部不同等级城市的集聚和扩散作用,城市群内各城市紧密地联系在一起,构成合理的城市发展体系、产业发展体系、技术扩散体系、市场组合体系和功能分布体系。

1.以集聚为主导的空间联系阶段

集聚是城市空间存在的基本特征与形式,表现为向心聚合的倾向和人口增加的趋势。促使城市集聚的因素主要有:交往活动的需要、就业与收入、较高的可达性、经济规模效益、城市中心区地位的象征性和吸引力等。长期不断的集聚,将使集聚区突破内部张力平衡,形成向周边地区的扩散,如此循环往复。城市及其群体是经济活动、社会活动和文化活动的中心和创新源,集聚功能产生了城市经济的高效益,其根源来自集聚经济效益和信息经济效益。

在城市群发展的初期阶段,产业在空间上集聚的动力来自外部规模经济和外部范围经济。所谓外部规模经济,是来自企业外部的成本节约优势,是指同一产业的企业或一组密切相关的企业由于聚集在同一地区,通过产业功能所获得的外部经济,整个系统的总体功能大于其各个部分功能之和,每个企业都能获益,超出部分源于集聚造成的有利环境。所谓外部范围经济指企业因产业领域或经营区域的广泛而获得的经济利益。在这种情况下,产业组织是垂直分离的或纵向分化的,专业化的企业之间通过外部交易网络,共同完成生产经营活动。在城市群空间扩展过程中,随着城市"极化"作用的增强和优势产业得以确立,外部规模经济为产业发展提供了额外的边际收益。为了获得这部分收益,那些与城市优势产业关系密切的辅助性、补充性产业开始向城市内聚集。具有异质性的产业及其活动的集聚,使得任何一项经济活动都有足够的个体与之相适应,从而可以减少社会经济活动彼此的损失。由于这种不同产业间相互的关联效应和产业本身的集聚效应,形成外部规模经济和外部范围经济,据此产生了产业的集聚经济。产业的集聚吸引了人口的集中,在需求的指向下,一些相关的经济活动及人口就近选址,聚集在一起的人口和经济活动又会产生正的外部性,在人口和市场规模不断扩大的条件下,以服务社会为目标形成的第三产业甚至一些与集聚经济无关的产业也随之集聚于城市,城市集聚经济逐步形成。

2.以扩散为主导的空间联系阶段

扩散表现为一种离心的运动趋势,是城市向外扩张、蔓延的行为在地域空间的传播过程。随着城市群的不断发展,中心城市在规模达到一定程度后,开始向城市群内部相关城市,甚至城市群外部进行产业扩散,以带动整个城市群产业结构的优化升级。在这一阶段,产业扩散成为城市群之间相互联系的主要方式。随着城市规模的不断扩张和城市群发展阶段向前推进,产业和人口的迅速集中,必然造成城市集聚不经济,使产业发展的成本大大提高,产业的边际产出被拥挤成本、通勤成本、土地价格和劳动力价格提高所抵消。生产要素成本和报酬发生了变化,那些产品附加值低的产业和劳动密集型产业,就会失去大城市的集聚经济效应,而不得不向城市外围地区扩散。产业扩散的结果是在中心城市的周围形成若干个中小城市,这些城市的产业之间由于存在着密切的关联效应而联系紧密,最终以中心城市为核心形成城市群。当然,产业向外扩散除了前面分析的被动扩散外,还有主动扩散。产业被动扩散从当城市中产业集聚膨胀到一定程度而导致集聚不经济时开始的,同样的,产业扩散导致了一批卫星城市和一些中小城市的兴起,从而最终形成城市群。被动扩散是在城市产业集聚膨胀到一定程度而产生的新的集聚经济体,是产业的扩散而形成的,世界上很多城市群,如美国五大湖城市群、欧洲西部城市群形成的过程中,被动扩散就起到了很大的作用。产业主动扩散一般是在官方或半官方机构的组织协调下进行。当然,在城市群形成的过程中,被动扩散和主动扩散经常同时存在同时进行。因此,如果说集聚经济为城市规模的扩大提供了拉力,集聚不经济则为城市群体系的建立提供了推力。从产业角度来分析,城市群是产业集聚和扩散所形成的结果。在产业的集聚与扩散中,基于产业链关系的城市群体系逐步建立。

由于城市群的集聚和辐射功能存在着重叠性,城市间的竞争不可避免;加上辐射的影响及其产业同构现象比较严重,直接或间接导致内耗性的竞争。但城市群功能竞合发展是必然选择,它将贯穿于经济整合的过程中,只是在不同的发展阶段,城市功能的竞合效应是有差异的。但总的情况是,随着城市群的发展,城市之间功能的竞争将逐渐向合作过渡。

在城市发展的初期阶段往往以少数几个功能为主,如政治、军事功能等,随着城市的发展,其功能也不断增多,即为城市功能的集聚。为满足城市内部及周边地区的需要,各城市就会建立比较完整的功能体系。尽管功能全,但服务能力弱。"弱而全"的功能体系,在城市经济由封闭逐步走向开放的过程中,与其他城市之间产生了争夺经济要素的激烈的竞争。但如果城市功能过度密集地集中在一个城市,超过了一定时期内城市的最大利用限度、最优发展规模等方面的限制时,必然会产生城市病。此时,中心城市的功能就会向邻近的城市扩散。城市功能的扩散过程,使得城市内部"弱而全"的功能体系被打破,城市之间的功能由竞争向合作转变。进入城市群发展的成熟阶段,在市场力和政府力的共同作用下,城市群内部通过密切的经济社会联系构成一个有机整体,在与外界不断进行能量交换的过程中,系统产生了自组织功能,不断调整和优化自身结构,合理配置城市功能,提高城市群整体的经济效益和对外服务功能。由不同规模的城市等级体系在空间上整合所形成的城市群,有利于汇集区域整体力量,形成区域竞争优势,增强对国内外经济要素的吸引力从而创造出更大的经济效益。由此可见,城市群经济的整合以连横合纵,形成相互竞合为导向,最终在功能上互补共同促进,使产业群落、市场群落和城市群落高度联结成整体,实现城市群内部各城市的互利共赢。

3.以网络化为主导的空间联系阶段

随着城市群以及城市基础设施特别是城市之间交通通信基础设施的不断完善,城市群内部各城市发展相对稳定,于是便进入了复杂的相互依赖的阶段。在这一阶段,城市群内部的空间联系主要是网络化的发展联系,区域网络化组织发展成为推动城市群发展的主要动力。区域内的网络化组织包括由交通运输、通信、电力等物质性线路组成的物质性网络和由市场中各种要素流动形成的非物质性市场网络两种。物质性网络组织对城市群的形成可以分为两种情形。在工业化发展的初期和中期,在一些交通运输业发达的港口城市,凭借其经济、发达的交通运输网络发展相应的传统产业,如石油、化工、钢铁工业等,由于规模经济的内在要求,大量的不同规模的相同的产业、一系列的配套产业、前后相关联产业和服务产业等兴起带动一定区域范围内若干城市的迅速发展,这些城市之间通过诸如产业关联等方式存在着紧密的联系,凭借其优越的地理位置和发达的交通运输网络而形成一定地域范围内的城市群。如美国波士华城市群中的几个主要城市波士顿、费城、纽约、巴尔的摩等都是大西洋沿岸重要的港口城市,它们的兴起和城市群的形成与方便的交通运输条件具有直接的关系。另外一种情形是相邻近的城市之间通过主轴线的联系而形成城市群。相互邻近的城市之间,通过空间相互作用而逐渐形成由铁路、公路、管道、通信线路、电力等各种线路形成的网络,不同等级规模的城市均可以通过发达的交通运输网络扩大它的腹地范围,增加它和邻近城市之间的相互联系,各城市之间既可以借助网络中的主要发展轴线进行产业布局,又可以开展分工协作,形成各具特色的分工体系,从而形成城镇体系结构比较合理的城市群。

三、城市群的产业发展

城市群是城镇化进程发展到一定阶段后,在具备特定地理条件的区域内出现的空间再组织现象,这种空间组织变迁正是以产业在不同等级的城市内进行重组为主要内容的,是产业结构调整和升级的空间表现形式。城市群产业结构以及地域分工的调整与优化成为推动城市群发展和竞争力提高的决定性因素。

(一)城市群产业结构的演进

现实中"发展确实是按照主导部门带动其他部门增长,由一个行业引发另一个行业增长的方式进行的","现代区域经济增长的实质是产业部门的成长和推进过程。但在经济发展的不同阶段,各产业部门在经济发展中所处的地位不相同。一般而言,成长首先从在产业系统中处于主要支配地位的一个或几个产业部门开始,通过'扩散效应'影响产业相关链上的各个产业,带动促进这些产业的发展,从而推动地区经济增长"。城市群的产业结构是国民经济的部门系统和区域系统相交叉的产物,正是产业结构的不断调整在很大程度上担负起城市群持续发展的任务。

第一,现代产业发展的"不可分性"决定了产业结构有着自身的矛盾运动,它会带动经济体实现增长。现代经济的发展使得各产业的发展不可能再彼此相互独立,它们之间存在的各种各样的联系使得其彼此的发展处于一种互动的格局中,而在这种格局内部就包含了新结构产生的可能。在产业之间互动的状态中,产业结构突破了单纯生产要素黏合剂的功能,实现自身不断地变换并由此带动城市群经济的增长。产业结构由一种形态向另一种高级形态转换的过程也就是经济实现增长的过程。各国工业化的经验表明,结构变动特别是产业结构的变动构成了工业化时期经济增长的主要内容,没有结构变化就没有经济持续增长。

第二,在资源稀缺性的约束下,与城市群资源禀赋相适应的合理的产业结构的生成与发展,可以维护并保障城市群比较优势的实现,反之,则可能会从根本上动摇城市群经济发展的根基。区域经济发展尽管拥有不同的资源禀赋,却都会同样面临资源稀缺性。资源稀缺的存在使得人类不得不面临一个选择的问题:一定的生产力发展阶段,人类不可能满足自己所有的需求,只能从中选取部分予以满足,选择的过程就是把有限的资源配置在一定数量的产品的生产中,这样便形成了组合资源和生产的框架,也就是产业结构。所有资源均是在一定产业结构的框架内进行组合投入以产出的。产业结构作为区域各种要素的集合而发挥作用。不同的产业结构决定着不同的资源投入,这样,城市群产业结构与本区域资源禀赋的协同状况如何,在很大程度上决定着区域经济能否持续发展。如果产业结构与本区域资源禀赋状况不符,则意味着经济的增长只能发生在特定的少数部门,而不是在所有部门同时产生。某些部门孕育着投资和就业能力,而另一些部门却蕴含和酿造着使经济进步遭受不良干扰甚至破坏的行为。各产业的发展就会因为缺乏通过联系效应以促成新的产业的直接刺激而受到约束,从而无法维持区域经济的持续增长。反之,如果产业结构与区域自身的资源禀赋相适应,增长就不会局限于少数几个部门,产业的普遍发展会在长期中改变目前的结构状况,这样就会带动区域经济优势的不断演化,从而在区域利益的不断增进中实现经济的持续增长。

第三,产业结构形成于一定的资源禀赋结构,而作为发展要素动态化发展的结果,产业结构本身的动态化又可以有效地促进发展要素的动态化发展。区域经济发展中优势的转换其实就是一个依靠科技等非劳动、非资本要素投入对经济增长贡献度不断上升的现代经济增长过程。在生产力发展的低水平阶段，不同区域所具有的不同的传统资源结构决定着区域发展的过程，到了现代社会，传统资源对于现代区域的发展只构成一种基础性的依托，真正的导向在于现代资源的不断形成并占据主导。随着信息技术的发展和迅速传播，产业信息化和信息产业化使经济增长的基础转向了高科技，技术要素在整个生产力系统中的制高点使它成为产业结构高度化的核心。在当前区域经济一体化逐渐加快的过程中，生产资源对于区域的重要性不在于其继承性而更多地转向创造性转化过程，这种创造性不仅表现为对高级和专用生产要素的创造，还表现在一地区如何有效地利用和配置本地资源以构筑凤巢吸引其他区域的资源，这种吸引能力也取决于生产要素的利用组合关系——产业结构，因为，只有在更为先进的产业结构框架中，资源才能得到更大程度的投资回报。

（二）各具特色的城市耦合为城市群的整体优势

城市群的形成过程也是其内部不同规模、不同等级城市产业特色形成的过程，各城市根据自身的基础和特色，承担不同的职能分工，从而使得城市群具有区域综合职能和产业协作优势。城市群的形成是在城市间产业和职能分工协作的基础上，经济一体化的结果。城市群内部的产业结构调整和生产力的合理布局，以及由此形成的分工合作和优势互补是构成城市群整体效应和综合竞争能力的基础条件。

作为城市群组成部分的城市必须要有自己相对明确的功能与定位。每一个城市都面临着提升功能和增强竞争力的挑战，应对挑战的有效途径之一就是寻求城市与区域的整体协调发展，以城市群汇集区域的整体力量来增强其在国际分工中的有利地位和控制能力。在这个过程中，只有通过城市功能的错位，才能真正实现区域与城市的共同繁荣和资源的有效配置。在城市群内部，城市之间的竞争不可避免，但它不应该是盲目竞争和不公平竞争，相反，在解决问题的过程中，彼此合作，错位发展，可以共同制胜。

以日本东海道城市群为例。东海道城市群包括京滨都市圈、坂神都市圈和名古屋都市圈。京滨都市圈包括东京、横滨、神奈川、千叶、埼玉、群马、栃木、茨城等县（也称首都圈）。这一城市密集地区是日本经济的核心地带，是制造业、商业、不动产业、运输通信业、金融保险业、高技术产业、文化产业的中心，其制造业、服务业产值占全国的 2/3 以上。这一国家经济中心地位是由其内部城市在产业和职能分工基础上形成的聚集优势所取得的。核心城市东京依托发达的都市型工业和生产性服务业，发挥着政治、金融、科教文化、信息中枢职能。拥有海港及空港优势的神奈川和千叶成为都市圈中工业和物流产业集聚地。这两个城市石油产业销售额占都市圈的91.4%,占全国的33.2%;化工业销售额占都市圈的50.5%,占全国的17.1%;电气机械产品销售额占都市圈的35.4%,占日本全国的12.8%(1998年)。横滨港、成田机场的国际交流、国际物流及临港产业不仅在都市圈,而且在日本均占有重要地位。位于东部的多摩发挥高科技产业、研究开发机构和大学较为集中的优势承担着研发和科研的职能。同时,商务和商业职能也在强化。位于东北部的埼玉是东京中心区部分政府职能的转移地,承担着政府机构、居住、生活和商务职能。位于北部的茨城成为以筑波科学城为主体的大学和研究机构集聚之地。筑波科学城拥有60多个科研、教育、企业及政府机构,其科研人员数量占日本国立科研机构人数的一半。这一区域为提升京滨都市圈的科技竞争力发挥着重要作用。

(三)产业集群的发展和向外围区域的扩散

在城市群形成的早期,即工业化初期,大机器生产对于产业空间产生了扩张要求,依托良好条件(包括区位条件、产业基础、资源条件等)迅速发展起来的中心城市成为区域经济发展的增长极,极化效应吸引区域内各种经济要素向中心城市加快集中,许多中心城市成为国家或区域的制造业中心。但随着城市群的发育成熟,制造业开始向中心城市的外围区域逐步扩散,区域产业集群逐步成型。

城市群的产业竞争力最终要看能否形成产业集群。日本丰田轿车零储存的实现依靠的是它200公里范围内的400多家零部件配套企业,每家配套企业在多少时间内将零部件运到哪个地点都有严格规定。由于市场竞争的加剧,为了在有限增长的市场需求中争取更大的份额,企业越来越依赖于产品的不断创新和技术的不断进步,越来越依赖于分工的细密及协作范围的广阔,即产业素质的提高和生产体系的完善。随着区域竞争的加深,为降低生产成本、刺激创新、提高效率,大量相关企业以主导产业链为基础,在特定的地理范围集中,形成有机的产业群落。这种产业集群以其地理集中、专业灵活、创新环境、合作竞争的优势,提升了整个区域的竞争能力。有竞争力的产业集群正在成为城市群区域经济增长和繁荣的源泉。

以京津冀城市群为例,依托北京、天津、唐山等中心城市的制造业基础,目前京津冀区域基本形成了电子信息、汽车、装备制造、冶金和石油化工五大产业集群。京津地区是电子信息产业比较发达和集中的区域,电子信息产业在区域高新技术产业中占有相当大的比重,是带动区域高新技术产业发展的支柱产业。在汽车制造业从过度分散走向高度集中的大趋势下,京津冀也在谋求和加强彼此的分工与合作：北京着重轿车、越野车的整车制造，天津在发展经济型轿车的同时注重轿车零部件的发展，河北则围绕京津的汽车整车制造发展零部件制造业和专用汽车制造。在装备制造业的发展方面，京津利用已有的产业基础，在优势领域着力开展自主开发和创新方面的合作，成为高端产品的研发和制造基地，并且将河北作为产业配套和协作基地，延伸产业链条，力争在全国装备制造业竞争格局中占有一席之地。京津冀的冶金产业主要集中在唐山和邯郸，石油化工正在向天津和沧州方向转移，合理分工、协调发展的产业格局正在形成。

随着中心城市土地、劳动力成本的上升以及与周边地区交通设施的完善，促使制造业，特别是技术成熟、社会平均利润率较低、适于规模化生产的一般性制造业外迁。在很多情况下，制造业首先由中心城区向郊区等周边地区转移，随着城市整体的发展，制造业进一步向其他城市包括海外转移，制造业产值和就业比重随之下降。许多大都市的产业结构调整反映了这一过程。以美国为例，从 20 世纪 60 年代以后，制造业在美国重要中心城市的比重开始下降。1960 年，美国制造业就业的 67% 集中在中心城市，但到 1980 年下降为 25.8%，到 1992 年下降为 13.9%，1997 年再降至 12.1%。而中心城市周边地区，包括郊区的制造业比重则在增加。1972 年，郊区制造业的就业比重占纽约、洛杉矶、芝加哥、费城、波士顿、旧金山、匹兹堡等大都市区的 53.4% ~ 78.2%。

在中心城市制造业比重下降的过程中，符合大都市功能，以服务设计制造业、印刷包装业、珠宝业、食品加工业、钟表加工业以及电子工业等产业为主要形态的都市型加工业则在中心城市得以发展，成为中心城市制造业的主体。都市型加工业以产品设计含量高、技术密集和非标准化生产为特色，满足中心城市高素质就业者的需求，增值率高，并且适应于中心城市生态环境等。以美国纽约市为例，纽约市是纽约都市区以及纽约—新泽西—长岛联合都市区的中心城市，在 19 世纪末已成为美国最大的制造业中心。进入 20 世纪 50 年代后，纽约产业转移与重组的步伐加快。1950 年，纽约市制造业人数占全部非农就业人口的 30%，2000 年时这一比例降至 6.5%。为数不多的制造业就业人数则主要集中于服装业、印刷业、小型物品等都市型工业中。1997 年纽约市这三个行业就业人数占全部制造业就业人数的 58.6%，其中服装业占 38.2%。1981—2001 年，纽约市服装纺织业、皮革制品、印刷出版业以及纺织品的就业区位商分别由 2.44、1.51、1.77 和 1.66 上升为 3.14、1.70、2.13 和 1.99。再以东京为例，其制造业在 1961 年时达到顶峰，随后则持续下降，1977 年时降至 25.1%，1998 年则为 17%。1994 年，东京 5 个中心城区制造业从业人数不到 11 万人，其中出版印刷业就业人数占 87.1%；这 5 个区占首都圈 33 个区制造业就业总数的 16.5%，出版印刷业就业人数则占 33 个区的

56.9%。2000年,包括出版印刷、服装、皮革行业在内的时尚、信息型相关产业销售收入占东京都工业销售收入的1/3左右。

（四）核心城市的服务业快速增长

城市群的核心城市在制造业外迁的同时,迅速进行职能的调整和转换,金融、管理、专业服务和信息传播等服务业的机构和就业明显增长,服务业成为核心城市的主导产业。以北京市为例,2006年,北京按常住人口计算的人均GDP达到6210美元①,主要得益于服务业持续快速发展。1978年全市服务业比重仅为24%,1995年服务业比重超过50%,1998年服务业比重超过60%,2006年超过70%,年均提高1.7个百分点。与之相应,服务业从业人员比重也快速提高到70%左右,这标志着首都服务业主导型经济已经确立并将进一步巩固。

从目前发展较为成熟的城市群来看,随着人口和住宅郊区化现象的出现,在交通设施改善和大型购物场所的发展需求推动下,零售商业以及与之相关的批发业由城市中心地区向郊区或外围地区迁移而以产品设计、广告、市场营销、法律、金融、保险、会计、公关等为主要内容的生产性服务业在城市中心地区集聚。核心城市由制造业中心向生产性服务业和信息中心转变,生产性服务业成为核心城市以及整个城市群经济增长的推动力。

生产性服务业主要面向生产企业,即用于商品和服务的进一步生产的中间性投入服务。生产性服务业能够细化和深化专业分工,降低社会交易成本,提高资源配置效率,扩大国际国内服务市场,在现代经济发展中具有不可替代的作用。因此,没有生产性服务业的大发展,就没有新型工业化的实现。尽管各国对生产性服务业划分的标准还不统一,但普遍认为交通物流、金融服务、技术研究与开发、信息服务和商务服务等行业构成生产性服务业的主体。结合我国统计分类标准,生产性服务业主要包括金融业,信息传输、计算机服务和软件业,交通运输、仓储和邮政业,租赁和商务服务业,科学研究、技术服务和地质勘察业五大门类。此外,商贸流通业中的批发业对组织生产、活跃流通、扩大消费具有重要作用,在大多数国家也归为生产性服务业。

以纽约市为例,2002年与1980年相比,批发和零售业就业所占比重下降了2个百分点,生产性服务业比重则上升14个百分点。2003年,纽约市就业人数最多的四个部门中,金融和保险以及科学与技术服务业位列其中(另外两个是政府部门、卫生保健和社会救助),其就业人数占全部就业的17%。

北京市2006年生产性服务业实现增加值2958.8亿元,占全市GDP的

---

① 按常住人口计算。

37.6%，占全市服务业增加值的53%。且五大行业增加值占全市GDP的比重都超过了5%，成为国民经济支柱行业。

（五）城市群内各城市的产业分工格局

城市群内各城市产业分工格局是各城市适应全球、国家或区域内外部环境变化，在彼此的竞争中形成和调整的。城市群的核心城市以其科技、资本和产业的优势，在产业结构调整中通常起着先导作用。核心城市通过产业结构的调整加强了实力和地位，也使周围地区获得了新的发展机遇。其他城市则以各自的发展基础和优势条件通过竞争适应核心城市的产业结构调整，形成各自的产业特色。但值得一提的是，在一定条件下，非核心城市并不单纯是核心城市辐射的简单接受者，而是可以凭借新兴产业的发展，建立新的职能分工并形成与核心城市的抗衡局面。经济全球化及新兴产业的出现就提供了重要机遇，使得一些非核心城市能够建立新的产业优势并提高自身在城市群体系中的地位。

美国旧金山—奥克兰—圣何塞城市带中新兴城市圣何塞凭借高新技术产业迅速发展。第二次世界大战结束时，圣何塞尚是规模不大的一般城市。但从20世纪50年代开始，圣何塞利用北部硅谷高新技术产业发展的机遇，积极改善交通、供水、公园、机场等市政基础设施，吸引高新技术企业投资，以电子业为主导的高新技术产业快速成长，城市由此迅速发展。1950—1970年间，人口从不足10万增加为45万，地域面积从不足17平方英里扩大到近140平方英里，1990年，人口超过旧金山成为美国西海岸的最大城市，形成了对核心城市旧金山的强烈挑战。为了应对来自周边城市的挑战，旧金山则加快了产业结构调整的步伐。一方面，将传统制造业，特别是资源依赖型工业转移到周边中小城市；另一方面，积极促进金融、保险、不动产、贸易等服务业发展，并为满足"硅谷"新工业区的需求，利用港口优势发展物流业。经济结构调整为旧金山经济发展带来了新的动力，尽管人口仅占大都市区的13%，但仍得以在西岸地区处于领先和主导地位。

由此表明，城市群中的各城市在竞争中合作，在合作与竞争中形成和维持各自的竞争力和地位，共同发挥协作和集聚优势支撑着城市群的发展和整体竞争力的提升。

四、核心城市与城市群区域的协调发展

在城市群的发展中，核心城市与所在区域协调发展至关重要，直接影响和决定着城市群的发展进程和发展水平。促进城市群的发展，必须要通过促进核心城市与城市群区域协调发展才能够实现。

（一）一个或几个城市凸显为城市群的核心

城市群形成的过程,首先是一、二个城市迅速扩大,再扩散辐射,不断加强与周边城市的联系,促进区域经济一体化的过程。一个城市群体内具有不同层次、不同规模和不同性质的城市,也必然有一个或几个城市,它们是一个城市群在特定范围内自然形成区域经济网络的核心和现代科技文化交流的信息中心。核心城市一般要同时具备以下四个条件:第一,必须是经济发达的城市,在城市群区域内居首位或第二位的城市;第二,必须是多种工业综合发展的城市;第三,必须是商业贸易发达的城市;第四,必须是多功能综合发展的城市。可以称这些城市为城市群区域的核心城市。

（二）核心城市与城市群区域是相互促进、不可分割的有机整体

核心城市是城市群区域发展的中心,城市群区域是核心城市成长的基础,两者是相互补充、相互促进、不可分割的有机整体。一方面,核心城市的发达程度直接决定了城市群区域的整体发展水平。核心城市的经济实力与人口、用地规模都是第一位的,代表了城市群的经济发展水平与城市经济基础设施的水平,是城市群整体发展水平的综合体现。同时,核心城市是带动城市群区域发展的基本力量,其集聚和辐射效应对整个城市群区域经济发展具有举足轻重的影响。判断一个城市群的发达程度,首先要看其核心城市的发展水平。核心城市的发展水平高,对城市群区域的辐射带动作用就强,城市群区域的发育程度就好。例如,在我国发育比较成熟的城市群长三角、珠三角、京津冀,其核心城市上海、广州、深圳、北京、天津也是我国最发达的城市。同样,核心城市地位不突出、实力不够强,城市群的发展就缺乏龙头带动,发展进程相对也就受到一定的制约。另一方面,核心城市的发展也需要依托城市群区域的发展,任何一个城市的形成和发展都离不开一定的地域范围,城市的发展都有它辐射的经济区域。核心城市所在的城市群区域整体水平不强、经济活力不足,也必定影响核心城市的发展壮大。

（三）加强核心城市与城市群区域的城际交通联系

高效、完善、统一的基础设施体系是实现城市群区域内各种生产要素及产品在空间流动的必要保障,也是降低整个区域交易成本,进一步促进区域间分工,从而促进整个城市群区域经济一体化的重要途径。同时,大型基础设施建设也是影响城市群区域空间格局的重要因素。交通基础设施建设滞后,往往造成城市群区域之间经济联系相对松散,严重阻碍经济一体化进程。要加强核心城市与城市群区域的交通通达性,建立以核心城市为中心,包括高速公路、城际铁路、空运、海运在内的一体化综合交通网络,通过一体化的交通体系来促进经济一体化的实现。

加强交通通达性对于跨行政区的城市群区域来说尤为重要和迫切。由于交通在经济发展中的基础性作用已成为共识,因此,城市群区域内各个城市普遍重视交通基础设施建设,一般都形成了各自的交通网络,但由于行政分割,城市之间的交通联系不够畅通,城际交通不发达,影响城市群区域的经济一体化进程。因此,在城市群发展中,应当高度重视加强城市群区域交通的统一规划建设,加强城际交通联系尤其是核心城市与城市群区域的交通联系,发展综合交通网络,促进交通基础设施一体化。

（四）加强核心城市与周边城市的产业分工和协作

实现资源优化配置,形成优势互补、合理分工、协调发展的产业分工体系是城市群区域产业发展所追求的目标。要实现这一目标,需要突出核心城市在产业发展中的龙头带动作用,加强核心城市与城市群区域的产业联系和合作。核心城市应当加快产业结构升级,将一些技术需求层次较低的产品生产,如处于产品生命周期成熟阶段的产品或新兴产业中已经标准化、劳动密集型产品的生产向周边地区转移和扩散,加快发展技术含量高的制造业,大力发展现代服务业,完善城市综合服务功能,提高城市的辐射带动能力。相反,核心城市与城市群区域缺乏有效的产业联系与合作往往成为制约城市群发展的最大障碍。由于核心城市产业结构调整缓慢,与城市群区域产业层次不能拉开,竞争大于合作,产业出现同构现象,城市群区域就难以形成合理高效的产业分工体系。以长三角城市群为例。长三角的发展就得益于核心城市上海和其他城市之间的产业错位发展,形成了服务业与制造业分工协作的产业分工体系。

五、世界五大城市群概况

目前世界公认的大型城市群有五个,它们是:美国波士华城市群、北美五大湖城市群、日本东海道城市群、英国中南部城市群、欧洲西北部城市群。

（一）美国波士华城市群

以纽约为核心,北起波士顿,南至华盛顿,分布于美国东北部大西洋沿岸平原,长 900 多公里,宽 50～160 公里左右,面积约 14 万平方公里,人口约 4500 万人,城市化水平超过 90%。包括波士顿、华盛顿、纽约、费城、巴尔的摩等一批大城市,其间分布的萨默尔维尔、伍斯特、普罗维登斯、新贝德福德、哈特福特、纽黑文、帕特森、特伦顿、威明尔顿等城市,共有 200 多座城市,其中有 10 个以上人口超 100 万的大城市,40～50 个 10 万人以上的城市。

虽然它的面积占美国国土面积不到 1.5%,却集中了美国人口的 20% 左右,具有中枢的支配地位。这是美国经济的核心地带、最重要的工商业区,制造业产值占全国的 30%,是全美最大的生产基地;又是美国的金融、贸易、运输中心,甚至是世界最大的金融中心。这里也是知识、技术、信息密集地区,拥有哈佛、麻省理工学院等多所著名高等学府。华盛顿是美国的首都,纽约是联合国总部所在地,表明其不仅是美国的政治中心,而且也是世界政治活动的中心地。该区域各主要城市都有自己特殊的功能和优势产业,城市之间形成紧密的分工协作关系。

(二)北美五大湖城市群

以芝加哥、多伦多为核心,分布于北美五大湖沿岸,跨美加两国,从芝加哥向东到底特律、克利夫兰、匹兹堡,一直延伸到加拿大的多伦多和蒙特利尔,出海口为圣劳伦斯河。该区域面积约 24.5 万平方公里,人口约 5000 万,拥有 10 个左右 100 万以上人口的城市,以及众多中小城市,城市总数达 35 个之多。

五大湖地区煤、铁等矿产资源丰富,水运价格低廉,对北美的钢铁工业发展起到重要作用,五大湖南岸和西岸形成了五大钢铁工业中心。在此基础上,它与美国东北部大西洋沿岸城市群共同构成了北美的制造业带,形成一个特大工业区域、全球汽车制造中心、机械制造中心。同时,这里也是美国内地的金融、贸易与文化中心。这一地带是美国工业化和城市化水平最高、人口最稠密的地区。工业城市聚集,与大西洋沿岸城市群一起共占美国 70% 以上制造业产值,曾被称为世界工厂,通用、福特和克莱斯勒三大汽车公司集中于此。底特律曾是全球著名的汽车城、福特汽车公司所在地。

(三)日本东海道城市群

东海道城市群以东京、大阪、名古屋为中心,从千叶向西,经东京、横滨、静冈、名古屋,到京都、大阪、神户,区域面积 10 万平方公里,占日本全国的 20%。人口将近 7000 万,占全国总人口的 61%。大、中、小城市总数达 310 个,全日本 11 座人口在 100 万以上的大城市中有 10 座分布于此。这是日本政治、经济、文化、交通的中枢,在其国内具有非常重要的地位,集中了全日本 80% 以上的金融、教育、出版、信息和研究开发机构,集中了日本工业企业和工业就业人数的 2/3,集中了全国大型企业的 80%、工业产值的 3/4 和国民收入的 2/3,是日本经济最发达的地带,成为全球汽车、家电、自动办公设备、造船中心之一。

这是一个多核的城市群,包括三大都市圈:以东京、横滨为中心的京滨都市圈,以大阪、神户为中心的阪神都市圈,以名古屋为中心的名古屋都市圈。由于日本国土狭窄,平原面积少,因而中小城市相对较少,为发挥城市的辐射作用,城市群和主要城市既有优势产业,又有相对综合的功能。与波士华城市群一样,主要城市各具特色,发挥着各自不同的功能,大大提高了城市群在世界上的地位。而不同的是作为城市群的龙头城市,东京的功能比较综合,是日本最大的金融、工业、商业、政治、文化中心。在战后经济高速发展的过程中,各城市在加强原有特色的基础上,扬长避短,强化地域职能分工与合作。东京人口超过 1000 万,被认为是"纽约+华盛顿+硅谷+底特律"型的集多种功能于一身的世界大城市,承担着全国经济中国际金融中心的职能,是全球三大金融中心之一。阪神都市圈是日本第二大中心区域,历史上商业发达,大阪、神户和京都三大城市各具特色,有机地结合在一起,为城市群的发展注入了活力。名古屋都市圈中小城市较多,由多个专业化的工业城市组成了相互联系的集聚体,外缘地区农林产业十分发达。

（四）英国中南部城市群

英国中南部城市群以伦敦为核心,以伦敦—利物浦为轴线。1000 万人口以上城市 1 座——伦敦,伯明翰、谢菲尔德、利物浦、曼彻斯特的城市人口均达 100 万以上,中小城市 10 余座,还有众多小城镇。区域面积为 4.5 万平方公里,约为全英国土面积的 1/5,在世界五大城市群中面积最小。人口约 3650 万,占英国人口的一半左右。然而这是发育最早的城市群,18 世纪后,工业革命使英国成为世界经济增长中心,城市化进程十分迅速,一大批工业城市迅速崛起、成长,在英格兰中部地区首先形成世界级城市群。

这是英国产业密集带和经济核心区,GDP 在 10000 亿美元以上,人均 GDP 25000 美元左右,是全球金融中心,作为印刷机械、汽车生产制造中心之一的曼彻斯特是世界纺织工业之都,利兹、伯明翰、谢菲尔德等大城市是纺织机械重镇;除曼彻斯特、利物浦等城市设有金融交易中心外,伦敦成为欧洲最大,同时也是世界三大金融中心之一。

（五）欧洲西北部城市群

以巴黎、阿姆斯特丹为核心的欧洲西北部城市群,作为超级城市群,实际上由大巴黎地区、莱茵—鲁尔、荷兰—比利时构成。主要城市有巴黎、波恩、阿姆斯特丹、鹿特丹、海牙、安特卫普、布鲁塞尔、科隆等,10 万人口以上的城市有 40 座以上,总面积约 14.5 万平方公里,总人口 4600 万。19 世纪,欧洲大陆的兴起使西欧地区成为世界经济增长中心,以巴黎、布鲁塞尔、阿姆斯特丹、波恩等大城市为中心组成了"人"字形发展轴,成为全球旅游、航运、重工业制造中心之一。

该城市群的特点是把一个城市所具有的多种职能分散到大、中、小城市,形成既有联系、又有区别的空间组织形式,以保持整体的统一性和有序性。法国的巴黎—里昂—勒阿弗尔城市带是为了限制巴黎大都市区的扩展,改变原来向心聚集发展的城市结构,沿塞纳河下游在更大范围内规划布局工业和人口而形成的带状城市密集区。大巴黎地区人口 1000 万以上,是法国的经济中心和最大的工商业城市,欧洲重要的交通中心之一,主要工业区在城市近郊,以重工业为主,远郊工业以轻工占优势;100 万人口的城市有 5 座以上。德国的莱因—鲁尔都市圈是因工矿业发展而形成的多中心城市集聚区,在长 116 公里、宽 67 公里范围内聚集了波恩、科隆、杜塞尔多夫、埃森等 20 多个城市,其中 50 万~100 万人的大城市有 5 个。鲁尔是欧洲最大的工业区,面积达 2000 平方公里。在荷兰境内有阿姆斯特丹、鹿特丹和海牙 3 个大城市,乌德支列、哈勒姆、莱登 3 个中等城市以及众多小城市,呈多中心马蹄形分布,各城市之间的距离仅有 10~20 公里。鹿特丹和比利时的安特卫普构成亚欧大陆桥的西端桥头堡,处于世界上最繁忙的两大运输线——大西洋海上运输线和莱茵河水系运输线的交接口,素有"欧洲门户"之称。

六、我国十大城市群的形成

我国拥有 13 亿人口,且大多居住在东中部生态环境较好的地区,这些地区的城市数量比较多,规模也比较大,随着城镇化水平的提高,无论是城市数量还是城市规模不断扩大。近年来,高速公路的修建极大地改善了城市之间的交通状况,城市间的产业联系与经济合作不断加强,区域经济一体化的进程加快。除长三角、京津冀、珠三角三大城市群之外,还涌现出新的城市群。现已初步形成的城市群有:山东半岛城市群、辽中南城市群、长江中游城市群、中原城市群、海峡西岸城市群、川渝城市群和关中城市群。据统计,上述十大城市群的土地面积占全国总面积的 11%,2005 年,人口所占比重为 39%,而 GDP 所占比重为 66%,城市市区的 GDP 占全国比重就达 40%,城市数量占全国城市总数的 40%,城镇数量占全国建制镇总数的 38%(见表 4)。也就是说,十大城市群以 1/10 多一点的土地面积,承载了 1/3 以上的人口,创造了 1/2 以上的 GDP。从资源环境承载能力和未来发展潜力来看,十大城市群将聚集更多的人口,创造更多的 GDP。因此可以说:十大城市群是我国最有发展潜力的地区,是支撑我国国民经济健康发展的十大支柱。

表4　我国城市群主要经济指标（2005）

城市群名称	面积（万KM²）	城市数（个）	城镇数（个）	人口（万人）	城镇人口（万人）	城市化率（%）	市城GDP（亿元）	市区GDP（亿元）
辽中南	9.71	22	425	3075.7	1716.09	55.79	7729.42	1174.8
京津冀	18.27	27	969	7020.52	3564.02	50.77	18489.75	13072.7
山东半岛	9.28	35	676	5239.54	2752.78	52.54	14028.69	7500.17
长三角	10.97	54	1116	8265.4	3972.96	40.9	33383.3	22206.3
珠三角	5.44	19	325	3253.73	1816.65	55.83	18241.4	16859.8
海峡西岸	5.45	14	414	2709	1329.41	49.07	5441.23	2566.95
中原	8.88	23	329	3929	1532	38.9	5942.07	2121.6
长江中游	14.63	30	756	6062.8	2508.88	40	6391.9	3872.15
关中	7.41	9	418	2564.8	1151.44	44.9	2617.7	1737.5
川渝	16.67	31	1788	8364.4	2258.29	27	8606.99	4540.59
合计	103.71	264	7216	50484.89	22602.52	44.77	120872.45	75652.56
占全国比重（%）	11	40	38	39	40	42.99	66	41

（一）长江三角洲城市群

长江三角洲城市群有 16 座大城市和特大城市。上海、南京、杭州三个特大城市呈三足鼎立之势，构成长江三角洲城镇体系的三大核心，几十座大中城市沿沪宁、沪杭以及杭甬铁路干线密集分布，仅 310 公里的沪宁线上分布着 5 座大城市，彼此平均间隔距离为 60 公里左右。该地区已形成我国最发达的立体式交通网络，作为我国南北大动脉之一的京沪线和东西大动脉的长江贯穿其中，浙赣线将其与中国南大门相连，沪宁、沪杭高速公路和杭州湾大桥大大缩短了城市之间的时间距离。上海港、北仑港已开通国际航运；上海、南京和杭州三大国际机场与世界五大洲建立了广泛的联系。

（二）京津冀城市群

京津冀城市群以北京、天津为核心，包括石家庄、唐山、廊坊、秦皇岛、承德、张家口、保定、沧州等大中城市，共有城市 30 多座。北京是中国的首都，中国的政治、科学和文化中心，经济实力仅次于上海，天津是华北最大的港口工商业城市，是中国北方地区的经济中心。该地区是中国交通最发达的地区,铁路干线四通八达,城市之间均通高速公路,有天津港、唐山港、秦皇岛港、黄骅港四个港口,这些都为该地区经济的快速发展创造了条件。各大城市特色和优势十分明显,互补作用强,北京具有政治、文化和高科技的优势,天津具有港口和制造业的优势,石家庄具有商贸业的优势。尤其是天津滨海新区的开发开放成为国家战略,对城市群发展的影响更大。一旦突破行政的藩篱,发展的潜力就会迅速释放出来。

(三)珠江三角洲城市群

珠江三角洲城市群共有 20 多座城市,城镇密度为每万平方公里 100 个,城镇平均间距不到 10 公里。以香港、广州、深圳为核心,包括东莞、佛山、中山、江门、肇庆、珠海等大中城市。该区域是我国机场密度最高,国际机场最多的区域,4 万多平方公里的范围建有 7 座机场,公路、铁路、水运、海运四通八达,高速公路连接各大城市,分布着大亚湾、大鹏湾、香港、妈湾—赤湾、盐田港等天然深水良港。中心城市香港是国际金融贸易中心,广州已发展成为我国南方最大的中心城市。这两大中心城市对珠江三角洲的城市和经济发展起到主导作用,再加上深圳、珠海两大特区的辅佐作用,进一步带动珠江三角洲地区的经济社会发展。

(四)山东半岛城市群

山东半岛城市群以济南、青岛为中心,包括烟台、潍坊、淄博、东营、泰安、莱芜、滨州、威海、日照等城市。发挥临海和靠近日、韩的区位优势,制造业和农产品加工业发展势头较猛,带动了山东全省的发展。山东半岛城市群是山东制造业最发达的区域,集中山东省80%的科研院所、科研人员和大中型企业工程技术人员,人才技术力量雄厚。装备制造业较为先进,拥有中国重型汽车集团、济南第二机床集团等大型企业和一大批国家级、省级大中型企业。钢铁、造船、冶金、造纸、橡胶、食品、电子信息、纺织等产业也在蓬勃发展。区域内产业协作配套初步形成,以济南重汽为例,其大本营在济南、装配厂在青岛、发动机在潍坊、轮胎在威海,形成了一个相互协作、完整的产业链。

(五)川渝城市群

川渝城市群是以重庆、成都两市为中心,包括四川的自贡市、泸州市、德阳市、绵阳市、遂宁市、内江市、乐山市、达州市、南充市、眉山市、宜宾市、广安市、雅安市、资阳市 14 个地级市和渝西等县市。从城市等级体系来看,除了成都和重庆为特大城市以外,自贡、绵阳、南充为大城市,雅安、资阳为小城市,其他城市为中等城市。重庆是全国四大直辖市之一,直辖后城市规模迅速扩大,经济实力不断增强,其对周边的辐射力也在增强。成都是四川省的省会城市,城市发展也很快。

川渝城市群的特点是"虎头蛇身"，核心城市经济规模大，发展水平高，而周边城市规模小，发展水平低。未来，要继续完善城市之间的交通体系建设，加大核心城市的辐射效应，使城市群的一体化程度进一步提高。

（六）辽中南城市群

辽中南城市群以沈阳、大连为中心，包括抚顺、本溪、辽阳、鞍山、营口、盘锦、铁岭、丹东等大中城市。该地区城市高度密集、大城市所占比例较高。沈阳是东北和内蒙古东部的经济中心、交通和信息中心，全国最大的综合性重工业基地。大连是东北亚地区的国际航运中心、东北地区最大的港口城市和对外贸易口岸。辽中南地区工业化起步已近 70 年，在工业化推动下形成了沈阳都市圈和沈大城市走廊，在沈大 450 公里交通线上，在 50~80 公里半径内分布着 19 座城市，大体上平均 25 公里左右就有一座城市。近年来，沈阳、大连充分发挥大城市在经济、科技等方面的优势，进一步带动中小城市和小城镇的发展，逐步形成以沈阳、大连为中心，以长大、沈丹、沈山、沈吉和沈承五条交通干道为发展轴线和包括大连、丹东、营口、盘锦、锦州、葫芦岛六个城市在内的"沿海经济带"，受到国家的高度重视和全国的瞩目，借助沿海和港口的区位和交通优势，其经济发展必将进一步加快。

（七）长江中游城市群

长江中游城市群以武汉为中心，包括黄石、鄂州、黄冈、仙桃、潜江、孝感、咸宁、天门、随州、荆门、荆州和河南省的信阳、江西省的九江、湖南省的岳阳，其中，12 个为地级市，3 个为湖北省直辖县级市。目前区域内部已形成比较密切的经济联系，随着武汉市综合经济实力的增强，区域内的经济联系将更加紧密。武汉号称九省通衢，东西有长江黄金水道，南北有京广铁路，经济实力和辐射影响力都很强。长江中游城市群将是我国区位条件优越、交通发达、产业具有相当基础、科技教育资源丰富的城市群之一，在我国未来空间开发格局中，具有举足轻重的战略地位和意义。

（八）中原城市群

中原城市群以郑州、洛阳为中心，包括开封、新乡、焦作、许昌、平顶山、漯河、济源在内共 9 个省辖（管）市。位于河南省中部地区，依托中原这块肥沃的土地，孕育了若干个中外闻名的大都市，如洛阳、开封、许昌等，几经兴废，其风韵犹存。郑州虽是后起的城市，由于其得天独厚的交通优势，得以后来居上，成为中原城市群的核心。区域内人口密度达 665 人/平方公里，是我国人口密度最大的区域之一。各城市发展势头强劲，经济联系日益紧密，基本形成了以郑州都市圈为中心、一个半小时通达的交通网络，具备了一体化发展的基础和条件。

(九)海峡西岸城市群

海峡西岸城市群以福州、厦门市为中心,包括漳州、泉州、莆田、宁德四市。福州是福建省的省会,厦门则是我国改革开放后确定的四大经济特区之一,吸引了大量台商投资,经济总量迅速扩大。海峡西岸城市群与台湾隔海相对,既是开展对台合作、促进和平统一的基地,又可在合作中加快发展。加快海峡西岸经济区建设,将进一步促进海峡两岸经济联系,互利共赢,推进祖国统一大业。鉴于海峡西岸特殊的地理位置,《国家"十一五"规划纲要》明确提出:"支持海峡西岸和其他台商投资相对集中地区的经济发展。"在国家政策的支持下,城市发展、经济合作、对台交流等将取得更快更好的进展。

(十)关中城市群

关中城市群是以西安为中心,包括咸阳、宝鸡、渭南、铜川、商洛等地级市。关中是中华民族的发祥地,周、秦、汉、唐均建都于此。关中城市群地处亚欧大陆桥中心,处于承东启西、连接南北的战略要地,是我国西部地区经济基础好、自然条件优越、人文历史深厚、发展潜力较大的地区。中华人民共和国建立以来,关中地区一直是全国生产力布局的重点区域,在全国区域经济战略格局中定位为陕西乃至西北地区的重要生产科研基地。"一五""二五"期间,全国156个重点建设项目有24个都布局在关中地区,并相应安排了一批与之配套的工业、科技、教育等项目。从1965—1975年的10年间,国家在陕西的"三线建设"项目共400个,形成了高等院校、科研院所、国有大中型企业相对密集且能够辐射西北经济发展的产业密集区,在全国区域经济发展中占有重要地位。最近,国务院批准的关中—天水经济区规划中明确了新的定位:全国内陆型经济开发开放战略高地;统筹科技资源改革示范基地;全国先进制造业重要基地;全国现代农业高技术产业基地;彰显华夏文明的历史文化基地。规划将对关中城市群未来的发展起到重要指导和促进作用。

除上述十大城市群之外,以长珠潭为中心的湖南中部,以合肥为中心的江淮地区,以长春、吉林为中心的吉林中部,以哈尔滨为中心的黑龙江东南部,以南宁为中心的北部湾地区,以乌鲁木齐为中心的天山北坡地区等都有可能发展成为我国新的规模较大的城市群。

参考文献

[1]艾伯特·赫希曼.经济发展战略[M].北京:经济科学出版社,1991:56.

[2]张敦富,杨世祺.中国投资环境[M].香港:香港吴兴记书报社,1993:105.

[3]姚士谋,朱关明,陈振光.中国城市群[M].合肥:中国科学技术大学出版社,2001.

[4]戴宾.城市群及其相关概念辨析[J].财经科学,2004(6):101-103.

[5]薛东前,孙建平.城市群体结构及其演进[J].人文地理,2003(4):64-68.

[6]胡序威.沿海城镇密集地区空间集聚与扩散研究[J].城市规划,1998(6):3-5.

[7]朱英明.我国城市群地域结构特征及发展趋势研究[J].城市规划学刊,2001(4):55-57,80.

[8]刘静玉,王发曾.城市群形成发展的动力机制研究[J].开发研究,2004(6):66-69.

[9]李瑞,冰河.快速城市化背景下城市群和城市群脉的空间发展模式[J].武汉大学学报(工学版),2005(1):148-152.

(本文发表于《改革》2009年第9期。2006年,国家发改委国土开发与地区经济研究所组成课题组,负责人肖金成,成员袁朱、李娟、申兵、汪阳红、李忠、欧阳慧、贾若祥、黄征学、刘通等,形成了一系列研究报告。本文由肖金成在研究报告基础上整理而成。文中理论部分吸取了国内外学者的研究成果,因文献过多,恕不一一列出,特致谢意。)

都市圈理论与规划编制

都市圈是我国城镇格局中重要的空间形态,也是城市群形成的重要前提条件,在我国区域发展中起着十分重要的作用。中共中央、国务院《国家新型城镇化规划(2004—2020)》明确强调,特大城市要适当疏散经济功能和其他功能,推进劳动密集型加工业向外转移,加强与周边城镇基础设施连接和公共服务共享,推进中心城区功能向 1 小时交通圈地区扩散,培育形成通勤高效、一体发展的都市圈。建设现代化都市圈不仅是城市群发展的有效途径,而且是推进高质量城镇化的重要举措,起着引领区域协调发展、城乡融合发展和乡村振兴的重大作用,也起着引领现代化经济体系建设和经济高质量发展的作用。但学术界和社会各界对都市圈的概念始终没有达成共识,本文在对都市圈概念进行界定的基础上,提出建设现代化都市圈的战略意义及其规划的主要内容,以就教于学术界和社会各界。

一、都市圈概念界定及世界上典型的都市圈

都市圈概念与都市圈理论出现在 20 世纪 50 年代,都市圈出现的历史虽然不能确知,但可以肯定已有数百年。学者们发现了都市圈这一空间形态,并对其研究和探索,使我们对都市圈有了越来越清晰的认识。

(一)对都市圈的探索与概念界定

最早使用"都市圈"这一概念的国家是日本。1951 年,日本学者木内信藏研究日本城市后,提出了"三地带学说",即大城市的圈层由中心地域、周边地域和边缘广阔腹地三部分构成,这一思想后来发展成为"都市圈"概念。后来,"都市圈"概念得到日本政府的认可。1954 年,日本行政管理厅将"都市圈"概念界定为:"以人口规模 10 万人以上的中心城市为核心,以一日为周期,可以接受该城市某一方面功能服务的区域范围。"20 世纪 60 年代,日本又提出了"大都市圈"概念,制定了《大都市圈建设基本规划》,界定大都市圈的空间范围为:中心城市为中央

指定市,或者人口规模超过 100 万,且附近存在人口规模 50 万以上的城市,外围地区到中心城市的通勤人口占本地人口的比重在 15%以上,大都市圈间的货物运输量在总运输量的 25%以下。1995 年,日本总务厅国势调查中提出"都市圈"空间范围的基准定义为:都市周围的市町村 15 岁以上常住人口中有 1.5%以上到该都市通勤(上下班)或通学(上下学),且是与该都市在地域上相连的市町村构成都市圈的范围。日本大都市圈的地域范围直径距离可达 200～300 公里。日本的都市圈在概念界定上等同于美国的都市区①,而大都市圈则远远超出了都市区的空间范围。

20 世纪 80 年代后期,我国地理、规划、经济等领域的学者才开始研究都市圈。1989 年,中国人民大学周起业、刘再兴、张可云等教授合著的《区域经济学》一书,提出都市圈是指以大城市为依托,与周围地区发展起来的中小城市所形成的联系紧密的经济网络。1996 年,王建提出了在中国规划建设"九大都市圈"的设想。他认为,都市圈的地理含义是指在现代交通技术条件下,直径在 200 公里至 300 公里,空间范围则在 4 万至 6 万平方公里之间,人们可以在一天内乘汽车进行面对面交流的特定区域。高如嵩等(1998)认为,都市圈是以经济比较发达并具有较强城市功能的中心城市为核心,与其有经济内在联系的和地域相邻的若干周边城镇所覆盖的区域共同组成的,其经济辐射能够达到并能够促进当地经济发展的最大地域范围。2007 年,肖金成和袁朱在《中国经济时报》上发表《中国将形成十大城市群》一文,对城市群和都市圈的概念进行了辨析。他们认为,都市圈属于同一城市的作用范围,一般是根据一个或两个大都市经济辐射的距离为半径并以该城市或两城市联合命名。城市是一个区域的中心,通过极化效应集中了大量的产业和人口,获得快速的发展。随着规模的扩大和实力的增强,城市对周边区域产生辐射带动效应,形成一个又一个城市圈或都市圈。每个城市群都有一个或多个都(城)市圈。

都市圈是核心城市通过扩散辐射效应与周边地区发生相互作用的产物,都市圈的范围是核心城市与周边城市相互联系与合作的区域。在此认识的基础上,我们把"都市圈"的概念界定为,以超大城市、特大城市或辐射带动功能强的大城市为核心,以核心城市的经济辐射距离为半径,所形成的功能互补、分工合作、经济联系密切的区域。其主要包含四方面的基本内涵。一是都市圈的核心城市是超

---

① 1910 年,美国管理和预算总署在人口普查时提出了都市区(Metropolitan District,MD)的概念,定义为以一座人口规模 10 万以上的中心城市为核心,包括周围 10 英里范围内的区域,或者包括周围地区虽然超过 10 英里但城市连绵不断且人口密度超过 150 人/平方英里范围内的区域。后来,美国把都市区中心城市的人口规模降低到 5 万及 5 万以上。

大城市、特大城市或辐射带动功能强的大城市。这些城市可谓之都市,在中国的语境中,都市本身就是大城市,中小城市不可能称为都市,大都市是对都市在称谓上的强化,不是一个科学的概念。都市是都市圈形成的前提条件,以中小城市为核心辐射的区域可谓之城市圈。二是都市圈的辐射核即核心城市多数情况下只有一座。在极少数情况下出现两座实力相当的大城市共同辐射一个区域,属于"双核"都市圈,也有一主一次两个辐射核形成的都市圈,是都市圈的特殊情况。三是都市圈内城市间的联系主要是经济联系,是产业链条的延伸或市场的拓展。一般情况下,都市越大,辐射半径就越大,都市圈的大小除了取决于都市的辐射带动力,还有周边地区的交通状况以及制度因素。四是都市圈是城市群形成的前提条件,也就是说有了都市圈,才有可能形成城市群,而非形成了城市群才有都市圈。一个地区崛起一座大城市,随之出现了都市圈,但不一定形成城市群,城市群的形成取决于都市圈之外其他城市的发展状况。

(二)世界上典型的都市圈

可以肯定,都市圈随着具有辐射影响力的大城市同时出现,每座世界级的城市均有一个与其规模相适应的都市圈。考察一下美国、日本、英国、法国具有典型意义的都市圈,有助于深化对都市圈的认识。

1.纽约都市圈

纽约都市圈位于美国东北沿海地区,以美国人口规模最大的城市纽约为核心,包括纽约市、长岛各县、纽约州的中哈德逊谷和下哈德逊谷、新泽西州的北部地区、康涅狄格州的东南部地区和宾夕法尼亚州东北部地区,人口规模超过2000万,是美国最大的都市圈,是美国波士华城市群的重要组成部分,涵盖的城市有纽约(New York)、纽瓦克(Newark)、泽西市(Jersey)、帕特森(Paterson)、伊丽莎白(Elizabeth)、特伦顿(Trenton)、爱迪生(Edison)、布里奇波特(Bridgeport)、纽黑文(New Haven)、斯坦福(Stamford)、沃特伯里(Waterbury)、诺沃克(Norwalk)、丹伯里(Danbury)和阿伦敦(Allentown)。

纽约都市圈形成了明显的城市功能分工格局,即核心城市以服务业尤其是生产性服务业为主,发挥生产性服务功能;外围城市以制造业为主,发挥生产制造功能。作为核心城市,纽约不仅是美国的经济中心和金融中心,而且是全球两大金融中心之一(另一个是英国伦敦),也是世界政治活动的中心,是联合国总部所在地,商贸和生产性服务业最为发达,制造业份额很小,仅为5.6%,而周边地区和城市以制造业为主,制造业份额普遍在15%左右,甚至达到20%以上。

2.东京都市圈

东京都市圈位于日本中部沿海地区，以日本人口规模最大城市东京为核心，主要包括东京都、神奈川县、埼玉县、千叶县、茨城县、群马县、栃木县和山梨县，区域面积约3.53万平方公里，人口规模3000多万，是日本最大的都市圈，也是日本东海道城市群的重要组成部分，主要有东京、川崎、横滨、千叶、埼玉等城市。

东京都市圈主要城市发挥着各自不同且互补联系的功能，体现了市场机制对资源、人才、产业和服务等要素的高效配置，区域发展效率得到大大提高。作为日本的首都，东京具有综合性的功能，聚集着国会、中央政府各部门及司法机构，以及数量可观的银行、保险、证券等大型金融机构和大企业总部，日本90%以上的外国企业设在这里，第三产业比重高达73.8%，主导产业为金融、商务、科技、信息、咨询等生产性服务业，是日本的政治、经济、文化、金融、管理和工商业中心，被认为是"纽约+华盛顿+硅谷+底特律"型的集多种功能于一身的世界级大城市，人口超过1000万，承担着国际金融中心的职能，是全球第三大国际金融中心。从东京、川崎到横滨的东京湾地区是日本著名的京滨工业带，是日本最大的工业区，拥有许多大型制造业企业，其中钢铁、化学、电力等工业最为有名。横滨是京滨工业带的核心，工业发达，以钢铁、化工、炼油、造船等工业为主，也是日本重要的港口城市，承担重要的航运物流功能。

3.伦敦都市圈

伦敦都市圈位于英国东南部，以英国人口规模最大城市伦敦为核心，包括大伦敦（Greater London）、英格兰东南（South East）、东英格兰（Eastern）、中英格兰东（East Midlands）、中英格兰西（West Midlands）和英格兰西南（South West）的全部或部分地区，是英国东南部城市群的重要组成部分，主要有伦敦（London）、伯明翰（Birmingham）、雷丁（Reading）、牛津（Oxford）、剑桥（Cambridge）等城市。

作为英国首都，伦敦不仅是欧洲最大的经济中心，而且是世界上最重要的经济中心之一，一直稳居欧洲最大的金融中心地位，同时和纽约并称为世界上两大金融中心，人口规模1000万左右，接近英国城市总人口的1/5。伦敦的产业结构以生产性服务业为主，金融业是支柱产业，在"一平方公里"（Square Mile）伦敦城（City of London）集中了多家银行、保险、证券等金融机构，100多家欧洲500强企业和超过一半的英国百强公司在此设有总部，伦敦证券交易所是世界上最重要的证券交易所之一，伦敦股票交易所是全球四大股票交易所之一，伦敦城也是全球最大的国际保险中心和全球最大的国际外汇市场，大约31%的全球货币业务在此交易。伯明翰是纺织机械生产制造重镇，是现代冶金和机器制造工业的创始地，工业革命之父詹姆斯·瓦特在此发明双向气缸蒸汽机。牛津和剑桥分别以牛津大学和剑桥大学而世界闻名。

4.巴黎都市圈

巴黎都市圈位于法国西北部,以法国人口规模最大城市巴黎为核心,包括巴黎大区、中央大区、诺曼底大区、皮卡第大区、香槟—阿登大区、勃艮第大区和北部—加莱海峡大区的全部或部分地区,是欧洲西北部城市群的重要组成部分,主要有巴黎(Paris)、凡尔赛(Versailles)、奥尔良(Orléans)、里昂(Rouen)、迪耶普(Dieppe)、勒阿弗尔(Le Havre)、敦刻尔克(Dunkerque)、加来(Calais)、阿棉(Amiens)、兰斯(Reims)、香槟沙隆(Châlons-en-Champagne)等城市。

作为法国首都,巴黎是法国的政治、经济、金融、文化和商业中心,人口超过1000万,是欧洲的公路、铁路交通中心和全球航运中心之一。巴黎在金融、时尚、传媒、科技等领域对世界具有影响力,拥有法兰西银行、证券交易所等大银行、大交易所、大公司的总部,联合国教科文组织(UNESCO)、经济合作与发展组织(OECD)、国际商会(ICC)、巴黎俱乐部(Paris Club)等国际性组织的总部均坐落于此。巴黎的汽车、电器、飞机、化工、医药等制造业也很发达,但都分布在郊区。其他城市多为工业城市。其中,里昂以石油化工、精细化工、天然气化工、制药、食品等工业为主;勒阿弗尔是法国第二大港,也是巴黎的外港,工业主要包括造船、机械、石油化工、电工器材、木材加工等;兰斯是香槟之城,知名的香槟酒厂数量众多;敦刻尔克是法国第三大港,法国最大的现代化钢铁联合企业位于此,还有炼油、化工和农产品加工等其他工业;加来是刺绣之城,以生产花边、薄纱、刺绣等传统制造业最为有名。

5.上海都市圈

上海都市圈位于我国东部沿海长江三角洲地区,以我国人口规模最大城市上海为核心,包括上海市、苏州市、无锡市、常州市、南通市、嘉兴市、宁波市和舟山市,区域面积约4.61万平方公里,是长江三角洲城市群的重要组成部分。2018年,常住人口近7000万,地区生产总值近10万亿元,人均地区生产总值超过14万元,是全国平均水平的两倍多。

作为我国直辖市之一,上海地处长江入海口,是首批沿海开放城市和长江经济带的龙头城市,也是我国重要的经济、交通、科技、工业、金融、会展和航运中心,金融、商务、科技、信息、物流等生产性服务业发达,节能环保、新一代信息技术、生物、高端装备、新能源、新能源汽车、新材料等战略性新兴制造业发展势头强劲,在全国名列前茅。上海港货物吞吐量和集装箱吞吐量均居世界第一,是滨江滨海国际性港口。

目前,上海与周边城市之间发展形成了明显的城市功能分工格局。苏南地区和浙北地区接受上海的经济辐射,形成了经济发达的沿江工业带和沿海工业带,与上海的经济联系紧密。以汽车产业为例,上海致力于汽车产业研发、整车制造和汽车营销等资本技术密集型环节,拥有上海泛亚汽车技术中心、上海汽车集团股份有限公司汽车工程研究院等国内领先的大型汽车科研机构、亚洲领先的试车场、世界先进的风洞试验室等各类汽车技术开发机构共计 34 家,占长江三角洲地区的六成以上;苏南地区和浙北地区则专业化于汽车的零部件生产等劳动密集型环节,其中,坐落于苏州相城经济开发区渭塘产业园的中国汽车零部件(苏州)产业基地,聚集了江苏万达、苏州万隆汽车饰件、苏州吴越塑材、苏州汇众模塑等一批以汽车模塑、汽车内饰件为主的配套零部件企业,同时还有一批如苏州上声电子等知名的汽车电子企业,已形成了初具规模的特色产业链;宁波形成了多个传统优势产业集聚区和重点发展的战略性产业集聚区。

二、我国建设现代化都市圈的战略意义

2019 年 2 月 19 日,国家发展和改革委员会发布的《关于培育发展现代化都市圈的指导意见》指出:"建设现代化都市圈是推进新型城镇化的重要手段,既有利于优化人口和经济的空间结构,又有利于激活有效投资和潜在消费需求,增强内生发展动力。"在新的历史阶段,我国的社会主要矛盾已转变为人民日益增长的美好生活需要与不平衡不充分的发展之间的矛盾,新时代呼唤高质量发展。与此同时,我国城镇化也已进入高质量发展阶段,建设现代化都市圈在实现经济高质量发展、促进区域协调发展、推进乡村振兴、形成范围更大的城市群等方面都具有重要的战略意义。

(一)建设现代化都市圈有利于实现经济高质量发展

我国经济已经进入新常态,过去那种依靠高投入、高排放、高污染、低效率、忽视社会效益的经济增长方式难以为继。党的十九大报告指出,我国经济已由高速度增长阶段转向高质量发展阶段,要求未来的经济发展更多地依靠科技创新,提高资源要素的利用效率,减少排放,降低污染,保护环境。

建设现代化都市圈,促进资源要素在都市圈范围内自由流动,让市场决定要素配置,不仅有利于提高资源要素的利用效率,而且有利于人才交流、促进科技创新。都市圈以大都市为核心,而大都市是高素质人才的集聚地和科技创新的发源地。在都市圈内,大都市与周边城市之间本来就是产业协作关系,也很可能形成区域科技创新系统及其正反馈机制,即大都市承担科技创新的功能,周边城市承担新技术中试和产业化及反馈的功能,从而加快科技创新的步伐和产生新技术、

新应用的频度,提高资源要素利用效率,减少排放和污染,治理大气、土壤和水等污染。

(二)建设现代化都市圈有利于促进区域协调发展

改革开放以来,我国东部地区尤其是东南沿海地区经济快速发展,而中西部和东北地区则经济发展缓慢,东西发展差距问题凸显。进入 21 世纪以来,我国相继实施西部大开发、东北等老工业基地振兴、中部崛起等区域发展战略,区域发展不协调问题得到一定程度的缓解。但近年来,受到国际国内经济不景气的影响,区域发展不协调问题再一次凸显。党的十九大报告把区域协调发展上升为新时代七个国家重大战略之一,提出建立现代化区域城乡发展体系。

我国地域广袤,自然环境千差万别,受到目前的行政管理体制和财税体制的制约,实现区域协调发展无疑困难重重。即使在东部地区内部,区域内城市间的协调发展问题也没有解决,甚至还很突出。因此,把区域协调发展战略落实到更小空间尺度内,有助于促进区域协调发展的政策和机制更好更快地实施和"立竿见影",也有助于为更大空间尺度的区域协调发展起到示范作用和提供经验借鉴。由此看来,都市圈是一个能够快速推进区域协调发展的空间尺度。建设现代化都市圈,促进区域协调发展的政策和机制在都市圈内率先落地,推动大都市与周边城市之间形成紧密的产业协作关系,增强大都市对周边地区的辐射带动功能,加快大都市周边中小城市的发展,"填平"大都市与周边城市规模之间的"悬崖",形成大中小城市和小城镇协调发展的城镇格局。

(三)建设现代化都市圈有利于促进乡村振兴

乡村振兴战略也是党的十九大报告提出的新时代七个国家重大战略之一。改革开放尤其是进入 21 世纪以来,随着我国城市经济的发展,大量的农业富余劳动力进入城市工作和生活,提高了他们的收入,改善了他们的生活,更降低了农村地区的就业压力。2017 年,我国农业转移人口 2.44 亿。尽管他们实现了就业类型的转变和生活地点的转移,但是没有实现社会身份的转型。长期以来,农业和农村发展缓慢,缺乏资金投入,农民收入低、多数农村"脏乱差"等问题异常严重。

都市圈是一个区域,不仅包括城市和城镇,而且包括大面积的农村地区。在都市圈内,城市和城镇为农民提供工业品和各种服务,农村地区则为城市和城镇的居民提供粮食、蔬菜和水果,以及旅游、休闲、度假、体验等活动的去处。培育发展现代化都市圈,可以有效实现城乡融合发展。都市圈的发展水平越高,人口规模越大,收入越高,对农产品的需求就越多,对农产品质量的要求就越高,到乡村地区旅游、休闲、度假、体验等活动的需求就越旺盛。农村地区通过发展观光农业、特色农业、绿色农业就能提高收入。建设现代化都市圈,依托大都市强大的经济和产业,促进周边城市和城镇快速发展壮大,就能创造更多的就业岗位,吸纳更多的农业富余劳动力,不仅要实现就业类型的转变,而且要实现社会身份的转变,赋予他们真正的市民身份,享受与城镇居民同等的不受歧视的公共服务和社会福利,从而缩小城乡发展差距。因此,都市圈发展越成熟,城镇化水平就越高,现代化水平也越高。未来,在都市圈内,城乡居民的收入差距将快速缩小,农村与城市、城镇互动互促,实现共同繁荣。

(四)建设现代化都市圈有利于形成范围更大的城市群

《国家新型城镇化规划》指出,城市群是我国未来城镇空间格局的主体形态。党的十九大报告提出,"以城市群为主体构建大中小城市和小城镇协调发展的城镇格局,加快农业转移人口市民化"。

都市圈是城市群形成的前提,也是城市群的核心区域。没有都市圈,就难以形成城市群。正是因为都市圈的出现,才使城市间产生并不断加强了经济联系,在竞争过程中实现功能分工、优势互补。一般来说,在我国省区范围内,省会城市或自治区首府都是本省区内经济体量和人口规模最大的城市,随着城市规模的扩大,都市圈的范围越大,与周边城市产生竞争和合作,经济联系越来越密切。在城市群形成的过程中,首先以省会城市、首府城市或副省级及直辖市为核心,推进交通、通信等基础设施网络建设,强化与周边城市的经济联系和功能分工,培育发展现代化都市圈;其次,在都市圈外培育发展区域性中心城市,加强产业集聚和人口集中,进一步发展成为大都市,进而以该大都市为核心培育发展现代化都市圈;最后,都市圈间实现空间耦合甚至功能耦合,从而形成城市群。

三、我国已形成 30 个左右都市圈

改革开放以来,我国经济社会快速发展,工业化和城镇化进程快速推进,大量农业转移人口由农村地区向城市和城镇快速集中,城市规模迅速扩大,都市在我国经济社会较发达地区不断涌现,形成了越来越多的以都市为核心的都市圈。考虑到我国城市发展水平普遍较低的现实背景,本文把都市人口规模界定为 300 万以上,即把城区常住人口在 300 万以上的城市称为都市。都市的辐射距离与其人口规模有着必然的关系,人口规模越大,其辐射距离越远,但都市的辐射距离也是有限的。本文界定:人口规模在 1000 万以上,辐射半径一般可达 200 公里;人口规模在 500 万至 1000 万之间,则辐射半径为 150 公里;人口规模在 300 万至 500 万之间,则大都市的辐射半径为 100 公里。利用高德地图软件测量工具,我们测定

出 30 个都市圈的空间范围。

表 1　我国 30 个都市圈及其涵盖的主要城市

圈域半径	都市圈名称	涵盖的主要城市
200 公里	1.上海都市圈	上海、苏州、无锡、常州、南通、泰州、嘉兴、湖州、绍兴、宁波、舟山等
	2.北京都市圈	北京、廊坊、保定、张家口、承德、唐山、沧州等
	3.深港都市圈	深圳、香港、东莞、惠州、汕尾、河源、珠海、中山、江门等
150 公里	4.广州都市圈	广州、佛山、东莞、肇庆、清远、惠州、珠海、中山、江门、云浮等
	5.重庆都市圈	重庆、泸州、广安、南充、遂宁、内江、自贡等
	6.武汉都市圈	武汉、孝感、黄冈、鄂州、黄石、咸宁、随州、仙桃、天门、潜江等
	7.天津都市圈	天津、廊坊、唐山、沧州、保定等
	8.成都都市圈	成都、德阳、绵阳、遂宁、资阳、眉山、雅安、乐山、内江、自贡等
	9.南京都市圈	南京、镇江、扬州、泰州、常州、滁州、马鞍山、芜湖、宣城等
	10.郑州都市圈	郑州、开封、洛阳、焦作、新乡、鹤壁、许昌、平顶山、漯河、济源、晋城等
	11.杭州都市圈	杭州、嘉兴、湖州、绍兴、宁波、金华等
	12.长沙都市圈	长沙、株洲、湘潭、益阳、岳阳、常德、娄底、衡阳、萍乡、宜春等
	13.沈阳都市圈	沈阳、本溪、抚顺、辽阳、鞍山、铁岭、盘锦等
100 公里	14.西安都市圈	西安、咸阳、渭南、铜川、商洛等
	15.哈尔滨都市圈	哈尔滨、绥化等
	16.青岛都市圈	青岛等
	17.长春都市圈	长春、吉林、辽源、四平等
	18.济南都市圈	济南、泰安、淄博、聊城等
	19.大连都市圈	大连等
	20.合肥都市圈	合肥、六安、淮南、芜湖等

续表

圈域半径	都市圈名称	涵盖的主要城市
100公里	21.昆明都市圈	昆明、玉溪、曲靖、楚雄等
	22.太原都市圈	太原、晋中、阳泉、沂州等
	23.厦门都市圈	厦门、泉州、漳州等
	24.南宁都市圈	南宁、钦州、崇左等
	25.台北都市圈	台北、新北、桃园、基隆、新竹等
	26.乌鲁木齐都市圈	乌鲁木齐、昌吉、五家渠、吐鲁番等
	27.贵阳都市圈	贵阳、安顺等
	28.石家庄都市圈	石家庄、衡水、邢台、定州等
	29.福州都市圈	福州、莆田、宁德等
	30.南昌都市圈	南昌、抚州、新余等

四、都市圈规划的主要内容

2019年2月19日,国家发展和改革委员会发布的《关于培育发展现代化都市圈的指导意见》(以下简称《指导意见》)指出,"近年来,都市圈建设呈现较快发展态势,但城市间交通一体化水平不高、分工协作不够、低水平同质化竞争严重、协同发展体制机制不健全等问题依然突出"。《指导意见》提出,围绕提升都市圈发展质量和现代化水平,探索编制都市圈发展规划或重点领域专项规划。强化都市圈规划与城市群规划、城市规划的有机衔接,确保协调配合、同向发力。编制都市圈规划,目的在于引导都市圈高质量发展,推进都市圈的现代化。

都市圈规划是描绘都市圈发展的远景蓝图,是经济建设的总体部署,涉及面广,但规划内容不能包罗万象,要重点突出、可操作性强。归纳起来,都市圈规划应包含以下内容。

一是基础条件。编制都市圈规划必须明确规划的范围。规划范围大小由核心城市的辐射带动功能强弱来确定,辐射带动功能较强则较大,反之较小。因为城市的辐射半径在现实中很难有明确的界限,按照通勤的数量和比重在中国不具有现实性。一般按照核心城市的辐射力、一小时或两小时交通圈和人流物流密度来确定圈域范围。因为规划的是未来的都市圈,所以规划范围可以适度扩大。然后分析都市圈发展的经济基础、产业结构、开发程度及潜力等,对都市圈发展基础和所处环境形成基本认识。

二是总体要求。包括指导思想、基本原则、发展思路和发展目标等内容。指导思想要贯彻习近平新时代中国特色社会主义思想以及党和国家的方针政策,坚持创新、协调、绿色、开放、共享的发展理念,以深化区域合作为主题,推动统一市场建设;以创新体制机制为动力,促进都市圈高质量发展,形成区域竞争新优势。基于都市圈的基础条件以及国家赋予的重大机遇,放眼全国乃至全世界,提出都市圈建设和发展的战略思路。发展目标的确定要科学合理,提出城市发展、产业集聚、人口分布、经济发展、科技教育等中长期目标。

三是空间布局。根据开发程度及开发潜力,首先确定核心城市及周边城市的范围与边界,划定城市边界并不意味着一味控制城市的规模,要根据发展趋势和发展潜力,保持一定的弹性。应基于地理特点确定都市圈的发展模式,如点—轴开发、梯度开发、圈层开发等;构建合理的城镇体系,也就是大中小城市的分布和小城镇的数量。值得注意的是,都市圈规划是在现有发展基础上的规划,是对现有状况的改善和分布格局的优化,不是无中生有,不能推倒重来。

四是基础设施互联互通。构建现代化综合交通体系,推进城市间基础设施互联互通。这些基础设施包括高速公路、城际铁路、普通公路、机场、港口、通信、能源、水利等。基础设施建设要具有合理性、经济性和一定的超前性,要服务于城市建设和产业发展,有利于人员交流、要素流动。应以打通“断头路”和“瓶颈路”为重点,共建物流枢纽,打造“轨道上”的都市圈。

五是产业协同发展。推动核心城市产业高端化发展,夯实中小城市制造业基础,促进城市功能互补,如核心城市重点发展现代服务、高科技、文化会展等产业,周边城市发展制造、物流等产业,小城镇发展零部件、旅游康养、农产品加工等产业,构建具有国际竞争力的现代化产业体系。要强调空间集聚,工业要进园区,大都市的产业链条要向周边城市延伸。每一座城市都要确定功能定位,强调城市间的分工合作,产业发展要符合本城市的功能定位和发展条件,不可盲目强调先进性、高技术性和高服务业比重。探索建立产业转移的利益共享机制和建设用地指标的跨行政区交易机制。

六是生态环境保护。生态环境保护是都市圈发展规划必不可少的内容,要强化生态网络共建和环境联防联治。核心城市要与其他城市加强生态环境保护方面的合作,联防联治大气污染和流域污染,倡导和推广生产、生活、出行等方面的绿色方式,建立生态、流域等方面的横向补偿机制。

七是体制机制创新。都市圈规划的范围一般跨越了现有行政区,突破了现有的行政体制和利益机制。未对体制机制进行创新,是很多区域合作和规划流于形式的重要原因。因此,应加快构建都市圈协商合作、规划协调、政策协同、社会参与等方面的新机制。在规划中,要明确都市圈的合作体制与机制。通行的做法首先是建立都市圈领导小组,由各市主要领导参加,核心城市的主要领导任领导小组组长,主要领导变更,组长也随之变更;其次是建立市长联席会议制度,每年要召开一次会议,议定实施的项目和有关事项;再次是建立领导小组办公室,作为常设机构,负责落实领导小组决定的事项;最后是建立都市圈合作基金,也就是开展业务和项目建设需要的资金,一般按财政预算的一定比例缴纳,是都市圈管理机构持续运行的保障,通过建立合作基金,成员间就建立了权利义务关系。

八是保障措施。规划要明确都市圈范围内各行政主体应履行的义务,建立相应的机构或明确责任机构和责任人。要强调社会参与,加强公众监督和意见反馈。都市圈规划实质上是区域合作规划,本身的约束力就不强,如果没有强有力的保障措施,很容易束之高阁,形同虚设,上级政府的支持与监督变得非常重要。政策支持和资金保障成为都市圈规划顺利实施并取得成效的关键。

参考文献

[1]刘庆林,白洁.日本都市圈理论及对我国的启示[J].山东社会科学,2005(12):72-74.

[2]韦伟,赵光瑞.日本都市圈模式研究综述.现代日本经济[J].2005(2):40-45.

[3]富田和晓,藤井正.图说大都市圈[M].东京:古今书院,2002.

[4]谢守红.大都市区的概念及其对我国城市发展的启示[J].城市,2004(2):6-9.

[5]周起业,刘再兴,祝诚,等.区域经济学[M].北京:中国人民大学出版社,1989.

[6]王建.九大都市圈区域经济发展模式的构想[J].宏观经济管理,1996(10):21-24.

[7]王建.美日区域经济模式的启示与中国都市圈发展战略的构想[J].战略与管理,1997(2):1-15.

[8]高汝熹,罗明义.城市圈域经济论[M].昆明:云南大学出版社,1998.

[9]肖金成,袁朱.中国将形成十大城市群[N].中国经济时报,2007-03-29.

[10]董晓峰,成刚.国外典型大都市圈规划研究[J].现代城市研究,2006(8):12-17.

[11]张丽君,刘新卫,孙春强,等.世界主要国家和地区国土规划的经验与启示[M].北京:地质出版社,2011.

（本文发表于《经济纵横》2019 年第 11 期。合作者:马燕坤,中国人民大学经济学博士,中国社会科学院工业经济研究所博士后,国家发改委体制与管理研究所副研究员;张雪领,国家发改委国际合作中心助理研究员,法学硕士。）

增长极理论与特区、新区、开发区建设

所谓经济增长极就是区域中的一个点，大量要素在该点上聚集，使其成为世人瞩目的焦点、人才集中的"高地"、经济要素流动的"洼地"。随着经济要素的快速集中，经济的增长首先发生在一个"点"上，然后通过"极化效应"与"扩散效应"对区域经济活动产生影响。区域增长极在自身规模不断扩大、质量不断提高的同时，也通过各种方式不断向外扩散，从而带动整个区域经济的发展，这就是"增长极效应"。运用增长极理论，通过培育经济增长极促进区域经济发展的战略可称为增长极战略。

一、经济增长极的本质含义与培育经济增长极的典型案例

增长极概念最早是由法国经济学家弗朗索瓦·佩鲁在 20 世纪 50 年代提出的。他认为，"增长并非同时出现在所有地方。它以不同的强度首先出现于一些增长点或增长极上，然后通过不同的渠道向外扩散，并对整个经济产生不同的终极影响"。佩鲁的增长极概念是一个包含社会经济系统及地理空间中产业增长和结构变化的一般概念。20 世纪 60 年代，经过许多人的努力，"增长极"理论逐步形成。该理论认为：经济增长在空间上并非均匀分布，而是以不同强度首先出现在一些增长点上，然后通过不同渠道向外扩散，并对整个经济空间产生影响，辐射带动区域经济发展。因此，应选择特定的地理空间或产业培育"经济增长极"，以推动空间经济极化发展。通过对生产要素的集中使用，有利于集聚经济效应出现。集聚与集中能够带来生产要素的节约，使资源配置更加合理。

珠三角区域的深圳、长三角区域的浦东及环渤海区域的天津滨海新区都是成功运用增长极理论取得明显成效的范例。

20 世纪 80 年代初，我国设立了深圳特区，规划面积 500 多平方公里，国家给予了强有力的支持，并赋予非常优惠的政策，在管理体制上不断创新，吸引了全国各地许多优秀的人才，也吸引了港澳台大量的投资。经过 30 多年的发展，由一个小渔村发展成为一个现代化的大都市。不仅自身发展速度快，也带动了整个珠三

角区域的发展。深圳的成功印证了增长极理论的正确性和有效性。

20 世纪 90 年代初,开发开放浦东成为我国又一个重大战略举措。设立了浦东新区,面积也是 500 多平方公里。资金支持、政策优惠、体制创新,使浦东新区吸引了大量国际跨国公司入驻。陆家嘴商务中心区拔地而起,短短十年便发展成为上海市的标志区。浦东的发展比深圳更快,不仅有效地疏解了浦西的城市功能,减轻了浦西的人口压力,也带动了长三角区域的发展,使长三角成为推动中国经济增长最大的发动机,成为长江经济带的龙头。

在深圳、浦东的带动下,东南沿海、东部沿海地区的改革开放步伐很快,经济实力也同步提高。但北部沿海改革开放比较滞后,经济发展速度也比较缓慢。2005 年,促进天津滨海新区的发展写入党的"十一五"规划建议,意味着天津滨海新区被纳入国家战略,并明确将其培育成为北方地区新的经济增长极。不到十年时间,天津滨海新区便发生了巨大变化。

深圳、浦东和天津滨海新区分别被称为第一、第二、第三经济增长极。他们的成功和国家的政策支持、资金支持与体制创新是分不开的,三大增长极无疑是培育起来的。毋庸置疑,当它们快速发展时,也带动了周边地区的发展。

三大增长极均在东部,事实上,欠发达地区更需要培育新的经济增长极。在经济欠发达地区,应通过培育新的经济增长极,形成规模较大的城市,辐射带动周边地区城镇和农村的发展。

二、经济特区成为东南沿海地区新的经济增长极

1978 年,中共十一届三中全会做出了把工作重点转移到社会主义现代化建设上来的重大战略决策,正式提出了"改革开放"的总方针和总政策。1979 年 7 月,中共中央、国务院同意在广东省的深圳、珠海、汕头三市和福建省的厦门市试办出口特区。1980 年 5 月,中共中央和国务院决定将深圳、珠海、汕头和厦门这四个出口特区改称为经济特区。①

经济特区是中国特有的称谓,是在改革开放后为了集中和有效地利用外国资金及技术到本国进行生产,发展贸易,繁荣经济而设置的交通条件比较优越的特别地区,在这个地区推行对外开放政策和优惠制度,是吸收外国投资、实现国际经济合作的一种方式。通过创造良好的投资环境,鼓励外商投资,引进先进技术和科学管理方法,以达到促进经济技术发展的目的。经济特区实行特殊的经济政

---

① 1980 年划定的特区面积,深圳 327.5 平方公里、珠海 6.81 平方公里、汕头 1.6 平方公里、厦门 2.5 平方公里。

策、灵活的经济措施和特殊的经济管理体制，并坚持以外向型经济为发展目标。

当时设立经济特区的基本考虑是：①在国内划出一定地区，一般选择在港口附近、交通方便的地方，以有利于货物流转，节省费用，降低成本。②在对外经济活动中推行开放政策，并采用减免关税办法，吸引外资。③为外商创造方便安全的投资环境，订立优惠条例和保障制度。④以发展工业为主，产品以外销为主。实行工贸结合，并相应发展旅游、房地产、金融、饮食服务等第三产业。⑤集中管理，特区行政管理机构有权制定因地因时制宜的特区管理条例。⑥经济运行机制是在国家计划指导下的市场调节为主，区内企业享有相当的自主权。

1980年8月26日，第五届全国人民代表大会常务委员会第十五次会议通过了由国务院提出的《广东省经济特区条例》，批准在深圳设置经济特区。这一天，成为深圳经济特区的诞生日。为什么第一个特区选择在深圳？深圳毗邻香港，交通便利，气候温和，风景优美，在利用外资发展经济方面，具有得天独厚的条件。根据中央的指示，深圳特区将建成以发展工业为重点的工、商、农、住宅、旅游等多种行业的综合性特区。

特区之特在于特殊政策。国家之所以要创办经济特区，在特区实行特殊政策，是通过让经济特区实行市场经济体制，发挥对外开放的窗口和桥梁作用，同时让特区作为中国经济改革的实施基地发挥示范作用①。随着深圳、珠海、汕头、厦门四个经济特区的建设全面展开，海南在中国对外开放中所具有的重要战略地位进一步引起中央的高度重视。早在1980年7月24日，国务院批准《海南岛问题座谈会纪要》，决定给予海南岛较大的自主权，通过采取较宽松的政策把经济搞活。其中，在进出口贸易方面，可参照深圳、珠海的办法管理。1983年3月，经过充分讨论形成了《加快海南岛开发建设问题讨论纪要》，提出海南要实行"以对外开放促进内部开发"的方针；1987年4月，中共中央和国务院开始研究在海南岛实行特殊经济政策和灵活措施，把海南岛办成全国面积最大的经济特区；1988年4月13日，第七届全国人民代表大会第一次会议做出了《关于建立海南省经济特区的决议》和《关于设立海南省的决定》，海南岛作为中国第五个也是面积最大的一个经济特区正式诞生；1988年5月，国务院发布《关于鼓励投资开发海南岛的规定》，授予海南省人民政府更大的自主权，对海南经济特区实行更加灵活开放的经济政策。

设立经济特区是改革开放之初推进改革开放的重要举措，通过促进国内出口，吸引国外的资金和技术以促进我国的现代化建设。后来逐步发展成为综合性的经济特区，并通过在体制创新和经济发展方面的成功实践，不仅使特区自身实

---

① 董辅礽.中华人民共和国经济史：下卷[M].北京：经济科学出版社，1999：237-238，564，565.

现了快速发展,成为带动珠三角区域发展的经济增长极,而且起到了示范作用,推进了沿海地区乃至全国改革开放的进程和现代化建设。

三、开发区成为所在城市的经济增长极

"六五"计划时期,国家调整了地区经济发展与生产力布局的指导方针,明确提出了"沿海地区"和"内陆地区"①,并进一步提出了沿海、内陆和少数民族地区的不同发展方向②。为了促进沿海地区的进一步开放,1984年中共中央召开沿海部分城市座谈会,决定进一步开放沿海的大连、秦皇岛、天津、烟台、青岛、连云港、南通、上海、宁波、温州、福州、广州、湛江、北海共14座沿海城市,成为全国首批对外开放城市。沿海开放城市是中国沿海地区率先对外开放、在对外经济活动中允许实行经济特区的某些特殊政策的港口城市,是经济特区的延伸。

14座沿海港口城市实行对外开放后,在扩大地方权限和给予外商投资者优惠方面实行了一系列优惠政策,其中一个重要举措就是在这些城市划定一个有明确地域界线的区域,兴办经济技术开发区,通过大力引进中国急需的先进技术,集中兴办三资企业和中外合作的科研机构,带动沿海城市的发展。在开发区内,可以实行特区的某些政策,如放宽利用外资项目的审批权限,产品出口、内销执行经济特区的政策,税收政策也更加优惠。1984年9月到1986年,国务院先后批准14座沿海开放城市建立经济技术开发区③,即大连、秦皇岛、烟台、青岛、宁波、湛江、天津、连云港、南通、广州、福州,上海闵行、漕河泾、虹桥共14个经济技术开发区。通过开发区的引进外资、扩大对外贸易,引进和开发新技术,促进传统产业的改造,学习先进管理经验,提高管理水平等,带动所在区域和城市的发展。1992年,国务院批准在温州、昆山、威海、营口、(漳州)东山、(福清)融侨设立国家级经济技术开发区。1993年5月,国务院批准沈阳、杭州、武汉、哈尔滨、重庆、长春、芜湖设立经济技术开发区,这样经国务院批准的国家级经济技术开发区就达到了27个。截至2000年,国务院共批复设立32个国家级经济技术开发区,这些开发区的绝大部分在沿海地区。经过30年的发展,开发区成为所在区域与城市的新的经济增长极,聚集了大量产业,支撑了所在城市的发展。

---

① 1982年5月26日,原国家计划委员会和国家统计局发出《关于沿海和内地划分问题的通知》,沿海地的范围包括辽宁、河北、北京、天津、山东、江苏、上海、浙江、福建、广东、广西,共11个省、直辖市、自治区(两岸统一后台湾地区也应包括在内),其余18个省(直辖市、自治区)则称为内地。
② 陈栋生.区域经济学[M].郑州:河南人民出版社,1993:284-285,293-294.
③ 原则上每座开放城市设1个开发区,其中温州和北海当时未设,而上海设了3个。

四、国家级新区正在发展成为所在区域的经济增长极

继特区、开发区之后,国家设立的第一个新区是上海浦东新区,第二个是天津滨海新区,第三个是重庆两江新区,接着是浙江舟山新区、甘肃兰州新区、广东南沙地区、陕西西咸新区、贵州贵安新区、山东青岛西海岸新区、四川天府新区、辽宁大连金浦新区、湖南长沙湘江新区、江苏南京江北新区、福建福州新区、云南滇中新区、吉林长春新区、黑龙江哈尔滨新区、江西赣江新区。2017 年 4 月 1 日,设立河北雄安新区,共有 19 个国家级新区。其初衷是举全省之力培育一个新区,集中投入。只有集中投入,增长极效应才能体现出来。通过集中投入,改善基础设施,改善营商环境,才能吸引更多的经济要素,实现迅速崛起。

关于新区的功能定位:一是所在区域新的经济增长极。通过新体制、新政策、新模式,使其迅速发展起来,迅速崛起,并带动周边区域发展。二是所在大都市的"反磁力中心"。我国的直辖市、省会城市的城市规模已经很大,有的 500 万人,有的已超过 1000 万人,"大城市病"已很严重,但吸引力还很大。打造"反磁力中心",疏解都市的功能,引导产业转移,可起到一石二鸟的效果。三是新的产业集聚区。不是建新城,不是开发房地产,是发展产业,集聚经济要素,因此,新区是放大的开发区。四是科学发展示范区,新区是新的规划区,规划面积很大,有的 500平方公里,有的 1000 平方公里,有的超过 2000 平方公里。把更大的范围纳入规划,有利于科学发展。规划范围内包括建设区、农业区和生态区。建设区一般不超过 500 平方公里,保留湿地和林地,其他空间发展农业。

关于新区的开发模式,就是集中发展、集群发展、集约发展。集中发展就是不要到处布点,搞天女散花,实现产城融合。集群发展就是发展产业集群,上下游配套,延伸产业链。集约发展就是集约利用土地,单位面积有更多的投入和产出,杜绝浪费土地和粗放利用土地的现象。

五、将培育经济增长极与区域发展战略有机结合起来

为了发挥一些区域的发展潜力、促进欠发达地区的发展和行政区之间的合作,国家不断推出新的区域发展战略,如京津冀、长江经济带、粤港澳大湾区建设、长三角地区一体化发展、黄河流域生态保护与高质量发展、成渝地区双城经济圈建设等。在战略或规划中,应把培育新的经济增长极作为一项重要举措,选择区位条件好、发展潜力大、辐射带动力强的城市作为增长极进行培育,才能使战略与规划发挥较好的效果。

第二篇 02

| 战略篇 |

未来 20 年中国区域发展新战略

中国幅员辽阔,区域差异大,应依据自然地理、资源禀赋和经济社会发展水平,遵循市场经济一般规律,构建各具特色、协调联动的区域发展格局。为了提高资源配置效率,推动经济发展方式转变,切实提高国民经济发展的质量和效益,不断优化国土空间开发格局,需要在东部率先、西部开发、东北振兴、中部崛起区域发展战略基础上提出新的战略构想,从更高层次、更大范围、更宽视野探索未来 20 年区域发展战略,进一步完善区域经济发展的战略思路。

一、我国促进区域发展的经验与存在问题

党中央、国务院高度重视区域发展问题,区域发展战略始终是国家发展战略的重要组成部分。中华人民共和国成立以来,我国区域发展战略大体经历了三个发展阶段,即改革开放之前的区域均衡发展战略,从改革开放开始到 20 世纪 90 年代后期的区域非均衡发展战略,以及从 20 世纪 90 年代后期开始至今的区域发展战略。回顾区域发展战略的形成过程与实施效果,既取得了丰富的卓有成效的经验,也有值得吸取的教训和问题。

(一)实施区域发展战略取得的经验

2000 年,中共中央决定实施西部大开发战略的重大决策,2003 年和 2006 年,又分别决定实施振兴东北地区等老工业基地战略和促进中部地区崛起战略,加上从 1979 年开始实施的东部率先发展战略,我国区域总体发展战略初步形成。近年来,党中央、国务院又陆续出台了一系列区域规划和政策文件,区域发展的目标指向更加明确,战略格局更加清晰,政策体系更加完善,支持举措更加务实,开发格局更加优化,区域发展的协调性进一步增强,区域经济发展呈现出生动活泼的良好局面。通过推动区域发展工作实践,立足理论创新、政策创新、方法创新,形成和积累了许多宝贵的经验。

1.坚持因地制宜、分类指导是实施区域发展战略的核心要求

我国地域辽阔，各地区发展条件不同，要素禀赋迥异，只有立足各地实际，制定实施尺度适宜、指向明确、内容务实的区域政策，充分发挥各地区比较优势，才能将区域发展的潜力转化为现实生产力，进而形成各具特色、协调发展的崭新局面。分类指导在空间指向上必然要突出重点，也必然是分散进行、分块实施，从各区域板块的实际出发相对独立地制定区域政策和区域规划。在把握国家战略方向的基础上，坚持从各地的实际出发，设定不同的发展目标，提出不同的任务要求，采取不同的政策措施。从而既实现国家整体意志在局部的体现和落实，又推动解决在实施一盘棋战略中间出现的"一刀切"问题。

2.发挥中央和地方两个积极性是实施区域发展战略的重要原则

国民经济是地区经济的总和，只有实现地区经济又好又快发展，才能最终实现国民经济又好又快发展，因此国家各类政策的着眼点应在于充分发挥各地方作为经济发展主体的作用。与此同时，为了防止地方发展脱离国家整体发展轨道、偏离国家战略方向，中央政府应当发挥调控、引导作用，但这种作用不能损伤而且应当有利于促进地方发展的积极性、创造性和能动性。区域发展战略正是因为比较好地处理了中央和地方的关系，最大限度地发挥了两个积极性，才取得了两方面都满意的效果，受到了两方面的高度重视和积极对待，从而才能够上下一体、齐心合力，实现地方发展和国家意志的有机统一，进而形成可控有序、生动活泼的发展格局。

3.推动重点地区加快发展是实施区域发展战略的重要着力点

制定区域战略和政策的目的是解决区域问题，而所谓区域问题就是制约和影响区域发展的一系列瓶颈和矛盾，其集中表现是地区差距过大问题，因此，促进区域发展就是要围绕解决过大的地区差距为中心进行攻坚克难。近年来有关部门从不同地区的实际出发，积极运用政策支持与体制创新等多种手段，统筹解决重点地区跨越发展与转型发展、外部推动与自我发展、提升效率与促进公平、脱贫致富与全面发展等重大问题，立足于解决突出困难和关键问题，大力促进欠发达地区特别是贫困地区跨越发展，加速补齐地区发展的短板，区域发展协调性明显增强。充分发挥和培育地区比较优势，拓展地区发展潜力和核心竞争力，促进区域合理分工与一体化发展；着力推进基本公共服务均等化，保障不同地区的人民享有平等发展权利和创业机会，最大限度地激发全体人民自我发展的热情和动力。

4.大胆探索、改革创新是实施区域发展战略的强力保障

重大问题的创新试验是促进区域协调发展的重要途径，体制机制创新是促进区域协调发展的根本保障。近年来，国家围绕解决重大区域问题，选择了一些条

件较为成熟的地区搭建试验平台进行先行先试,取得了良好成效,也积累了丰富经验;围绕构建促进区域协调发展的长效机制,开展了一系列探索,在完善市场环境、促进良性互动等方面取得了积极进展。党的十八届三中全会对全面深化改革做出重大部署,其中很多重大任务需要通过在特殊区域先行先试、积累经验、探索路径。

改革创新是这些年区域经济发展出现迅速变化的关键原因。近年来,有关部门把改革创新作为促进区域发展的重要途径,努力构建和运用适宜载体、平台和机制,加强对关乎全局和区域发展的重要地区、重要领域和重要环节进行探索试验,推动形成了支持创新、鼓励突破、促进协调的政策与制度环境,不仅解决了前进路上的一系列羁绊,也形成了许多有益于整体的成功经验和做法。促进区域发展仍然任重道远,随着形势变化,所面对的局面将更加复杂,需求也会更加多样,必须继续坚持改革创新的精神,努力探索优化促进区域发展的路径和方式,加强重点地区的先行先试,特别是要打造和依托必要的试验平台,强化体现国际通行规则、发展规律和前进方向相关事项的探索实验,才能积累经验、摸索道路、提供示范、继续前行。

5.着眼长远,构建长效机制是实施区域发展战略的基础支撑

促进区域发展要取得实质性进展,区域发展的成效要得以巩固强化,从根本上说都依赖于构建长效机制。这些年,有关部门立足于促进区域发展,从不同层面对构建长效机制做了一些探索,包括规划编制计划审核程序、重大战略与政策的落实机制、区际利益关系平衡协调机制、促进区域发展立法基础工作等,取得了初步的成效。实践证明,相关体制机制较为健全的地方,制约区域发展的突出矛盾和问题解决得就比较好,国家制定的相关区域的战略规划和政策文件落实也比较好。但长效机制的建设难度较大,这方面的现实工作仍比较薄弱,必须立足于解决当前紧迫问题和推动形成协调发展的长期目标的有机结合,深入总结推广有益经验和成熟做法,继续围绕促进区域协调发展的一些重大问题进行理论研究和实践探索,并努力在制度层面加以体现和规范,从而强化体制机制建设,才能构建促进区域发展的坚实制度基础。

(二)区域发展中存在的突出问题

在充分肯定成绩的同时,也要清醒地认识到,我国区域发展还面临不少困难和突出问题。

1.区域发展差距较大,欠发达地区经济仍很落后

虽然2008—2015年中西部地区经济发展速度全面超过东部地区,人均地区

生产总值相对差距有所缩小,但区域发展绝对差距仍在继续拉大(见图1)。2013
年东北地区生产总值增速近年来首次低于东部地区,对区域发展差距持续缩小带
来不利影响。中西部和东北地区跟东部地区的公共服务水平差距仍较明显。特
别是地区人均受教育年限、医疗卫生、社会保障水平等基本公共服务水平与东部
地区的绝对差距仍在扩大。

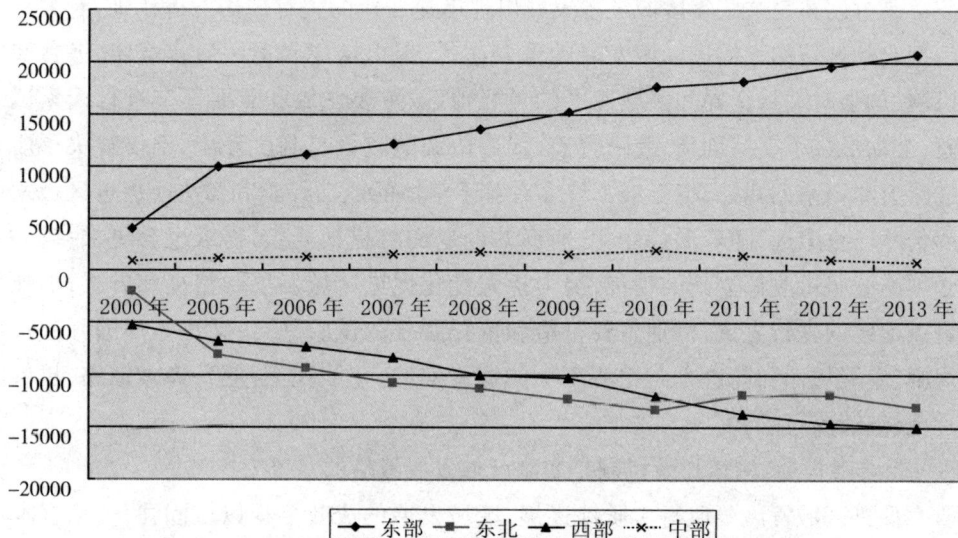

图1　四大板块人均国内生产总值与全国平均水平差距(单位:元)

2.地区封锁依然存在,无序开发和产能过剩矛盾有待化解

改革开放以来,随着市场机制对资源配置作用的增强,产业不断向沿海、沿
江、沿线地区集中,人口同向集聚速度却相对较弱,总体呈现东部地区产业集聚快
于人口集聚而中西部地区产业集聚落后于人口集聚的总体态势。虽然近年来,随
着区域政策的陆续实施,初步形成了分类指导、区别对待、有保有压的良好局面,
发挥了地区比较优势,但受发展阶段、发展理念和体制机制等多种因素影响,地方
各自为政、相互封锁、无序竞争的状况仍然存在,生产力布局与人口资源环境不相
匹配的矛盾仍很突出。有些地区争相上马同类项目,发展同类型产业,造成地区
产业结构趋同化;有些地方盲目追求发展速度,采取税收减免、土地优惠、财政补
贴措施甚至不惜放宽环境、社保标准等招商引资,助推了重复投资和产能扩张,产
能出现严重过剩。优化空间布局、促进要素流动、引导产业有序转移、形成合理分
工等面临着不少行政壁垒和经济障碍。

3.板块利益格局日趋固化,区域协调发展机制有待完善

长期以来实施的以板块为主体的区域总体发展战略,主要通过实施差别化区域政策发挥各地区比较优势,侧重通过支持中西部欠发达地区实施"赶""超"战略,从而缩小与东部沿海地区的发展差距,战略重点在板块内部,尤其是在西部地区,在取得巨大成效的同时,也不可避免地出现了区域分工和板块利益固化现象。从产业结构看,中西部和东北地区产业多以资源、能源输出为主,产业结构单一,大多处于产业链上游,结构升级缓慢;东部地区产业结构层次较高,对中西部地区市场占有能力强,但对其发展辐射和产业升级带动明显不足。从政策体制看,各板块之间对政策优惠的攀比和竞争趋于加剧,区域优惠政策实施空间有限,而与之并存的是对区域间的资源开发与利用、生态环境保护与补偿、生产要素流动与交易等方面的利益关系调整还缺乏科学的制度规范,保障公平权利和成果共享的制度架构尚未形成,市场机制作用尚未充分发挥,财税体制和区域统一协调管理机制不健全,发达地区对欠发达地区特别是贫困地区的支援在整体上缺乏制度安排,建立在市场基础上的互利共赢的区际合作互动模式还没有稳固形成。

4.区域管理不适应新形势新要求,国家层面统筹协调有待加强

一是中央与地方政府的职责和权限不清。在操作中存在既交叉重叠又有管理真空,不利于推进以基本公共服务均等化为核心的区域协调发展。二是部门间协调机制未建立起来。一个表现是中央对地方的资源配置以不同层级的政府部门间垂直流动为主要形式,分散于各部门的资金难以形成发展地区经济的合力,一定程度上存在着重复投资和浪费,各部门出台的规划、政策等也存在不衔接、不配套问题。三是国土空间的总体规划和统筹安排尚不完善。虽然国家提出实施主体功能区战略,但与其相配套的财政、投资、产业、土地等政策体系尚未形成,优化及重点开发区的开发行为约束、限制开发区及禁止开发区的利益补偿机制尚未建立,主体功能区规划实施面临实际上的操作困难。四是促进区域协调发展的法制建设相对滞后,区域政策和规划实施缺乏必要的法律保障。

二、未来 20 年我国促进区域发展的战略思路

当前,区域发展面临的内外部环境发生了很大变化,有利条件和不利因素并存。世界经济复苏存在不稳定、不确定因素,发达国家宏观政策变数很大,新兴经济体又面临新的困难和挑战。经济全球化和区域经济一体化深入推进,全球经济正处于后金融危机时期结构调整和再平衡重要阶段,全球经济格局和产业分工深度调整,国际竞争更趋激烈。我国经济仍处于发展的战略机遇期和经济提质增效、转型发展的关键时期,工业化、城镇化持续推进,区域发展回旋余地大,保持经

济中高速增长有基础也有条件。但当前我国也处于结构调整阵痛期、增长速度换挡期，经济已从原来的高速增长进入平稳增长阶段，支撑发展的要素条件也在发生深刻变化，深层次矛盾凸显。区域发展与全球经济联系更加密切，区域发展战略实施与产业发展、资源环境、城镇化战略、市场经济体制等的互动融合更为紧密，必须立足新形势的需要提出和实施新的区域发展战略。综合考虑，未来 10 年应着力实施四大战略。

（一）统筹协调战略

统筹协调战略就是按照科学发展观的要求，统筹兼顾、合理布局，妥善处理区域发展中各方面的关系，坚定不移地走协调发展、共同富裕之路。其中，"统筹"的内在含义是党和政府切实加强对区域发展的指导，全面部署和统筹兼顾东中西、南北方各个区域的发展方向与重点，形成东中西和南北方相互促进、优势互补、共同发展的格局。"协调"的内在含义是要在有效发挥各地区比较优势的基础上，切实提高经济、社会、生态效益，努力使各个地区间的发展差距保持在适度范围内，让各个地区的人民都能够享受到均等化的基本公共服务，使各个地区人与自然的关系处于和谐的状态。

统筹协调战略就是要在发挥市场配置资源决定性作用的前提下，通过强化政府规划引导和宏观指导，进一步优化国土空间开发格局，构建以城市群、经济区为主体，以主要发展轴带为骨干，连接东中西贯通南北方的多中心、网络化的区域发展总体框架，推进形成功能清晰、分工合理、各具特色、协调联动的区域发展格局，促进生产要素分布与国家重大生产力布局相协调，在更大范围、更高层次、更广空间顺畅流动与合理配置。在战略思路上，进一步突出目标导向，着眼于区域协调发展、全面建成小康社会、经济社会可持续发展和实现全面现代化的宏伟目标。在发展空间上，注重将点、线、面统筹考虑，宏观、中观、微观统筹考虑，注重提高战略的全局性和精准性。

统筹协调战略中的统筹是手段，协调是目标，通过统筹实现协调。协调发展就是采取有效措施缩小区域差距。区域差距主要指的是人均生产总值的差距、人均收入的差距、人均公共服务水平的差距，而非生产总值占全国的比重或经济增长速度，因此，缩小区域差距尤其是缩小东中西部的差距要通过促进要素流动，促进东部地区的产业向西部转移，使西部适合发展的地区加快发展，也要促进人口流动，对超过资源环境承载力的地区的人口鼓励他们转移出来。中国幅员辽阔，如果单纯依靠珠三角、长三角和京津冀，未来的中国经济不可能长期保持快速持续增长的态势，应该在中西部和东北地区选择一些适合发展的地区，培育新的经济增长极,使之成为支撑未来中国经济可持续发展的新动力。通过实施增长极战略,创新体制机制,完善基础设施,优化投资环境,吸引国内外的人才、资本、技术向这些地区聚集,在中西部地区崛起几个"深圳"和"浦东",进而带动区域经济的发展。

20世纪90年代末期以来实施的区域总体发展战略,是立足问题导向逐步形成和完善的,如围绕解决西部地区发展滞后问题,实施西部大开发战略;围绕解决东北地区经济衰落、资源型城市矿竭城衰问题,实施东北振兴战略;围绕解决中部地区发展缓慢、经济塌陷问题,实施中部崛起战略。为解决一个区域存在的问题而实施相应战略,可称之为问题导向战略;立足国家发展全局和总体目标,推动实施区域发展总体战略,可称之为目标导向战略。统筹协调战略,应采取目标导向或目标导向与问题导向相结合,将各个区域的发展放到全国整体中统筹考虑,克服以往区域战略"板块化"倾向。

自实施区域总体发展战略以来,区域发展差距不断缩小,中西部和东北地区的自我发展能力有所增强,我国区域经济版图发生了积极变化。但值得注意的是,"四大板块"发展战略一定程度上割裂了区域之间的经济联系,制约了区域比较优势的发挥,形成了政策在板块之间的攀比,导致发展诉求与支撑条件的不匹配。

实施统筹协调区域发展战略,不仅要盯着特定区域存在的问题,存在什么问题就解决什么问题,而且要盯着总体目标、全局目标和长远目标,坚持问题导向与目标导向相结合。也就是说,在努力缩小区域发展差距的同时,还要促进经济要素无障碍流动,最大限度激发各个地区的发展潜力,促进人与自然和谐发展。

在贯彻以目标为导向的统筹协调战略的同时,仍需要高度重视边疆地区、贫困地区、粮食主产区、生态脆弱区等问题区域的发展,配套实施差别化经济政策,不断完善政策支持体系,加快缓解问题区域的突出矛盾。与此同时,要注重发挥各级政府的积极性,充分调动各种社会力量共同推动问题区域的发展。

统筹协调战略需要打破行政区划的藩篱,既要发挥市场的决定性作用,促进要素在区域内外部自由流动,又要发挥政府的引领和能动作用,使得适合经济发展的地区集约高效、适合人类居住的地区宜居适度、重要生态功能地区山清水秀。目前,统筹区域协调发展的重点就是依托重要的交通干线,努力构建横贯东中西、连接南北方的经济带,以强化人流、物流、资金流、信息流的联系为核心,引导要素在经济带附近集聚,提高规模经济效益,形成若干个协调互动、布局合理、功能互补的城市群,并依托城市群构建经济区。要进一步深化户籍、土地、金融、企业等领域的改革,鼓励和支持人口由西向东、由北向南流动,形成人口集中与经济集聚相匹配的发展格局。加快建立事权和支出责任相适应的制度,对中西部地区的农业转移人口提高社保、医疗、教育等社会领域的统筹层次,破解限制人口流动的制度性障碍。

(二)轴带引领战略

轴带引领战略就是依托重要交通干线聚集经济要素,使其成为纵向横向经济隆起带,并发挥轴带横跨东中西、连接南北方的天然优势,提升轴带对统筹区域协调发展的能力。在轴带不同的发展阶段,应选择差异化的策略。初始阶段,随着交通沿线空间可达性提高,生产要素集聚与扩散行为变得通畅而便捷,人口、产业向交通线聚集,临近交通线的城市数量增加,城市规模扩大,经济带随之起步。随着中心城市经济实力的不断增强,与之存在经济联系的地域迅速拓展,经济带的非平衡特征日益明显,整个经济带进入膨胀增长阶段。当集聚达到一定程度时,扩散效应逐渐发挥主导作用,经济中心以梯度扩散、等级扩散、位移扩散等方式不断向邻近地区传递产业及技术要素,交通功能的完善促使经济带均衡发展过程得以顺利实现。以日本为例,日本东海道20世纪20年代引入铁路运输,促使大阪、名古屋、东京三大工业区加速发展,东海道经济带初具雏形;20世纪60年代开始,公路运输引入,高速交通体系发挥作用,三大都市圈迅速沿公路呈放射状发展;20世纪70年代以来,现代交通和通信网络日渐完善,内部经济、社会和文化联系进一步加强,三大都市圈经济融合渗透趋于一体化,形成了东海道城市群。日本东海道的发展历程表明,经济带的发展需要具备初始条件,如城市和交通线的存在;其次,经济带发展具有阶段性,由两点一线到多点一线,再到绵延成带,并不能一蹴而就。

当前,我国交通运输方式组合条件好,具有一定发展基础的一级开发轴带主要有沿海经济带、长江经济带、陇海兰新经济带和京广京哈经济带。这些主要交通干线集聚了大量人口、产业,崛起了比较密集的城市,形成了比较明显的经济隆起带。在"十一五"规划中表述为"两横两纵",现已成为承东启西、连南贯北的"经济主骨架"。

新时期,在充分发挥上述经济带辐射带动作用外,还要立足国土空间开发的整体需求,积极培育包(头)昆(明)经济带、渤(海湾)(内)蒙(古)新(疆)经济带、珠江西江经济带和沿边经济带,推动形成"四横四纵"国土空间开发主骨架,作为统筹东中西协调南北方的新支撑。

——沿海经济带。沿海经济带沿海岸线纵向分布,是我国经济最发达的地区,发育相对成熟的城市群基本都分布在这一条经济带上,自南向北连接了珠三角、海峡西岸、长三角、山东半岛、京津冀、辽中南六大城市群。沿海经济带经济基础雄厚，产业结构比较合理，基础设施完备，国际化程度高，已形成了整体优势，是我国今后参与国际竞争的先导区域、率先实现现代化目标的示范区域。但开放程度与发展水平南北之间仍存在一定差异，东南沿海与北部沿海经济发展差距仍很明显，特别是辽宁沿海的辽西地区、江苏沿海、广东的西南部沿海、广西沿海地区的经济发展水平相对落后。下一步，加快环渤海地区改革开放步伐，补齐粤西及广西北部湾地区的短板，提升发展水平是协调沿海经济带南北方的重要任务。

——长江经济带。依托长江黄金水道培育形成一条横贯东西的经济轴带，将下游长江三角洲与长江中游、川渝等城市群连接起来。长江经济带的经济发展水平与流域上下游正好相反，即下游经济发展水平在经济带中最高，而上游经济发展水平在经济带中较低。下一步，应充分发挥长江黄金水道的航运功能，在合理规划布局沿江港口的基础上，不断改善上中游沿江地区的投资环境，提升上中游沿江地区集聚人口和其他经济要素的能力。特别是长江上游地区资源禀赋合理、人口密集、产业基础比较雄厚，是我国西部地区生态环境最好的地区，其加快发展对西南地区、西部地区乃至南亚、东南亚次区域合作具有非常重要的意义。

——陇海兰新经济带。陇海兰新铁路贯穿我国东中西部10个省区，共与11条南北向铁路交会，将中原城市群、关中城市群及未来将要形成的天山北坡城市群连接起来。这是另一条连接东中西的重要横向经济带。在这条经济带上，目前已形成郑州、西安、兰州、乌鲁木齐等若干重要的经济中心，以及连云港、徐州、商丘、洛阳、宝鸡、天水、武威、张掖、石河子等一批大中城市，能源、电力、石化、有色金属、装备制造、轻纺、电子、航天航空等工业较为发达。该经济带虽然开发历史悠久，但经济发展水平仍比较滞后，中西部地区的沿线城市辐射能力有限，城市间横向联系和分工协作还不密切。陇海—兰新经济带的规划建设不仅可以统筹我国的东中西部，而且可将太平洋与大西洋连接起来，其连接亚欧纽带的作用更加凸显，将使古丝绸之路焕发青春。下一步，应以东中西联动为切入点，强化各城市的合作，加快经济带上产业的聚集。

——京广京哈经济带。该经济带自南向北串联了珠三角、长江中游、中原、京津冀、辽中南、哈长六大城市群，连通松花江、辽河、海河、黄河、长江、珠江六大水系，原材料工业、装备制造业、农副产品加工业比较发达，不仅是中部地区的经济高地，未来也应是我国的经济高地，成为支撑中国经济的"脊梁"。未来应把京哈线、京广线、京九线、同柳（大同至柳州）线通过的地区作为一个整体，共同打造京广京哈经济带，同时加快推进东北老工业基地振兴及新兴工业基地崛起，进一步发挥该经济带的发展潜力。

——包昆经济带。沿包西铁路、宝成铁路、成渝铁路、内昆铁路分布了包头、鄂尔多斯、榆林、延安、铜川、咸阳、西安、汉中、成都、内江、自贡、重庆、泸州、遵义、贵阳、六盘水、曲靖、昆明、玉溪、普洱、景洪等十几座城市。将西部关中、川渝两大城市群和黔中、滇中两大城市圈连接在一起，辐射带动西部地区的发展。通过加强能矿资源开发，沿线煤炭工业、天然气工业、石油工业、原材料工业对全国经济发展的支撑作用将进一步加强，对于保障国家经济安全具有极其重要的战略意义。受多方面因素制约，该经济带虽资源丰富，但城市和产业不太密集，整体实力还比较弱，下一步应以交通条件改善为着力点，积极培育经济带上新的增长点，如榆林市、延安市、泸州、内江、遵义、六盘水、曲靖等，使这条纵贯西部南北的经济带壮大起来。

上述"两横三纵"经济带的发展水平并不平衡，其中沿海、长江、京广京哈、陇海兰新四条经济带的经济实力相对较强，包昆经济带的经济实力相对较弱。此外，在经济带内部，发展不平衡的问题也比较突出，对此应予以高度重视并采取相应措施。

综合来看，上述五条经济带目前均已基本成形，除此之外，还有几条虽尚未成形，但在国家总体开发格局中极为重要并应予以高度重视和特殊扶持的经济带：

——渤蒙新经济带（渤海湾—呼和浩特—包头—巴彦淖尔—哈密—克拉玛依—塔城）。渤蒙新经济带东自环渤海五省二市，沿京包铁路经呼和浩特、包头、巴彦淖尔至新疆的哈密，在通过准噶尔盆地后到达克拉玛依、塔城，从塔城出境可至哈萨克斯坦首都阿斯塔纳。该经济带是一条新的横贯东西的发展轴线。巴彦淖尔至哈密的铁路、克拉玛依至塔城的铁路已建成通车，而哈密至克拉玛依的铁路已纳入规划。塔城至哈萨克斯坦的铁路仅有300公里的距离，经过哈萨克斯坦的铁路网，即可到达欧洲，是又一条亚欧大陆桥和连接亚欧的新纽带。通过这条经济带，既可扩大环渤海、京津冀地区的腹地，充分发挥环渤海地区对西部地区的带动作用，又可进一步增强向西开放能力，打造新的对外联系通道。

——珠江西江经济带（珠三角—南宁—百色—兴义—曲靖—昆明—瑞丽）。珠江西江经济带东自珠三角和海南、香港、澳门，西至云南的瑞丽与孟中印缅经济走廊相连，中间是广西和贵州，覆盖四省三区，既有经济最发达的珠三角和港澳地区，又有经济发展严重滞后的滇黔桂三省。打造珠江西江经济带将使珠三角与滇黔桂的合作跃上新台阶，也促使我国与东南亚、南亚的国际次区域合作跃上新台阶。

——沿边经济带。沿边经济带南自广西的东兴，北至辽宁的丹东，是一条环形经济带。在这条经济带上，分布有丹东、图们、绥芬河、黑河、满洲里、二连浩特、巴彦淖尔、阿勒泰、塔城、伊宁、阿克苏、喀什、日喀则、瑞丽、河口、凭祥、东兴等边境城市。这些城市都不大,但战略地位非常重要。一些城市水资源及其他经济发展条件也很好,有条件发展成为大中城市。部分口岸、县城和小城镇如新疆的霍尔果斯、云南的瑞丽、内蒙古的满洲里、广西的龙州、黑龙江的乌苏镇等,有条件发展成为规模较大的城市,甚至发展成为大城市。

除国家级经济轴带外,浙赣湘经济带、哈大经济带、胶济邯经济带、山西大(同)太(原)运(城)经济带、汉江经济带、呼(和浩特)包(头)银(川)经济带等区域性经济带都可以作为国家二级开发轴带。

实施轴带引领战略,有利于统筹东中西协调南北方,通过建设网络化的运输通道,构建连接东中西贯通南北方的多中心、网络化的区域开发框架,推进形成功能清晰、分工合理、各具特色、协调联动的区域发展格局,有利于在更大范围、更高层次、更广空间促进要素流动与合理配置,有利于促进生产要素分布与国家重大生产力布局相协调,从而为经济发展提供持久动力。

(三)群区耦合战略

目前,我国已形成长三角、京津冀、珠三角、辽中南、山东半岛、海峡西岸、中原、长江中游、川渝(成渝)、关中等城市群。未来,还会形成北部湾、哈长、天山北坡、湘东等城市群。所谓城市群,是在特定区域范围内云集一定数量不同规模、不同类型的城市,依托发达的交通条件,在特大城市的辐射带动下,形成了联系越来越密切的城市集合体。我国的城市群虽然数量多、规模大,但无论是在结构上,还是在功能上,以及影响力、带动力上还存在诸多不足。下一步,需要加强城市群内部交通设施网络化和空间结构合理化,推进城市群一体化发展,强化城市群内部功能整合,提升城市群的整体竞争力。城市群是以若干城市合力来带动区域发展的,其辐射半径远远超过一个大都市的辐射范围。要顺应经济带、城市群和经济区相互耦合的趋势,发挥城市群对周边区域的辐射力和带动力。如可依托辽中南、哈长城市群,构建东北经济区;依托京津冀、山东半岛城市群,构建泛渤海经济区;依托长三角城市群、江淮城市群,构建泛长三角经济区;依托海峡西岸城市群与台北都市圈,构建海峡经济区;依托珠三角城市群构建珠三角经济区;依托长江中游城市群、中原城市群和湘东城市群,构建中部经济区;依托关中城市群、天山北坡城市群,构建西北经济区;依托川渝城市群、黔中城市圈、滇中城市圈,构建西南经济区。共八大经济区。经济区的数量和范围可根据不同情况进行调整,但依托城市群构建经济区,才能将城市群这种形态与更大范围的地区耦合起来,以城市群为核心推动形成主要经济区。这种空间组织模式,不仅顺应了我国经济社会发展在空间上先集聚成点、后扩散于带、再辐射为面的客观趋势;也有利于改变我国人口与产业不匹配、大城市过大、小城镇过小、中等城市发育不良的区域空间结构不合理状况,优化我国土空间开发格局,提高资源配置效率和经济自组织能力。消除区域壁垒,促进要素跨区域流动,避免区域差距过大。

——东北经济区。以辽中南、哈长城市群为核心,包括辽宁省、吉林省、黑龙江省和内蒙古东部等地盟市。东北经济区要以重大交通基础设施的对接为突破口,加快构建区域合作的体制机制,共同培育经济增长极,改善投资环境,增强东北地区对经济要素的吸引力,促进东北地区整体经济快速健康发展。

——泛渤海经济区。以京津冀城市群、山东半岛城市群和太原城市圈为核心,包括北京市、天津市、辽宁省、河北省、山东省、山西省以及内蒙古中部等地级市。该经济区突破了传统的四大板块界线,包含东部地区的北京、天津、河北,中部地区的山西,西部地区的内蒙古部分地市,有助于促进东中西协调发展。未来要进一步完善区域合作机制,加强跨区域基础设施的互联互通,加强生态环境的联防联控,突出首都经济圈的龙头带动作用,增强河北沿海、山东半岛城市群、山西内蒙古能源基地等的支撑功能,建设成为北方地区对外开放的门户、辐射带动"三北"地区的枢纽,全力打造成为我国经济增长和转型升级的新引擎。

——泛长(长江三角洲)经济区。以长三角城市群、江淮城市群和南昌城市圈为核心,包括上海市、江苏省、安徽省、浙江省、江西省等。该经济区整体发展水平较高,但苏北、皖北、赣东地区经济实力相对较弱,要通过加强合作、强化对接、做大中心等举措,实现经济区共同发展的目标。

——泛珠(珠江三角洲)经济区。以珠三角城市群和北部湾城市群为核心,包括香港、澳门、广东省、海南省、广西壮族自治区。抓住港珠澳大桥建设的机遇,加快粤港澳一体化,并与广西、海南融合发展,共同打造区域整体竞争力。

——海峡经济区。以海峡西岸城市群和台北都市圈为核心,包括福建省和台湾地区,还包括浙南、粤北和赣东南部分地级市。福建应加强与台湾地区经济、文化、社会等领域的交流与合作,进一步整合两岸经济,实现海峡两岸互利共赢,促进和平统一。

——中部经济区。以长江中游城市群、中原城市群和湘东城市群为核心,包括湖北、湖南、河南三省和赣西地区。要发挥武汉都市圈的辐射带动作用,在促进三省合作的基础上,做大做强宜昌、襄阳、荆州、岳阳、衡阳、怀化、南阳、信阳、驻马店等区域性中心城市,辐射带动中部区域经济发展。

——西南经济区。以成渝城市群、贵阳城市圈、昆明城市圈为核心,包括重庆、四川、西藏、云南、贵州等。要发挥长江黄金水道的作用,吸引要素在沿江布局,加快港口城市发展;同时,要高度重视生态保护工作,切实采取措施治理石漠化,维护长江上游流域生态安全。

——西北经济区。以关中城市群和天山北坡城市群为核心,包括陕西、甘肃、青海、宁夏、新疆、内蒙古西部等省区。该经济区水资源短缺,除关中地区外,城市分布稀疏。今后应重点打造区域性中心城市。在有可靠水资源的地方集聚产业和人口,对生态极度脆弱的地区应加强保护,对那些不适合人类生存的地区应采取措施将居民转移出去。

将全国划分为八大经济区的意义有三点。第一,作为全国性空间规划的基本单元。我国幅员广阔,客观上存在差异巨大的经济区域,按照经济区进行规划简单易行,八大经济区的空间规划加起来就是整个国家的陆地规划,所以,经济区实际是规划区。第二,按照经济区制定发展战略和政策。区域发展需要战略指导与政策支持,把经济区作为区域政策的着力点,有助于发挥中央政府推动经济区发展的催化和引领作用。所以,规划区实际是政策区。第三,在经济区的范围内强化联系与合作。每个经济区内均有经济相对发达的城市群,与周边地区存在地缘关系,经济联系也比较密切,功能互补性较强,可以发挥城市群的辐射带动作用,也可以发挥整个经济区对城市群的支撑作用。通过建立比较紧密的区域合作机制,就能够冲破行政区的藩篱,加强区域合作,继而开展国际次区域合作,使边疆经济得到快速发展。所以,规划区实际是合作区。

(四)开放合作战略

30多年来,对外开放战略的实施增强了我国的经济实力,加快了现代化步伐,促进了各个地区特别是东部地区的改革深化和经济发展。在此战略的影响下,与沿海地区相比,广大内陆地区开放水平虽明显增强但仍相对滞后;不同地区间的经济合作虽在加强,但深度广度仍有待进一步拓展。未来20年,不仅要继续深化沿海地区的对外开放水平和对内陆地区开放的带动能力,还要加快推进沿边、沿江和内陆地区开放,实现全方位开放。通过开放促改革、促合作、促发展。与此同时,要积极构建合作机制与交流平台,全面促进国内区域与次区域合作。

今天的对外开放与20世纪80年代初的对外开放完全不同。20世纪80年代初的对外开放是我们打开国门,欢迎外商外资到我国投资,是"引进来"。所以,我们出台了《中华人民共和国外资企业法》,设立了特区和开发区,并在沿海开放了14座城市,对外资实行免税减税优惠政策,并极力改善投资环境。外商外资在我国获得了丰厚的利润,我国尤其是沿海地区获得了较快的发展,国力得到了大幅度加强,对外开放获得了极大成功,使我国跻身于世界第二大经济体,并有可能在不太长的时间内成为第一大经济体。今天的对外开放是"走出去"。我国的外汇储备几万亿元，每年仍有较大的贸易顺差，对外投资是实现外汇平衡的主要渠道。对外投资也就是中国企业"走出去"与"引进来"存在本质上的不同，无论是国有企业还是民营企业都有经验不足，对国外情况缺乏了解的问题，而且，国际市场风云变幻，国际跨国公司翻云覆雨。发达国家设置投资壁垒，发展中国家法律不健全，存在极大的投资风险，先期"走出去"的企业成功率不高，获得的教训很多。为了帮助企业"走出去"，需要我国政府加强国际合作，尤其是加强国际区域合作。"一带一路"就是一个国际区域合作的基本框架，就是利用地缘优势，与沿线国家建立双边与多边合作关系，促进贸易便利化与投资便利化，并通过交通基础设施的互联互通，建立国际大通道，降低物流成本，通过支持沿线国家建立"特区""开发区"，改善投资环境，既使我国的企业的投资权益得到保护，也使它们获得较快发展。对外开放与国际合作相互依托，开放需要合作，合作扩大开放，相辅相成，相得益彰。

据不完全统计，目前世界上 80% 左右的国家参加了不同层次的区域合作组织。根据 WTO 统计，2010 年以前，在生效的区域经济集团化组织中自由贸易协议占了 176 个，关税同盟 22 个，部门一体化组织有 46 个。目前全球构建完成或正在构建的主要区域集团组织有欧盟、北美自由贸易区、亚太经合组织、东盟、中国—东盟自由贸易区、独联体经济联盟、加勒比共同体、安第斯集团，等等。区域经济一体化已成为许多国家应对经济全球化、融入世界经济的重要策略和手段，区域经济一体化与经济全球化已成为当今世界经济发展两大重要趋势。

目前，我国参与的具有实质内容的国际区域合作和次区域合作有：亚太经合组织、上海合作组织、中国—东盟自由贸易区、曼谷协定、澜沧江—湄公河国际次区域合作、中亚次区域合作、图们江次区域合作等。同时，我国也积极参与了各类具有论坛性质的国际区域经济合作组织，如亚欧会议、中非合作论坛、东亚拉美合作论坛、博鳌亚洲论坛、达沃斯论坛、中国与加勒比经贸合作论坛等，但总体来看，我国参与国际区域合作的深度和广度均不够。未来，深化国际区域合作的重点是推进丝绸之路经济带和 21 世纪海上丝绸之路经济带建设；以国际大通道为依托，通过珠江西江经济带，深化珠三角与北部湾地区的合作，充分利用中国—东盟自由贸易区平台，把广西打造成我国西南中南地区开放发展新的战略支点；深化澜沧江—湄公河国际次区域合作，把长江经济带与孟中印缅经济走廊连接起来，深化川渝城市群与云南、贵州的区域合作，把云南建成向南开放的桥头堡；深化我国与中亚地区的合作，利用丝绸之路经济带，加强中哈、中俄、中蒙次区域合作，把新疆建成向西开放的重要基地；深化与东北亚国家合作，加强黑龙江、吉林、辽宁、内蒙古和环渤海地区的区域合作,构建我国面向东北亚开放的核心区和重要枢纽。

在加强国际区域合作的同时,要高度重视国内区域合作。应通过国际合作和国际次区域合作,拉动或引领国内区域合作,通过国内区域合作支撑国际区域、次区域合作。以开放促合作,以合作促发展。进一步加强港澳、海南、广西、云南与珠三角地区在泛珠江三角洲框架内的合作;以长江经济带为依托,以川渝城市群为重要支撑,强化云南、贵州、西藏与成渝经济区的合作;以丝绸之路经济带为纽带,以关中—天水经济区为重点,强化西北地区合作,不断提升向西开放的水平;以泛渤海经济区为腹地,以辽宁、吉林、黑龙江、内蒙古为前沿,深入展开东北亚国际次区域合作,打造我国内陆地区对外开放新高地。鼓励和支持省际交界地区建立合作平台,推动实现公路、铁路等重大基础设施互联互通,在省际区域合作框架内,推动区际、县际乃至乡际之间的次区域合作,不断提高区域合作的深度和广度。

——以转型升级为主题,加强城市群内部一体化发展。应以加强城市群内部城际交通为重点,增强城市之间的联系。对于京津冀、长三角、长江中游、川渝等跨省区的城市群,应加快建立完善省际协调会商机制,消除行政壁垒,促进分工合作与一体化发展。对于珠三角、山东半岛、辽中南、中原、海西、关中等城市群,应加强内部交通联系,重点推进在基础设施、产业发展、公共服务、科研创新等领域的分工合作,切实发挥大中小不同规模的城市比较优势,通过优化分工形成发展合力。在完善内部联系的基础上,适度增强与城市群以外地区的联系,拓展城市群腹地,带动欠发达地区发展。

——以扶贫开发为主题,加强省际交界地区合作。省际交界地区多为贫困山区,设施条件差、发展水平低,应以集中连片特困地区扶贫开发为契机,加快省际交界地区合作,加强苏鲁豫皖、晋冀鲁豫、湘鄂渝黔、陕甘宁、鄂豫陕、鄂豫皖、湘鄂赣、晋陕豫、晋陕蒙、川滇黔、川陕甘、闽浙赣、滇黔桂交界地区合作,以改善交通条件为切入点,因地制宜发展特色产业,特别是劳动密集型产业,增强对本地劳动力的吸纳能力。促进省际交界地区中心城市的发展,增强中心城市功能和带动能力,培育一批有一定产业基础、支撑能力较强的中小城市,形成分工合作、协调发展的城镇体系。加强和完善省际交界地区城乡居民基本公共服务,以促进教育、培训等为切入点,提升省际交界地区人力资本存量,提高内生发展能力,改善医疗、卫生等公共服务条件,改善城乡居民生活水平。

——以生态经济为主题,加强流域经济合作。流域合作应是未来一段时期区域合作的重要领域之一,加快开展以生态经济为主题的流域合作。加快启动黄河中上游、黄河中下游流域发展与合作规划的编制;开展淮河、松花江、辽河、汉江、湘江、赣江、嘉陵江、岷江、赤水河、东江、伊犁河、额尔齐斯河等流域发展与合作规划编制，增强上下游生态保护与产业合作，建立流域上下游生态补偿机制。加强三江源、三峡库区、鄱阳湖区、洞庭湖区、祁连山区、秦岭等重点生态功能区生态环境保护。

——以对口支援为主题，加强东中西部地区间合作。指导做好对口支援新疆、西藏、青海、贵州等计划实施，全面启动实施对口支援川、甘、滇三省藏区工作，进一步完善对口支援体制机制，在以财政实力、支援任务为既有基础进行对口支援的前提下，提高支援方对口支援的经济效益。在前一轮以基础设施、产业项目等为重点的"硬"对口支援基础上，延伸拓展以人才、科技、文化、教育等为重点"软"对口支援，增强受援方内生发展能力。

——以扩大开放为主题，加强沿海内陆间合作。进一步增强沿海地区对内地的带动能力，促进沿海内地发展联动。建设跨省合作载体，支持粤桂、冀蒙、浙赣、苏皖等跨省合作区建设，扩大内陆地区对外开放。深化沿海开放，积极推动海峡西岸对台合作和粤港澳深度合作。从体制机制、政策环境等方面下功夫，全面夯实内陆开放型经济发展的基础。充分发挥东部地区科技力量雄厚的优势，帮助和带动中西部地区加快科技进步，继续实施好人才合作工程。支持内陆城市增开国际客货航线，发展江海、铁海、陆航等多式联运，形成横贯东中西、连接南北方的对外经济走廊。

三、实施区域发展新战略需采取的政策措施

实施区域发展新战略，就是要在东部率先、西部开发、东北振兴、中部崛起区域总体发展战略基础上，统筹东中西，协调南北方，谋划中国区域发展新棋局，必须突破原有的区域板块格局，着力打造跨省级行政区和区域板块的经济带、经济区，发挥城市群对更大区域的辐射和引领作用，为经济要素流动、比较优势发挥和深化国际国内区域合作创造条件。战略的实施靠规划、靠政策、靠推动。必须在科学规划的前提下，制定一系列行之有效的政策，并一以贯之地执行下去。

（一）建立"经济区+特殊类型区"双维度区域政策体系

完善创新区域政策，应逐步改进以四大板块为主体的区域政策框架，推动建立"经济区+特殊类型区"双维度的区域政策体系。一方面，要针对东中西和南北方的不同特点，实施区域协调发展战略，在充分尊重市场决定性作用的基础上，推进形成以城市群为核心的经济区，发挥其对发展轴带的支撑作用及对区域的辐射带动作用。另一方面，要坚持分类指导、区别对待，适当缩小区域单元，提高区域

政策精准性,注重解决各类型区域发展中面临的突出问题,切实加大政策和资金扶持力度,重点加快基础设施建设,推进基本公共服务均等化,确保与全国同步全面建成小康。

更加关注空间布局分散、共性问题突出的特殊类型区域,进一步明确政策支持单元,完善差别化政策支持体系,加强基础设施建设,强化生态保护和修复,提高公共服务水平,逐步缓解问题区域的突出矛盾。切实改善革命老区、少数民族地区、边疆地区、贫困地区的生产生活条件,扶持贫困地区与扶持贫困人口相结合,提高义务教育、医疗卫生和社会保障等基本公共服务水平,保障贫困人口获得基本的生存权和发展权,提高贫困地区人口的自我发展能力。落实好对滞缓衰退型城市和资源枯竭型城市的相关政策和措施。加强对农产品主产区的支持政策。对重点生态功能区,要继续加大均衡性转移支付力度,建立横向和纵向相结合的生态补偿机制。

(二)加快事关区域协调发展的重大改革

深化财税体制改革。完善地方税体系,科学选择地方税主体税种,保障地区经济持续发展。首先,可考虑将消费税、财产税、资源税、契税等财产行为类税收作为地方税的重要税目,不断增长地方税收入,进一步增强地方特别是中西部地区安排使用收入的自主性、编制预算的完整性和加强资金管理的积极性。在统一税政的前提下,培育地方支柱税源。对于一般地方税税种,在中央统一立法的基础上,赋予省级人民政府税目税率调整权、减免税权等。其次,建立事权与支出责任相适应的制度,加强中央事权和支出责任,国防、外交、国家安全、关系全国统一市场规划和管理等作为中央事权;社会保障、跨区域重大项目建设维护等作为中央和地方共同事权,逐步理顺事权关系。区域性公共服务作为地方事权。中央和地方按照事权划分相应承担和分担支出责任。对于跨区域且对其他地区影响较大的公共服务,中央通过转移支付承担一部分地方事权支出责任。再次,减少专项转移支付,扩大均衡性转移支付,提高转移支付的稳定性和透明性,加快推进省以下分税制。最后,探索建立横向转移支付制度,在总结对口支援制度的基础上,探索规范化、制度化的横向转移支付制度,鼓励发达地区支持欠发达地区发展。

完善政绩考核机制。要根据不同类型区域的功能定位和不同层级领导班子和领导干部的职责要求,设置各有侧重、各有特色的考核指标,把有质量、有效益、可持续的经济发展和民生改善、社会和谐进步、文化建设、生态文明建设、党的建设等作为考核评价的重要内容。强化约束性指标考核,加大资源消耗、环境保护、消化产能过剩、安全生产等指标的权重。更加重视科技创新、教育文化、劳动就业、居民收入、社会保障、人民健康状况的考核。针对不同类型区域建立长期与短期相结合,经济与社会、资源开发与生态环境保护相结合,静态的年终考核与跟踪式、阶段式的动态考核相结合,措施性与监测性相结合等指标体系。健全相关激励与处罚制度,把不同区域主要目标的完成情况纳入对地方党政领导班子和领导干部的综合考核评价结果,作为地方党政领导班子调整和领导干部选拔任用、培训教育、奖励惩戒的重要依据。要建立问责制,对领导干部实行自然资源资产离任审计,在国土空间开发中出现的各种不当行为及其所造成的损失要进行责任追究。

深化行政管理体制改革。推动政府职能转变,优化行政管理机构设置,降低行政成本,提高行政效能。有序推进行政区划调整,减少行政管理层级。完善设市标准,对具备条件的县可有序改市。对吸纳人口多、经济实力强的镇,可赋予同人口和经济规模相适应的管理权。创新人口管理,加快户籍制度改革,在全国范围取消城乡二元户籍,全面放开建制镇和小城市落户限制,有序放开中等城市落户限制,合理确定大城市落户条件。改革资源利用和生态环境保护管理体制,坚持资源开发利用和保护相分离,建立和完善严格的资源利用和生态环境保护监管体制。

完善区域管理和规划编制体制。加强中央政府对全国区域统筹发展和空间规划的协调和指导,完善空间规划体系。可考虑由国家发改委牵头,联合其他相关部委,切实加强对全国区域统筹协调发展的战略设计、规划编制、政策制定、法规完善、利益协调、监督检查等工作,重点开展全国性空间规划、跨省市经济区的规划、市县多规合一规划的编制。避免规划之间的脱节和冲突,增强规划的科学性、权威性和约束力,"一张蓝图绘到底"。在全国,构建上下一体相互衔接的空间规划体系。全国性的空间规划、区域性的空间规划、市县层面的空间规划的编制工作应作为"十三五"时期的重要任务。

(三)建立健全区际利益平衡和协调机制

建立完善资源开发利用利益分配与补偿机制。建立资源产区和资源加工区之间的价格联动机制,坚持按照市场定价原则,推进资源产权制度改革,使资源价格反映开采成本、生态环境成本和资源稀缺程度(市场供求),促进资源利用效率的提高,重点推进石油、天然气、煤炭、土地等资源的价格形成机制;引导和规范各类市场主体合理开发资源,承担资源补偿、生态环境保护与修复等方面的责任和义务;调整资源税政策,适当提高资源税征收标准。鼓励资源产区与资源需求区之间建立资源供应、综合利用、生态环境保护等利益协调机制。

建立完善生态补偿机制。要在顶层设计层面明确生态补偿责任和生态主体义务，为生态补偿机制的规范化运作提供法律依据，不断推进生态补偿的制度化和法制化。完善对重点生态功能区的补偿机制，建立中央与地方相互配合的制度体系。坚持补偿模式多样化，改变现行的以政府财政转移支付为主的单一模式，辅以一次性补偿、对口支援、专项资金资助和税负减免等。对于受益主体不明确的地区，适宜由政府出资建立生态补偿基金进行补偿，征收碳税，并把碳税作为生态补偿基金的资金来源；对于受益主体比较明确的地区，按照生态有价的理念，探索由受益地区向生态保护地区进行市场化、协商式的补偿；推进以对口支援为主的横向生态补偿机制，支持发达地区帮助落后地区开展生态环境建设。

建立粮食主产区补偿机制。加强对粮食主产区农田水利设施建设等的支持力度，改善粮食主产区的财政和金融环境。鼓励建立地区间横向援助机制，探索建立粮食主销区或粮食调入区补偿粮食主产区和调出区的利益补偿机制，粮食调入或生态环境受益地区采取资金补助、定向援助、对口支援等多种形式，对重点粮食、生态功能区因加强粮食生产和流通及生态环境保护的投入以及造成的利益损失进行补偿。

健全生产要素流动补偿机制。积极推进基础养老金全国统筹，完善社会保险关系转移接续政策。建立财政转移支付同农业转移人口市民化挂钩机制，强力推行城市政府将跨区域的农业转移人口纳入居住地教育、就业、医疗、保障、住房等体系，切实保障农业转移人口与本地人口享有均等的基本公共服务和同等的权益。探索实行"三挂钩"，完善城乡建设用地增减挂钩政策，探索城市常住人口与城市建设用地挂钩政策和区域人口增长与财政预算增长之间的挂钩政策。

(四)建立健全区域合作和互动机制

建立完善自上而下与自下而上相结合的区域治理模式。发挥各级政府、社会组织和企业等多元主体的作用，构建多层次、多形式、多领域的区域合作网络。鼓励和支持各地区开展多种形式的区域经济协作和技术、人才合作，创新区域合作方式，探索建立制度化的区域合作机制，形成以东带西、南北协调、发达带欠发达的合作发展格局。进一步打破条块分割体制，鼓励成立各类区域性社会组织，逐步完善区域性社会组织的法律地位，对区域性社会组织的产生、职责、权限、运行机制等予以规范和指导。

进一步完善区域合作机制。积极构建推进区域合作的组织保障、规划衔接、利益协调、激励约束、资金分担、信息共享、政策协调和争议解决等机制。支持社会组织和企业参与区域性公共产品生产和服务的供给。建立区域合作的服务体系,搭建各类合作平台,促进区域信息资源、创新资源、人才资源共建共享。鼓励开展各种形式的洽谈会、论坛、联席会等,推进区域合作事项推广,针对具有多元利害关系的议题与事务进行意见交流与讨论协商,促使公共决策公开化与透明化,提高政策实施的有效性,以及居民对于公共部门的信任感。

进一步健全互助机制。完善发达地区对欠发达地区的对口支援制度和措施。鼓励发达地区采取多种方式帮扶欠发达地区,鼓励社会力量参与支持欠发达地区发展。要坚持以人为本,以增强欠发达地区自我发展能力为核心,支持欠发达地区在社会事业发展、扶贫开发、特色优势产业培育、生态环境保护方面取得新进展。坚持优势互补、互惠互利,充分发挥支援方与受援方各自优势,促进对口支援合作从单方受益为主向双方受益进一步深化,构建良性互动的发展格局。

（五）建立健全区域法律法规体系

研究制定《促进区域协调发展条例》。通过条例规范区域协调发展的部门职能分工,明确国务院有关部门在统筹区域协调发展中的具体职责和工作手段;规范区域协调发展的目标和原则,一定时期的战略重点和方向;规范区域政策制定、实施、监督、评价的相关机制,推进区域政策的规范化和制度化运行;规范地方政府间的竞争和合作关系,明确各级政府在跨行政区合作中的权利、责任,构建协调区际利益关系的体制机制;明确地方政府机构及社会组织、企业等市场主体在区域协调发展中的责任和强制措施,保障区域协调发展目标的实现;明确对区域协调发展的相关主体进行奖惩的制度。

推进制定《区域规划管理办法》。进一步明确区域规划的性质、定位、内容、时限,规划编制的程序,规划的审批和实施等内容,明确不同层级、不同类型规划之间的关系。增强区域规划中空间管制、负面清单的内容,合理划定生产、生活、生态空间开发管制界限,落实用途管制,加强生态保护红线和城市增长边界管制。建立区域规划的后评估和滚动编修制度,明确规划实施监督机制,建立政府公共信息平台,鼓励公众参与和加强监督。

制定颁布《空间规划法》。十八届三中全会通过的《中共中央关于全面深化改革若干重大问题的决定》中提出:"建立空间规划体系,划定生产、生活、生态空间开发管制界限,落实用途管制。"空间规划体系包括主体功能区规划、国土规划、区域规划、市域规划和县域规划、城市规划与村镇规划。由于全国人大通过并颁布了《城乡规划法》,城市规划与村镇规划均有法律依据。区域规划是城市规划的上位规划,是城市规划的依据,而主体功能区规划和国土规划是区域规划的依据。但主体功能区规划没有法律依据,国土规划没有法律依据,区域规划也没有法律依据。没有法律作为支撑,就缺乏法律约束力。所以,需要制定《空间规划法》,明确空间规划体系中各项空间规划的法律地位,使各项空间规划的编制与实施有法可依,有章可循。

参考文献

[1]蔡翼飞,张车伟.地区差距的新视角:人口与产业分布不匹配研究[J].中国工业经济, 2012(5):31-43.

[2]顾朝林.中国城镇体系——历史·现状·展望[M].北京:商务印书馆,1992.

[3]贾康.“十二五”时期中国的公共财政制度改革[J].财政研究,2011(7):2-13.

[4]JIN H H, QIAN Y Y, BARRY R. Regional Decentralization and Fiscal Incentives: Federalism, Chinese Style [J]. Journal of Public Economics, 2005 (89): 1719-1742.

[5]宏观院课题组.“十二五”时期促进农民工市民化问题研究[R].2010.

[6]马泉山.新中国工业经济史(1966—1978)[M].北京:经济管理出版社,1998.

[7]皮建才.中国式分权下的环境保护与经济发展[J].财经问题研究,2010(6):10-14.

[8]PRINGLE S,et al.Rebalancing the economy sectorally and spatially: An evidence review[R]. UK Commission for Employment and Skills, 2011.

[9]QIAN Y Y, WEINGAST, Barry R. China's Transition to Markets: Market-preserving Federalism, Chinese Style[M]. Stanford, CA: Hoover Institution on War, Revolution and Peace, Stanford University, 1995.

[10]王凯.国家空间规划论[M].北京:中国建筑工业出版社,2011.

[11]王永钦,张晏,章元,等.中国的大国发展之路——论分权式改革的得失[J].经济研究,2007(1):4-16.

[12]肖周燕,苏扬.人口承载力视野的政策应用与调控区间[J].改革,2010(11):125-131.

[13]张军,高远,傅勇,等.中国为什么拥有了良好的基础设施?[J].经济研究,2007(3):4-19.

[14]李萍.财政体制简明图解[M].北京:中国财政经济出版社,2010.

[15]黄征学.优化国土空间开发格局[J].中国发展观察,2012(7):19-21.

［16］肖金成，欧阳慧.优化国土空间开发格局研究［J］.经济学动态,2012(5)：18-23.

［17］肖金成，袁朱，等.中国十大城市群［M］.北京：经济科学出版社,2009.

［18］肖金成，欧阳慧，等.优化国土空间开发格局研究［M］.北京：中国计划出版社,2015.

（本文发表于《财经智库》2017年第5期。合作者：黄征学,南开大学经济学博士、国家发改委国土开发与地区经济研究所国土空间规划研究室主任、研究员。）

京津冀区域发展战略研究

在经济全球化的大背景下,国家、区域、城市间的各种合作不断加深,区域之间的竞争越来越体现为以核心城市为中心的大都市圈的竞争,如英国的伦敦—伯明翰—利物浦都市圈、美国的波士顿—纽约—华盛顿都市圈以及日本的京滨、名古屋、阪神三大都市圈等。区域经济一体化成为增强区域整体竞争力的一种必然选择。从我国发展来看,长三角地区、珠三角地区和京津冀地区是拉动我国区域经济发展的"三驾马车"。长三角地区与京津冀地区无论是从行政区划上还是从地理分布上,都有着太多的相似之处。一个是两省一市,一个是两市一省。所不同的是前者以一个直辖市带动了两省经济的共同发展,成为我国区域经济发展的典范;而后者的两个直辖市非但没有带动河北省的经济腾飞,反而形成了世界上罕见的"环京津贫困带"。为此,本研究通过分析京津冀区域经济一体化发展的现状、存在的困难和问题,提出京津冀地区区域经济一体化的思路与对策。

一、京津冀区域经济一体化发展的现状

京津冀地区包括北京、天津两个直辖市和河北省全域。2011 年,京津冀地区国土面积为 21.6 万平方公里,占全国的 2.45%;常住人口为 10615 万,占全国的7.88%;实现地区生产总值 52075 亿元,占全国的 11.01%。京津冀地区是我国的政治、文化中心和曾经的近代中国经济中心,是我国重化工业、装备制造业和高新技术产业基地,是我国参与国际经济交流和合作的重要门户,拥有全国最高密度的交通网络,在我国交通运输体系中占有重要的地位。在 2010 年年底国务院出台的《全国主体功能区规划》中,京津冀地区被定位为优化开发区域。

(一)京津冀区域主要城市经济联系增强

"十一五"时期以来,河北省与京津两市在经济社会的一些领域联系逐渐增强。一是重要物资供应基地。河北农业优势突出,区位商为 1.92,是全国粮棉油集中产区和重要畜禽产品生产基地,以钢铁为标志的资源型基础工业实力雄厚,

主要工农业产品产量居全国前列，在京津有较高市场占有率。二是京津重要物流腹地。河北人口密度比京津分别低 69.5% 和 68.8%，具有明显的土地成本和腹地空间优势；京津冀交通一体化合作加深，环京津高速公路网规划建设、客运班线对接等加快推进，一体化综合交通运输保障体系逐步形成。三是京津城市功能压力的疏解地。环京津地区已建成一批服务京津需求、具有产业链延伸性质的工农业产品加工配套供应基地、连锁市场，已成为京津房地产市场重要的客源。四是以项目为载体的主动对接趋于活跃。河北面向京津招商，新首钢将建成科技含量高、经济效益好、资源消耗低、环境污染少的精品板材生产基地、循环经济和自主创新的示范基地；京南地区高新技术、休闲旅游、现代服务、高端食品制造等产业对接步伐加快，成功引进一批国字号、京字头的战略合作者。五是旅游开发合作加深。河北旅游资源丰富，与京津互补性强。通过加强旅游市场合作开发，推动旅游规划衔接，联合举办旅游项目招商、宣传促销、景区联票、旅游饭店英语等级证书互认等活动，旅游市场一体化进程加快。同时，河北还是京津重要的劳务输出地、建筑装饰材料等工业产品供应地，对京津发展有积极作用。

（二）三地产业专业化分工程度有所提高

从京津两市产业分工程度变化上看，如表1所示，2005—2010年，京津的区域分工指数从0.419上升至0.649，反映出作为京津冀地区的两座核心城市，京津在产业选择和发展定位上各有差异，从具体行业来看，特别是石油和天然气开采业、黑色金属矿采选业、化学原料及化学制品制造业、非金属矿物制品业、黑色金属冶炼及压延加工业、有色金属冶炼及压延加工业、金属制品业、交通运输设备制造业、电气机械及器材制造业，通信设备、计算机及其他电子设备业，电力、热力的生产和供应业等行业的分工指数较高，对京津两地区域分工指数的不断提高贡献较大。2005—2010年间京津冀地区产业分工程度有了较为明显的提高，产业同构化问题逐步缓解和改善。

表1　北京、天津和河北区域分工指数和均值方差

年份	北京—天津		北京—河北	
	2005	2010	2005	2010
区域分工指数	0.41888105	0.649022	0.9073909	0.918775
指数均值方差	0.000226206	0.000961	0.0029627	0.002505

注：采用区域分工指数来测算。

而从京冀两省（市）产业分工程度变化上看，2005—2010年，京冀两地的区域

产业分工指数继续在较高水平的基础上稳步上升,从 0.907 上升到 0.919,在京津冀地区中处于最高水平,反映出京冀在产业选择和发展定位上各有侧重,区域产业差异化特征明显。从具体行业来看,黑色金属矿采选业、农副食品加工业、纺织业、皮革毛皮羽毛(绒)及其制品业、石油加工业、炼焦及核燃料加工业、化学原料及化学制品制造业、医药制造业、非金属矿物制品业、黑色金属冶炼及压延加工业、金属制品业、专用设备制造业、交通运输设备制造业、电气机械及器材制造业、通信设备、计算机及其他电子设备业,电力、热力的生产和供应业等行业的区域分工指数比较高,对两地分工指数的贡献很大。

总体来看,2005—2010 年,京津冀地区产业分工更加趋于合理,产业差异化程度有了明显提高,尤其是北京与河北、北京与天津的区域分工程度有了较大程度的上升。

(三)交通基础设施逐步完善

经过一个多世纪以来的建设,目前京津冀地区已基本形成了以北京为主中心(陆路及空路)、天津为副中心(水陆联运)的陆海空综合交通运输网络,并呈现为以首都北京为中心的放射式组织形态,是全国铁路和高速公路最密集的地区。截止到 2011 年年底,京津冀地区铁路网密度高达 3.35 公里/100 平方公里,为全国平均水平的 3.44 倍,高速公路网密度为 3.12 公里/100 平方公里,为全国平均水平的 3.52 倍。如表 2 所示。

表 2　2011 年京津冀地区铁路、公路路网密度

单位:公里,公里/百平方公里

项目	北京	天津	河北	京津冀	长三角(沪苏浙)	珠三角(广东省)	全国
铁路	1228	867	5171	7266	4590	2832	93250
铁路网密度	7.49	7.27	2.74	3.35	2.15	1.59	0.97
公路	21347	15163	156965	193475	276107	190724	4106387
公路网密度	130.09	127.21	83.14	89.11	129.60	107.21	42.77
高速公路	912	1103	4756	6771	8428	5049	84946
高速公路密度	5.56	9.25	2.52	3.12	3.96	2.84	0.88

数据来源:《中国统计年鉴(2012 年)》。

（四）促进一体化合作的体制机制开始成形

针对冀北地区（张家口和承德）长期以来作为京津两大直辖市的重要生态屏障和主要水源地在经济发展上做出重大牺牲的事实，京津冀三地通过探索生态补偿机制不断推进在生态建设一体化上的体制机制。这一探索最初是采用三地省级政府协商或合作备忘的模式。2005年，北京市通过实施京承水资源环境治理合作项目，为承德市提供每年一定数量的补偿资金。2006年10月和2008年12月，北京市政府与河北省政府两次召开经济与社会发展合作座谈会，形成了《北京市人民政府河北省人民政府关于加强经济与社会发展合作备忘录》和《北京市人民政府河北省人民政府关于进一步深化经济社会发展合作的会谈纪要》两个文件，并就如何开展水资源环境治理合作达成了一系列共识，文件提出：2005—2009年，北京市安排水资源环境治理合作资金1亿元支持密云和官厅水库上游承德和张家口地区治理水污染，发展节水产业；2009—2011年，北京市安排资金1亿元支持河北省丰宁、滦平、赤诚、怀来四县营造生态水源保护林20万亩。2006年，北京市和河北省合作在张家口黑河流域开始实施"稻改旱"工程，并逐步扩大到承德等地区，北京市对进行"稻改旱"的农民的"收益损失"进行补偿，补偿资金逐步由开始的每年450元/亩提高到了目前的550元/亩。2007年，北京市启动了以承德、张家口为主要区域的支持周边欠发达地区发展基金。2009年，北京市政府与河北省政府合作开展了生态水源保护林建设。同时，北京市通过产业转移和异地发展方式支持上游地区经济发展，北京农产品加工企业进入承德，合作涉及种植、养殖、农业循环经济等。同时，京张两地政府围绕旅游开发、农产品基地建设、产业结构升级中的转移和承接等签约多项合作项目。

在津冀生态补偿开展上，2008年，津冀两省市签署了《关于加强经济与社会发展合作备忘录》，其中包括两省市加强水资源和生态环境保护合作事宜，规定天津市财政在2009年到2012年每年安排2000万元专项资金支持河北省境内对引滦水源水质有直接作用的生态治理项目。2010年，天津市人民政府又印发了《落实〈河北省人民政府天津市人民政府关于进一步加强经济与社会发展合作会谈纪要〉工作分工方案》的通知。根据该通知，天津和河北将共同加强水源地保护，共同推动潘家口、大黑汀水库水源地保护规划实施工作，加大"天津市在河北省境内实施引滦水源保护工程"合作力度。2011—2014年，天津市每年安排专项资金3000万元，用于河北省境内引滦水源保护工程。

二、京津冀区域经济一体化存在的困难和问题

（一）区域内部发展不均衡

1.经济发展落差较大的态势短期较难扭转

在经济一体化进程中,北京、天津综合实力最强,而河北的经济实力较为薄弱,与两大直辖市在工业化和城镇化程度上都存在巨大落差。从工业化进程上看,北京已基本跨入后工业化阶段,天津处于工业化后期阶段,唐山已开始进入工业化后期阶段,石家庄、秦皇岛、廊坊、沧州、承德处于工业化中期阶段,张家口、保定则刚从工业化初期进入工业化中期阶段。从城镇化进程上看,京津冀城市群各城市也体现出很大的差距:北京已经进入城镇化的后期阶段,天津即将进入城镇化的后期阶段,石家庄、唐山、廊坊进入城镇化快速阶段中的减速阶段,而秦皇岛、承德、保定、沧州和张家口还处在城镇化快速阶段中的加速阶段。2011年,北京和天津的人均GDP分别达到了12447美元和13392美元,唐山也达到了11044美元,而张家口和保定的人均GDP还只有3960美元和3365美元。

2.资源要素分布不平衡

与长三角地区内部两省一市相互合作、优势互补相比,北京对周围地区人才和资源的空吸现象成为京津冀区域经济一体化的又一瓶颈。京津冀在地理位置方面浑然一体,北京与天津是河北省北部中心区域独立出来的两个直辖市。由于直辖市在集聚资源方面能够给创业者和投资者提供更好的平台,经济主体能够谋求更大的利润空间,各方人才资源都集聚到京津,使得本应在京津冀范围内均匀分局的经济格局转变为向京津聚集的不对称发展状态,导致马太效应的产生,使得不具备竞争力的经济个体被排斥到京津周边,因此河北省区域的产业布局完全不是主动的,而是在以京津发展为主导的情况下逐渐被边缘化的,并形成了一条罕见的环京津贫困带。

（二）城市体系建设不完善

1.京津冀城镇体系断层明显

我国城市体系最为完善的当数长三角地区。长三角都市圈城市分布层次清晰,结构合理。第一层次为特大城市上海,是国际性港口城市和全国性中心城市,为该区域城市的核心和经济文化中心;第二层次包括特大城市南京和杭州,分别为该区两翼(江苏省和浙江省)的政治、经济、文化中心;第三层次为苏州、无锡、常州、宁波、扬州等大中城市;第四层次为南通、镇江、湖州、嘉兴等中小城市;第五层次为其他极具活力的小城市和卫星城市。

与长三角城市群相比,京津冀城镇体系存在断层。以 2010 年为例,GDP 突破 5000 亿元的有上海、苏州、杭州、无锡、宁波、南京 6 座城市,而京津冀区域中除北京、天津、唐山、石家庄 GDP 超过 3000 亿元,其他大多数城市 GDP 总量多为几百亿元。同时,与长三角城市群相比,京津冀地区缺少人口 500～1000 万规模的城市,200 万到 500 万人口的城市数量较少,只有唐山 1 座,而长三角则有 6 座(如图 1 所示)。由此可见,京津冀地区城市结构梯度不合理,大城市处于绝对优势,缺少发挥"二传"作用的中等城市和小城市,与周边地区相对独立的小城市群在发展上相互脱节、自我封闭,尚未形成完善的网络体系,由此导致的最直接后果是发达地区所出现的产业聚集、形成的产业规模和产业链因为找不到适宜的生存和发展环境,没有能力向周边落后地区推广和扩散,更加加剧了城市结构梯度的不合理,形成恶性循环。

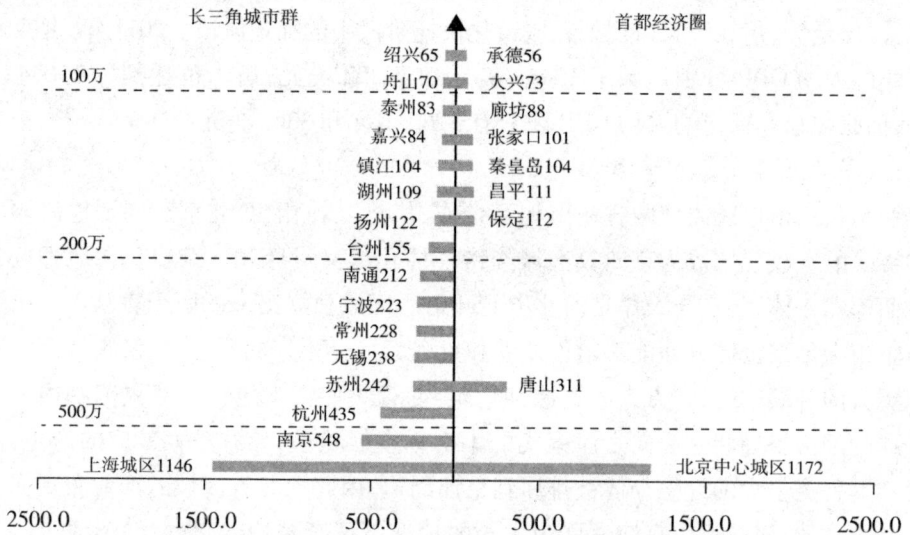

图1　京津冀城镇体系的"断层型金字塔"结构

2.京津"双核"对周边地区的辐射带动作用不强

一般而言,都市圈内应有一座经济首位度大的中心城市,它与周边城市区域存在密切的经济联系或分工合作的关系,并且同时具有"极化"和"辐射扩散"两种效应。长三角经济圈的首位城市上海,2010 年其地区生产总值达到 16872.42 亿元,与第二位城市苏州(9168.91 亿元)相比,首位度高达 1.84。作为长三角的核心城市,上海对周边城市的优质要素资源产生巨大吸附力,一些企业总部、研发中心以及优良金融资产和高素质人才纷纷向上海集聚;同时,上海的大发展也对周边区域产生较强的辐射拉动作用,苏锡常和杭嘉湖等城市均有不同程度的受益。在推进长三角一体化过程中,各城市纷纷遵循错位发展的思路,形成既竞争又合作,共同发展的良好局面。与上海所在的长三角区域的"群芳竞秀"相比,北京在京津冀区域内发展成为"一枝独秀",前者为辐射模式,而后者属于吸收模式。在两种不同机制下城市体系的发展结果,上海周围形成了与周边地区共同富裕的格局,而北京的发展对京津周边区域起到"釜底抽薪"的作用,与周边区域发展形成很难逾越的鸿沟,这种吸收作用可以从图2上看出,河北省8市地区生产总值在1997年占比达到京津冀城市群地区生产总值最大值(49.5%)后开始下降,随后在2002—2011年间占比一直维持在41%左右的水平,而北京市地区生产总值占比正是从1996年开始上升至2002年达到高点(38.9%)时开始下降,下降至2011年时的34.6%,而天津市地区生产总值占比则在1998年达到最低值(18.8%)后开始上升,至2011年时占到23.9%。在河北省内部各市中,2000—2011年间地区生产总值在京津冀城市群地区生产总值占比出现上升的只有承德市(1.8%~2.4%)、唐山市(10.4%~11.6%)和沧州市(5.1%~5.5%),但是上升的幅度也非常有限。这在一定程度上表明,"十五"时期和"十一五"时期,扮演京津冀城市群增长极角色的是天津市,但其对河北省的辐射带动作用十分有限。

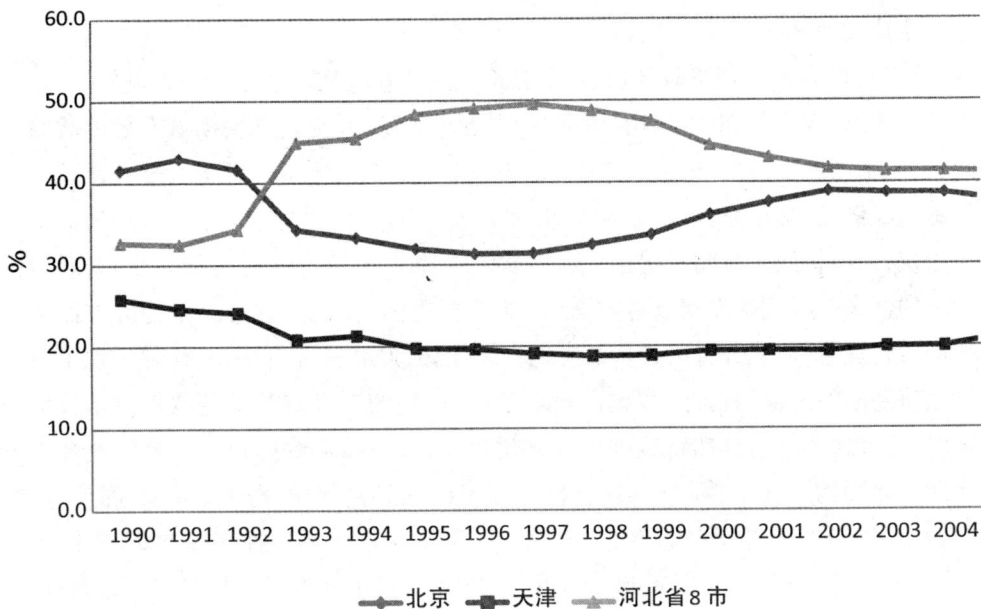

图2　京津冀城市群地区生产总值占比变化趋势

3.交通基础设施一体化工作还有待推进

在内部交通运输网络的完善上,还缺少相应的通勤交通网络以满足北京中心城区与周边河北省环京津地区之间的通勤客运需求。从对外陆路通道建设上看,京津冀地区还缺乏一条向北直达蒙古高原的陆路交通干线,与矿产资源丰富的内蒙古中东部和外蒙古之间没有大运量的通道。在对外空中交通建设上,京津冀地区三个机场(首都机场、石家庄机场、天津滨海国际机场)的利用率有很大的差距。2011年,首都机场旅客吞吐量达到7867.45万,占总量的87.7%,货邮吞吐量占总量的87.3%,天津滨海机场吞吐量只有755.42万,仅为首都机场的1/10,而石家庄正定机场更只有402.12万。整个京津冀地区的航空运输发展呈现出极不平衡的"马太效应"。其结果是北京首都机场拥挤不堪,不得不规划建设第二机场,天津滨海机场和石家庄正定机场的航空资源却闲置,而天津、石家庄的旅客大批前来北京首都机场乘坐前往世界各地的飞机。在对外海上通道建设上,区域内秦皇岛港、唐山港(京唐港和曹妃甸港)、天津港、黄骅港等不仅相距很近,并且其规划定位都是向着高效益的综合性港口发展,未来港口功能将可能全面重复。

(三)产业布局不合理

1.京津冀局部区域产业同构现象严重

京津冀地区一些区位条件接近、产业基础相似的地区,产业同构现象仍然存在,突出表现为:一是首都新城与环京县市之间产业同构。北京加快新城发展,重点建设通州、大兴—亦庄、房山、顺义、昌平五个新城,并提出加快南城发展的战略决策,东南部地区房山、大兴、亦庄等地发展迅速。与此同时,河北积极打造环首都绿色经济圈,提出京南、京东和京北三个新区,作为对接首都、加快发展的战略性板块,京南板块上涿州与房山、大兴与固安,京东板块上的香河与通州,京北板块上的怀来与延庆等发展条件接近、产业选择雷同,在招商、产能、市场等方面造成同质化竞争,河北部分区县依靠土地资源优势,发展速度较快,并伴随出现了过度竞争造成的产业门槛低、圈地占地现象严重,制约了发展的可持续性。从长期来看,这些地区应与首都新城进行一体化规划,统一布局和建设。二是河北各市之间产业同构。在承德、秦皇岛、唐山、张家口、廊坊、保定、沧州、衡水、邢台、邯郸、石家庄11座城市的核心区中,将化工作为支柱产业的选择率高达72.7%、机械54.5%、建材63.6%、冶金45.5%、电子36.4%、机电和纺织均为27.3%。同时,由于环首都贫困带的存在,环京县市总体发展水平较低、发展热情强烈,在河北省提出"环首都绿色经济圈"的战略部署后,环京14个县市掀起了抢抓发展机遇的高潮,涿州与固安围绕北京第二机场、香河与三河围绕楼宇经济、涞源与涞水围绕旅游等在局部形成了激烈竞争。在物流领域的竞争更为白热化,京东、京南的廊坊、保定近京县市几乎都规划建设了大面积的物流园区,争抢物流中心。此外,承德、张家口等地围绕首都在旅游业方面的投入力度也很大。从整体的角度看,环京县市发展也应该有主有次、有先有后,统筹发展。

2.国有经济比重较高,产业跨区域整合困难

以所有制结构来衡量,京津冀区域作为老工业基地,传统计划体制的惯性影响较大,尽管近些年企业加快调整所有制结构,但国有经济比重仍然偏高。2010年河北省的国有及国有控股企业实现工业增加值占规模以上工业增加值的比重仍为35.7%,天津市公有制经济实现增加值占全市生产总值的比重达46%。而长三角都市圈较早出现了以集体和私营经济为主体的"苏南模式"和"温州模式",近些年经过规范的股份制改造,在中国地区经济中继续保持旺盛的活力,如表3所示,2010年,民营企业500强中分布在长三角地区(浙江省、江苏省和上海市)的共有279家,占55.8%,营业收入达到32390.3亿元,占50.5%,而分布在京津冀地区的民营企业500强共有33家,占6.6%,营业收入为6358.4亿元,占9.1%。与长三角相比,京津冀区域中的国有经济比重过高,政府对资源的控制力强,对企业的干预大,经济的市场化程度相对较低。目前,京津冀区域的国有经济改革还处于攻坚阶段,最活跃的私营和民营经济都还没有足够的力量打破行政区划的空间限制,进行跨行政区域的行业集聚和整合,从而影响了区域经济一体化的形成。

表3 民营企业500强省市分布

(2010年)

	序号	省(市)	企业数		营业收入		资产	
			数量(家)	比重(%)	总额(亿元)	比重(%)	总额(亿元)	比重(%)
长三角	1	浙江省	144	28.8	16316.6	23.4	12117.5	20.6
	2	江苏省	118	23.6	13454.1	22.9	19082.5	27.3
	7	上海市	17	3.4	2619.6	3.75	2792.8	4.75
珠三角	4	广东省	21	4.2	4820.5	6.9	6507.7	11.1
京津冀	5	河北省	20	4	2679.2	3.8	1537.0	2.6
	12	天津市	9	1.8	1262.6	1.8	615.9	1.05
	17	北京市	4	0.8	2416.6	3.5	1821.6	3.1

数据来源:2011年中国民营企业500强分析报告,中华全国工商业联合会经济部,中华

财务咨询有限公司,2011 年 8 月。

(四)资源环境约束日益加强

1.水资源供需矛盾突出

京津冀是典型的资源性缺水地区,水是京津冀地区重要的资源约束因子。在多年的发展过程中,该地区始终受到缺水的严重困扰和水荒的威胁。如表 4 所示,京津冀地区水资源总量为 199.35 亿立方米,仅占全国的 0.86%;地表水资源量 89.9 亿立方米,仅占全国的 0.40%;地下水资源量 152.6 亿立方米,占全国的2.12%。2011 年,全国人均水资源量为 1730.38 立方米。而与此同时,北京的人均水资源量为 134.71 方米,天津人均水资源量为 115.96 立方米,河北为 217.75 立方米,分别约为全国的 1/13、1/15、1/8。水资源匮乏的现象极其突出。

表 4　京津冀地区水资源总量及占全国的比重

	水资源总量	占全国比重	地表水资源量	占全国比重	地下水资源量	占全国比重
	亿立方米	%	亿立方米	%	亿立方米	%
北京	26.81	0.12	9.17	0.04	21.16	0.29
天津	15.39	0.07	10.89	0.05	5.23	0.07
河北	157.15	0.68	69.84	0.31	126.21	1.75
京津冀地区	199.35	0.87	89.9	0.40	152.6	2.11
全国	23258.53	100	22215.25	100	7214.78	100

数据来源:《中国统计年鉴 2012》。

由于京津冀地区承载了巨大的经济社会功能,该地区的人口繁衍、城市建设、工农业生产等都需要大量用水。长期以来,地表水已具有"有河皆干,有水皆污"的形势,而地下水超采问题同样不容乐观。20 世纪 60 年代以后,随着经济社会发展,用水需求量增多,地下水开采量明显增加,水位开始逐年下降。到了 80 年代后,用水紧张的局面加剧,深层承压水开始被大量开采,使得补给水位下降迅速,京津冀地区出现了不同程度的深层地下水下降漏斗。从北京来看,从 20 世纪 60年代开始,中心区地下水降落漏斗逐步形成和发展。到了 70 年代中期,漏斗面积扩大到 380 平方公里,已波及朝阳区全境和海淀区及城区。70 年代末,城区地下水年开采量已超过地下水可开采量的 50%,城区形成了 1000 平方公里范围的降落漏斗,地下水累计亏损达 17 亿立方米。到了 90 年代,漏斗面积达 2000 平方公里,其范围包括了城区、近郊区和大兴、通州、顺义、昌平及房山等区、县。① 从天津来看,塘沽、汉沽、市区、武清等区为主要沉降地区,最大累计沉降量达到了 3 米以上,已形成河北大街、北站外、河东大王庄和大直沽—陈塘庄四个沉降中心,至 1985 年,四个沉降中心累计沉降量分别为 2.39 米、2.34 米、2.37 米和 2.25 米,年沉降速率平均约 100 毫米。1985—2005 年,天津累计地面沉降量超过 1000 毫米的面积达 623.88 平方公里,占总面积的 30.37%。从河北来看,河北全省年均超采地下水 $50×10^8$ 立方米,超采区面积 $4×10^4$ 平方公里。平原地区地下水沉降漏斗面积达 5560 平方公里,为全国地下水超采和地面沉降面积最大的地区。随着未来经济社会发展和人口的增长,水资源紧张的形势将加剧,而因地下水超采而导致的地面沉降问题也将愈加突出。

2.海河流域水污染问题非常严重

京津冀地区主要处于海河流域。目前,海河流域生产生活污水入河量达 43 亿吨,现有污水处理设施的处理能力仅为 22 亿吨,且由于多方面的原因,其平均运行负荷只有 70%。也就是意味着,该流域有超过 2/3 的污水无法得到处理。污水排放中,主要污染物 COD 的入河量达 133 万吨,是水功能区纳污能力的 3.5 倍,氨氮入河量达 11 万吨,是水功能区纳污能力的 6.9 倍。污水排放量远超于水体纳污能力。目前,海河流域是全国污染程度最高的流域,污染度最严重的劣五类河长占评价河长百分比,海河流域最高,达 48.2%,是全国平均水平的近 3 倍,且高出第二位的辽河区达 14.2 个百分点。

3.以 PM 2.5 为代表的复合型大气污染加剧

随着 2013 年 1 月初以来在我国中东部持续出现的雾霾天气,以北京为代表的大中城市 PM 2.5 都出现爆表现象。而北京周边的石家庄、保定、邢台等多座城市的空气质量,在这个月都达到了 6 级严重污染。京津冀区域各地区的污染物在不同的气象条件下,彼此扩散、叠加。2006 年有学者研究表明,外来源对奥林匹克中心区域的 PM 2.5 浓度贡献率为 34%,其中河北、山东和天津是影响北京大气质量的主要区域,在持续南风的条件下,河北省对该区域的 PM 2.5 浓度贡献可达到 50%~70%。这表明,京津冀区域城市间大气污染相互影响明显,相邻城市间污染传输影响极为突出。

① 北京市地方志编纂委员会.北京志·地质矿产水利气象卷·水利志[M].北京:北京出版社,2000.

（五）促进一体化的体制机制尚未形成

1.行政体制障碍突出

长江三角洲作为中国经济发展速度最快、经济总量规模最大的首位经济核心区,其经济发展格局是在分工协作的基础上推进整体区域市场协调发展,已经成功实现从"行政板块"向"经济板块"的转化。这对局部行政区域而言,资源重新优化配置可能有得有"失",然而最终的结果是整体利益与局部利益的共赢。相比之下,京津冀区域带有相对明显的政治属性。长期以来"京津冀"内部地区之间行政地位的对峙,导致经济"分工—合作—共同发展"的局面无法形成,行政区经济封闭的旧有格局依旧有较强的影响力,加上三地之间缺乏合作的内在动力,行政功能、体制性障碍已成为京津冀一体化进程中所需克服的主要难题。首先,京津冀区域内没有统一的经济发展规划。区域内各方没有从整体角度寻找各自的比较优势,错位发展,而是不顾资源等条件限制,追求"大而全"。核心城市和各卫星城找不准自己的产业定位,严重制约了京津冀经济和社会的快速发展。近年来,京津之间围绕机场、港口等基础设施之争,围绕汽车、重化工等制造业之争,围绕北方产权交易中心等平台选择之争,围绕生态环境、水资源之争,造成了资源、效率的巨大浪费,而且更加影响都市圈内部的协调发展。其次,缺乏高层次的合作磋商协调机制。尽管京津冀高层领导也进行了双边互访和多边协商,但一直未能就区域内的产业结构调整、基础设施建设等战略性合作问题进行深入磋商并达成共识,未能在寻求有关各方利益结合点及合作切入点上取得重大突破。河北一直寄希望于京津两地的辐射影响,实现京津冀经济一体化。事实证明,这个设想在目前的协调机制下难以有很大作为。京津对河北的带动作用并不明显,河北与京津的合作除了在水资源、土地资源等生态屏障上较多以外,产业上的分工并不多。最后,没有形成以市场机制为主,以政府宏观调控为辅的有效机制。目前京津冀区域国有资本占绝对优势,多数民营企业规模较小。这种客观现实决定了企业活力不足,辐射能力受到严重影响,而且政府对企业的行政干预多,使企业跨地区生产要素流动受到制约,市场配置资源的作用不能得到充分发挥。

2.生态补偿机制尚未建立

补偿标准缺乏动态调整机制。多年来,河北张家口、承德等地区尽其所能为京津提供了丰富的水源,但上下游之间现有的生态补偿机制不健全,补偿标准没有按照市场化的运作方式进行科学计算,加剧了上下游之间的矛盾。如北京市目前按550元/亩的标准对进行"稻改旱"的河北地区农民进行收益损失补偿,但这仍低于农民直接种植水稻的收益,导致每年每户减少的收入在2000元左右,部分农民因此出现了政策性返贫现象。又如,上游地区人工造林成本已攀升到800~1500元/亩,而国家造林补助只有300元/亩。国家对集体林、国有林年补助标准分别为10元/亩和5元/亩,而北京市的补偿标准为20元/亩。因此,上下游之间补偿标准的不一致,加剧了上下游之间生态保护与经济发展的矛盾。

补偿没有形成长效机制,随意性强。水资源保护和生态建设是一个长期的综合系统工程,张家口和承德地区为保障京津两市的水资源安全所做出的牺牲也必将是长期的,虽然过去北京、天津给予了河北省很多援助补偿,但这些援助补偿都不是以水资源补偿的名义,而是以其他项目来体现的,这些补偿多属于临时性动议,不能弥补冀北地区所蒙受的损失。同时这些援助并不固定,没有形成长效机制。

三、促进京津冀地区的产业分工与合作

在经济全球化和市场化改革的双重作用下,国内各地区间的要素流动和产业转移日益加快,相互之间的经济依存和互动效应逐步加深,区域经济一体化进程步伐加快。区域经济合作作为改革开放和完善市场经济体制的重要手段,将成为未来我国经济社会发展的新趋势、新动力。因此,京津冀经济合作应在加强产业联系的基础上采取如下战略。

(一)建设区域经济共同体,在竞争与合作中实现共赢

世界各国区域经济发展的实践证明,任何一个区域的发展壮大,都不是一座城市孤立成长发展起来的,城市与区域之间依靠天然的地理位置上的邻近,构成了相互依托、共同发展的区域经济共同体。通过地区间的合理分工与合作,可以使各城市和地区以各自的经济利益的实现来获得"部分之和大于整体"的区域经济效益。京津冀地区从发展条件看,已经具备了很好的产业合作基础,为了提升京津冀在世界上、在全国的经济地位,为了京津冀区域各城市的长远发展,京津冀各市应该以促进区域快速发展为总体目标,树立起共同发展、相互促进的理念,把提升京津冀区域整体竞争力视为自身必须承担的重要任务,在壮大自身经济的同时,更多地关注区域总体竞争力的提高。京津要放下大城市的架子,主动与河北各市展开密切合作,河北各市要有开放的眼界和共同发展的心胸。只有各方抛开狭隘的行政区观念,才能在竞争日益激烈的世界经济格局中使京津冀地区占有一席之地。

京津冀各市都面临着产业结构调整的任务。京津承担着率领京津冀参与全球化竞争,提升产业分工层次与竞争能力的任务,在追赶世界先进国家水平、大力

发展现代服务业、提高城市集聚和辐射能力、提高制造业总体水平、提高企业自主创新能力、开发具有自主知识产权的核心技术和产品等方面需要迈出更大的步子。河北各市一方面要大力推进三次产业结构的调整，以科技创新和京津的人才为依托，通过重点优势产业尤其是制造业的发展，加快工业化步伐；另一方面，还要促进城镇化水平的快速提高，大幅度缩小与京津的经济差距，只有快速提高了自身经济实力，才能够更好地实现区域共同发展的目标，才能为产业合作提供一个合作平台，逐步实现与京津产业链条的对接，不断寻求产业发展与合作的机遇。

（二）发挥各自比较优势，提升产业分工的层次

区域经济发展中，要素空间分布的非均衡性必然导致经济活动方式和经济内容的改变，促使不同地区之间商品的交换和生产要素的流动，使不同地区之间结成一种互补和竞争的关系。依托各自特有的发展条件和比较优势实现合理分工是构建区域产业合作的基本前提，也是取得未来发展持久优势的根本所在。要从区域整体发展的要求，确定每座城市的产业发展方向及具有城市特色的产业和产品，确定重点产业在不同城市的主攻方向。目前京津冀产业合作主要以垂直型分工为主，即以一个或多个制成品为核心建立相应的与之互补、依附性强的产业合作，这是发达地区与欠发达地区合作的主要方式。未来应着力推动这种垂直分工向垂直分工和水平分工并存过渡，并进而向以水平分工为主转变。

北京市要走高端产业发展之路，把发展现代服务业放在优先位置，大力发展高新技术产业，适度发展现代制造业，显著提升都市型现代农业水平。在现代服务业领域要注重发展知识型服务业，积极承接国际服务业转移，增强服务功能和辐射力，稳定提升具有比较优势的金融、文化传媒等支柱产业，积极培育发展空间较大的旅游会展、中介咨询等潜力产业。以提升自主创新能力和整体产业竞争力为核心，重点发展以软件、研发、信息服务业为主的高科技产业和以电子信息产业、生物产业为主的高新技术制造业。加快培育具有自主知识产权的核心技术、品牌产品，重点发展汽车总装、光机电一体化装备制造、新材料、医药和都市产业。从长期来看，应把石化、汽车零部件、一般机械制造、水泥建材及其他传统产业转移出去。

天津市要建设具有更多自主知识产权和品牌的现代制造业基地，重点发展电子信息产业、化工产业、面向国际市场的中高档轿车和具有自主品牌的环保经济

型轿车、石油钢管和装备制造、现代医药产业基地。大力发展与制造业相互促进的服务业,组建大型物流集团和综合商社,加快构建海陆空立体联运体系和快速物流集散网,大力发展物流会展业,建立和完善与北方经济中心相适应的现代金融服务体系,培育和发展区域性金融市场,发挥金融业在促进区域经济合作中的作用。从长期来看,应把单纯制盐、纯碱、钢铁、一般机械制造和一般化工转移出去。

河北各市应立足于资源优势和产业基础,打造特色产业和功能性城市。加大技术改造力度,加快工业信息化进程,大力发展循环经济,走新型工业化道路,做强传统优势产业,改造提升钢铁、建材、化工等传统产业,推进传统材料向新型材料产品的转换,原料初加工向精深产品制造的转换;巩固提高优势加工制造业,培育和增强医药、机械装备、食品、纺织服装等优势加工制造业的核心竞争力;培育发展生物技术与新医药、电子信息、新材料等高新技术产业;继续发展基础能源工业。发展以信息、金融、会计、咨询为代表的现代服务业,提高服务业整体水平;积极发展需求潜力大的物流、房地产、物业管理、旅游、教育、文化体育等新兴服务业,形成新的经济增长点;改组改造传统服务业。进一步巩固农业的基础地位,增强农业综合竞争力。

(三)引导产业合理布局,推进产业集群发展

随着区域竞争的加剧,为降低各种生产要素成本、刺激创新、提高效率,大量相关企业以主导产业链为基础,在特定的地理范围集中,形成有机的产业群落。这种产业集群以其地理集中、灵活专业、创新环境、合作竞争的优势,提升了整个区域的竞争能力,成为区域长期经济增长和繁荣的源泉。京津冀区域产业布局由于长期以来的各自为政,不仅不同行政区内布局分散,即使是在同一个行政区内产业集群的发展也很缓慢,为提升京津冀区域的产业竞争力,必须大力发展产业集群,促进产业向适宜地区集中,要在现有产业布局基础上,积极引导形成若干具有鲜明发展特色和竞争力的产业集群,并探索多种集群发展模式。鼓励发展具有上下游关系或具有服务与被服务关系的企业集中布局,在较小的地理范围建立企业之间紧密的经济联系,降低企业的交易成本,在合理分工、促进规模扩张的过程中提高企业群体的竞争效率和应对市场的反应能力。

应根据京津冀都市圈的区域规划和国家划分主体功能区的要求,按照集中布局、集群发展的原则,确定这一区域内的重点发展轴线和产业发展区域,确定生态环境保护区域、城市发展与城市体系建设的整体框架。

(四)延伸产业链条,提升整个区域的国际竞争力

当今世界经济领域的竞争在很大程度上已经由过去的单个企业之间的竞争,转变为产业价值链之间的竞争,同时,竞争能力的培育和经济效益的提高,也由过去单纯强调加工制造等生产环境,转变为统筹市场调研、研究开发、加工制造、经营管理、采购环节、信息整合、市场开拓等各个价值增长环节。从全球产业链发展趋势看,产业价值链上制造与服务环节融合发展的趋势明显,产品本地化设计生产销售服务的趋势加强,市场逐渐成为驱动全球产业链的重要发展动力,构成产业价值链主体的企业一方面存在由专业化向综合化发展的趋势,另一方面组织模式趋向扁平化,大小企业协同发展的虚拟生产网络正逐渐形成,企业联合研发趋势凸显。京津冀区域应紧跟这些世界产业价值链发展的步伐,大力提升科技创新能力,加快区域产业价值链构筑。

产业链上各环节存在严格的配比关系,各环节的协调发展对于提高产业链的整体效益是必不可少的条件,如果产业链前后环节之间吸纳处理链条上输送的产品的能力不协调,就会影响产品在链条上的顺利输送。京津冀区域中钢铁、石化等产业,目前仍占有较大的份额,由于它们对产业链上下游分工与协作比较强的要求,一方面要从产业对产品、工艺路线、专业化协作的要求出发,在新建企业布局中,合理确定项目的区位、规模、配套基础设施,消除由于不合理布局造成的资源浪费;另一方面,对于已经存在的不合理布局现象,应在产业结构调整和转移过程中对其进行进一步调整,切实消除行政体制的影响,使企业能够按照市场的要求,合理进行上下游的合作。对于电子信息、汽车及装备制造业等产业链条长、分工合作潜力大的产业,应进一步推动这类产业在京津冀区域内部的合作,降低企业生产的成本,提高企业经济效益。

产业链条过短,对于提供初级产品的区域而言,必然在合作中处于劣势。如河北省在农产品、基础原材料的供应方面,由于加工链过短,产品附加值低,吸纳的劳动力少,往往以原粮、原菜、原果供应京津市场,能源原材料的产业链条也很短。根据京津冀现有产业基础和优势,应大力延伸农产品、冶金工业、化学工业、能源工业等产业的生产链条,提高产品附加价值,促进京津冀不同城市不同发展水平区域能够在不同的产业链环节获得各自的经济利益,在延伸产业链条中寻求更多的分工与合作机遇。

京津冀区域具有围绕生产服务的研发和销售服务的巨大优势,在产业合作中应充分发挥这一优势,打造研发创新—加工制造—配套服务完整化价值链条。京津要加快向河北省辐射、扩散资金、技术和人才要素,壮大河北制造业生产的能力

和水平,使河北成为承接京津科技成果转化的基地,通过京津的科技研发与创新,推动整个区域电子信息、汽车及装备制造、医药等产业科技水平的提高,壮大这些产业的国际竞争力。另一方面,京津要继续做大做强研发和配套服务环节,提高产业价值链中利润空间大,但又不与河北省产生竞争的高端环节,通过发挥京津售后服务的优势,将区域制造业高端产品推向全国和世界市场,提高京津冀参与世界产业竞争的能力。

四、促进形成开放合作的空间结构

(一)构建一体化空间蓝图

按照积极稳妥推进城镇化,大中小城市和小城镇协调发展的总体要求,着力"缓解核心区压力,壮大地级市实力,提升新城吸引力,增强县城承载力",充分发挥比较优势,增强区域发展合力,引导促进人口合理分布和适度集聚,构建具有较强国际竞争力的世界级城市群,形成双核引领、四轴集聚、多点支撑的开放合作的空间结构。

专栏1 京津冀地区城镇体系调整策略

缓解核心区压力。突出首都核心区的创新、金融、文化等高端服务功能,加强人口和功能疏解,着力缓解过度集聚带来的运行管理和资源环境压力。超前谋划天津中心城区功能调整,避免大城市病。

壮大地级市实力。突出地区性中心城市的产业和生产服务功能,增强地区中心城市对首都的支撑力,增强产业和人口集聚能力,增强对区域的辐射力和带动力。

提升新城吸引力。以完善生产和综合服务功能为抓手,大力推动京津新城与环京县城一体化发展,加强新城建设,培育产业特色,增加就业岗位,全面提升新城吸引力。

增强县城承载力。以环京、沿海、沿路县城为重点增强产业功能,提升就业承载能力,加快培育成为高标准的中等城市和小城市。完善各类县城对县域农村地区的服务能力。

根据北京、天津直辖市及河北11个地级市的城镇体系规划,同时考虑到区域自然资源要素、人口、产业及基础设施空间分异格局和京津冀综合功能区划,研究以500万、200万、100万、50万、20万为界,将京津冀城镇体系划分为6个等级。

表5 京津冀城镇等级规模结构一览表

（2020年）

规模等级	城镇个数	城镇名称
超级城市 （500万人以上）	2	北京（1000万）、天津（650万）
超大城市 （200万~500万人）	3	滨海新区（340万）、石家庄（500万）、唐山（500万）
特大城市 （100万~200万人）	7	保定（200万）、邢台（100万）、廊坊（150万）、秦皇岛（200万）、沧州（150万）、邯郸（200万）、张家口（150万）、通州（150万）、顺义（150万）、大兴—亦庄（150万）、房山（150万）
大城市 （50万~100万人）	9	衡水（50万）、承德（80万）、昌平（60万）、武清（50万）、宝坻（50万）、任丘（50万）、三河（50万）、高碑店（50万）、辛集（50万）、清河（50万）、涿州（50万）、定州（50万）、迁安（50万）、曹妃甸（60万）
中等城市 （20万~50万人）	39	宁晋（30万）、永年（30万）、河间（30万）、霸州（30万）、黄骅（30万）、鹿泉（28万）、武安（25万）、磁县（25万）、涉县（22万）、大名（20万）、遵化（25万）、泊头（24万）、藁城（25万）、正定（25万）、晋州（22万）、玉田（21万）、怀来（21万）、新乐（20万）、安国（20万）、乐亭（20万）、昌黎（20万）、怀柔（35万）、南宫（20万）、深州（20万）、密云（35万）、平谷（35万）、蓟州（30万）、静海（30万）、宁河（25万）、沙河（20万）
小城市 （20万人以下）	103	玉田、赵县、青县、魏县、迁西、景县、元氏、怀来、易县、香河、肃宁、涉县、高阳、故城、曲阳、大名、隆化、临漳、威县、平山、固安、曲周、张北、阳原、围场、隆尧、安新、蔚县、涞源、滦南、雄县、吴桥、蠡县、平泉、承德县等共计103个独立县城

1.双核引领

（1）北京

包括东城、西城、朝阳、丰台、石景山、海淀6个区，人口规模1200万，打造全球创新中心、世界文化中心、世界金融中心、国家行政中心。主要承担国家政治、管理、文化、国际交往、教育科研和创新、金融、总部、公共服务等职能。

——全球创新中心。全力以赴抓好中关村国家自主创新示范区建设,实施《中关村自主创新示范区条例》,用好用足各项先行先试政策,切实发挥其引领带动和支撑作用,着力聚集整合创新要素,着力加强创新制度安排,着力推进创新成果产业化,建设成为全球创新中心。

——世界文化中心。充分发挥首都文化、科技、教育等优势,坚持继承与发展并重,挖掘首都文化资源优势,充分发挥文化引导社会、教育人民、推动发展的功能,着力提升城市文化魅力,增强文化服务功能,加快文化创意产业发展,扩大文化传播交流,不断增强文化的民族性、开放性与时代性,进一步提升国家和民族在世界文化中的地位,努力打造具有中国特色的世界文化中心。

——世界金融中心。依托 CBD、金融街等载体,提升商务配套功能和环境品质,以提升产业素质为核心,大力发展科技农业、高技术产业和知识密集型服务业,推动科技要素向多行业、多领域延伸发展,着力打造"北京服务""北京创造"品牌,显著增强吸引核心金融等核心要素的能力功能,强化总部资源配置能力,建设成为世界金融中心和总部中心。

——国家行政中心。进一步梳理和优化各类行政机构、社团组织、使领馆、全球分支机构等空间组织,提高行政管理运行效率和服务能力。

(2)天津

——现代制造和研发转化基地。充分利用得天独厚的滨海天然优势、特殊的水陆交通枢纽地位、雄厚的工业基础和科研力量,把天津建设成以高新技术产业和现代制造业为主的现代制造和研发转化基地。

——我国北方国际航运中心和国际物流中心,区域性综合交通枢纽和现代服务中心。构筑海陆空一体化的交通网络,使天津成为连通国际和区域(华北、东北、西北、华东)的客货运综合交通枢纽。综合利用枢纽型基础设施,优化物流基地布局,培育仓储、加工、运输、信息、服务相互融合的现代物流业,使天津成为面向区域物流供应链的中心节点,承担我国北方国际物流中心的职能。加强金融、商贸、会展、科技、信息、文化教育等服务业的发展,使天津成为信息汇集,各类传媒业发达,商贸兴旺,科研、文化、医疗机构和人才集中的区域性服务中心。

——生态环境良好的宜居城市。充分利用天津市山、河、湖、海共生,湿地众多等丰富的自然资源,建立生态型城市,增强城市自然环境的优美度、人工环境的舒适度和优美度,提供良好的人居环境,创造良好的就业环境,使天津成为市民和国内外旅居者共同拥有的美好家园。

2.四轴集聚

推动区域从"单核放射"向"双核网络化"结构转变,引导资源要素向京津、京保石、京唐秦、沿海四条发展轴集聚,远期形成网络化的空间结构。

(1)京津发展轴

指依托京沪、京津塘等交通通道,构建以北京中心城区、通州、三河、香河、廊坊、武清等为重要节点的发展走廊。充分发挥北京、天津两座华北最大城市在科技研发、人才教育、文化信息、高端服务、先进制造、市场营销等方面的优势,突出其联系我国华北地区与华东地区的战略通道作用,大力引导高端产业、人口等要素沿轴线聚集拓展,集聚发展电子信息、商务会展及先进制造业,着力打造重点园区、基地和城镇等特色功能区域,建设成为功能高端、辐射力强、连接其他轴线的京津发展走廊,成为支撑京津冀的枢轴和"脊梁"。

(2)京保石发展轴

指依托京广铁路、京珠高速公路等我国骨干基础设施,构建连接北京中心城区、房山、涿州、高碑店、保定、定州等地,延伸辐射我国华中、华南地区的发展轴线。充分发挥首都的创新优势,依托北京的科技、人才、资金和信息资源以及保定的产业、土地和劳动力基础,大力加强新能源和能源装备、汽车及零部件制造等产业基地建设,依托节点城市积极发展现代物流业,加强保定与徐水、清苑、满城、白洋淀等周边地区的一体化发展,建设成为战略性新兴产业发达、现代物流和休闲旅游特色明显的发展轴线,成为京津冀西南方向延伸拓展的重要经济廊道。

(3)京唐秦发展轴

指依托京哈线、京山线和京沈高速等交通干道,构建连通北京中心城区、通州、三河、唐山和秦皇岛等重要节点的京津冀的东向联海发展轴线。充分发挥沿海港口优势,依托曹妃甸新区、北戴河新区等重要功能区,大力发展钢铁、装备制造、现代化工、港口物流、滨海旅游等产业,打造综合性贸易大港和世界级精品钢铁基地,积极支持唐秦一体化发展,建设成为重化工业发达、集散输运功能显著、城镇和人口密集、带动能力突出的经济走廊,提升京津冀的出海功能和外向化水平。

(4)沿海发展轴

依托沿海高速及规划建设的沿海高铁,联系沿海地区北戴河新区、曹妃甸新区、天津滨海新区、渤海新区等新兴增长地区,要按照产城协调的理念加强城市建设,继续推进综合配套改革试验区建设各项试点,探索形成工业化城镇化相融共促的新模式,把沿海地区建设成为我国最重要的装备制造基地、现代化工与钢铁基地,全球重要的现代组合港,成为我国北方地区最重要的新兴增长极。

3.多点支撑

(1)区域性中心城市

承德、张家口、秦皇岛、唐山、廊坊、保定6座地区中心城市,城镇人口共计

1200万。发挥环首都的区位优势和发展空间优势,切实加强与北京在资源配置、职能分工、产业布局和基础设施等方面的衔接协调,全面改善人居环境,增强城市综合服务功能,实现率先发展。

(2)京津新城

包括房山、通州、顺义、昌平、大兴—亦庄、门头沟、平谷、怀柔、密云、延庆、武清、宝坻、蓟州,总人口规模1200万,是未来首都核心区功能疏解、人口转移的重要承载区域,是首都经济圈区域城镇化的重点地区。

(3)战略性功能区

包括中关村、亦庄经济技术开发区、天津滨海新区、曹妃甸新区、渤海新区、冀南新区、京东新区、京南新区等,是未来京津冀地区的经济核心区。

(4)其他节点城市

以环京、沿海、沿路县城为重点,加快县城发展,壮大实力、扩大规模,提升档次,打造一批30万人口左右的宜居、宜业、宜游的中等城市。突出城镇特色,加快县(市)域特色产业基地的建设,促进服务设施的聚集,引导农村劳动力实现就地安居乐业。按照资源型、工业型、农业型、特色型和中心城周边型等不同类型,分类引导发展。优先发展环京县城,重点培育基础条件好、发展潜力大、区位条件优越、产业带动作用强的霸州市、高碑店市、定州市、白沟新城,打造成高品质的中等城市,全面承接首都产业和功能转移,按照"主导产业配套、新兴产业共建、一般产业互补"的思路,打造一批具有战略支撑作用的产业集群。加快发展沿海县城,支持抚宁、昌黎、乐亭、滦南、唐海等基础条件好、发展潜力大、区位条件优越、产业带动作用强的沿海县城加快发展,围绕做大做强县城,提升区域辐射带动作用,统筹县城周边乡镇和工业集聚区发展。依托京津、京唐、京石、京张、京承、京沧等交通走廊,充分发挥交通优势,加快形成交通基础设施变化与城市空间调整的联动机制,优化县城空间布局,发展现代产业体系,加快建设产业集聚区,特别要注重发展现代服务业和具有比较优势的劳动密集型服务业,创造更多就业机会与岗位。

(二)加强核心区疏解,强化创新能力

当前首都核心区功能过于集中,人口过度拥挤,带来了交通拥堵、环境污染、土地资源紧张等诸多问题,CBD、金融街等重点功能区扩区愿望难以实现,影响了城市竞争力的提升。应将部分低附加值、低技术层次与首都功能定位不一致的功能和产业门类逐步疏解出去,腾退出空间专注于创新、金融、文化等高附加值的现代服务业。首都核心区的功能疏解包括以下三个层次。

——促进核心区功能和人口向新城适度转移。要加大对新城地区特别是五个重点新城地区的投入,增强新城地区的产业功能,培育特色产业,增加就业岗位,避免就业不足而导致卧城。要完善新城地区生产和生活服务功能,提高学前和基础教育、医疗卫生等水平,大力推进中心城优质公共服务资源向新城转移,增强新城地区的吸引力。要加大核心区功能置换和提升,一些占地面积大、人流量大、附加值低的批发商贸、建材销售、电子产品销售要逐步转移出首都核心区,腾退出空间用于支持中关村、金融街等高端功能区发展。促进一般性生活服务的适度均衡分布,如促进电脑零售服务的适度分散,搬迁批发销售部门,促进这些部门从扁平化向立体化、链条化转变。

——促进核心区内部人口的有序分布。一是促进东城、西城和其他四区人口的合理分布。东城、西城受发展空间所限,文化遗迹保护、城市更新、保障性住房建设难度大,应完善和强化拆迁的跨区县安置力度,将城六区作为一个整体,有序引导首都功能核心区人口向城市功能拓展区转移,进一步挖潜和发挥朝阳、海淀、丰台等区的空间潜力和发展能力。二是促进北部和南部的人口合理分布。由于历史的原因,核心区南部地区(包括原崇文、宣武、丰台等)人口数量少、密度低,要加快完善南部地区的服务设施,通过建设重点功能区等途径,加快南部地区产业和就业岗位增长,增强南部地区人气,形成南北协调发展的格局。

——促进重点领域、环节和部门的外迁。一是积极探索中央或北京市部分行政机构和管理部门外迁的办法和模式,以行政机构外迁带动金融、央企等部门和领域的外迁,进而带动居住部门和商业部门外迁。二是加快实施教育科研部门的外迁工作,科学院、高校等占地面积较大、与首都功能联系不够紧密的部门,可作为外迁的重点,形成总部在核心区、研究部门在新城地区的分布格局。三是积极争取军事部门的外迁工作。积极协调,促进军事机构中较为基础的部门向通州、房山、门头沟等地转移。四是通过实施部门外迁,促进新城形成产业特色和意象,如教育科研城、文化传媒城等。

(三)推进秦唐一体化,构筑区域副中心

秦皇岛、唐山两市地理位置相邻、产业基础相近、历史文化相通,正处在产业结构转型升级和经济发展方式转变的关键时期,推进秦唐一体化,是首都经济圈优势互补、凝聚合力更好地参与国际竞争与合作的现实需要和必然选择。加强秦唐两市资源整合,优化城市功能,实现错位发展,将秦皇岛打造为全国著名的滨海休闲度假胜地,国家历史文化名城,电子信息、重型装备、文化创意、现代物流基地,国际知名的旅游目的地,综合性港口城市。将唐山打造为全国重要的精品钢铁基地,动车制造、重型装备、汽车制造、新型建材、石油化工、现代物流基地,国家循环经济示范区,区域性中心城市和重要的国际港口城市。共同建设成为支撑首都经济圈发展的副中心和对外开放的门户。

——城市一体化规划。随着河北沿海地区发展规划上升为国家战略,秦唐地区在我国区域经济格局中地位大幅提升,已经成为我国重要的新兴增长极,成为我国参与全球化竞争的战略空间。通过构建低碳生态化、高效能、高品质的城乡规划建设模式,明确城乡区域一体化发展的路线图,促进城乡的融合和区域的协调,推动秦唐地区空间格局优化、城乡人居环境质量提升。以城镇空间布局、功能优化的关系为抓手,引导秦唐地区城镇紧凑和一体化发展;以区域绿道网为载体,构建"区域绿道—城市绿道—社区绿道"的绿色廊道网络体系,奠定秦唐地区低碳发展的生态框架,提供健康的可供游憩娱乐的绿色开敞空间;以划定"城镇增长区"为抓手,明确新型城镇化的目标和策略,着力培育新城和新型社区,促进城乡融合;确立以公共交通引导的区域城镇体系和区域空间发展模式,围绕区域轨道交通枢纽站点建成一批城市(镇)新区,城乡融合水平、融合程度显著提高;保障各类规划衔接的机制与制度、标准得以建立和完善。

——设施一体化建设。按照统一规划、统一建设、统一经营和统一管理的要求,从区域整体上进行统筹建设交通、能源、水资源和信息等重大基础设施,实现互联互通、共建共享,在更高层次、更广范围、更大空间发挥交通、能源、水资源、信息等基础设施对社会经济的支撑和带动作用。加快建设开放高效的城际综合运输体系,以城际轨道交通和快速干线网络为重点,合理分流过境交通和城际交通,撤除普通公路收费站,减少高速公路收费站,加强与北京、天津、山东半岛、辽东半岛等环渤海区域的集体衔接。统筹推进能源基础设施一体化,形成统一的天然气输送网络和成品油管道网络,实现区域内油、气、电同网同价。统筹规划信息基础网络,统一信息交换标准和规范,共建共享公共信息数据库。协同构建区域环境监测预警体系,建立区域联防协作机制,实现区内空气和水污染联防联治。

——港口一体化发展。有效整合优化秦唐港口资源,促进港口协调发展。以集装箱干线港、煤炭中转港等为重点,兼顾集装箱支线港、煤炭一次接卸港和商品汽车装/卸船港的发展需要,加强港口功能结构调整,提升和拓展港口功能。增强京唐港、曹妃甸、秦皇岛港等主要港口现代化功能,加快集装箱、煤炭专业化泊位建设,提升港口专业化运输能力。加快出海航道和内河高等级航道网络规划建设,适应船舶大型化的需要,推进港铁联运、海陆联运。鼓励以资本为纽带,推动各港口横向联合,增强秦唐港口的整体竞争力。港口总体能力适度超前经济发展,形成布局合理、层次分明、功能完善的现代化港口体系,港口技术装备水平、管理体制与服务质量达到国际先进水平。推进岸线一体化利用,合理安排生产生活岸线,加强近海海域环境联防联控。

(四)促进首都新城和环京县城协调发展

环京县城与首都新城区位相近、风土相通、产业相关,是首都经济圈协调发展的关键地区,但由于行政区划等原因,发展水平有一定差距。近年来随着北京振兴南城、河北建设环首都绿色经济圈等重大战略的实施,首都新城和环京县城发展加速,过程中出现了产业雷同、项目竞争等现象,对于该区域可持续发展形成了很大制约,因此,应从全局和长远的角度,对这一地区发展进行战略性安排,以建设京东、京南、京北三个新区为载体,以规划对接、基础设施对接、园区共建、人才共享等为重点,推进区域协调发展。

——完善对接协调体系。北京房山与保定涿州,大兴与廊坊固安,亦庄与廊坊安次,通州与三河、香河与宝坻,平谷与天津蓟州、密云与承德兴隆、延庆与张家口怀来等之间距离都在 30 公里左右,都位于北京对外联系的重要交通廊道上,区位十分重要,需要通过统一规划和布局,安排好空间开发次序,避免粗放无序发展对未来首都圈空间结构带来影响。

——推进各类产业园区共建。创新财政、税收、投资体制,兼顾多方利益,促进产业一体化发展。推进廊坊昆山(花桥)商务城、廊坊国家科技城、廊坊航空科技园区(固安)、燕郊金融服务业新城区、大厂装备制造业产业园区、涿州北大生物医药园区、涿州京南央企产业配套园区、京南现代物流新区、京北中关村企业孵化园区、京北高端消费休闲度假区、滦平金山岭商务会展园区等园区共建。

——推进人才、技术外溢。加强在人才市场、人才信息网络、人才评价、人才资源开发、人才资源共享、人才政策等领域的合作,推动两地科技人才、信息、成果等要素有序流动。探索建立以公开、平等、竞争、择优为导向的统一人才评价机制,按照"不求所有、但求所用"的理念,创新引才引智模式。通过建设科技谷等多种方式,与北京的大专院校、科研院所共同推进项目中试、科技成果转化与技术难题攻关,强化资源共享、产学研联合体和技术开发机构共建。推进实施京冀两地交通、旅游、公共服务一卡通,加大对紧缺人才、高级人才进企业的政策倾斜,加大对有突出贡献的专家、重点学术技术带头人等高层次人才的政府津贴补贴力度。

——推进新机场地区联合开发。共同推进北京新机场建设,做好新机场范围内土地限控、规划调整、拆迁安置等前期工作;推行一体化的联合运输方式,加强各种交通方式之间的衔接,实现旅客运输的零距离换乘和货物运输的无缝衔接,打造面向区域、多种交通方式紧密衔接的大型综合交通枢纽。

——推进交通等设施延伸和共建共享。加强北京市郊铁路向环京县城的延伸,推进 S3 线由通州经燕郊至平谷,S4 线南端由北京新机场延伸至固安,S4 支线南端由安定延伸至廊坊,S5 线南端由琉璃河延伸至涿州,S5 线东端由通州经燕郊延伸至夏垫、三河,S7 线由永乐延伸至廊坊。推动北京轨道交通的延伸。推动 R1线、R1 支线分别向燕郊、潮白新城延伸,L2 线由亦庄向廊坊市区延伸,预留北京新机场经固安至廊坊市区的城市轨道线。探索在北京的放射铁路网上加开北京新城至环京县城城际列车的办法。加强与北京干线公路网的对接。同标准对接北京干线公路网,打通断头路,提高重点地区的公路等级。推进供电、供水、供气等基础设施的共建共享。推进公共服务的延伸和对接,扩大电话区号统一范围,加快环首都县市区医疗保险、养老保险、住房公积金、保障性住房建设等政策与北京的对接融合,实现互通互认。

（五）壮大沿海发展轴,增强新区辐射力

抓住区域空间结构调整趋势,主动调整区域空间结构,依托天津滨海新区、曹妃甸新区、北戴河新区、渤海新区等,加快发展壮大沿海发展轴。

——努力把河北沿海地区建设成为我国新型工业化基地和科学发展的示范区,在促进全国区域协调发展中发挥更大的作用。有序开发岸线资源,加快完善路网结构,建设以综合性港口群为龙头的现代综合交通运输体系,大力发展临港产业,推进滨海城镇发展,形成辐射带动能力强的滨海新城和具有国际竞争力的产业集群,建成环渤海最重要的新兴增长极。

——发挥京津的辐射作用和近邻优势,加强与北京、天津中心城区在产业发展、基础设施和一体化市场体系建设等方面对接融合,创新区域合作机制,健全政策体系,构筑承接平台,促进京津产业转移,成为北京、天津中心城区功能疏解及空间拓展的重要区域。

——大力发展循环经济,积极推进工业化、信息化融合,改造提升传统产业,加快发展先进制造业,积极培育战略性新兴产业,努力实现产业结构升级和发展方式转变,建设成为资源节约、生产集约、环境友好的新型工业化基地。

——充分发挥出海通道和开放窗口作用,搭建对外开放平台,改善对外开放政策环境,探索参与国内国际经济技术合作的新路子,构建内外联动、互利共赢的开放型经济体系,建成内联华北与西北地区、面向东北亚的对外开放门户。

（六）支持环京、沿海、沿路县城率先发展

"一环两沿"县城人口、经济总量在首都经济圈中占有重要地位,优先支持"一环两沿"县城率先发展是提升首都经济圈城市群质量的重要途径。

——支持"一环两沿"县城发展为中等城市和小城市。优先培育基础条件好、发展潜力大、区位条件优越、产业带动作用强的霸州市、高碑店市、定州市、白沟新城，打造成高品质的中等城市。大力发展县域经济，整合县域重要空间资源，带动县城扩容升级，打造高标准小城市。

——增强县城产业基础和就业承载能力。县城在促进首都经济圈本地型城镇化中具有重要作用，要以做强产业、增加就业为抓手，提升县城的吸纳力、承载力。扶持发展特色产业，优化县城产业布局，积极承接产业转移，每个县（市、区）选择一至两个重点产业，打造一批具有战略支撑作用的产业集群为县域经济发展提供有力支撑。

——增强县城与地区中心城市的产业配套。总体来看，首都经济圈除东部秦唐地区外，其他地区县城与地区中心城市的产业联系不够紧密，地区中心城市在带动县城发展中的作用较小，县城产业结构与地区中心城市差距较大。应以"一环两沿"县城为重点，加强县城与地区中心城市的产业配套，通过产业转移、市县共建园区等形式，推进这些县城产业扩量提质、率先发展。

五、促进交通基础设施一体化

打破行政区划和部门界限，将京津冀作为紧密联系的有机整体，通盘考虑交通基础设施的规划、建设和运营，从整体上提高投资效率。

（一）优先发展城际轨道交通和环北京地区通勤交通

2008 年京津城际高速铁路的通车，对于京津一体化的实现起到了重要的推动

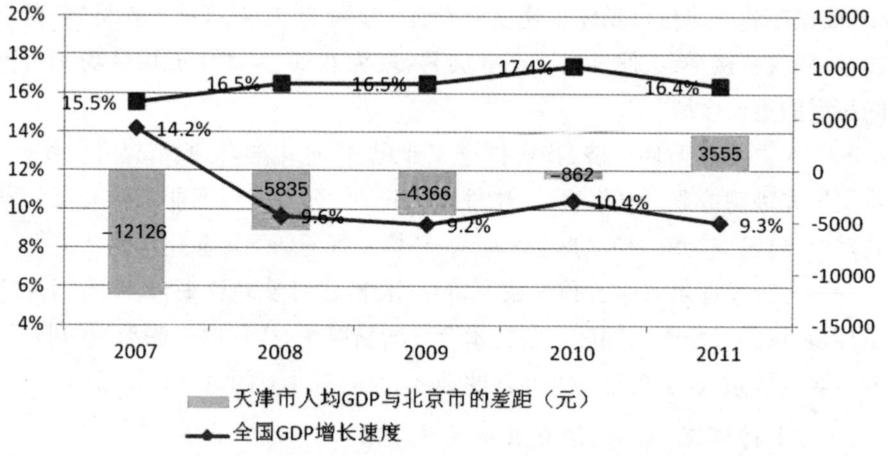

图3 京津城际高速铁路通车对京津一体化的作用

数据来源：《中国统计年鉴（2012 年）》。

作用。2007 年,天津市 GDP 的增长速度仅比全国平均水平高 1.3 个百分点,人均 GDP 比北京市少 12126 元。2008 年,京津城际高速铁路通车以后,天津经济全面借力首都北京,进入了快速增长阶段。2008—2011 年,天津市 GDP 增长速度分别比全国平均水平高出 6.9~7.3 个百分点,成为全国 GDP 增长最快的省市区之一,人均 GDP 与北京市之间的差距迅速缩小,直至 2011 年比北京市高出了 3555 元。

京津城际高速铁路项目建设的总投资为 123.4 亿元,由铁道部、天津市和北京市共同出资建设。从对天津市 GDP 增长的带动作用和对京津一体化的促进作用来看,京津城际高速铁路项目的投资确实是物有所值。因此,优先发展城际轨道交通应当成为京津冀地区交通运输基础设施一体化建设的重点任务。尤其是北京—石家庄之间和北京—唐山之间的城际轨道交通项目,可以将京津冀地区四座最大的中心城市北京、天津、石家庄、唐山更加紧密地联系在一起,加速京津冀地区经济一体化的实现。

与此同时,环北京地区通勤交通建设也应当尽快提上议事日程。这对于疏散北京市区过密的人口、带动河北省环北京地区经济社会发展将会是非常有效的。

(二)加快建设沿海港口和疏港通道

京津冀地区与长三角地区、珠三角地区甚至环渤海地区其他省份的一体化发展方面的最大差距,是缺乏整体的国际竞争力,这与渤海湾沿岸集装箱港口的发展状况有一定的联系。2011 年,京津冀地区的货物吞吐量已经达到 11.67 亿吨,超过了长三角地区和珠三角地区,但对区域经济一体化更为重要的集装箱吞吐量十分有限,年集装箱吞吐量超过 100 万 TEU 的只有天津港,少于辽东半岛沿岸(大连、营口两个)和山东半岛沿岸(青岛、烟台、日照三个),每千人集装箱吞吐量仅为 1.1TEU,只有辽宁省的四成、山东省的 2/3。

表6　京津冀地区每千人集装箱吞吐量与环渤海地区其他省份对比
(2011 年)

地区	港口	货物吞吐量 (亿吨)		集装箱吞吐量 (万 TEU)		每千人集装箱吞吐量 (TEU/千人)
京津冀地区	天津	4.53	11.67	1158.76	1158.76	1.10
	秦皇岛	2.88				
	黄骅	1.13				
	唐山	3.13				
辽宁省	大连	3.37	5.98	640.03	1043.33	2.38
	营口	2.61		403.30		

续表

地区	港口	货物吞吐量 (亿吨)		集装箱吞吐量 (万 TEU)		每千人集装箱吞吐量 (TEU/千人)
山东省	青岛	3.72	8.05	1302.01	1612.82	1.68
	烟台	1.80		170.86		
	日照	2.53		139.95		

数据来源:《2011 年公路水路交通运输行业发展统计公报》。

因此,京津冀地区仍然需要加快港口建设,尤其是集装箱泊位的建设。其中唐山港和黄骅港都有着面积广大的腹地,后方的疏港高速公路也早已建成,已经具备了发展集装箱运输的条件。如果渤海湾沿岸能够建成多个具有一定规模的集装箱港口、参与集装箱运输的竞争,将会大大降低区域内外贸出口企业的运输成本、提升京津冀地区的整体竞争力。

除了集装箱泊位之外,渤海湾沿岸用于煤炭外运的散货泊位和将山西(中北部)、内蒙古(中西部)、陕西(北部)煤炭运往渤海湾的铁路货运能力都严重不足,造成了大秦铁路和朔黄铁路这两条重载货运铁路的煤炭运输能力未能全部被消纳,而具有消纳煤炭出口能力的天津港和唐山港,又由于没有直达主要煤炭产区的铁路重载货运干线,只能依靠公路运输煤炭到港口货场。为此,需要增加渤海湾沿岸各港口的散货吞吐能力和建设新的以天津港和唐山港为终点的铁路重载货运干线。

(三)建设北京高速铁路客运枢纽

京津冀地区的高速铁路建设已经走在了全国的前列,已经建成的有京沪高铁、京广高铁等长大干线和京津城际、石太客专,北京、天津、石家庄也因此而成为全国第一批高铁枢纽。随着在建中的津秦高铁、津保城际的建成,到 2014 年京津冀地区的高铁网络将初具雏形。再往后,还有规划中的京沈高铁、京张城际、京唐城际、石济客专、京九高铁、京石城际等高铁线路也将陆续开工。预计到 2020 年或以后,北京将成为京津城际、京沪高铁、京九高铁、京广高铁、京石城际、京张城际、京沈高铁、京唐城际八条高铁/客专的汇聚点,而天津、石家庄也将分别成为六向、五向高铁/客专的汇聚点。为此,需要合理规划建设北京、天津、石家庄高速铁路客运枢纽,充分发挥高铁网络的效用。

目前,天津高速铁路客运枢纽和石家庄高速铁路客运枢纽的建设都基本上已经完成,这两个高铁枢纽都呈"十"字形布局,各个方向之间高铁车流的互通还算比较便利。尤其是天津—天津西地下直径线和石家庄铁路地下化工程,不仅大大减少了高速铁路对地面交通的阻碍,也为高速铁路车站布局在中心城区、利用长距离高铁实现城际间快速通达和借助高铁/客专实现部分通勤交通提供便利。但是,作为八条高铁/客专的汇聚点的北京,高速铁路客运枢纽规划尚未完成,多条高铁/客专之间高铁车流的互通需要在市区内的既有线上运行,这显然不利于高铁网络效用的发挥。尤其是几乎所有的高铁跨线车流都要经过北京西站、北京站和北京南站,甚至需要与普速客运共用繁忙的咽喉和线路,使得北京枢纽成为高铁的梗阻。

针对北京枢纽高铁线路众多的状况,建设北京高速铁路枢纽环线是解决跨线互通车流高效运行,并减少高铁对北京城区的干扰的重要举措。这条环线近期可以从京广高铁高碑店东站与涿州东站之间引出,在京九高铁固安站与京九高铁交会,在廊坊站与北京南站之间与京沪高铁交会,在京津城际亦庄站与京津城际交会,在京唐城际通州站与香河站之间与京唐城际交会,在京沈高铁顺义西站与京沈高铁交会,在京张城际昌平西站与八达岭站之间接入京张城际,形成北京高铁枢纽环线东半环。远期,再建设连接京张城际、京石城际和京广高铁的北京高铁枢纽环线东半环,这样,北京枢纽内的高铁互通车流就不必经由北京西站、北京站、北京南站,大大地减轻了高铁对北京城区的压力。

（四）整合机场资源并实现空铁联运

为了解决我国区域航运尤其是京津冀区域航运发展极不均衡问题,2012年7月《国务院关于促进民航业发展的若干意见》提出:"要整合机场资源,加强珠三角、长三角和京津冀等都市密集地区机场功能互补。"

目前首都机场运营压力巨大,北京南苑机场的地面和空中保障能力均已接近饱和,且受条件所限很难扩建,首都第二国际机场虽已确定建设地址,但完全建成投入运营还需几年时间。同时像石家庄机场这些周边主要干线机场的航空资源却闲置。因此,京津冀之间要实现航空资源的有效配置,毗邻北京的石家庄机场与天津滨海国际机场无疑成为首都机场分流的首选。前者可重点分担客流,后者则集中在货流方面。

结构合理、分工协作的区域机场体系的形成有赖于高效的地面交通网络。高速铁路与民航客运之间有着极为密切的关联性,京津冀地区的高铁网可以为北京首都机场、天津滨海机场和石家庄正定机场提供客源的喂给。目前,在石家庄高铁枢纽和天津高铁枢纽内,都已经为实现空铁联运做了充分的考虑。其中刚刚通车的京广高铁在石家庄正定机场附近设有石家庄机场站,目前每天有十余对高铁列车在石家庄机场高铁站停车,目前亟须加快建设空铁联运换乘服务区。而正在建设中的京津城际铁路延长线,也将分出一条支线连接天津滨海机场,正在建设中的天津滨海机场航站楼已经预留了高铁车站。相比之下,北京首都机场和北京新机场虽然对于高铁的引入都有所考虑,但还没有确定建设。在此情况下,利用北京高速铁路枢纽环线连接北京首都机场和北京新机场是一个不错的选择。

（五）进一步促进交通基础设施对接联网

统筹规划京津冀区域铁路、公路、港口的整体布局,有效协调衔接区域内各种运输方式,提高交通资源综合利用效率,避免基础设施重复建设。加强京津石综合交通枢纽的分工合作,突出建设以京津核心轴、京保石和沿海发展轴为三轴,和以首都为中心的放射状交通系统、京津塘地区五大港口为龙头的集疏运系统、直连区域内10座城市的城际快速轨道交通系统和区域交通建设协调管理系统的四系统,形成公路、铁路、港口、空运等各种运输方式协调发展、合理分工、衔接配套的较高层次的立体综合交通体系。

北京市、天津市、河北省的交通运输基础设施建设规划都要按照实现京津冀一体化的要求,相互之间做好衔接。北京市作为首都、人口已经超过 2000 万、建成区已经扩大到五环快速路以外,不适合布局过多的过境通道。河北省是京津冀地区几乎所有的各条交通运输通道都必须经过的地区,在铁路网和公路网布局上一定要有大局观念,尤其是要为山西(中北部)、内蒙古(中西部)、陕西(北部)煤炭外运提供充足的通道,在渤海湾港口疏港通道建设方面也要充分考虑到天津港的需要。天津市作为东北到关内高速公路过境通道的必经之地和山西(中北部)、内蒙古(中西部)、陕西(北部)煤炭外运距离最短的港口,要重视与河北省之间在重载铁路和高速公路方面的衔接。

京津冀地区铁路网、公路网、港口和机场的建设规划要相互衔接。在旅客运输系统建设规划方面,重点是要实现高速/城际铁路网与北京首都机场、北京新机场、天津滨海机场、石家庄正定机场等已建和规划机场的无缝衔接。在货物运输系统建设规划方面,重点是要让每一个主要港口(天津港、唐山港、秦皇岛港、黄骅港)都能够有一条重载货运铁路直接通达。此外,还要对北京市与河北省环北京地区之间的通勤交通系统进行规划,形成由市郊铁路(地方政府投资、利用国铁既有线)、城市轨道交通(地方政府投资新建)、城际轨道交通市郊段(如京津城际北京南—永乐段)组成,并且相互之间可以换乘的北京首都圈轨道通勤网络。

共同推进北京新机场建设,做好新机场范围内土地限控、规划调整、拆迁安置等前期工作;推行一体化的联合运输方式,加强各种交通方式之间的衔接,实现旅客运输的零距离换乘和货物运输的无缝衔接,打造面向区域、多种交通方式紧密衔接的大型综合交通枢纽。

六、促进区域资源集约利用、联合防治环境污染

对区域水、大气污染物排放总量进行联防联控,实施重点流域的综合整治,加快生活污水处理设施建设,实施严格的水资源保护,构建点、线、面相结合的京津冀都市圈生态环境防护安全网。

(一)加强区域水资源保障能力建设

进一步提高重点区域供水系统的安全性,提高应对供水安全危机事件处置能力。北京市要构建"外调水与本地 10 座水库、6 处水源地和再生水统一配置"的水源保障格局,切实保障官厅、密云、怀柔、白河堡、遥桥峪等 10 座水库,顺义八厂水源地、三厂水源地、怀柔应急水源地等 6 处地下水源地的供水安全。天津市要统筹调配引滦水、引江水、当地地表水、地下水以及海水利用、再生水利用和雨洪水利用。河北省的唐山、秦皇岛、沧州沿海地区,实施引滦入唐除险加固工程,曹妃甸、南堡、丰润、乐亭供水工程。加快建设引青济秦工程与石河水库连接线工程,补充石河水源的不足。完善大浪淀水库和杨埕水库连通工程,提高渤海新区供水保证率。环首都经济圈,保定、廊坊市建立以江水为主水源,以水库和现有地下水源作为补充和备用水源的城市供水体系。承德市加快双峰寺水库建设,解决其供水问题。张家口市抓紧推进乌拉哈达水库前期工作,解决供水水源单一的问题。冀中南经济区的石家庄、衡水、邢台、邯郸市现阶段主要利用现有供水设施,加大黄河水利用,南水北调实施后,建立以江水为主水源,以水库和现有地下水源作为补充和备用水源的城市供水体系。

(二)加大流域水污染防治力度

深入推进京津冀地区流域水系综合治理,还清水质、改善环境。北京市需加强永定河、北运河、潮白河流域综合治理。天津市需加快永定新河、独流减河、蓟运河、大清河下游治理工程。河北省需加强骨干行洪河道和主要支流治理,推进永定河泛区左堤、子牙新河、滏阳新河、滦河、蓟运河、大清河、滹沱河等骨干行洪河道以及唐河、青龙河、洋河等主要支流河道的治理;实施衡水湖综合治理工程。对于中小河流治理,2015 年前,完成 241 个治理项目,综合治理河长 3477 公里。

加强对饮用水源地的保护,以水库、主要河道、应急水源地等为主体,建设水源地保护区。严格执行城市生活饮用水地表水源保护区划定方案,在保护区内严格限制高耗水及污染型企业。加强水源地监测基础设施建设,基本建成京津冀地区水资源管理系统,实现对区域内县级以上城市和重要城镇集中供水水源地的监控与管理。继续实施农村饮水安全建设,基本解决农村饮水安全问题。重点解决

居民饮用水中含氟、砷、盐量超标及局部地区饮用水缺乏等问题。

(三)推进区域大气环境联防联控

实施京津冀地区大气污染联防联控,持续改善城市空气质量。制订实施京津冀区域大气污染联防联控规划,建立区域大气污染联防联控联席会议制度,统筹协调区域内大气污染防治工作。加强京津冀地区环境执法监管,开展区域大气环境联合执法检查。加强区域产业发展规划环境影响评价,建立重大项目环境影响评价会商机制。建立京津冀地区环境信息共享和大气污染预警应急机制。全面落实京津冀城市群大气污染防治统一规划、统一监测、统一监管、统一评估、统一协调的总体要求。

推进城市集中供热,加强城镇供热锅炉并网,提高热电联产集中供热在城市供热结构中所占的比例。加强无燃煤区(高污染燃料禁燃区)划分工作,逐步扩大禁燃区范围。北京城六区现有燃煤设施基本完成清洁能源改造,核心区非文保区平房和简易楼居民用煤结合城市建设实施清洁能源改造,远郊区县逐步减少燃煤使用。天津市开展以和平区为代表的老城区无燃煤示范区和以中新(天津)生态城为代表的新城区无燃煤区示范建设。河北要重点提高工业园区的集中供热率和供气率。严格执行"上大压小"政策,逐步关停小型火电机组,并入城市热电集中供热管网,重点城市燃气热电厂采用低氮燃烧和烟气脱硝技术,污染物排放控制达到国际先进水平。重点开展钢铁、水泥、石化、化工等行业二氧化硫、氮氧化物污染防治。电力行业二氧化硫减排突出结构调整与保障脱硫设施稳定运行,加强脱硫设施管理,取消烟气旁路。严格执行钢铁行业产业政策,突出结构调整与脱硫设施建设。所有浮法玻璃生产线实施烟气脱硫或改用天然气燃料。基本形成以削减火电行业排放为核心的工业氮氧化物防治体系。电力行业全面实施低氮燃烧技术,新、扩、改建机组须配套烟气脱硝设施,现役火电机组全面实施脱硝设施改造。

七、共同推进环京津贫困带扶贫开发

(一)积极推进各个领域生态补偿工作

中央和京津两市政府财政每年应拿出一定数量的资金,并整合区域目前现有各类补助资金,建立区域生态补偿专项资金用于补偿区域水资源使用权损失、生态林业用地使用权损失、限制传统行业发展权益损失和高耗水农业发展权益损失、提高地表水环境质量标准地方经济损失、提高生态功能区域标准地方经济损失、生态工程管护费用和自然保护区管护费用,生态补偿可以提供的水资源量和提供的生态服务为基础计算,在补偿力度测算和机制设计中,要充分考虑到陈欠的事实、数量及其背后的政策因素、制度根源及该区位的特殊性,使京津冀地区的

生态补偿机制常态化、长期化。张承两市作为京津的特殊水源地和生态屏障,国家应借鉴浙江义乌的水权交易模式,建立跨区域有偿用水机制,健全合理的市场化水资源配置机制。对于水权分配过程中出现的利益冲突和缺陷,可以采用政府调控、区域协调和水权转让机制等方式进行弥补。

(二)拓宽中央和京津两市的援助领域

加强中央对河北省欠发达地区交通等基础设施和教育卫生等公共服务设施的建设,降低或取消贫困地区公共服务设施和基础设施建设中地方政府的配套建设比例,提高省级以上对大中型环境保护工程以及生态环境建设的投资支持力度,合理提高贫困地区工程管护工作的补偿标准。在现有森林体系建设、退耕还林、水土保持、农田水利等国家重大生态建设工程,以及京津冀生态合作援助等基础上,广开渠道,利用政府、市场、社会等多方力量,开拓项目援助、资金援助、实物援助等诸多领域,加强并拓宽地区援助强度和范围。加强对劳动力转移的技能培训,提高劳务输出能力,解决贫困人口的就业问题。鼓励支持发达地区对欠发达地区实施援助。中央政府和京津冀各级地方政府适当安排一定的项目工程,帮助贫困和欠发达地区人口发展替代产业,鼓励张承地区发展清洁能源产业和生态旅游业,对当地农民提供技术培训,提升其就业水平及本地造血功能。支持京津地区的劳动密集型产业及配套零部件产业向贫困地区转移,允许和支持上游欠发达地区在下游设置异地开发实验区,且政府应在招商引资、土地使用和企业搬迁等方面给予一定的政策优惠。

(三)稳妥有序开展生态移民

对居住极度分散、生存环境极度恶劣或产业发展受到饮用水源保护政策严格限制的村镇人口,可有计划地组织生态移民。这样既有利于生态的自然修复,又可以改善居民基本生产生活条件。按照《京津风沙源治理工程规划(2001—2010年)》,到2010年张承两市生态移民将达到8万人。解决生态移民资金问题的出路在于生态受益地区的补偿,补偿可采取工程、资金、政策等方式。可结合资源开发,由京津有关企业按共建"生态资源互联经济"的大思路,综合吸收部分劳动力。可将部分移民安排为护林员或生态护库员,并借此契机组建一支生态工程管护队伍,由国家支付工资,从而扭转生态治理中重建设轻管护的局面。

八、促进京津冀地区一体化发展的对策建议

(一)构建高层次协调机构

京津冀地区存在着中央与地方、省与市、市与市之间复杂的行政关系,增加了

政府间协调的难度,而现行制度下松散的京津冀区域协调机制通常只能达成原则性的共识,而很难高效地推进区域内具体领域的协调发展。因此需要建立一个超越三方行政权力的高层次协调机构。一方面在以"双环"(环渤海、环首都)和《河北省沿海发展规划》为依据,现有区域协调发展的基础上,尽快建立由国务院领导、国家发改委牵头、各地区行政长官参与的京津冀区域协调发展联席会,主要负责京津冀区域总体发展规划的研制、各地区重大利益的协调、统筹协调区域合作和区域经济一体化战略决策与政策制定;另一方面针对京津冀区域发展的重大问题或跨行政区的重大项目的合作与协调举行多方会谈,寻找各方互惠互利的合作切入点,这主要包括区域性基础设施的共建共享、生态环境工程建设与产业布局的调整等方面。与此同时,京津冀三方政府应充分利用高层次的协调机构加强与完善地方政府之间的对话体系与信息互通机制,这种信息互通制度通常有利于区域内各级政府、企业急需的决策资源,其实施中可以借鉴长三角区域经济一体化过程中新闻发言人制度等,或建立信息交流平台或依靠网络与媒体将有关信息资源进行整合来强化京津冀内部合作机制。

(二)改善区域交通运营管理机制

设立多边交通运输管理协调机构,协调京津冀地区一体化所依赖的交通基础设施的运营管理。重点协调城际客运系统、市郊通勤系统及其与地方公共交通系统之间的衔接。例如,实现北京市公交一卡通和天津市城市卡在对方城市的通用,以及在京津城际上的使用。这样,利用一张 IC 卡就可以实现北京—天津之间的所有交通,可以大大方便需要即到即走的城际旅客和通勤旅客。

(三)完善京津冀次区域合作机制

房山与涿州,大兴与固安,亦庄与安次,通州与三河,香河与宝坻,平谷与蓟州,密云与兴隆,延庆与怀来等之间距离都在 30 公里左右,都位于北京对外联系的重要交通廊道上,区位十分重要,需要通过统一规划和布局,安排好空间开发次序,避免粗放无序发展对未来首都圈空间结构带来影响。

(四)完善人才科技合作机制

加强京津冀三地在人才市场、人才信息网络、人才评价、人才资源开发、人才资源共享、人才政策等领域的合作,推动北京市科技人才、信息、成果等要素向天津、河北有序流动。探索建立以公开、平等、竞争、择优为导向的统一人才评价机制,按照"不求所有,但求所用"的理念,创新引才引智模式。三地通过建设科技谷等多种方式,以京津两地的大专院校、科研院所为依托,共同推进项目中试、科技成果转化与技术难题攻关,强化资源共享、产学研联合体和技术开发机构共建。

（五）逐步完善生态补偿机制

建立和完善京津冀地区生态补偿法律法规，解决京津冀生态补偿的法律地位，明确有关税收、财政转移支付和补偿资金筹集、调配、运作和管理等政策。使京津冀的生态补偿行为有法可依、有章可循。依法制订京津冀资源综合利用和环境保护规划，统筹生态环境补偿的顶层设计工作。研制京津冀地区生态补偿机制指标体系，科学制定补偿依据、补偿要素、补偿范围、补偿支付模式等。在保障补偿全覆盖的前提下，因地制宜，实行差别化补偿。探索引入招标、拍卖、挂牌等方式，通过市场竞争来确定生态补偿价值，并对生态环境的补偿标准要预留合理的调节空间。

参考文献

[1]肖金成,等.京津冀区域合作论[M].北京:经济科学出版社,2010.

[2]肖磊,黄金川,孙贵艳.京津冀都市圈城镇体系演化时空特征[J].地理科学进展,2011,30(2):215-223.

[3]钟茂初,潘丽青.京津冀生态——经济合作机制与环京津贫困带问题研究[J].林业经济,2007(10):44-47.

[4]崔冬初,宋之杰.京津冀区域经济一体化中存在的问题及对策[J].经济纵横,2012(5):75-78.

[5]吴庆玲.对京津冀区域城市体系规模结构优化的思考[J].经济研究参考,2012(47):59-67.

[6]孙久文,丁鸿君.京津冀区域经济一体化进程研究[J].经济与管理研究,2012(7):52-58.

[7]张亚明,张心怡,唐朝生.京津冀区域经济一体化的困境与选择——与"长三角"对比研究[J].北京行政学院学报,2012(6):70-76.

[8]刘广明.京津冀:区际生态补偿促进区域间协调[J].环境经济,2007(12):35-39.

（2012年，国家发改委委托国土开发与地区经济研究所研究京津冀合作问题，并由国家开发银行资助，课题名称"京津冀区域发展重大问题研究"。课题负责人为肖金成、李忠，成员为卢伟、刘保奎、李玉涛、王丽、兰传海等。本文由肖金成整理并发表于《经济研究参考》2018年第15期。）

长江经济带发展战略研究

　　长江经济带是我国经济、人口、城市密集的重要发展轴线，在全国"两横三纵"空间格局中占据重要地位。改革开放以来，长江流域各省市积极推进城镇化进程，目前已经形成了长江三角洲、长江中游和川渝三大城市群以及若干个区域性中心城市。按照空间邻近、经济发展水平相似的标准，长江经济带大致可划分为上游、中游和下游三个区域，上游包括三省一市，分别为四川、贵州、云南、重庆；中游包括三个省，分别是湖北、湖南、江西；下游包括三省一市，分别为江苏、浙江、安徽、上海。长江经济带的经济社会发展水平仅次于沿海经济带，但仍存在不少问题，尤其是上中下游经济社会发展差距大、城镇化水平差距大、居民收入差距大，需要进一步优化空间布局，完善城镇体系，积极推进新型城镇化。

一、长江经济带城镇化和空间布局特征

　　长江"黄金水道"是贯穿整个长江流域的重要脉络，历史上以江兴城、以江兴市、以江兴业，无不与长江息息相关。在漫长的历史过程中，逐步形成目前的空间布局特征。

（一）城镇化水平沿流域自上而下逐渐提高

　　沿江九省二市城镇化水平与长江流域呈现反梯度关系，即长江下游省市城镇化水平最高，达到67.0%，高于全国平均水平14.5个百分点。长江中游省市城镇化水平只有48.5%，低于全国平均水平3.8个百分点，低于下游18.5个百分点。长江上游城镇化水平最低，仅有47.8%，低于全国平均水平6.5个百分点，低于下游18.5个百分点，低于中游5.2个百分点。分省来看，2012年，长江经济带下游的上海市、江苏省和浙江省，城镇化率分别为89.3%、63.0%和63.2%，均高于全国52.6%的平均水平，安徽省的城镇化水平46.5%，低于全国平均城镇化水平；长江中游的江西省、湖北省、湖南省城镇化水平分别为47.5%、53.5%和46.7%，仅湖北省比全国平均水平略高，其余都低于全国平均水平；长江上游的重庆市、四川

省、贵州省和云南省城镇化水平分别为57.0%、43.5%、34.4%和39.3%,除重庆市外,四川省、贵州省和云南省城镇化水平不仅明显低于全国平均水平,也低于中部三省的平均水平。

(二)各区域城镇化推进的动力不同

城镇化的本质是人的城镇化,在空间上表现为人口不断从农村地区转移到城市和城镇。可以说,城镇化最为关键的力量来自进城的农村外出人口。农村外出人口分为省内流动和跨省流动,这两种流动形式反映了流入目的地城镇化动力的强弱,跨省流动人口比重越高说明城镇化动力越大。根据"六普"数据,长江经济带下游沪苏浙三省市城镇跨省流入人口占其全部农业转移人口的52.1%以上,而安徽和中游三省跨省流出人口比重为9.1%,而上游四省市跨省流出人口比重为13.9%。由此可见,下游三省市城镇化过程中人口吸引力远高于中游和上游,而且本身城镇化水平也比较高,能够转移出来的农村人口基本都已转出,城市规模继续扩大必须依靠外来人口流入。

长江经济带各区域发展阶段有所差异,上海已经进入后工业化时代,浙江、江苏处于工业化后期,安徽和长江中游三省还处于工业化中期,而上游处于初中期阶段,发展阶段的差异决定了城镇化动力的差异。下游城镇化已经开始由服务业主导,而中游和上游仍处于工业增长拉动阶段。

(三)流域上下游城镇化模式差异化明显

长江经济带横贯东中西三大地带,处于不同发展阶段。长江下游的上海市和江苏省、浙江省经济发达,是人口净流入省市,新型城镇化的重点是"农业转移人口市民化"。如上海市2013年6月开始实施的《上海市居住证管理办法》变过去"指标管理"和"条件管理"为"积分管理",并根据不同的积分,为持证者提供梯度化的公共服务。安徽和长江中上游七省市作为人口净流出地区,新型城镇化的重点是"近郊或远郊农业转移人口的市民化"。如重庆和成都统筹城乡发展试点中出现的地票交易制度和城乡建设用地指标交易制度,均是以宅基地换住房、以承包地换保障为核心,解决近郊或远郊农业转移人口市民化。

(四)三大城市群与六核多极的城镇体系基本形成

改革开放以来,在生产力配置和社会发展的空间组织方面,我国的国土开发基本上符合"点—轴系统"空间结构扩展模式。长江经济带是理论界最早提出"T"字形国土空间开发格局中重要的横轴,也是国家"十二五"规划中提出"三纵两横"空间开发格局中重要的横轴。经济要素持续向长江经济带集中,初步形成了长三角、长江中游和成渝三大城市群。2000年以来,三大城市群集聚经济要素的态势仍在持续,GDP 占九省二市的比重由 2000 年的 69.3%上升到 2012 年的 74.76%。2012 年,长三角、长江中游、成渝城市群 GDP 分别占长江经济带 GDP 的 41.17%、19.05%和 14.54%。随着社会主义市场经济的逐步建立,经济活动开始向区位条件优越的特定区域集聚,特大城市、大城市日益成为经济活动的主要平台,长江经济带初步形成以上海、南京、武汉、重庆、成都为核心,以苏州、无锡、合肥、芜湖、安庆、南昌、九江、黄石、宜昌、襄阳、长沙、岳阳、泸州、宜宾、贵阳、遵义、昆明等为重点的"六核多极"发展格局。

二、长江经济带空间布局存在的主要问题

长江经济带横贯我国东中西三大地带,由于经济发展条件和发展水平的差异,面临的问题比较复杂,现归结为以下几类。

(一)上海以及苏南地区人口流入压力较大,资源环境超载的矛盾日益突出

上海及苏南地区是我国经济最富活力的地区,是我国人口流入压力最大的城市,平均每年增加人口超过 150 万,导致资源环境约束日益增强。

上海市是我国最大的城市。根据第六次全国人口普查数据,上海常住人口达到 2302 万(其中:崇明区 70 万人),与第五次人口普查数据比较,10 年增加 628 万人,平均每年增加 63 万人,其中外省 55 万,相当于一座中等城市的人口。平均 3631 人/平方公里,人口密度已经很高。中心城区的人口密度达到每平方公里 2.42 万人,远远超过东京 1.45 万人/平方公里和纽约 1.05 万人/平方公里的水平;土地开发利用强度过高,达到 17%,远远超出了 8%的世界平均水平。苏南地区是江苏省最为发达的地区,包括南京、无锡、常州、苏州和镇江五个地级市,面积 2.8 万平方公里,2012 年常住人口 3302 万。南京市市辖区人口达到 552 万,无锡、常州、苏州均超过 200 万,镇江超过了 100 万,都进入了特大城市行列。城镇化水平超过 70%,城市人口达到 2200 万(相当于上海市区的人口),是全国城乡居民收入差距最小的地区之一(2.09:1),人口密度达到 1173 人/平方公里。考虑到这一区域水网密布,实际人口密度更高。

苏南地区是人口流入比较多的地区,根据第六次人口普查和第五次人口普查数据,平均每年增加 95 万人,其中南京市平均每年增加 17 万人,无锡市平均每年增加 12 万人,常州市平均每年增加 8 万人,苏州市每年增加 36 万人,镇江市每年增加 22 万人。

根据城镇化进程的"S"形曲线,当城镇化水平超过 70%时,城市发展进入成熟期,特大和大城市的人口逐渐向中小城市转移。但是,由于上海及苏南地区经济

发展水平高,工资水平高,仍在吸引人口流入,这必将加剧已经十分紧张的人口与资源环境之间的矛盾。

(二)武汉、重庆、成都存在首位度过高、人口过度向大都市集中的问题

武汉市是长江中游重镇,具有较大的人口规模。2012 年,武汉市市辖区人口户籍人口 555 万,远远高于湖北其他城市市辖区人口,其他区域性中心城市襄阳市 225 万,宜昌市 125 万,荆州市 113 万,鄂州市 109 万。武汉市的首位度为 2.3。2012 年,武汉市常住人口为 1012 万,比 2000 年多 245 万,平均每年增加人口20 万。

重庆市 1997 年成为直辖市后,下辖万州市、涪陵市、黔江市撤市设区,其区域中心地位受到削弱,经济要素向重庆中心城区快速流动。2012 年,主城 9 区(包括渝中区、南岸区、江北区、渝北区、九龙坡区、沙坪坝区、北碚区、巴南区、大渡口区)土地面积 5476 平方公里,常住人口 795 万,比 2000 年的 615.76 万增加 179.24万,平均每年增加 14.94 万;2012 年,重庆市常住人口 2945 万,其中一小时经济圈常住人口为 1837.14 万,占全市常住人口的 62.4%。万州区被称为重庆市第二大城市,2012 年常住人口仅为 158.31 万(其中包括一部分农村人口),为重庆主城区的 1/5。

成都市是四川省省会,也具有"一城独大"的典型特征。2012 年,成都市辖区人口 670 万,远远高于四川省内其他市辖区的人口,如南充市 194 万,遂宁市 152万,自贡市 150 万,泸州市 147 万,内江市 142 万、绵阳市 123 万。2012 年,成都市人口 1417.78 万,城镇化水平 68.44%。

(三)大量地级城市规模偏小、吸引集聚人口能力不足

地级城市是我国今后吸纳人口的主要载体,也是连接省会城市和县城的主要桥梁。由于各地级城市形成原因不同,市辖区的面积和人口还不能真正反映地级市的大小,比如,撤县设区和撤市设区往往使市辖区面积和人口迅速扩大,但不完全是真正意义上的城镇人口。为此,本文以建成区面积来表示地级市的真实大小。

根据每平方公里建成区面积人口达到 1 万人为标准,一个地级城市的建成区面积应达到 100 平方公里,才能使城市人口达到 100 万。城市人口达到 100 万,就可以使地级城市形成集聚人口和产业的基础。同时,根据我国的基本国情,长江经济带的地级市人口应该在 300 万至 500 万人,其中建成区人口超过 100 万为佳。根据这样一个判别标准,长江经济带还有大量的地级城市达不到这样的标准,进而分流不了省会城市人口过度集中的压力。

　　长江经济带只有 25 座城市的建成区面积超过 100 平方公里,其他地级城市建成区面积均小于 100 平方公里。这些城市具有较大的发展空间,是承载人口的主要载体。由于吸纳能力较小,不足以吸引区域内农村人口的进入,导致了全省人口奔省城、全国人口奔上海的局面,造成大量的人口候鸟式迁徙。

　　(四)县城以及县级市人口集聚的稳定性较差、流动性比较大

　　县城以及县级市所辖街道(以下统称为县城)直接面向农村,成为农民进城的第一选择。但是,由于县城处于生产要素流动的末端,处于社会商品流动的末端,功能不完善,交通不方便,产业基础薄弱,导致县城规模普遍偏小,难以吸纳更多的人口;即使已居住在县城的人口,也不太稳定,流动性大。

　　(五)农业转移人口转为市民存在制度障碍、成本障碍和文化障碍

　　农业转移人口是最有条件、最有可能转为城市居民的人口,且农业转移人口转化为市民,继而将整个家庭从农村转移到城市,存在放大效应。对于城市来说,农业转移人口转化为市民,将极大地扩大消费需求,进一步发挥消费对经济增长的拉动作用。

　　长江经济带是我国人口分布比较密集的地区,存在着大量的农业转移人口,尤其是安徽、江西、湖北、湖南、四川、贵州是我国农业转移人口的主体区域,每个省转移人口规模都在 1000 万以上,重庆市转移人口规模在 800 万以上。转出地存在留守儿童和留守妇女的问题,将来会出现留守老人的问题。

　　尽管国家和有关省市出台了一系列政策措施促进农业转移人口市民化,但农业转移人口转化为市民仍困难重重。分析有以下原因。一是发达地区存在较高的入户门槛。二是农业转移人口转入城市存在较高的转入成本。三是城市房价日益高涨。此外,四川、贵州和云南省是我国少数民族聚居地区,少数民族特有的文化,决定了其城镇化需要一个漫长的过程。

　　(六)城市群内城市之间尚未形成实质意义上的分工合作

　　目前长江经济带形成了长三角城市群、长江中游城市群、成渝城市群等几大城市群,除长三角城市群之外,其他城市群的成熟度比较低,主要表现在:一是城市之间互联互通的水平比较低,除了长三角城市群内已经形成高速公路网之外,其他城市群还没有实现互联互通。二是城市之间对要素的竞争仍比较激烈,人口等生产要素向省会城市集中,省会城市成为区域经济的抽水机,导致"一城独大"。三是没有建立沟通合作的机制,城市之间没有实现有效分工协作。

三、长江经济带空间布局优化的基本思路

坚持以人为本、合理布局、四化同步、环境优先的原则,以农业转移人口市民化为首要任务,以提高城市综合承载力为基本途径,正确处理城市发展与资源环境承载力的关系,充分发挥城市对经济要素的集聚作用和对农村的辐射带动作用,形成以城市群为主体形态,大中小城市和小城镇协调发展的空间格局,走一条资源节约、环境友好、经济繁荣和社会和谐的城镇化道路。

(一)积极推进农业转移人口市民化

把"以人为本"的原则贯穿于长江经济带推进新型城镇化的全过程,加快推进"农业转移人口"和城市居民基本公共服务均等化。把长江上游地区居住在深山区、石山区等生态极度脆弱的地方的农村居民吸引下来,就近或到中下游城市从事第二、第三产业,尽快改变他们的贫困状态。积极推进农业转移人口市民化,率先进行户籍制度改革,打破"二元"户籍制度,实现城市居民和外来人口基本公共服务全覆盖。

长江上游地区是重要的生态屏障,生态环境比较脆弱,居住人口众多,保护环境成为重中之重。必须坚持生态保护与污染防治并举、经济建设与环境保护并重的原则,把减少上游地区农村人口作为推进城镇化的重点,尽可能吸引他们就近到城市和城镇就业或转移到中下游地区。要根据资源和环境承载力,合理确定上游地区城市规模,支持有条件的城市加快发展,提高对农村转移人口的吸纳能力。

长江中游的省份以及安徽省跨省(市)流入的人口数量少,农业转移人口市民化应以地级市为基本单元,以县域内农村转移人口市民化为突破口,以城乡基本公共服务均等化为切入点,加快推行城乡基本公共服务均等化。对于众多现阶段还不能放开城乡户籍的特大城市,则可根据城市公共服务资源情况,依据农业转移人口在城市就业和居住的稳定性,给予相应的待遇和服务,并根据城市经济发展速度,不断提高公共服务水平,逐步缩小与市民之间的差距。

长江下游地区跨省(市)流入的农业转移人口数量多,要把推进基本公共服务均等化作为城镇化的着力点。重点将城镇户籍居民享有的基本公共服务向农业转移人口延伸和覆盖,并将满足一定条件的农业转移人口转为城市居民。"农民工"子女的义务教育,坚持"以流入地为主、以公办学校接纳为主"的原则,在收费、管理等方面与户籍人口子女同等待遇;在医疗卫生方面,为农业转移人口提供与当地城市居民同等的传染病防治、儿童预防接种、妇幼保健等免费服务;在劳动用工方面,提高劳动合同签订率,落实职业培训补贴和技能鉴定补贴政策;在社会保

障方面,积极推进农业转移人口参加工伤保险、医疗保险、养老保险、失业保险和生育保险;在住房方面,多渠道提供和改善农业转移人口居住条件;在维护权益方面,加强对农业转移人口的法律援助和社会救助。对于省市内的农业转移人口,支持探索"承包地换保障"制度。

(二)发挥城市群的集聚力和辐射力

随着城市之间经济联系越来越紧密,城市的功能也逐步细分,城市与城市之间只有加强合作,整合功能,才能保持强有力的国内外市场竞争力。我国人多地少且适宜人口大规模聚集发展的国土资源较少的现实决定了我国城镇化道路是紧凑型、集约化和高密度的,城市群因此成为我国城镇化的主体形态。围绕长江沿岸的上海、南京、武汉、重庆、成都等超大城市,初步形成了长三角城市群、长江中游城市群和成渝城市群。这三大城市群已成为农业转移人口集中流入的地区,其经济技术发展水平也比沿江其他地区明显高出一个层次,是带动整个长江流域经济发展的核心区,要发挥城市群的带动和辐射作用。要加强城市群内各城市的分工协作和优势互补,增强城市群的整体竞争力。要加强城市群的科学规划,建立城市群的区域合作机制,鼓励和支持城市群内大中城市进一步做大做强、中小城市提升产业功能、小城镇增强公共服务功能,以增强城市群区域的产业集聚能力和人口承载能力。

(三)积极促进城市群之外区域性中心城市的发展

地级市的土地面积一般为1万到3万平方公里,人口300万至500万。其中心城区的人口50万~100万,是地级行政区的区域性中心城市。加快区域性中心城市发展,已成为推进城镇化的现实选择。长江经济带内的地级以上城市,大都具备培育为区域性中心城市的条件。长江经济带内共有125座地级以上城市,除长三角城市群、长江中游城市群、成渝城市群内的56座城市,其余城市都在城市群之外。这些城市多数远离我国经济增长中心,也都远离特大城市,担负着带动周边地区发展的重任。需要在进一步壮大区域性中心城市规模的基础上,不断完善城市功能,建设新型城市,提升城市辐射带动能力,引领区域经济发展。

(四)增强城市产业支撑

按照产业集聚、资源节约、生态环保的原则,积极推动区域产业分工和协同发展,引导企业向园区、园区向城镇集中,引导农村人口向城市和城镇转移。鼓励和支持产业集群的培育,构建带动能力强的产业链,大力发展生产性服务业,提高产业的根植性。增强支撑城市发展的产业聚集能力,进一步加大开发区和产业园区的支持力度,支持园区发展,提高园区对产业的吸纳能力。

推进产业发展规划与城市总体规划、土地利用总体规划相衔接,鼓励和支持大城市、中等城市规划建设产业集中区,实现产业与城市发展相互依托、同步建设,逐步向外转移主城区的部分功能,实现产城融合、产城一体。不断完善城市市政、公用等配套功能,优先建设城市基础设施,以及学校、医院和其他商业、金融服务业。中小城市的园区建设,要依托现有城市基础,适当进行功能分区,实现功能共享。

(五)通过三大城市群辐射带动三大经济区

经济区是社会地域分工发展到一定阶段后形成的一种空间组织形式。随着长江经济带的开发,三大城市群的腹地将向外拓展,逐步形成经济联系日益紧密的长三角经济区、长江中游经济区和长江上游经济区。其中长三角经济区以长三角城市群为依托,包括上海市、江苏省、浙江省、安徽省,辐射江西省的上饶、景德镇、鹰潭等地区。该经济区自然禀赋优良、经济基础雄厚、城镇体系合理、科教文化发达,已成为全国基础设施最完善、经济实力最雄厚、整体竞争力最强的地区之一,但苏北地区、浙南地区、安徽、江西相邻地区经济实力相对较弱,要通过统一规划、加强合作、基础设施对接等举措,实现经济区共同发展的目标。长江中游经济区以长江中游城市群为依托,包括湖北、湖南省、江西省。该经济区要在加快提升长江中游城市群实力的基础上,做大做强宜昌、襄阳、赣州、宜春、衡阳、恩施、怀化、吉首等区域性中心城市,辐射带动区域经济发展。长江上游经济区以成渝城市群为依托,包括重庆市、四川省、云南省和贵州省。该经济区要发挥长江黄金水道的作用,吸引要素在沿江城市布局,加快港口城市发展;同时,要高度重视生态保护工作,切实采取措施治理石漠化,维护长江上游流域生态安全。

四、长江经济带城镇化的主要目标

(一)城镇化水平实现平稳较快增长

长江经济带过去 10 年间经济加速增长,未来由于经济增长速度的放缓和人口转移的减速,城镇化推进速度可能出现下降。预计 2012—2025 年城镇化率增长将由过去的每年 1.6 个百分点逐步下降,2012—2015 年,城镇化率每年增长 1.5 个百分点,2015—2020 年每年增长 1.0 个百分点,2020—2025 年每年增长 0.5 个百分点。到 2020 年,城镇化率达到 57%,到 2025 年城镇化率达到 62%,2030 年达到 70%。

（二）上中下游城镇化水平差距不断缩小

从经济增长和产业发展态势来看，下游经济增长受到要素价格上涨、资源环境约束增强等条件的制约，可能在未来将呈现出逐步减速的趋势，而中游和上游处于承接下游产业转移的发展机遇期，经济增长速度将保持在较高的水平，因而城镇化水平也将处于平稳、较快的阶段。预计到 2015 年下游地区城镇化率将达到 70%，2025 年达到 75%，2030 年达到 80% 左右；中游城镇化率 2012—2015 年每年提高 1.5 个百分点，到 2015 年达到 55% 左右，2020—2025 年年均增长 1 个百分点，2025 年达到 65%，2030 年接近 70%；2012—2015 年上游城镇化率年均增长 1.6 个百分点，到 2015 年城镇化水平达到 50%，2015—2025 年年均增长 1 个百分点，2025 年达到 60%，2030 年达到 65%。各区域间的城镇化水平差距也会逐步缩小，下游与中游以及下游与上游的差距由 2012 年相差 20 和 24 个百分点，缩小到 2030 年的 10 和 15 个百分点。

（三）城镇体系逐步完善

长江经济带已经形成长三角、长江中游和成渝三大城市群，但从城镇体系发育来看，长三角城市群比较完善，而长江中游和成渝城市群还有待完善，主要表现为：核心城市规模足够大，但周边城市规模均比较小，如成渝城市群除重庆和成都两座特大城市外，100 万以上人口的大城市较少，长江中游城市群除武汉外，其他城市规模都不大。成渝城市群中要培养 100 万人口以上的大城市，绵阳、南充、泸州、内江等城市的规模要逐步扩大，发展成为 200 万人口以上的大城市，远期有可能发展为 300 万至 500 万人的城市。

五、推进长江经济带优化空间布局的政策建议

（一）建立健全合作机制，实现城市群内部一体化发展

鼓励和支持长江经济带三大城市群建立市长联席会议制度，定期和不定期协商解决区域内的重大问题，积极推进交通、工、农、科技人才等方面的合作；下设若干个委员会作为政策的执行机构，定期召开会议，沟通信息，及时反映区域内发展中面临的问题，提出解决办法。进一步培育发展和规范管理社会组织，在行业协会中引入竞争机制，允许"一业多会"，允许按产业链各环节、经营方式和服务类型设立行业协会，允许跨地域组建、合并组建和分拆组建等；同时，建立和完善委托授权机制、合作联动机制、征询机制、监督指导机制等制度措施促进行业协会的有效运转，充分发挥行业协会的桥梁纽带作用。

（二）妥善处理农业转移人口市民化过程中的土地问题

处理好农业转移人口市民化进程中土地问题的政策导向是,确保农业转移人口的土地权益,并构建城乡之间土地平等交易制度。首先,在完成农民宅基地使用权确权的基础上,尽快完成农民耕地使用权确权登记颁证工作,鼓励长期居住在城市的"农民工"将土地使用权转让给留在当地的农户,也应鼓励进城的农民工及留在农村的农民将土地使用权入股。其次,建立耕地流转和宅基地及住房转让的服务机构,包括对所退出宅基地进行整理以及开发经营等,从而为城乡建设用地指标增减挂钩和交易奠定基础。再次,完善城乡土地增减挂钩的约束机制,包括复垦资金或耕地保护资金,并加强对于土地收益用途的监督和管理。最后,加快建立城乡统一的建设用地市场,为城乡建设用地指标市场化交易提供基础。通过建立统一有形的土地市场,以公开规范的方式转让土地使用权。

（三）促进农业转移人口在城镇稳定就业和获取合理的报酬

城镇化质量高低关键在于城市能否为农民进城提供充分的就业机会。首先,长江下游地区在加快产业结构调整升级步伐的同时,要加大对"农民工"培训的力度,使之获得日益提高的生存技能。其次,长江中上游地区要继续重视发展劳动密集型产业和服务业,为农业转移人口提供更多就近就业机会。再次,积极支持中小企业,特别是小微企业的发展,使之成为就业致富的"蓄水池"。最后,长江中上游地区要加快建立非正规就业管理和服务体系,在场地、税收、人才培训等多方面给予扶持,促进非正规就业或灵活就业。

（四）有重点、有选择地培育新的增长极

首先,释放沿江两岸城市发展潜力。沿江23座城市,有些发展基础较好,水资源承载能力高,建议有重点地选择若干座城市,采取加大政府投入、下放审批权限、支持基础设施建设等方式培育经济增长极,促进长江经济带均衡化发展。其次,培育三大城市群内新的经济增长极。长江中游城市群和成渝城市群内"一城独大"的问题比较突出,要从完善城镇体系的角度,选择若干座城市,采取调整行政区划、创新管理模式、制定优惠政策等方式,支持经济增长极的发展。最后,在长江上游地区选择具有区域带动作用的县城作为经济增长极进行培育,集聚产业和人口,使之成为区域经济的中心。

（五）支持建制镇发挥农村地区服务中心的作用

长江中游多数是平原地区,农村数量多,农民人口多,长江上游多数是山区丘陵,居住分散。小城镇尤其是建制镇具有农村地区的经济中心、文化中心功能,具有带动农村、支持农业、服务农民的作用。富裕起来的农民可选择到城镇居住,外出务工回乡的"农民工"也会选择到家乡附近的城镇居住。因此,城镇也是城镇化的重要载体。长江经济带的规划和建设也要重视建制镇的规划、建设和管理,支持城镇的发展,加强建制镇的服务功能和对人口的吸纳能力。

（2013 年,国家发改委宏观经济研究院组成"长江经济带战略研究"课题组,课题负责人为王一鸣。肖金成负责"长江经济带城镇化与空间布局"专题研究,课题组成员为黄征学、刘通等。本文摘要发表于《江汉论坛》2015 年第 1 期。）

粤港澳大湾区战略研究

近期以来,一个区域新概念在中国大地回响,粤港澳大湾区城市群横空出世,引起了国人的关注。贴近考察发现,其就是珠三角城市群的放大提升版,已在中国东南沿海蓬勃发展了几十年,只是其新的名称更能吸引人们的眼球。当然,其绝不仅仅是换一个概念或加了一层华丽的包装,而是其躯干和肌肉同时得到了伸展,离世界级城市群更近了一步。

一、粤港澳大湾区的前世今生

粤港澳大湾区城市群从珠三角城市群演化而来。改革开放以来,四大特区有两个在这一区域,深圳特区快速崛起,依托香港但超越了香港,不到 30 年,发展成为一个人口近千万的现代化国际大都市,乃至于与广州并驾齐驱。由一个都市圈演变为两个都市圈,广(州)佛(山)肇(庆)都市圈和深(圳)(东)莞惠(州)都市圈,再加上珠(海)中(山)江(门)城市圈,共同形成了珠江三角洲城市群,简称珠三角城市群。由于城市数量比较多,城市规模比较大,城市比较密集,再加上经济比较发达,聚集的人口多,成为我国最有希望发展成为世界级城市群的三大城市群之一。

深圳依托香港发展壮大,澳门离珠海很近,为什么珠三角城市群没有包括香港和澳门,唯一的解释是距离虽近,但行政区分割、关税壁垒乃至贸易障碍对城市之间的联系还存在相当大的影响。时至今日,经济联系日益密切,相互依托显而易见,尤其是港珠澳大桥的建成通车,将使三地的经济联系更为密切,“九+二”的呼声日炽。城市群的范围是一个动态变化的过程,既不会变化太快,也不会一成不变,将不断向外拓展。不仅向港澳拓展,也会向粤东粤西逐步拓展。珠三角城市群原有九座城市,加上香港和澳门,再加上粤东、粤西靠近珠三角的城市,就构成了粤港澳大湾区城市群。粤港澳大湾区城市群的雄姿正一步步展现在人们面前。

二、粤港澳大湾区中的城市在竞争与合作中实现功能分工

长期以来，围绕对外通道、海港空港、金融服务商贸、会展服务、高端人才、企业落户等方面，粤港澳大湾区内各城市展开了激烈的竞争，很多人认为城市竞争造成了重复建设与资源浪费，不利于城市群整体功能的提升。如在香港已经是国际航运中心的情况下，广州、深圳均以国际航运中心为自己的发展目标。在广州已建成珠三角会展中心的情况下，深圳虽然土地资源不足仍谋划建设大型会展中心。在广州生产性服务业已很发达的情况下，邻近城市佛山致力于培育自身的现代服务业并担心区域内产业向具有政策优势的南沙转移。深圳大湾区，区域范围不大，却建了七个机场。深圳前海、广州南沙与珠海横琴在功能上的重叠及香港对前海自贸区金融创新的忧虑与担心等都曾引起人们的质疑和诟病。事实上，正是由于区域内城市之间的竞争，才大大优化了整个粤港澳大湾区的营商环境和贸易便利化程度，提升了整个区域的市场化水平，为区域内各城市的分工合作与功能整合创造了条件。

城市之间的竞争加快了整个湾区的分工与合作的步伐。改革开放之初，深圳得风气之先，率先通过承接港澳和外资加工制造业转移而逐渐起步，并形成典型的前店后厂模式。随着开放区域的扩大，在劳动力更具优势的佛山、东莞、惠州等城市也开始加入承接港澳和外资的竞争中来，迫使深圳不得不开始推进城市的转型升级，深圳由于抓住了香港在转型中的短板，通过率先发展科技创新、科技金融、研发与创意产业等生产性服务业，推动深圳成为区域内全球知名的创新型中心城市，使得深圳成为在服务区域制造业发展上能与香港、广州相比肩的经济中心。而湾区内的其他城市，基于邻近城市的竞争，也开始走上差异化发展之路，同是"三来一补"起家的佛山与东莞，佛山走出了一条以内资为主的内生型经济发展模式，而东莞则沿着"三来一补"的发展路径，成为国际知名的加工贸易和以外资经济为主的国际制造业城市。可见，正是湾区内邻近城市之间的相互竞争，促使各个城市从原先的区域性中心城市向专业化较强的区域性功能型城市的转型，基于良好的专业化基础又进而提升自身的产业集群发展和创新发展能力。

区域竞争催生了湾区内各城市之间的合作互动。随着中国内地市场的全面开放，香港作为内地与全球市场唯一通道的地位被逐渐削弱，中国内需市场规模的逐步扩大使香港在服务内地市场上无法与传统的区域中心城市广州开展全面竞争，而深圳在转型升级与提升全球竞争力过程中也日益需要增强自身经济腹地与提升自身的开放水平，由此深港的合作与深莞惠、深汕的区域合作被提上日程，前海现代服务业合作区成为一个引领区域开放升级的重要载体，深莞惠一体化、

深汕特别合作区成为拓展深圳区域腹地的重要载体。在这一过程中,香港得以增强自身在服务内地市场上的地位,深圳得以拓展自身的经济腹地,东莞、惠州、汕尾得以通过承接深圳产业转移而实现自身经济转型发展。与此同时,广州、佛山、肇庆的一体化进程也开始起步,佛山依托广州的生产性服务业谋求自身的转型升级,广州依托佛山发达的制造业基础拓展生产性服务业的竞争水平。"广货北上"战略的提出,又进一步夯实了广州作为服务内地市场的核心城市的地位。可见,正是由区域竞争催生的区域合作,大大地提升了区域的一体化发展水平,进而壮大了整合湾区面向国内和国际市场的竞争力。

经过30多年的竞合发展,粤港澳大湾区已经形成了良好的分工合作格局。香港作为国际金融、贸易、航运中心和全球最自由经济体,在引领大湾区对外开放发展中发挥着重要门户作用。澳门依托其旅游业,成为大湾区与葡语系国家商贸合作的重要平台。广州成为服务周边城市引领内地市场的大湾区核心城市。深圳以其特区的先行先试优势,成为引领区域开放发展和创新发展的现代化国际大都市。佛山、东莞、惠州、中山等城市专业化程度不断增强,成为在某一领域内的具有世界级水平的制造业城市。在这一分工格局下,尽管存在着人口红利逐渐丧失、要素资源价格上升、区域外竞争力加大等制约,但粤港澳大湾区内的核心城市和功能性城市能够共同享受城市群集聚发展带来的规模经济红利和专业化分工经济红利,为推动经济发展走向质量变革、效率变革、动力变革提供了基础性条件。

三、宏伟目标:建设世界级城市群

在建设中国特色社会主义的新时代,广东省委提出了将粤港澳大湾区城市群建设成为世界级城市群的宏伟目标。未来保持港澳长期稳定发展、率先实现广东的现代化,依然需要粤港澳大湾区城市群内部各城市之间在建设现代化经济体系进程中的竞争与合作。只有在竞争中的合作,才能促进粤港澳大湾区城市群城市能级的提升、协调发展格局的形成、市场经济体制机制的完善和世界级城市群目标的实现。

(一)在竞争与合作中创造新优势

随着港珠澳大桥的建成通车,香港、澳门与珠三角各市之间的联系将进一步密切,为香港在服务对接珠三角、泛珠三角对外开放中提升自身的功能创造更好的条件,借助于珠三角与泛珠三角巨大的经济体量与流量,有利于进一步提升香港、澳门的综合服务能力,在深化粤港经贸合作的同时加强与广州、深圳这两座核心城市的合作。深中通道的规划建设,也将进一步拓展深圳对珠江西岸各城市的影响力,在与珠江西岸各城市的竞合中进一步提升自身的辐射带动能力。而南沙新区作为自贸区,由于其空间范围较大,更容易促使广州依托传统优势在对外开放格局中提升自身的内外服务功能,营造区域竞争与合作的新优势。与此同时,深圳、香港、广州之间在海空港等基础设施的建设,也将在服务经济、腹地拓展领域为深度合作创造条件。当然,仍然会存在城市之间的竞争。总之,随着区域一体化进程的加快,粤港澳大湾区内城市之间合作的基础条件将更趋完备。

(二)在竞争与合作中推动核心城市与功能性城市的能级

从粤港澳大湾区城市群金融业来看,香港的目标在于巩固和提升其国际金融中心,深圳致力于打造国际化金融创新中心,广州致力于打造国家绿色金融改革创新试验区,尽管其定位有所不同,但在为实体经济提供便利化与低成本的融资需求上,三座城市的金融服务业存在一定程度的竞争。而在跨境融资上,三座城市又具有合作的基础,香港需要广深的企业与平台,广深的企业融资需要香港较低的跨境融资成本。从科技服务业来看,广州的高校及研究机构较多,深圳的企业创新能力较强,而香港的科技基础设施发达,未来在吸引科技成果创新创业方面是三地的竞争与合作焦点。从制造业来看,佛山、中山、东莞、惠州等城市制造业的转型升级,离不开金融与科技的支持,谁能够率先利用好核心城市的资源,谁将率先得以持续转型升级。因此,大湾区内的城市只有通过持续的竞争与合作,才能够实现自身的创新发展和服务功能的提升。

(三)在竞争与合作中推动区域协调发展格局的形成

限于地理区位、发展基础、发展政策等方面因素,在粤港澳大湾区内部及周边,区域发展并不平衡。欠发达地区的发展需要中心城市的引领带动,而中心城市服务能级的提升又需要腹地的拓展。腹地越大,则中心城市的竞争能力越强。深圳未来着眼于自身能级的提升积极拓展与粤东、闽西、赣南的经贸合作;广州会进一步拓展对粤北、湘南、粤西、桂东的经贸合作;而对于周边城市,两市也会加大与惠州、东莞、中山、佛山等城市的经贸合作。一方面将进一步推动区域之间的平衡发展;另一方面,也为自身的转型升级创造了条件。

(四)在竞争与合作中完善社会主义市场经济体制

良好的营商环境、便利化的贸易条件、健全的司法制度与完善的法治体系被视为一个国家或地区有效开展国际交流与合作、集聚外部生产要素、参与国际竞争、体现经济软实力的重要依托。大湾区内早期的城市竞争主要聚焦在通过较低的资源价格(如土地价格)和财政补贴、政策优惠所展开的招商引资之上。2008

年金融危机以后,湾区内部的部分企业开始向生产要素更为低廉的区域转移,但随后不久很多转移出去的企业又开始回归,主要原因是湾区内各城市之间招商引资的竞争已经由最初的靠政策吸引的模式转换为靠市场环境的模式。如深圳的法治政府、中国特色社会主义法治示范区建设,前海、南沙与横琴的自贸区负面清单制度与营商便利化建设,湾区内其他城市对先进经验的复制,佛山的商事制度改革、政府向社会放权、市级权力向基层下放等,正是在制度领域的竞争与合作,促进了粤港澳大湾区民营企业的发展,并激发了各类市场的活力,促使粤港澳大湾区形成了较国内其他地区领先的市场化水平。

(五)在竞争与合作中推动全面开放新格局的形成

在区域对外开放中,存在香港与深圳前海自贸区、广州南沙自贸区、珠海横琴自贸区的竞争与合作。一方面,通过上述城市之间的竞争,促使各城市率先探索开放的新体制,尽快培育起能够有效服务区域经济发展的国际竞争新优势,并为整个区域的全方位开放提供可复制的经验;另一方面,通过城市的合作,推动自贸区之间在对外开放功能与试验领域的差异化发展,为提升整个区域的开放水平创造条件。

(本文摘要发表于《中国投资》2017 年第 23 期,合作者为申现杰,国家发改委经济研究所助理研究员,经济学博士。)

长三角城市群一体化与上海市空间布局调整

2010 年，我国经济总量已超过日本，成为世界第二大经济体，再经过十年左右，我国经济总量有望和美国相当，甚至有可能超过美国上升为世界第一经济大国。上海是我国第一大城市，有可能发展为替代纽约的世界财富管理中心。在上海的辐射带动下，上海都市圈的半径越来越大，逐步和南京都市圈、杭州都市圈融为一体，发展成为长三角城市群。长三角城市群既是上海市辐射带动的结果，也成为上海市作为世界财富管理中心的重要支撑。在不久的将来，长三角城市群也将跻身于世界级城市群，和美国的波士华、日本的东海道城市群并驾齐驱。长三角城市群的快速发展，有赖于区域经济的一体化和交通体系的改善。高铁时代的到来，不仅加速实现城市群的一体化，而且有利于推动整个城市群的同城化步伐。本报告从长三角城市群的战略定位入手，探索上海市的产业结构升级与空间布局调整，继而研究上海市发展现代服务业的主要载体：虹桥新区的规划和建设，以及支撑其发展的长三角交通体系建设。

一、长三角城市群的战略定位与经济一体化

长江三角洲地区位于我国沿海和长江 T 形经济带的交汇处，是我国经济社会最发达、人口和产业最密集、发展最具活力的地区，也是我国具有国际竞争力和重要影响力的城市群。长江三角洲城市群包括上海市、江苏省的 8 个地级市（南京、苏州、无锡、常州、扬州、镇江、南通、泰州）和浙江省的 7 个地级市（杭州、宁波、嘉兴、湖州、绍兴、舟山、台州），共 16 个地级以上行政区，共有大、中、小城市 54 座，1000 多个建制镇，总面积 110115 平方公里，占全国 1.15%。2009 年，户籍人口8450.70 万，占全国 6.33%，GDP59978.93 亿元，占全国 17.61%。该地区已经初步形成了以上海为核心的"一核三圈四轴"的空间结构，即以上海为核心，上海、南京、杭州三个都市圈，以及沿海、沿江、沪杭、宁甬四大发展轴。四大发展轴已经成为该地区最重要的产业集聚区，也是全国最密集的城镇连绵区。

（一）长三角城市群的战略定位

国务院《关于进一步推进长江三角洲地区改革开放和经济社会发展的指导意见》中提出：把长江三角洲地区建设成为亚太地区重要的国际门户、全球重要的先进制造业基地、具有较强国际竞争力的世界级城市群。世界级城市群的定位第一次在国家正式文件中出现，不仅体现了长三角城市群在全中国的重要地位，也表明要在世界级城市群中占有一席之地。目前国际公认的世界级城市群有五个：一是以纽约为核心的波士华城市群，二是以东京为核心的日本东海道城市群，三是以巴黎为核心的欧洲西北部城市群，四是以芝加哥为核心的北美五大湖城市群，五是以伦敦为核心的英国中南部城市群。从经济总量看，波士华城市群是世界最大城市群。

表1　世界主要城市群基本情况

（2007）

	总人口（万人）	总面积（平方公里）	GRP（ppp 百万美元）
波士华城市群	3720.43	71812.46	2330192.00
五大湖城市群	2993.12	72963.00	1308984.70
东海道城市群	5552.72	37591.63	1974860.46
英国中南部城市群	2018.08	15983.30	889201.20
欧洲西北部城市群	2489.26	29406.80	1150966.00
长三角城市群（2009）	8450.70	110115	882043（GDP）

数据来源：波士华、五大湖、英国南部、欧洲西北部城市群数据来自 OECD 统计数据库，网站 www.stats.oecd.org。日本数据来自总务省统计局，网址 www.stat.go.jp。中国数据来自《中国统计年鉴》2009 年数据，汇率 6.8 元。

波士华城市群是由美国东北部一组大都市组成，纽约是其经济中心，从最北部的缅因州一直延伸到弗吉尼亚北部，由波士顿、马萨诸塞延伸至华盛顿专区，包括马萨诸塞的伍斯特市、罗得岛、哈特福德、纽黑文和斯坦福、康涅狄克、纽约、纽瓦克、费城、明尼苏达、威尔明顿、特拉华、巴尔的摩和马里兰。波士华城市群内分布着纽约、华盛顿、波士顿、费城、巴尔的摩等世界上经济最发达的城市。

中国现已形成十大城市群，其中长三角城市群居十大城市群之首，无论是人口，还是经济总量，都高居第一。据统计，2009 年，其 GDP 高于屈居第二位的京津冀 26000 多亿元（详见表2）。中国人口最多，经济总量已列世界第二位，作为中国第一大城市群,理当在世界城市群中榜上有名。随着中国经济继续快速发展、城市化水平提高以及城市群空间的外延拓展,长三角城市群无论是人口规模,还是经济规模,都有可能高于波士华城市群,成为世界第一。

表2　中国十大城市群的基本情况

(2009年)

城市群名称	面积(万平方公里)	人口(万人)	市域GDP(亿元)
长三角	11.01	8450.70	59978.93
京津冀	18.25	7344.55	33532.56
珠三角	5.50	2967.02	32147.00
山东半岛	9.35	5090.47	25305.47
川渝	22.38	10102.84	18450.14
辽中南	9.69	3128.68	15033.36
长江中游	14.05	5891.89	12008.48
中原	5.68	4209.25	11002.38
海峡西岸	5.59	2623.10	9892.49
关中	7.47	2562.05	5440.32
合计	108.97	52370.55	222791.13
全国	960.00	133474.00	340506.90
占全国比重(%)	11.00	39.24	65.43

资料来源:《中国统计年鉴(2010)》《中国城市统计年鉴(2010)》。

(二)城市群的要素聚集和外延拓展

从长三角城市群与波士华城市群的比较来看,无论是经济总量,还是占全国的比重,都远低于波士华城市群,也低于其他世界级城市群。波士华城市群经济总量占美国的比重23.1%,比长三角城市群高7.2个百分点。人口占全国比重高出11.2个百分点。可见,长三角城市群在全国的集中度并不高,还有进一步扩大的空间。像南通、宁波、湖州、嘉兴、镇江、扬州及众多县级市都有经济规模扩大和人口数量增长的空间。

表3　长三角城市群各城市基本情况
（2009年）

名称	人口（万人）	土地（平方公里）	GDP（亿元）
上海	1400.70	6340.00	15046.45
南京	629.77	6582.00	4230.26
苏州	633.29	8488.00	7740.20
无锡	465.65	4788.00	4991.72
常州	359.82	4385.00	2519.93
镇江	269.88	3847.00	1672.08
扬州	458.80	6634.00	1856.39
泰州	503.98	5797.00	1660.92
南通	762.66	8001.00	2872.80
杭州	683.38	16596.00	5087.55
宁波	571.02	9817.00	4329.30
湖州	259.17	5818.00	1101.83
嘉兴	339.60	3915.00	1918.03
绍兴	437.74	8256.00	2375.78
舟山	96.77	1440.00	535.24
台州	578.47	9411.00	2040.45
合计	8450.70	110115.00	59978.93

数据来源：根据《中国统计年鉴（2010）》的数据测算。

　　根据日本的经验，伴随产业高度化，人口与经济要素集中的趋势更为明显。近20年，日本经济要素继续向东海道城市群集中，尤其是加速向京滨都市圈集中。这是因为现代服务业的发展对土地的依赖性较低，对人才的依赖性强，对交通尤其是对国际交通的依赖性更强。各公司总部、各大银行、各大研究咨询机构纷纷向东京圈聚集。长三角城市群在未来很长一段时间，伴随着世界性的产业转移，经济发展方式的转变，新兴产业的发展，经济要素向长三角城市群聚集的态势不会改变。虽然，一些低附加值、耗能高、占地多的劳动力密集型产业会向中西部转移，但数量并不大。因为，相当数量的产业是外向型的，如服装、家具、日用品等，区位敏感度高。此外，在长三角已形成产业集群，除非集群整体转移，单个企业很难独立行动。

长三角城市群的外延扩展：城市群的范围是动态发展的。在长三角城市群的西部，以合肥为中心的江淮城市群正在形成，范围包括合肥、芜湖、铜陵、池州、安庆、淮南、蚌埠、陆安。随着交通条件的改善、城市规模的扩大，与长三角城市群将融为一体。浙江南部以金华义乌为中心，包括金华、温州、丽水、衢州等地级市和一批县级市，将与长三角城市群实现融合与对接。苏中地区的淮安、盐城等也将成为长三角城市群的一部分。这些城市密集区与长三角城市群将共同形成大长三角城市群，毋庸置疑，将超过波士华城市群和日本东海道城市群，成为世界第一大城市群。

（三）区域经济一体化与功能分工

城市群的重要特征是交通发达和城市的功能分工。在城市规模较小，交通不发达的时代，每座城市都是小区域的中心，也就是说内部联系密切而对外联系薄弱。城市规模的扩大与交通越来越便捷，必然经历激烈竞争的阶段。随着都市圈的形成，与其他城市的联系越来越密切，各城市逐渐成为都市圈和城市群的功能性城市，成为城市群网络的一个节点，承担着城市群的一定功能和分工，竞争趋于弱化，合作趋于强化。这是竞争的结果，也是人们理性的选择。长三角城市群正处于城市分工逐渐明晰的阶段。在城市群中，小城市和小城镇的区位劣势在弱化，而成本优势在强化，大中小城市和小城镇的分工更加明显，有利于实现大中小城市和小城镇协调发展。

国务院批准的《长三角地区区域规划》对各城市的分工进行了初步的划分。

——上海：国际经济、金融、贸易和航运中心，国际竞争力较强的产业创新基地和科技研发中心，面向长三角、服务全国的商务中心，具有国际影响力和竞争力的大都市。

——南京：先进制造业基地、现代服务业基地和长江航运物流中心、科技创新中心、长三角辐射带动中西部地区发展的重要门户。

——苏州：高技术产业基地、现代服务业基地和创新型城市、历史文化名城和旅游胜地。

——无锡：国际先进制造业基地、服务外包与创意设计基地和区域性商贸物流中心、职业教育中心、旅游度假中心。

——杭州：高技术产业基地和国际重要的旅游休闲中心、全国文化创意中心、电子商务中心、区域性金融服务中心。

——宁波：先进制造业基地、现代物流基地和国际港口城市。

——常州：以装备制造、新能源、新材料为主的先进制造业基地和重要的创新型城市。

——镇江:以装备制造、精细化工、新材料、新能源、电子信息为主的先进制造业基地、区域物流中心和旅游文化名城。

——扬州:以电子、装备制造、新材料、新能源为主的先进制造业基地和生态人文宜居城市。

——泰州:以医药、机电、造船、化工、新材料、新能源为主的先进制造业基地,长江南北联动发展的枢纽、滨江生态宜居旅游城市。

——南通:以海洋装备、精细化工为主的先进制造业基地和综合性物流加工基地,江海交汇的现代化国际港口城市。

——湖州:高技术产业引领的先进制造业基地和文化创意、旅游休闲城市,成为连接中部地区的重要节点城市。

——嘉兴:高技术产业、临港产业和商贸物流基地、运河沿岸重要的港口城市。

——绍兴:以新型纺织、生物医药为主的先进制造业基地和国际文化旅游城市。

——舟山:以临港工业、港口物流、海洋渔业等为重点的海洋产业发展基地,与上海、宁波等城市相关功能配套的沿海港口城市。

——台州:以汽摩、船舶、医药、石化为主的先进制造业基地,成为民营经济创新示范区。

(四)长三角城市群一体化的目标

长三角城市群一体化的目标就是通过分工合作,进一步密切彼此的经济、技术、文化联系,促进要素流动和功能整合,发挥同城效应。全面加快现代化进程,构建以特大城市与大城市为主体,中小城市和小城镇共同发展的网络化城市体系,使发展更加协调,形成分工合理、各具特色的空间格局;发挥上海的龙头作用,努力提升南京、苏州、无锡、杭州、宁波等区域性中心城市国际化水平,走新型城市化道路,成为我国最具活力和国际竞争力的世界级城市群。

二、上海市产业结构升级与空间布局调整

上海是中国第一大城市,四个中央直辖市之一,是中国的经济、金融、贸易和航运中心。位于我国大陆海岸线中部的长江口,拥有中国最大的外贸港口、最大的工业基地。土地面积 6340.5 平方公里,2010 年常住人口 23019148 人,其中户籍人口 1412 万人。已经发展成为一个闪耀全球的国际化大都市,并致力于建设国际金融中心和航运中心。

据《参考消息》2011年4月15日报道:根据麦肯锡全球研究所最近一份调查,到2025年世界上经济发展最快的十座城市中,中国占有九座。上海、北京、天津、重庆、深圳、广州、南京、杭州、成都。世界上未来发展最快的三座城市为上海、北京和纽约。到2025年,世界上最富裕的城市将是纽约、东京、上海、伦敦、北京、洛杉矶、巴黎、芝加哥、德国的鲁尔区、深圳、天津。随着上海市国际地位的提升,其产业结构应随之高度化。随着要素的进一步聚集,空间布局也要进行合理调整。要借鉴纽约、超越纽约,在中国成为第一大经济体之时,上海也要成为世界第一大城市,成为世界财富管理中心。

(一)上海:长三角城市群的核心和龙头城市

国务院《关于进一步推进长江三角洲地区改革开放和经济社会发展的指导意见》提出:继续发挥上海的龙头作用,加快建成国际经济、金融、贸易和航运中心,进一步增强创新能力和高端服务功能,率先形成以服务业为主的经济结构,成为具有国际影响力和竞争力的世界城市。《长三角地区区域规划》进一步明确:提升上海核心地位。进一步强化上海国际大都市的综合服务功能,充分发挥服务全国、联系亚太、面向世界的作用,进一步增强高端服务功能,建成具有国际影响力和竞争力的大都市。加大自主创新投入,形成一批国际竞争力较强的产业创新基地和科技研发中心,发挥自主创新示范引领作用,带动长三角地区率先建成创新型区域。

未来,上海在长三角及全国的地位有以下三方面。

龙头:发挥自主创新示范引领作用,带动长三角地区及长江经济带经济的发展。使长三角地区成为经济总量最大、经济结构最合理、国际竞争力最强的创新型区域,使长江经济带成为仅次于沿海经济带的上下游共同发展的经济发达地区。

核心:充分发挥国际经济、金融、贸易、航运中心的作用,大力发展现代服务业和先进制造业,促进区域整体优势的发挥与国际竞争力的提升。

引擎:上海市是中国经济总量最大的城市,未来;虽然主要增强高端服务功能,产业高度化水平应不断提升,但仍要形成一批国际竞争力较强的产业创新基地和科技研发中心,建成具有国际影响力和竞争力的国际化大都市。

(二)上海市的产业结构升级

2010年,上海市生产总值(GDP)16872.42亿元。其中,第一产业增加值

114.15亿元,占比0.68%;第二产业增加值7139.96亿元,占比42.32%;第三产业增加值9618.31亿元,占比57%。上海市产业结构正趋向合理化,第三产业的比重已超过第二产业,但与现代国际大都市的地位还不太相称。北京的第三产业比重已超过70%,和北京、纽约相比,上海的第三产业比重不高,第二产业比重仍然过高。全年实现金融业增加值1931.73亿元,占比11.45%,现代服务业比重仍然过低。

表4　上海与纽约产业结构比较

（2008年增加值）　　　　　　　　　　　　单位:%

	制造业	服务业	金融保险+房地产
上海	42.2	53.7	16.0
纽约	6.0	88.8	31.7

根据城市群原理的研究,城市群的核心城市的主要功能是为城市群内各城市提供服务,其加工制造业逐渐转移到其他城市,这就是产业结构高度化过程。世界城市群的核心城市无一例外均是大银行、大企业的总部集中地。纽约聚集了300家美国和国际资本的大银行,比芝加哥、休士顿、洛杉矶、迈阿密和旧金山五座城市的银行总数还要多。美国十大银行的四大银行总部坐落在纽约,其中花旗银行和摩根银行分列全国第一、第二位,其资产约等于其余六家银行之和。2003年,美国财富500强公司中有42家总部在纽约,名列全国第一。东京是三大世界城市之一,1995年,世界前20家银行有8家,前100家有16家总部设在东京,世界前20家制造业企业中有3家,前100家中有17家的总部设在东京。1999年,日本全国所有机场接送旅客9159万人次,而东京羽田机场就有5500万人次。伦敦是仅次于纽约和东京的国际金融中心,根据2006年4月的数据,共有255家外国银行的分支机构,外汇市场日均交易量高达11090亿美元,占全球日外汇交易总量的32%,世界500强中75%的公司在伦敦有办公楼。上海要成为世界城市和世界城市群的核心城市,成为世界财富管理中心,必须提高服务业的比重,吸引世界各大银行和各大企业总部入驻。

（三）上海市的空间布局调整

上海全市共辖17个区、1个县。1993年撤销川沙县,将其境域与黄浦、杨浦、南市的浦东地区合并设立浦东新区,面积532.75平方公里。2009年,为了更好地开发浦东地区,合理配置经济与社会资源,优化空间布局,促进经济社会协调健康发展,将南汇区并入浦东新区。浦东新区的面积达到1210.41平方公里。上海市按照功能区划分,分为浦西、浦东和外围工业区。浦西主要集中了商贸、居住、行政、文教产业,浦东主要集中了金融与高新技术产业,工业主要在金山、宝山等郊区。浦东的现代服务业主要集中在陆家嘴,经过20年的发展,其空间已基本开发完毕。新并入的南汇区虽有较大的发展空间,但其功能主要是航运、物流和制造业。现代服务业发展的空间已明显不足。上海市在浦东新区开发开放之前,金融机构等现代服务业主要集中在浦西的外滩,浦东开发开放之后逐步向浦东陆家嘴转移,尤其是新设的金融机构和国内外大企业的总部大部分落户在浦东的陆家嘴,使陆家嘴逐步替代了外滩,成为上海市的商务中心区(CBD)。随着人民币国际地位的提升,人民币国际化将是必然趋势,这是不以人的意志为转移的。人民币逐步成为结算货币和储备货币,上海也将成为国际财富管理中心,并进而挑战华尔街的地位。世界各大银行已经登陆上海的将逐步扩大业务的范围和份额,未登陆上海的也会在不远的将来落户上海。我们预测,仅仅是陆家嘴或陆家嘴周边地区空间是不足的。长三角城市群的发展及分工合作,要求上海承担起城市群CBD的功能,即由过去的为上海市的产业和市民服务转型为整个长三角的产业和城市群所有居民服务。长三角地区的金融等现代服务业将逐步向上海集中,大企业的总部也会陆续向上海聚集,当然劳动密集型、土地依赖性强的产业会向周边小城市和小城镇转移,人口也会比现在有大幅度增加,由现在的2000多万人,发展到3000多万人,和东京都市圈的人口规模基本持平。着眼于未来的发展,上海市的空间格局应做大的调整。要有20世纪90年代开发开放浦东那样的气魄,甚至比那时的气魄更大,也就是用20年的时间再造一个新浦东,再造一个新的更大的陆家嘴,成为长三角城市群的服务平台。考虑到服务长三角城市群和整个长三角经济区,从区位角度出发,不宜再向东拓展,而应向西拓展,即向虹桥方向拓展。略去周边郊区不论,上海将由浦西、浦东两个大的城市集中区拓展为三个大的城市集中区,即加上一个虹桥新区。经过20年的发展,虹桥新区也将具有和浦东新区一样的规模,一样的空间范围,依托机场、高速铁路网、高速公路网和城市地铁系统,成为基础设施最完善、经济活力最强、辐射范围最大、最具市场影响力的城市新区。《长三角地区区域规划》提出:依托虹桥综合交通枢纽,构建面向长三角、服务全国的商务中心。优化功能分工,中心城区重点发展现代服务业,郊区重点建设先进制造业、高技术产业和现代农业基地,积极发展生产性服务业,形成合理的产业布局,带动产业转型与升级。

三、虹桥新区:上海市新的商务中心区

(一)商务中心区的基本功能

商务中心区又称中央商务区(CBD),作为商贸、金融、信息、管理和服务等功

能之高度集成,是一座城市经济的中枢和内核,是城市经济规模化、集约化和聚集辐射力的重要体现,同时作为商务活动最集中的场所、城市最便利的交通枢纽和信息枢纽,也是金融机构、跨国公司和中介机构必争之地。商务中心区的建设和发展体现了一座城市的经济发展水平,是现代化、国际化大都市的象征和主要标志。商务中心区从来都是由城市的中心区域逐渐演变而来的,随着城市和国家经济实力的增强,商务中心区的地位从一座城市的中心逐渐提升到区域性或全国性乃至世界性的经济中心。纵观现代商务中心区的发展进程,我们发现无论是纽约曼哈顿、日本新宿,还是法国拉德方斯,都是从城市中心逐渐发展成为国家的经济中心乃至世界的经济中心。

商务中心区的主要功能有:(1)金融中心功能。商务中心区是金融机构中心、资金汇集中心和金融工具创新中心。虹桥商务中心区必须在重塑区域金融中心地位的同时,把不断强化金融中心功能作为近期目标之一。商务中心区作为资金汇集中心,体现在信贷业务在这里最为活跃,成为资金融通的枢纽,这是因为贸易活动在这里广泛开展,客观上要求有便利的融资途径。商务中心区之所以成为金融工具的创新中心,是因为这里有发达、活跃、完善的金融市场,最有可能产生对金融衍生工具的需求,也能最快地理解和接受金融衍生工具,因而成为金融工具创新和试点的摇篮。(2)贸易中心功能。商务中心区拥有大量的商务办公人员,处理大量的贸易活动,因而构成商务中心区的重要功能。(3)信息中心功能。知识经济时代,信息成为经济发展必不可少的要素。上海所处的经济地位,大量的市场信息在这里产生和聚集。因此发挥和增强商务中心区的信息集散能力,使虹桥商务中心区成为区域性的信息中心,也是建设商务中心区的近期目标。虹桥商务中心区成为区域性信息中心,不但是指信息的汇集能力,更重要的是指信息的处理能力,即要将数以万计的信息转化为对经济发展有利的资源,这正是现代商务中心区的信息中心功能的关键所在。为此,在基础设施上需要有畅通的信息通道和高速的信息交换平台,在软环境上需要有高素质的信息处理机构和人才。

商务中心区是城市发展到高级阶段的产物,小城市一般是前店后厂式,发展到一定规模,通过规划实现功能分区。城市发展到高级阶段,现代服务业和企业总部聚集到城市的中心,成为城市经济要素最集中的地方,成为城市的制高点和标志。在这一阶段,商务区是唯一的,所以将其称为中央商务区(CBD)。在城市群阶段,城市成为功能性城市,核心城市承担了为整个城市群提供现代服务的功能。城市群内的大企业的总部也集中到核心城市。核心城市中,商务中心区不再是唯一的,可能有两个或三个。如法国巴黎在拉德方斯建设了新的商务中心区,其规模超过了香榭丽舍大街。北京市的金融街毋庸置疑是北京市的CBD,但朝阳区三环内外无疑也是商务中心区,北京市还将其命名为 CBD。上海市的服务半径扩展到整个长三角,其服务业尤其是现代服务业也必将大发展,商务中心区也从外滩到陆家嘴再扩展到虹桥。因此,适时规划并建设虹桥新区,是适应上海未来的需要而做出的战略选择。之所以称为新区,而不称作商务区,是因为未来的空间拓展,不可能只是单一功能,商贸物流居住都是必不可少的,单纯的商务区不可能孤立发展。是城市新的组团,而非单纯的城市功能区,其地位和性质和浦东相同甚至高于浦东。

(二)虹桥新区的区位优势

虹桥新区位于上海西南部,紧邻外环,虽不是上海的一级行政区,但其交通枢纽地位非常重要。虹桥机场、城市外环、数条高速公路通过于此,未来,数条城际高铁规划建成,其交通优势将更加凸显。优势之二是区位,因地处西南部,距离浙江和江苏各市均比浦东陆家嘴要近一些。其三有比较大的可供开发的空间。因地处外环之外,人口密度较低,建筑物较少,开发成本较低。其四与浦西、浦东有三角鼎立之势,在功能上有一定的分工:浦西的功能主要是行政、商贸、文化事业,

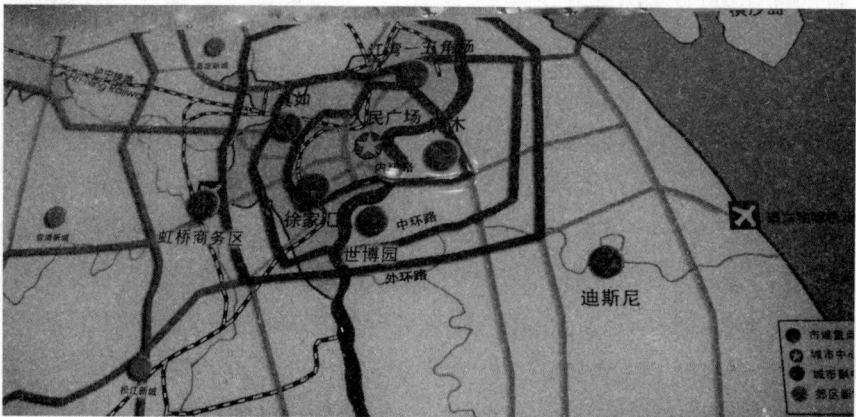

图1　虹桥新区位置图(图中标注虹桥商务区)

主要面向上海居民;浦东的功能主要是国际商务、发展高科技产业、国际航运和国际物流等,主要面向国际;虹桥的功能主要是现代商务、商贸、长三角及全国大企业的总部基地、都市产业,主要面向长三角。

(三)虹桥新区空间布局设想

上海市对虹桥商务区的建设非常重视,设立了管理机构,编制了规划,并已着手建设。根据国家及上海国民经济和社会发展的规划、上海城市总体规划的要求,在上海市委、市政府的领导下,上海城乡建设和交通委员会、上海商务委员会

等 23 家单位成立了上海虹桥商务区管理委员会,设立了上海申虹投资发展有限公司,完成了上海虹桥国际商务区的规划,并开始建设。根据规划,上海虹桥商务区位于上海中心城区西侧,沪宁、沪杭发展轴线交会处,东以上海外环线 S20 国道、西以国家 15 号高速公路、北以国家 2 号高速公路、南以国家 50 号高速公路为界,规划虹桥商务区面积 86 平方公里,上海虹桥商务区主功能区 27 平方公里,上海虹桥商务区核心区 4.7 平方公里进行规划建设,已经完成"启动建设区"1.4 平方公里。虹桥商务区(86 平方公里范围内)常住和就业人口 2015 年达到 100 万人左右,主功能区(27 平方公里范围内)常住和就业人口达到 20 万左右。虹桥枢纽日客流集散量达 100 万人次左右。

从规划来看,依托虹桥交通枢纽,其主要功能是现代商务。其意图是充分发挥交通枢纽的作用,集聚一些服务业项目,但对虹桥未来在上海的战略定位及对上海市和长三角城市群的作用仍不清晰。作为上海市一个举足轻重的功能区和长三角城市群的商务中心区,86 平方公里的面积,100 万人的规模显然不够。上海市常住人口已超 2000 万,2030 年,人口可能超过 3000 万,届时,和日本东京圈的人口不相上下。当然,集聚人口不是上海市的发展目标,但产业的发展会吸引更多的人就业、创业和置产,这是不以人的意志为转移的。按 3000 万人考虑,浦西、浦东、虹桥各容纳 800 万人,共 2400 万人,其余 600 万人,分布在松江、嘉定、青浦等郊区。虹桥应按 800 万人考虑,其规划面积应不少于 500 平方公里。

从虹桥新区承担的主要功能来看,现代商务即银行等金融机构、公司总部、商贸物流等产业的发展,必将吸引国内外大型企业来此聚集,就业岗位不断增加,市内外甚至国内外人口也会大量聚集。从产业发展考虑,其规划面积应大于 500 平方公里。

虹桥新区的区位选择应依托虹桥综合交通枢纽,在上海外环之外,沿北西南三个方向向外拓展。规划中应避免交通干线对新区的切割,尤其是不要跨外环、跨高速、跨高铁。环新区应规划交通廊道,沿廊道建设绿化带。新区应与老市区间隔一段距离,减弱超大城市固有的热岛效应。新区的就业和居住应同时考虑,减少跨区就业,减少三区之间的交通流量。

(本文摘要发表于《发展研究》2014 年第 5 期。)

促进长江三角洲地区经济一体化高质量发展

　　长江三角洲地区(以下简称"长三角")包括上海、江苏、浙江和安徽三省一市,是我国经济最具活力、开放程度最高、创新能力最强的区域之一,在国家现代化建设和全方位开放战略中具有举足轻重的地位,对全国经济社会发展发挥了重要的支撑和引领作用。促进长三角经济一体化高质量发展,对于引领长江经济带建设、更好地服务国家发展大局、深入实施区域协调发展战略具有十分重要的意义。

一、促进长三角经济一体化高质量发展的重要意义

　　改革开放 40 年来,长三角地区凭借独特的区位优势和锐意进取的创新精神,为整个中国的改革开放和经济的持续发展做出了巨大贡献。中国特色社会主义进入新时代,长三角如何适应新的历史要求进一步持续健康发展,如何对全国经济发展继续提供引领示范功能,成为新时代长三角迫切回答的重大课题。新时代的基本特征表现为经济由高速增长转向高质量发展。长三角一体化高质量发展已经到了全面深化的关键阶段,必须始终围绕国家大局、服务国家战略,努力实现高质量发展,打造具有全球影响力的世界级城市群,代表国家参与国际竞争与合作。同时,随着新时代我国主要矛盾的变化,满足人民日益增长的美好生活需要也对长三角一体化高质量发展提出了更高的要求。

　　促进长三角经济一体化高质量发展有利于优化区域资源的合理配置。区域一体化的基础是合作,合作意味着分工,分工就是基于各自的资源禀赋、扬长避短做自己擅长的事情。长三角经济一体化,不是你有的我也要有,而是发挥各方优势,互利共赢,各方都有合作的利益和交汇点。目前,长三角内部互补优势比较明显:上海是中国最大的城市,经济实力最强,科技教育发达,服务业优势明显;江苏制造业先进,实体经济基础较好;浙江民营经济发达、市场活力较强;安徽人力和资源丰富,在新技术等方面具有后发优势。因此,加强省市之间的合作与联系,促进长三角经济一体化,有利于发挥长三角各地区的比较优势,形成具有互相促进

的错落有致与梯度有序的区域发展格局。实现高质量发展,要求打破长三角区域内的行政壁垒,使得要素资源能够自由充分流动,促进人才、资金、技术等要素无障碍流动,最终实现跨区域合作的进一步升级。

促进长三角经济一体化高质量发展有利于形成区域的协同创新。随着经济全球化与区域经济一体化的演进,区域越来越成为经济发展与科技创新的主体和单元,世界上的主要科技创新都来自区域的协同创新。当前,长三角地区的产业发展进入了关键阶段。科技创新在城市与区域产业发展中的作用越来越大,区域科技创新的合作水平对于区域科技创新能力的影响越来越大。促进长三角一体化,对深化区域科技创新合作、提高区域整体创新能力具有重要推动作用。实现高质量发展,要求利用长三角地区的整体优势进行科技创新,提高创新资源利用效率,对提升长三角地区国内外竞争力具有重要意义。而以协同创新推进长三角科技创新,着力打造长三角区域协同创新共同体,提高区域产业技术水平,推动制造业从中低端水平升级到高端环节,将引领长三角地区经济增长从要素驱动向创新驱动转型,实现长三角地区经济与社会的高质量发展。

促进长三角经济一体化高质量发展有利于增加就业和提高就业质量。实现长三角一体化的直接效应是规模经济有利于提高长三角地区企业的经济效益,实现其经济的稳定增长。随着区域协调发展战略向纵深推进,作为中国经济"发动机"之一的长三角地区,其对全国经济增长的巨大拉动效应将不断凸显。经济的不断增长将会源源不断地带来就业的需求,从而不断地增加长三角地区的就业。长三角地区的深度一体化,也将逐渐破除劳动力流动的障碍,促进不同地区人口的流动,让长三角各地区的居民都能分享一体化发展带来的利益和机遇。由于长三角地区经济一体化,产业结构持续升级,战略性新兴产业、高端服务业的比重将会不断提高,经济发展质量会不断提升,其对劳动者的素质和技能要求也会相应提高。而更高素质和能力的劳动者,又反过来进一步提高了经济发展的质量,这种正向的反馈循环提高了长三角地区的发展质量、密切了各地区之间的交流。

二、目前长三角经济一体化发展的现状与面临的问题

改革开放以来,长三角地区的经济取得了辉煌的成就,一体化的程度不断加深。肇始于 20 世纪 80 年代,中央提出"横向联合"与"区域经济协作",在这一背景下,上海经济区成立;20 世纪 90 年代初,上海提出以浦东开发、开放为突破口,加速上海的改革开放步伐,进而引发了以浦东开发、开放为契机的长三角区域经济一体化的第二次浪潮;21 世纪初,长三角区域经济一体化在基础设施层面的表现相对突出,资源等要素的跨区域流动加快,有力地推动了一体化的进程。据统

计,2017年长三角城市群以占全国2.2%的土地面积、全国11%左右的人口,创造了全国20%的国内生产总值,为中国的经济发展做出了巨大的贡献。长三角城市群被认为是中国城镇化水平最高、经济发展速度最快和最具发展活力的区域之一。

当前,长三角一体化也面临着"瓶颈制约",一些深层次矛盾和问题亟待解决,突破区域行政壁垒、建立长效合作发展机制,促进深层次一体化、实现高质量发展成为时代发展的呼声。在上一波经济全球化竞争中,长三角内部竞争更为直接地指向了较为单一的经济增长目标,各地区追求自身利益的行政"分割",导致了产业发展的重复建设和资源利用不经济。在政府主导下,各地争夺FDI以及产业项目,"你上什么我也上什么",产业发展同质同构严重、结构雷同,地方政府不合理逐利;雷同产业带来重复的投资、过剩的产能,也使得各地方之间因同质化竞争形成无形的壁垒,区域市场分割、行政垄断和"地方保护"等现象明显,加重了产业同质化问题;大多数工业园区产业混杂,产业配套不完善,低效产业集群乱象严重。从产业结构看,长三角是以制造业为基础,以生物制药、电子通信、新材料等高新技术为支柱产业,产业结构同质同构进一步扩大;核心城市辐射力和影响力不突出,缺乏高效合作;不合理的产业结构和空间布局带来了资源环境的过度消耗,产业过度集中、分布失衡,产业运营出现"叠加成本"的不经济。长三角一体化发展面临的这些问题,需要重新认识区域经济一体化,寻求一体化推动高质量发展的新动能,提升区域的整体竞争力。

为了促进长三角经济实现一体化高质量发展,长三角区域合作办公室编制了长三角一体化发展三年行动计划,着力推动长三角更高质量的一体化发展。提出共建互联互通综合交通体系,提升能源互济互保能力,共筑现代产业集群新动能,共建高速泛在的信息网络,合力打好污染防治攻坚战,共享普惠便利的公共服务,共创有序透明的市场环境,加快建立健全有效的区域协调发展新机制。

三、促进长三角经济一体化高质量发展的主要举措

促进长三角经济一体化高质量发展应以习近平新时代中国特色社会主义思想为指引,深入贯彻落实新发展理念,提升合作质量,加快推动长三角地区质量变革、效率变革、动力变革,在创新驱动、经济转型、改革开放和区域一体化发展等方面继续走在全国前列,迅速成为具有全球竞争力的世界级城市群。

(一)加强规划对接与战略协同,构筑长三角经济一体化高质量发展新优势

要加强规划对接与战略协同,把发展规划的一体化作为重要抓手,以高水平

规划引领长三角一体化高质量发展。建立健全规划衔接与协调机制，做好顶层设计，促进形成统一协调的发展格局。应明确各城市在一体化高质量发展中的定位，形成各城市分工合作错位发展的格局，最大限度地发挥优势互补、互利共赢。要充分发挥上海的金融与对外开放优势、浙江的电子商务以及小商品流转优势、江苏的科技研发和高端制造优势、安徽的科技资源和农业优势，破解长三角以往的产业同质同构问题，促进区域产业价值链的形成。

编制实施好长三角地区一体化高质量发展短期行动计划，加快编制长三角地区城际公路、铁路网规划和民航协同发展规划，着力打通省际"断头路"，进一步优化能源基础设施布局。积极把握新一轮扩大开放机遇，联动建设上海和浙江自贸试验区，复制推广自贸试验区先进的创新成果。以张江、合肥综合性国家科学中心建设为龙头，放大苏南、杭州国家自主创新示范区的带动效应，加快构建区域创新共同体，研究规划建设长三角科技创新圈。

（二）推进一体化市场体系建设，优化长三角营商环境

要推进一体化市场体系建设，增强市场一体化共享机制的协同性、包容性，共同营造长三角良好的营商环境。不论是行政区之间的基础性专项领域一体化，还是以国家战略为主的对标世界前沿、先行示范、领先国内发展的一体化，都必须以要素自由流动、资源优化配置为前提。因此，破除制约区域间要素流动的体制机制障碍，打破行政区划对生产要素自由流动的各种限制，让生产要素能够基于经济规律自由流动，实现资源在空间上的优化配置，成为深化长三角一体化的关键点。

转换政府职能，真正落实市场配置资源的决定性地位，健全市场化、法治化的营商环境，形成对微观主体合理、高效的激励约束。在私人产品领域，实现区域市场的充分开放和自由竞争，鼓励区域内企业跨地区、跨产业、跨所有制的兼并重组。淡化政府行政的影响和力量，真正让市场充当配置各类资源的主体。加快实现长三角在行政审批制度改革上的同频共振，为营造公平竞争的市场环境创造条件。

（三）深化民生工程合作，增强人民群众对一体化发展的获得感和认同感

让群众共享发展成果，是长三角一体化发展的根本出发点和落脚点。要坚持以人民为中心，共建共享民生工程，增强人民群众对长三角一体化高质量发展的获得感和认同感。深化区域教育、医疗、养老、公共交通、旅游、体育、食品安全等民生领域合作，强化高层次、多样化的服务供给，推动公共服务便利化，让更优、更好的资源惠及更多长三角老百姓。推动长三角城市间公交一卡通、通关一体化等

的全面实施，支持主要城市间开通城市公共交通线路。强化养老政策协同，开展异地养老的研究推进。率先为合理的城乡人员双向流动创造政策条件，让农民工进得了城落得了户，孩子上得了学；让城里人回得了故乡，为建设新农村做贡献。

加强顶层设计，深化与互联网企业合作，运用信息化技术手段，构建互联互通的信息服务平台，实现各地民生信息的无缝对接，让数据多跑路，让居民少跑腿。开通异地就医直接结算 APP 等业务，进一步提高异地就医直接结算的质量。加快推进扫码过闸的便捷通行服务，建立健全民生档案异地查询联动机制。通过一系列举措，既让人民群众有获得感，也能够增进对一体化的认同感。

（四）打好污染防治攻坚战，加快建设美丽长三角

长三角地区同在一片蓝天下，同饮一江水，必须以舍我其谁的担当，坚决扛起打好污染防治攻坚战的政治责任，顺应老百姓对优良生态环境的期盼，展现高质量发展的生态成果。长三角各地区要牢固树立新发展理念，加快绿色金融发展，坚持绿水青山就是金山银山，落实好国家相关政策，借鉴各地好的经验做法，在建设生态屏障、改善区域水环境和空气质量、完善监测网络、保障重大活动环境等方面进一步强化协同性，打造与世界级城市群相适应的自然生态、人居环境和区域风貌。

要共同推进、完善长三角跨区域环境污染联防联治机制，着力解决突出环境问题，加快建设美丽长三角。以更加精准高效的减排措施打赢蓝天保卫战；坚持上下游联动、水岸联治，加强水源地协同保护，确保广大人民群众喝到好水、放心水；设立生态建设专项基金，健全和完善区域生态补偿机制，对在区域环境保护中承担生态功能而影响经济发展的地区，予以合理的经济补偿。

（五）高水平开放，引领长三角一体化高质量发展

负面清单和政府管理模式及制度创新是高水平开放的内容之一，长三角应对国际经贸规则，继续推进高水平开放的制度创新。金融的本质是跨区域跨时期的资源配置手段，"走出去""引进来"需要金融支撑，应建立基于区块链技术的跨区域投融资平台，设立长三角发展银行，加速推进金融领域市场开放，充分利用上海金融中心和金砖银行总部等优势，形成重大项目融资中心。

长三角地区应加快推进产业一体化。产业一体化是长三角一体化的核心内容之一，上海是长三角地区的领导者，应依托四个中心及科创中心建设，实现高水平开放和高质量发展，并为长三角地区提供高水平和高质量的服务，利用互联网平台推动跨境电商建设，在金融创新机制下促进多边金融平台和金融服务建设。

参考文献

[1]肖金成.长三角城市群一体化与高铁网络体系建设[J].发展研究,2014(5):8-12.

[2]肖金成.长江经济带一体化必须消除行政壁垒[J].中国经济周刊,2016(8):25.

[3]肖金成,黄征学.促进东部地区率先转型发展的基本思路[J].全球化,2015(8):72-84,134.

[4]肖金成.破题长三角更高质量一体化发展[J].小康,2018(24):26-27.

[5]李清娟.打破流动壁垒 促进长三角人才市场一体化[J].群众,2019(18):42-43.

[6]李清娟.长三角都市圈一体化研究[M].北京:经济科学出版社,2007.

[7]张学良,李丽霞.长三角区域产业一体化发展的困境摆脱[J].改革,2018(12):72-82.

[8]肖金成,黄征学,李博雅.长三角区域市场一体化发展的路径选择[J].改革,2018(12):83-91.

（本文发表于《宏观经济管理》2020年第4期,合作者为李清娟,经济学博士后、复旦大学泛海国际金融学院智库中心主任、上海华夏经济发展研究院执行院长、长三角智库联盟中心主任。）

黄河流域黄土高原的生态治理

　　黄河中游黄土高原区（以下简称"黄土高原区"）地处山西、陕西和河南三省接壤地区。受土质疏松、地形破碎、降雨集中等自然因素和陡坡开垦、过度开发等人为因素的影响，水土流失面积广、土壤侵蚀强度大，是黄河粗泥沙的主要来源地。加快推进生态建设、生态共建共保，对于改善黄土高原生态环境、减少入黄泥沙、维持黄河长治久安具有重要的现实意义。

一、黄土高原区生态保护面临的不足与短板

　　黄土高原区属于国家级水土流失重点治理区，也是国家生态建设的重点区域。近年来，国家先后实施了退耕还林还草、天然林保护、水土保持等生态建设工程，成效较为显著，但面临的生态问题仍很突出。

（一）水土流失问题仍很严重

　　黄河干流流经晋陕峡谷，汇集了汾河、渭河等黄河支流，以及100多条小河流。区内分布有黄土高塬沟壑区、黄土丘陵沟壑区、河谷平原区和土石山区，水土流失面积约占土地面积的69%，水蚀剧烈叠加风蚀，年输沙量约占黄河总输沙量的60%。多年来，国家实施了水土保持重点建设工程、三北防护林体系建设工程、退耕还林还草工程、黄土高原淤地坝建设等一系列生态建设工程，对控制土壤侵蚀、恢复植被、减少入黄泥沙等均发挥了重要作用，局部地区实现由"黄"变"绿"的根本性转变。但区内仍有几万平方公里水土流失区需要治理，沿黄各干支沟道及台地坡面水土流失问题仍很严重，城镇建设、资源开发等人类活动产生的水土流失问题也不容忽视，每逢暴雨泥沙俱下，大量表土冲入黄河主河槽和三门峡库区，泥沙下泄直接影响黄河下游防洪安全，治理水土流失任务依然艰巨。

（二）淤地坝老化失修与建设不足并存

　　淤地坝是指在黄土高原水土流失沟道中修建以滞洪拦沙和淤地造田为目的的水土保持工程，具有拦截泥沙、保持水土、淤地造田的功能，可为当地群众脱贫

致富创造条件。根据淤地坝库容可分为:库容 50 万~500 万立方米为大型淤地坝或骨干坝,库容 10 万~50 万立方米为中型淤地坝,库容 1 万~10 万立方米为小型淤地坝。

黄土高原区的淤地坝建设经历了 20 世纪 50 年代试验示范、60 年代逐步推广、70 年代快速发展、80 年代坝系建设以及 90 年代除险加固等阶段,淤地坝数量大量增加,在控制水土流失、减少入黄泥沙、改善生态环境、促进农业规模化生产等方面发挥了不可替代的作用。受投资和认识水平的限制,20 世纪七八十年代建设的淤地坝,建设标准偏低,坝体设施不配套、多数无泄洪设施,病险坝数量增多,已难以满足防洪和保水土的要求。与此同时,经过几十年的运行,许多坝体工程因年久失修、设施老化,存在不同程度的毁损,部分淤地坝已丧失继续拦泥和防洪的能力,甚至还存在安全隐患。如临汾市已建成大中型淤地坝 531 座,其中有 400 余座大中型病险淤地坝需要除险加固。各类病险淤地坝存在不同程度的安全隐患,发生溃坝的潜在风险加大,迫切需要除险加固。

与此同时,由于黄土土质松软,加之降雨集中造成强烈的水蚀作用,黄河台地仍然不断被切割成众多沟道小流域,局部地区仍呈现沟壑纵横、梁峁起伏、植被稀少的生态状况,需要新建淤地坝的支沟还不少,仅临汾市可供建设的大中型淤地坝就有 150 余座。

(三)巩固退耕还林还草成果压力大

退耕还林还草是党中央、国务院为改善生态环境,保障国家生态安全的重大决策,也是完善强农惠农政策的重要举措。退耕还林还草工程的实施,对提高林草植被覆盖率、减轻水土流失、减少入黄泥沙,改善农民生产生活条件发挥了重要作用。

由于退耕还林工程的实施区域多为生态脆弱区和经济欠发达地区,退耕农户的生计来源有限,对来自土地收益和国家退耕补助的依赖性很强。受降水量少等自然条件影响,退耕后的林木生长缓慢,多数退耕林地到补助期满也难以获得经济收益,特别是占 80%以上的生态林只具有生态价值,不具有经济价值。从 2015 年开始,退耕还林农户享有的第二轮补助陆续到期;在第二轮补助结束后,巩固退耕还林成果项目又难以覆盖到所有退耕农户,这些农户即使享受国家森林生态效益补偿政策也是杯水车薪。如果没有后续政策支持,农户保护退耕还林成果的热情随之减小,少数生态保护意识淡薄的农户可能在生计和利益的双重驱动下,毁林复耕,造成新的水土流失。

(四)黄河滩区开发与保护矛盾突出

黄河滩区是指黄河大堤与河道之间广阔的滩地区域,具有拦蓄洪水、削减洪峰、沉积泥沙的功能。黄河出龙门后,河道骤然变宽,河床由 100 米的峡谷展宽为 4 公里以上,最宽处达 18 公里之多,过潼关后河宽又收缩为 850 米,区间分布有大量黄河滩地,其中汾河、渭河入黄口滩地达 20 万亩之多。黄河滩地由黄河水携带泥沙淤积而成,地形平坦、土壤肥沃,水资源丰富,既是主要排沙放淤沉积区,又是水生物集聚地,具有较大的开发潜力,具备生产各类农产品尤其是国家战略物资——粮食的优良条件。

近年来,随着黄河来水量、淤沙量减少和防洪能力的提高,地方政府和广大群众对开发黄河滩地资源寄予厚望。但在现有的相关防洪法律法规下,滩区土地难以开发利用,保护与开发的矛盾突出。

二、加快黄土高原区生态保护与治理的建议

党的十九大报告将加大生态系统保护力度作为主要任务,并强调"提升生态系统质量和稳定性","开展国土绿化行动,推动荒漠化、石漠化、水土流失综合治理"。黄土高原区生态保护进入巩固和扩大治理成果、提升生态环境质量的关键时期,面临"逆水行舟、不进则退"的处境。国家要继续把粗泥沙集中来源区作为水土流失治理的重中之重,加快林草植被恢复、病险淤地坝除险加固和坝系建设、保护黄河湿地、创新生态保护资金使用方式,坚持治理和修复双管齐下,经过长期不懈的努力,使区域生态环境得到根本性改善,为改善黄土高原生态环境,减少入黄泥沙,保障黄河安澜奠定坚实的基础。

(一)多措并举,把黄土高原区水土流失治理作为重中之重

黄土高原区是国家生态建设重点推进区域,治理水土流失是生态建设的重要内容,也是扭转生态面貌的重要举措。国家发改委等四部委联合发布的《黄土高原地区综合治理规划大纲(2010—2030 年)》明确提出:"针对黄土高原地区水土流失特点,水土保持及土地整治工程建设坚持把多沙粗沙区作为重点,把粗泥沙集中来源区作为重中之重,按照因害设防的原则布设。"在巩固前期治理成果的基础上,加快汾渭丘陵台塬水土流失综合治理,保护与建设山地水源涵养林。国家实施的退耕还林还草、重点生态保护修复治理、水土保持工程建设、中小河流治理、淤地坝治理等生态保护和建设资金向黄土高原区倾斜,提高林草植被覆盖率,持续减少水土流失面积和入黄泥沙,为实现《黄河流域综合规划(2012—2030 年)》提出的"到 2030 年黄河水沙调控和防洪减淤体系基本建成,洪水和泥沙得到有效控制"的目标做出贡献。

充分发挥生态系统的自我修复能力,以黄土高原沟壑区、黄土丘陵沟壑区和

土石山区等多沙粗沙区沙集中来源区为重点,实施黄河高阶台地边缘坡面及边沟生态修复治理工程,开展梯田、林草工程建设及封禁保护,在黄河二、三级台地边缘陡坡地种植生态林和经济林,拦蓄泥沙、保持水土,开展汾河流域生态修复工程建设,改善流域生态环境。完善区域内水土保持生态环境监测网络,开展多沙粗沙区重点支流水土保持监测,强化预防监督和执法监督。

退耕还林还草是治理水土流失的重大生态修复工程,也是促进农民脱贫致富的重要手段。但是,新一轮退耕还林的补助标准同上轮相比有所下降,加之物价水平的提高,以及农业耕地补贴政策的出台,致使退耕还林的比较效益大大降低。建议根据造林难易程度、物价、经济社会发展水平以及退耕还林预期收益,适当提高新一轮退耕还林补助标准,延长补助年限,确保真正"退得下、稳得住、不反弹"。

(二)加快病险淤地坝除险加固和坝系建设

黄土高原区已建成的淤地坝不仅承担保持水土、提高农业综合生产能力、增加耕地面积的任务,还承载着补齐农村基础设施短板、改善农村人居环境等功能,尤其是拦减泥沙的功能是其他措施不可替代的。

为确保已建成的淤地坝持续发挥效益和安全运行,保障坝下广大群众生命财产安全,应重点推进中型以上病险淤地坝除险加固,尽早消除安全隐患。对于淤满后的淤地坝,应完善以溢洪道为主体的排洪设施建设,做好坝体陡坡防护,提高坝体植被覆盖度,保障安全运行。

黄河具有"水少沙多,水沙关系不协调"的显著特点。粗泥沙是造成下游河道淤积的主要物质,最大限度控制入黄粗泥沙是减轻下游河道淤积抬高,缓解下游防洪压力的关键。因此,在黄土高原区的粗泥沙集中来源区,继续实施以小流域为单元,以骨干坝为主体,中型、小型淤地坝配套建设的拦沙减沙体系。近期重点支持黄河小北干流和三门峡库区周边支沟道内建设淤地坝,利用区域独特的自然条件采取筑坝拦沙、放淤排沙等措施,最大限度减少入黄泥沙,减轻小浪底水库淤积及黄河下游泥沙淤积抬高河道的压力。加强对淤地坝工程设计、资金、招标、施工、质量等环节的管理,确保淤地坝如期建成和安全运行。

黄河生态治理尤其是淤地坝建设是一项关乎中国北方生态环境、减少黄河中下游泥沙、增加耕地储备保障粮食安全的生态保护工程,不是"小打小闹"所能解决的。过去,靠当地群众自发开展的方式,虽然有一些效果,发挥了巨大作用,但解决不了根本问题,有些还留下隐患。建议进行统筹规划,科学设计,分期实施黄土高原区淤地坝建设工程,由国家出资进行建设。可由黄河水利委员会作为投资主体,在黄土高原区选择若干片区首先开始规划设计施工。像20世纪六七十年代根治海河工程和 90 年代长江三峡工程那样作为世纪性工程,才能根本实现黄河长治久安的效果。

（三）共同保护和合理开发黄河湿地

黄河湿地作为重要的生态廊道,是黄土高原区重要的资源宝库。黄河湿地生态系统存在碎片化管理、多头管理和管理机构权责不清等问题。区内已建成三处湿地自然保护区,分别是河南黄河湿地国家级自然保护区（三门峡段）、山西运城湿地省级自然保护区、陕西黄河湿地省级自然保护区。现有的湿地保护区按行政区域分而治之,实行属地化管理。以三门峡库区湿地为例,黄河南湿地属三门峡管理,黄河北湿地属运城管理,各自负责所管辖的区域。

建议保护黄河湿地生态系统完整性,打破部门分割和地域限制,整合各类保护地管理机构,使日常管理、综合执法、经营监管等政出一门。将山西运城湿地省级自然保护区、陕西黄河湿地省级自然保护区升级为国家级自然保护区,并入河南黄河湿地国家级自然保护区,并将名称统一为黄土高原区湿地国家级自然保护区,完善相应管理机构和基础设施,实行统一管理,解决同一生态系统多头管理、保护效率不高等问题。根据《自然保护区管理条例》,划分为核心区、缓冲区和实验区,并采取相应的保护措施,实施湿地保护与恢复工程。

开展生态旅游是湿地保护与合理利用的有效途径,在满足黄河行洪、输水安全的前提下,依托黄河沿岸自然风光与民俗风情等旅游资源优势,挖掘天下黄河的文化内涵。与旅游公司合作,适度开发公众休闲、旅游观光、生态康养服务,塑造黄河风情旅游品牌,并完善旅游配套基础设施和公共服务。

（四）创新生态保护资金使用方式

随着国家对生态文明建设的重视,各级财政用于生态建设的资金渠道增多。树立山水林田湖草是一个生命共同体的理念,探索以地级市为基本单元,统筹和整合来自发展改革、林业、环保、水利、农业等部门的各级各类生态建设资金,按照生态工程建设、生态管护、基本公共服务、农民增收（直接到户资金）、产业发展五类,在允许范围内加大资金捆绑使用,发挥"集中力量办大事"的优势,改变治山、治水各自为战,资金使用"碎片化"和效益偏低的问题。市级政府要制定整合生态建设资金使用管理办法,明确部门分工、资金用途、监管措施,让生态保护资金真正发挥效益。强化国家和省级政府对生态建设资金使用成效的监督管理和考核,把生态保护成效作为衡量生态建设资金整合使用的主要标准,建立奖惩结合的双向激励机制。

（五）推进生态保护市场化改革

发挥退耕还林还草、水土保持、"三北"防护林体系建设等重大生态保护修复工程的引导作用，采取招投标方式鼓励符合条件的企业、农业合作组织等生产经营主体，采取"公司+农户"或"公司+基地+农户"的模式参与生态建设项目，促进国家生态保护项目与专业合作组织、企业等多种经济主体有效对接，撬动金融资本和社会资金投入生态建设，积极发展生态保护修复市场服务。

按照"谁投资、谁经营、谁受益"的原则，鼓励和引导社会资本采取承包、租赁、股份合作等形式，以公司化运作的方式对荒山、荒沟、荒丘、荒滩进行综合治理。支持地方政府采取特许权经营方式，支持大企业对小流域进行生态重建和保护性开发。即政府掌控规划权，而把开发权、收益权委托给有经济实力的大企业进行综合开发，投入资金对山水林田湖进行综合治理，同时发展旅游、休闲、养生、养老、特色养殖、特色农业、特色林果、特色花卉等项目，实现生态保护和经济收益相得益彰。

推进生态产品市场化改革，探索建立政府购买生态林制度，由具有资质的生态保护企业按有关标准营造与管护生态林，经验收合格后由政府购买生态产品，让权属人获得产权收益。

支持发展既有生态价值，又有经济价值的生态经济林，如核桃、大枣、毛叶山桐子、柠条等树种，发展林下经济、特色经济林生产基地，推进林业适度规模经营。

发挥政府财政资金的杠杆作用，采取投资奖励、补助、担保补贴、贷款贴息等多种方式，鼓励和引导各方面资金投入生态建设项目。

（本文摘要发表于《中国经济时报》2019 年 9 月 27 日，合作者为宋建军，生态学博士，国家发改委国土地区研究所资源环境室原主任、研究员。）

成渝地区双城经济圈建设研究

　　中共中央总书记习近平 2020 年 1 月 3 日在中央财经委员会第六次会议上提出，要推动成渝地区双城经济圈建设，在西部形成高质量发展的重要增长极。这意味着继京津冀、长三角、粤港澳大湾区之后，成渝地区成为国家重点支持和发展的地区，打造中国区域经济发展"第四极"。本文拟就成渝地区双城经济圈做一些分析，并就范围与发展提出一些建议。

一、加快成渝地区双城经济圈建设的意义

　　成渝地区位于长江经济带的上游地区，我国东中西三大地带中西接合部和南北交汇处，东邻湘鄂，西通青藏，南连云贵，北接陕甘，是承接华南华中，连接西南西北，沟通中亚、南亚、东南亚的重要交汇点和交通走廊。依托综合交通运输干线，可广泛与我国其他地区乃至周边国家联系。地处四川盆地腹地，地势较为平坦，气候温和，雨量充沛，土地肥沃，物产丰富，天然气、页岩气、水能、生物资源、旅游资源丰富，具备进一步发育、成长、壮大的基本条件，能够承载较大规模的人口聚集。

　　成渝地区经济聚集度较高，但经济发展水平不高。工业结构中仍以劳动密集型产业、传统产业为主，能源原材料工业占据较大比重，技术密集型产业、高技术产业比重较低，产品技术含量和附加值不高，市场竞争力不强；生产性服务业发展相对滞后。整体创新能力不足，研发投入水平不高，科技创新对经济发展的贡献度低，创新环境有待改善。

　　城镇化进程明显加快，但发展质量有待提高。成渝地区是西部人口最稠密的区域，以占重庆、四川两省市约 30% 的面积承载了两省市 75% 的人口，以占西部地区约 2.6% 的面积承载了西部地区 23% 的人口。虽然存在人口向域外流出的现象，但群内人口更多地向城市聚集，尤其是向重庆主城区和成都主城区集聚的趋势更强，同时，一些城市的人口增长也比较迅速，如绵阳、南充和泸州三市市区的常住人口已经超过了 100 万。但中小城市与大城市在基础设施建设、公共服务供

给等方面存在较大差距。农业转移人口与城市居民在基本公共服务水平方面仍存在较大差距。

双核结构特征突出，城镇体系尚须优化。市辖区常住人口 500 万以上的特大城市 2 座（重庆市主城区和成都市主城区）、100 万~300 万的大城市 8 座、50 万~100 万的中等城市 8 座、50 万以下的小城市 10 座，建制镇数量近 2000 个。通过计算城市流强度，可以看出重庆和成都明显属于高城市流强度类别，其他城市的城市流强度明显较低。成渝双核仍处于集聚发展阶段，成为要素聚集高地，其他城市间、多维度的联系尚未形成。除特大城市重庆、成都外，区域内缺乏 300 万~500 万人的大城市；中小城市发展相对滞后，人口集聚规模小；小城镇数量众多，但对人口的吸纳能力较小。不同规模城市之间尚未形成紧密的有机联系。

根据成渝地区所处的优势地位，国家历来十分重视该区域的发展。2011 年，国务院批复实施《成渝经济区区域规划》，明确要求把成渝经济区建设成为西部地区重要的经济中心，在带动西部地区发展和促进全国区域协调发展中发挥更加重要的作用；2016 年，国务院批准《成渝城市群发展规划》，提出到 2020 年，成渝城市群要基本建成经济充满活力、生活品质优良、生态环境优美的国家级城市群。2019 年 4 月，习近平总书记视察重庆时，提出要加快推进成渝城市群一体化发展，在财经委员会会议上又首次提出"成渝地区双城经济圈"，对成渝地区进一步聚焦。从成渝经济区、成渝城市群再到成渝地区双城经济圈，意味着成渝地区在全国区域发展中的战略地位不断上升，昭示未来成渝城市群将完成由国家级城市群向世界级城市群的历史性跨越。

成渝地区双城经济圈是成渝城市群的核心区，是我国西部地区发展水平最高、发展潜力最大的区域，是引领西部地区加快发展、提升内陆开放水平、增强国家综合实力的重要支撑，在促进区域协调发展和国际合作中具有重要的战略地位。中央做出推动成渝地区双城经济圈建设的决策既是成渝地区担当国家使命的政治任务，也是成渝地区在历史交汇期迎来的重大战略机遇。应抓住"一带一路"建设、长江经济带发展和新时代西部大开发的重大机遇，将成渝地区双城经济圈发展成为具有全国影响力的重要经济中心、科技创新中心、改革开放新高地、高品质生活宜居地，切实担当党中央赋予双城经济圈的重大使命，当好西部经济高质量发展的"引擎"和"领头羊"。

二、成渝地区双城经济圈范围的界定

关于成渝地区双城经济圈范围的界定，我们运用城市圈域半径、最短公路里程和通行时间以及经济联系强度模型三种定量分析方法分别对成渝双城经济圈的范围进行了界定。

（一）城市圈域半径

成渝地区双城经济圈的"双城"指的是重庆和成都两大都市，根据区域空间结构由城市→都市→都市圈→经济圈演进的路径，核心城市在构建都市圈和经济圈中具有重要作用。

城市 GDP 总量和城市人口规模是城市辐射能力和辐射大小的主要依据，一般而言，GDP 越大，经济势能越大，辐射带动范围越大，城市圈域半径也越大，相反亦然。但同时，城市经济势能大小还要充分考虑城市服务功能，笔者采用基础设施指数和服务设施指数对中心城市的量级进行了修正。

通过分析成渝地区核心城市经济势能指数与圈域半径，结合成渝地区各城市分布状况可以看出：受成都辐射影响较大的城市包括德阳、绵阳、资阳、眉山、乐山、内江、自贡、雅安等市；受重庆主城区（渝中、大渡口、江北、沙坪坝、九龙坡、南岸、北碚、渝北、巴南、长寿、江津）辐射影响的城市包括綦江、合川、永川、南川、璧山、铜梁、潼南、荣昌、涪陵、武隆、垫江、丰都、泸州、遂宁、广安、南充、大足。

（二）最短公路里程和通行时间

核心城市经济势能辐射带动力遵循距离衰减的规律，因此最短公路里程和通行时间成为都市圈范围划定需要重点考虑的因素。国外都市圈往往以通勤距离作为主要依据，日本三大都市圈的圈域半径一般都在100～150公里。川渝地区各城市到成都、重庆主城区的最短公路里程和通行时间如下。

成渝地区地域辽阔，四川全省面积48.5万平方公里，重庆全市面积8.24万平方公里，笔者以200公里最短公路里程或2小时通行时间初步划定成渝地区双核经济圈的范围。四川的成都、德阳、绵阳、眉山、资阳、遂宁、乐山、雅安、自贡、内江、南充、泸州、广安（13个）以及重庆的主城区（11个）、大足、綦江、合川、永川、南川、璧山、铜梁、潼南、荣昌、涪陵、垫江、梁平、丰都、武隆、石柱（共15个）都在200公里范围内。除上述地区外，尽管宜宾没有在成都和重庆2小时经济圈内，但宜宾到自贡、泸州的最短公路里程分别为74.5公里、107公里，含在自贡和泸州2小时经济圈内，应考虑纳入成渝地区双核经济圈范围。

（三）经济联系强度

区域经济联系强度是用来衡量区域内各城市间经济联系强度的指标，或称空间相互作用量，既能反映经济中心城市对周围地区的辐射能力，也能反映周围地区对经济中心辐射能力的接受程度。

成渝地区经济首位度最高的无疑是重庆和成都，以重庆与成都为参照，我们测算了成渝地区各城市与重庆、成都的经济联系。

将成渝地区各城市与成都的经济联系密切度进行排序,由强到弱依次为眉山、德阳、重庆主城区、资阳、绵阳、乐山、自贡、遂宁、内江、南充、泸州、雅安、宜宾,其余各城市与成都的联系相对较弱。

对成渝地区各城市与重庆的经济联系密切度进行排序,由强到弱依次为合川、璧山、永川、綦江、成都、涪陵、铜梁、南充、大足、泸州、荣昌、广安、内江、遂宁、自贡、潼南、宜宾,其他地区与重庆主城区的经济联系相对较弱。

(四)重庆都市圈与成都都市圈范围的确定

通过以上三种方法分析的结果,并综合考虑成渝地区地形地貌、交通状况以及经济社会发展等因素,综合判定重庆都市圈和成都都市圈的范围应包含的区县共38个。

重庆都市圈和成都都市圈包括的范围:渝中、大渡口、江北、沙坪坝、九龙坡、南岸、北碚、渝北、巴南、大足、綦江、江津、合川、永川、南川、璧山、铜梁、潼南、荣昌、涪陵、长寿、丰都、垫江、武隆、成都、德阳、绵阳、眉山、资阳、遂宁、乐山、雅安、自贡、泸州、内江、南充、宜宾、广安等地。双城经济圈应以两大都市圈为基础,主要根据经济联系来确定,经济圈与都市圈不同,规划范围可适当扩大。

三、提升核心城市辐射带动功能

在成渝地区双城经济圈建设中,应增强重庆和成都高端要素集聚能力,发挥科技创新、文化引领和综合服务功能,优化功能分区和产业布局。优先发展高端服务业,大力提高自主创新能力。增强文化软实力,提升城市综合竞争力,提高辐射带动能力。增强两江新区和天府新区高端要素服务功能,突出金融、科技创新等重点领域,推进全方位、多层次、宽领域的对内对外开放,努力改善营商环境,打造以现代制造业为主、高端服务业集聚、宜业宜商宜居的国际化现代新城区。应积极主动参与国际国内竞争合作,承接东部沿海和国际产业转移,培育壮大产业集群,增强综合承载能力,提升要素集聚功能,构建以重庆、成都为极核,具有较大区域带动作用的现代化都市圈。

(一)加快重庆现代都市圈建设

重庆都市圈包括重庆市的24个区县和四川省的7个地级市,即重庆主城9个区(渝中、大渡口、江北、沙坪坝、九龙坡、南岸、北碚、渝北、巴南),潼南、铜梁、大足、璧山、荣昌、永川、江津、合川、綦江、南川、涪陵、长寿、武隆、丰都、垫江及四川省的泸州市、宜宾市、内江市、自贡市、广安市、遂宁市、南充市。

重庆都市圈具有较好的区位优势、资源环境条件和发展基础,依托长江,经济腹地广、辐射能力强、宜居空间大,是成渝双城经济圈最具经济活力、最适宜开发的区域之一,也是成渝双城经济圈最主要的人口和经济集聚地,应以重庆主城区为核心,打造长江上游地区的金融中心、商贸物流中心、科教文化中心和综合交通枢纽,并沿长江向东西延伸,沿嘉陵江向北延伸,以泸州、宜宾、涪陵、内江、自贡、广安、遂宁、南充、永川、合川等为支点,形成众星捧月的空间开发格局,将其建设成为长江上游地区的经济中心和城镇化的重要载体,成渝双城经济圈的核心区之一。发挥重庆主城区对周边地区的辐射带动作用,并把重庆及周边地区建成经济繁荣、社会和谐、环境优美、生态宜居的都市圈。

(二)加快成都现代都市圈建设

成都都市圈地处成都平原,包括成都、德阳、绵阳、资阳、内江、自贡、眉山、乐山、雅安等地级市,主要城市沿岷江、沱江等带状分布,城市和城镇相对密集。要发挥成都主城区的辐射带动作用,以主要交通走廊为纽带,形成以成都主城区为核心,以德阳、绵阳、资阳、眉山、乐山、雅安等城市为支点,以成绵乐城际客运专线,宝成—成昆铁路和成绵、成乐高速公路,成渝城际客专,环成都高速环线等为支撑的都市圈。着力推动成德绵乐同城化发展,加强德阳、资阳、眉山、乐山、雅安与成都主城区规划的衔接,积极承接产业转移,构建圈内无缝衔接的综合交通网络。促进现代服务业、装备制造、电子信息、新材料及特色农业发展,建设城乡一体化、全面现代化、国际化程度较高的都市圈。

(三)加快两大都市圈的耦合与互动

内江市和自贡市位于两大都市圈的接合部,处于两大都市的辐射边缘,可受到两大都市的辐射,对其经济要素的吸引力也比较大。两市是两大都市圈的接合部,也是双城经济圈的连接点。应进一步增强城市综合承载能力,完善城市功能,加快产业和人口集聚,提高要素集聚、科技创新、文化引领和综合服务功能,推动产业转型升级,支撑区域整体发展。加快发展特色优势产业和战略性新兴产业,大力发展现代服务业,完善服务功能,增强就业吸纳能力,共同建设300万人口以上的大城市。

(四)重视小城镇的发展

要发挥小城镇功能和连接大中城市的区位优势,支持经济实力雄厚、竞争力较强、发展空间较大的重点镇加快发展,因地制宜地发展各类综合性或专业性商品批发市场,建设农副产品的生产、加工和销售基地,充分利用风景名胜及人文景观,发展观光旅游业,努力打造一批特色鲜明的工业镇、商贸镇、旅游镇,完善重点镇基础设施,增强重点镇公共服务能力,鼓励农村新办企业向镇区集中,鼓励大中城市的工商企业到小城镇发展。

四、提高双城经济圈的创新创业能力

大力实施创新驱动战略,健全技术创新市场导向机制,增强市场主体创新能力,促进创新资源综合集成,加快区域创新平台建设,加强科技成果转化,深化科技体制改革,营造大众创新、万众创业良好氛围,建设成为长江经济带上游地区创新驱动先导区。

(一)打造创新创业发展新载体

加快推进成都、重庆建设国家创新型城市,实施创新驱动发展战略,大力推进大众创业万众创新,进一步提升区域创新能力。以两江新区、天府新区和一批国家级高新技术开发区为载体,打造成渝创新驱动核心区。积极推动重庆两江新区—成都高新区等联合创建国家自主创新示范区。加快绵阳科技城建设,推动建设以军民融合为特色的自主创新示范区。鼓励高校、科研院所和地方共建地校(院)科技创新产业园、高新技术产业基地和现代农业科技示范园。鼓励发展创新工场等新型创业孵化器,建设低成本、便利化、全要素、开放式众创空间,以创新创业链支持产业链、以产业链带动就业链,激发成渝双核经济圈的创新活力和创业热情,进一步增强产业竞争新优势。

(二)共建共享创新创业技术资源

打破地区行政分割,共建以企业为主体、以市场需求为导向的产学研创新联盟。联合推动建设一批国家和省级重点实验室、工程实验室,积极培育国家和省级工程(技术)研究中心、企业技术中心等一批产业共性关键技术创新平台。完善科技基础设施、大型科研仪器和专利信息资源向全社会开放共享的长效机制。加强军地科技资源开放共享和军民两用技术相互转移,支持军地企业联合开展军民两用技术研发及产业化。

(三)完善创新创业服务体系

围绕产业升级和产业发展共性需求,整合公共服务资源,发展"互联网+"创新创业网络体系,促进创业与创新、线上与线下融合发展,构建资源共享、服务协同、功能完善的创新创业服务体系。引导和鼓励经济圈各市出台各具特色的支持政策,大力发展创新工场等新型孵化器,做大做强众创空间,积极盘活闲置的商业用房、工业厂房、企业库房、物流设施和家庭住所、租赁房等资源,为创业者提供低成本办公场所和居住条件。完善投融资模式,引导和鼓励各类创新创业孵化器与天

使投资、创业投资相结合。引导和推动创业孵化与高校、科研院所等技术成果转移相结合,完善技术支撑服务。健全科技型中小企业孵化服务体系,大力发展创业辅导、信息咨询、技术支持、融资担保、成果交易、检验检测认证等公共服务。创新公共服务模式,探索建立政府引导、中介服务、社会参与三位一体整体联动的服务模式,联合打造一批创新创业服务品牌。加强创新创业信息资源整合,建立创业政策集中发布平台。鼓励开展各类创业培训、创业论坛、创业创新大赛等活动,丰富创业平台形式和内容。

五、促进经济圈内外毗邻地区的次区域合作

打破都市圈之间的行政区划界线,创新体制机制,推进跨省市跨县交界地区融合发展。以打通"断头路"为重点加强交通通道连接,推进水利、电网等基础设施对接,推进基本公共服务一体化。共同打造一批各具特色的产业合作园区,积极承接产业转移。

（一）推进广安、遂宁和潼南、合川的次区域合作

立足区位优势和合作基础,重点推进省市交界市场建设、路网连通、跨界流域治理和扶贫开发,鼓励和支持川渝合作示范区(广安片区)建设,全面深化基础设施、产业布局、商贸市场、文化旅游和生态环保一体化发展。

（二）推进江津、永川、合江次区域合作

发挥紧临重庆主城区的区位优势,积极承接重庆产业转移,推进基础设施和产业园区共建,大力开展电子政务、电子商务建设,加强区域内相关部门间的信息资源共享,开展公共服务和社会管理创新试点。

（三）推进铜梁、潼南、安岳次区域合作

以打通"断头路"为重点,加快规划衔接和基础设施一体化建设。发挥产业合作基础,共同打造承接产业转移集中区。消除行政壁垒,建立共同市场。积极探索跨省跨区合作新模式,促进城乡统筹和跨区域融合发展。

（四）推进荣昌、隆昌、泸县次区域合作

合作共建川渝合作高新技术产业园,积极承接产业转移,重点布局装备制造、生物医药、新材料、电子信息等产业。共同构建绿色生态产业体系和立体交通网络,加强水域生态修复,解决突出民生问题。

参考文献

[1]陈建军,王国正.都市圈内涵与界定维度研究[J].江西社会科学,2009

（6）：74-79.

　　[2]陈群元,宋玉祥,喻定权.城市群发展阶段的划分与评判——以长株潭和泛长株潭城市群为例[J].长江流域资源与环境,2009,18(4):301-306.

　　[3]高汝熹,罗明义.城市圈域经济论[M].云南:云南大学出版社,1998.

　　[4]国家发改委.成渝经济区区域规划(2011—2020)[R/OL].中华人民共和国国家发展和改革委员会官网,2011.

　　[5]黄征学.城市群:理论与实践[M].北京:经济科学出版社,2014.

　　[6]刘晓丽.城市群地区资源环境承载力理论与实践[M].北京:中国经济出版社,2013.

　　[7]鲁金萍,孙久文,刘玉.京津冀城市群经济联系动态变化研究——基于城市流的视角[J].经济问题探索,2014(12):99-104.

　　[8]刘世庆,贾玫.成渝经济区对外开放战略的新思维[J].重庆工商大学学报（西部论坛）,2008,18(6):30-36.

　　[9]覃绍一,李学通.四川省水资源可利用量与承载力初探[J].人民长江,2011,42(18):41-44,49.

　　[10]四川省发改委.四川省主体功能区规划[R].四川省人民政府官网,2011.

　　[11]汪阳红,等.我国城市群发展研究[R].国家发改委宏观经济研究院内部报告,2013.

　　[12]汪阳红.区域治理理论与实践研究[M].北京:中国市场出版社,2014.

　　[13]王永炜.基于安全设计的公共建筑重要性分级评价初探[D].重庆:重庆大学,2007.

　　[14]肖红艳.成渝经济区重庆地区重点产业发展战略生态影响评价研究[D].重庆:重庆大学,2011.

　　[15]肖金成,袁朱.中国十大城市群[M].北京:经济科学出版社,2009.

　　[16]袁朱.川渝城市群发展趋势研究[J].经济研究参考,2014(26):50-60.

　　[17]张学良.2014中国区域经济发展报告:中国城市群资源环境承载力[M].北京:人民出版社,2014.

　　[18]张燕.我国城市群发展的总体态势及差异化发展战略[J].中国名城,2014(2):10-14.

　　[19]张燕.我国高新技术产业国际化的推进战略[J].中国发展观察,2014(12):30-33.

　　[20]周天勇,旷建伟.中国城市创新报告(2014)[M].北京:社会科学文献出版社,2014.

[21]朱万泽,王玉宽,范建容.长江上游优先保护生态系统类型及分布[J].山地学报,2011,29(5):520-528.

(2014年,国家发改委委托国土开发与地区经济研究所对成渝城市群规划进行研究,并得到国家开发银行的资助。课题负责人为肖金成、汪阳红,课题组成员为欧阳慧、贾若祥、袁朱、刘保奎、张燕、王丽等。本文参考了"成渝城市群规划研究"课题成果。)

第三篇 03

| 布局篇 |

我国空间结构调整的基本思路

经济空间指的是经济现象和经济变量在一定范围内以分布的位置、状态、规模和相互作用为特征的存在形式和客观实体,它反映了以地理空间为载体的经济事物的区位关系和空间组织形态。经济空间结构,其最基本的含义应是人类活动作用于一定区域范围所形成的组织形态,换言之,就是经济要素在地理空间上的分布状态及其变动趋势。改革开放以来,我国经济和社会快速发展,但在空间结构和空间开发秩序方面出现了不少问题,影响了全面建设小康社会目标的实现。因此,系统分析当前我国空间结构及空间开发秩序方面存在的主要问题,提出今后调整的思路以及"十一五"时期空间结构调整的主要任务,对于进一步推进空间结构优化、实现国民经济和社会全面、协调和可持续发展具有重要的现实意义。

一、目前我国空间结构存在的主要问题

我国地域辽阔,各地区的地形、地貌、资源、环境等自然条件各不相同,经济、社会、历史、文化等人文因素差异显著,这一切都决定了我国空间结构的特殊性和复杂性,也是目前我国空间结构存在一系列突出问题的基本背景。

(一)人口和经济活动的分布与资源的分布存在明显的空间错位

我国东、中、西部地区土地、水分、热量等自然条件的差异,导致人口和经济活动的聚集出现了较大的空间差异,基本形成由东向西递减的空间格局。从人口的空间分布看,东部地区占41%左右,中部地区占36%左右,西部地区占23%左右,人口的这种空间分布格局自改革开放至今基本保持稳定。从经济活动的空间分布看,主要集中于东部地区,并且这种趋势日益显著。目前,土地面积占全国14%的东部地区创造了约占全国60%的GDP,这一比重比中华人民共和国成立初期提高了约9个百分点。

但是,扩大生产、发展经济所需要的重要资源与人口和经济活动的空间分布存在明显的错位,提高了经济和社会发展的成本,成为影响我国空间结构调整的

基本现实。东部地区除铁矿资源外,其他矿产资源占全国的份额均在 35% 以下;中部地区除矿产资源外,其他资源占全国的比重都高于其人口和经济总量所占全国的比重;西部地区大多数主要矿产资源占全国比重均高于其人口和经济总量所占比重。另外,我国资源结构和种类的空间分布和组合很不均衡,不利于资源的开发利用。矿产资源方面,北方地区拥有丰富的能源和矿产资源,全国 90% 的煤、60% 的铁、99% 的石油集中分布在该地区,但 19% 的水资源拥有量在很大程度上限制了这些资源的开发和利用。尤其在西北地区,能源、矿产、有色金属资源十分丰富,但这些资源的开发和利用受到了该地区严重短缺的水资源的制约。南方地区尽管有丰富的水资源,能够为矿产资源的开发利用提供便利的条件,较高的经济发展速度也需要大量的能源和矿产品,矿产资源的储存量却十分贫乏。

(二)生态退化和环境污染问题日趋严重

随着我国工业化进程的加快,各地过于追求粗放型、速度型、规模型的经济增长方式,引发了严重的生态退化和环境污染问题,成为我国空间结构调整的严重障碍,也是制约国民经济和社会全面、协调和可持续发展的不利因素。生态退化问题主要体现在森林和草场资源的破坏、水土流失现失和荒漠化严重、生物多样性遭受威胁等方面。农业耕种、工业生产、旅游景区建设等项目占用大量林地,导致森林资源急剧减少。仅 1989—1993 年森林资源清查期间,毁林开荒和建设用地占用的有林地就达 200 万公顷,平均每年 40 万公顷;不合理的人为采伐、乱砍滥伐、森林火灾和病虫害使有林地转为无林地、疏林地、灌木地面积达 756 万公顷,平均每年 151 万公顷。我国的草地退化问题也相当突出,长期乱采滥挖、土地盐碱化、超载过牧等不合理的草地资源利用方式,导致草地面积减少和草地质量下降。据内蒙古、新疆、青海等十省区的不完全统计,近 20 年被开垦的草地达 680 万公顷,而全国每年损失的草地达到 200 万公顷,考虑到人工种草和改良草地每年增加的 133 万公顷草地,实际上每年净减少草地 70 万公顷。

水土流失和荒漠化是生态退化的另一个突出表现。据 1999 年遥感普查,我国水土流失面积达 355. 56 万平方公里,占国土面积的 37. 42%。尽管政府近 30 年来坚持开展水土保持工作,但总的情况是点上有控制,面上在扩大,全国每年新增水土流失面积 1 万平方公里,表层土流失量达 50 亿吨以上,损失的氮、磷、钾养分相当于 4000 多万吨的化肥。长期以来的过度开垦和放牧造成的植被破坏,使得水土流失日趋严重,也造成了中国北方干旱、半干旱地区沙漠化土地的不断增加。我国共有沙漠化土地 262. 2 万平方公里,占国土面积的 27. 3%。每年因荒漠化造成的直接经济损失约为 65 亿美元,占全球荒漠化经济损失的 15%。根据中国科学院兰州沙漠研究所的资料,我国 20 世纪 50—70 年代,平均每年新增沙漠化土地面积 1560 平方公里,20 世纪 70—80 年代增加到 2100 平方公里。目前,荒漠化仍以每年 2460 平方公里的速度发展,相当于每年损失一个中等县的面积。

另外,由于人口的快速增长和经济的高速发展增大了对资源和生态环境的需求,造成了严重的环境污染和生态破坏,生物多样性正面临着严重的威胁。中国大约有 398 种脊椎动物濒危,占中国脊椎动物总种数的 7.7%。据调查统计,中国动植物种类中已有总物种数的 15%~20% 受到威胁,高于世界 10%~15% 的水平。高等植物中濒危和受到威胁的高达 4000~5000 种,占总种数的 15%~20%。

环境污染问题主要表现为水、大气和固体废弃物的污染日趋加重。我国的水域污染主要表现在七大水系的水质差、淡水湖泊富营养化、近海水域水质恶化等方面,而且地下水和地表水均受到不同程度的污染。七大水系中,淮河、海河、辽河和松花江水系污染严重。我国的大气污染总体上呈现烟煤型污染的特征,主要污染物为总量悬浮颗粒物和二氧化硫。固体废弃物的污染包括工业垃圾和生活垃圾的数量迅速增加。

(三)地区间经济发展和人均收入水平差距不断扩大

改革开放以来,我国地区间差距呈日益扩大的趋势,已经成为影响国民经济和社会持续、稳定、协调发展的重要制约因素。从东西部差距来看,自 1952 年以来,东西部差距一直呈扩大趋势。1952 年,人均 GDP 沿海为 133 元,内地为 93元,沿海与内地的绝对差为 40 元,相对差为 43.01%。1978 年,人均 GDP 沿海、内地分别为 457 元和 286 元,沿海与内地的绝对差为 171 元,相对差为 59.79%。2001 年,人均 GDP 东部为 12070 元,西部为 4942 元,东部与西部的绝对差为 7128元,相对差为 144.23%。如果按两分法,将沿海地区作为东部,内地作为西部,2003 年沿海人均国民生产总值为 15246 元,内地为 7126 元,东西部的绝对差距和相对差距分别为 8120 元和 113.95%,2003 年与 1978 年相比,人均 GDP 绝对差距扩大了近 8000 元,相对差距扩大了 54 个百分点。

城乡差距的不断扩大呈现加快的趋势,成为影响社会稳定和全面实现小康社会的重要制约因素。1997 年,我国农民人均纯收入为 2090 元,城镇居民人均可支配收入为 5160 元,城乡居民的收入差距为 1∶2.47,2003 年我国农民人均纯收入提高到 2622 元,城镇居民人均可支配收入达到 8500 元,城乡居民的收入差距扩大为 1∶3.24。1997—2003 年,全国农民人均纯收入的增幅连续 7 年低于 5%,最高的年份增长 4.8%,最低的只有 2.1%,年均增长为 4%,相当于同期城镇居民收入水平年均增长幅度的一半。事实上,这个数据还不足以表明城乡差距,实际的差距还要大。考虑到城镇居民享受到的各种社会福利,城乡居民收入比值要达到1:4以上。原因是城市居民享受的各种福利性补贴无法统计,如教育、住房、医疗以及公共品的消费,比如用电、公交等,实际收入被低估;而农民收入可能被高估,如果扣除农民收入中不可交易的实物性收入以及农民收入中要用于第二年生产所用的生产资料,其收入更低。

省域内中心与边缘地区之间存在的差距长期以来被人们所忽视,但这同样是我国地区差距过大的重要表现。根据 2001 年的统计数据,省会城市所在地区与该省人均 GDP 最低的地区进行对比,平均差距为 4.15 倍,其中超过 5 倍以上的有广东、山东、辽宁、湖北、云南、四川、甘肃 7 个省。人均 GDP 差距最大的是甘肃省达 7.38 倍;差距 4~5 倍的有江苏、湖南、山西、贵州、陕西 5 个省;差距 3~4 倍的有浙江、海南、河南、安徽、江西、吉林 6 个省;差距 2~3 倍的有福建、河北、黑龙江、青海 4 个省;差距最小的是青海省,为 2.01 倍。值得重视的是,一些发达地区尽管 GDP 总量很大,人均 GDP 水平也较高,但中心与边缘地区的差距也很大,如广东为 5.97 倍,浙江为 3.9 倍,江苏为 4.226 倍,山东为 7.11 倍。从总体上看,省会城市所在地区经济发展和收入水平都远远高于周边其他地区,距离中心地区越远,经济发展和收入水平越低,与中心地区的经济发展和收入差距越大,省际边界地区绝大多数为欠发达地区。

(四)合理的区域经济体系未能形成,区域政策难以实施

从中华人民共和国成立以来对区域经济发展的管理和调控过程来看,改革开放前更多地侧重于国防和军事考虑,依赖计划经济和财政手段,注重公平而忽视对效率的追求。从"六五"到"十一五",开始强调全国范围内的区域分工,逐步发挥市场机制的资源配置作用;但是分工的地域单元要么是沿海地区与内陆地区,要么是东部、中部、西部。沿海地区与内陆地区或东部、中部与西部这种区域划分,作为分析地区间的发展差距或确定国家的区域发展优先顺序是有重要意义的,但作为区域分工的区划方案,显然是不合适的。因为东部、中部、西部的各省区市间经济发展的基础条件相差很大,硬要将东部、中部或西部作为一个统一体来考虑承担某些分工,实践中是难以操作的。长期以来不断变化的区域划分和管理以及经济区划的不合理和不科学性,使得我国的区域政策难以有效实施,也是难以形成合理的区域经济体系的重要原因。

(五)空间开发秩序方面存在严重问题

20 世纪 80 年代以来,随着改革开放的推进,我国由计划经济体制逐步向市场经济体制转轨,原有的空间格局被打破,新的空间开发和布局模式、机制正在形

成,存在明显的空间开发秩序混乱的问题,主要表现为:以煤炭为代表的各类矿产资源的粗放式、掠夺式无序开发严重,各类开发区和工业园区过多过滥,城镇建设盲目超前,流域上中下游之间缺乏统筹规划等,引发地区间恶性竞争、重复建设、贸易封锁和摩擦等现象,导致整体上国民经济和社会发展过程中的资源浪费、效率低下、环境污染的后果。空间开发过程出现的无序、混乱的现象,不仅直接导致经济空间结构的不合理,而且对我国区域经济及整个国民经济的全面协调和可持续发展产生严重的制约作用。

二、调整我国空间结构的基本思路

（一）改善人口布局,引导西部地区人口向东、中部等发达地区流动

我国人口在地区分布上很不平衡,地区人口压力需要从耕地面积的质量、生态压力状况、经济发展水平和潜力等方面进行分析,在此基础上寻找调节我国人口地区分布的对策。

根据相对资源承载力法可以计算出东西部各省的人口相对承载力。何敏等提出了相对资源承载力的概念和计算方法,这里,我们在对其方法做必要修正的基础上,分析了东部地区几个有代表性的省份与西部地区几个有代表性的省区的人口压力状况。

从计算结果来看,我国西部地区综合资源承载力处于超载状态,而东部地区则处于富余状态,如果再考虑到我国西部地区脆弱的生态环境,我们调整人口地区分布的主要方向是从西部地区向东部地区移民。

根据适宜人口密度法也可以计算出各省适宜的人口数量。刘燕华、王强等通过实际人口密度和计算人口密度的对比,来分析每个地区人口压力的现状。他们认为:人口压力反映了生态环境对人口的容纳能力与人口数量之间的关系,而生态环境的人口容纳能力受到自然和资源条件以及社会经济发展水平等因素的影响。我国西部地区适宜人口密度远远低于实际人口密度,人口超载严重;东部地区适宜人口密度则高于实际人口密度,人口压力较小。这一结论同相对资源承载力法所得到的结论是一致的。

根据西部地区脆弱性的分析,造成西部地区生产退化的原因是不利的自然条件和不合理的人类活动,不利的自然条件使得西部地区的生态脆弱性增强,而不合理的人类活动则将这种生态退化的可能变为现实。因此,人为因素是造成我国西部地区生态退化的主要原因。根据相对资源承载力法和适宜人口密度法计算,我国西部地区综合资源承载力处于超载状态,而东部地区则处于富余状态。考虑

到西部地区脆弱的生态环境对我国经济社会可持续发展造成的严重威胁，以及人类活动对生态环境的破坏日益严重和西部地区落后的经济状况，实行地区之间的适度移民是解决由地区之间人口分布不平衡造成的一系列生态环境保护和经济社会可持续发展、优化调整空间结构问题的现实可行的措施。

促进人口从西部地区向中、东部地区转移，不仅是解决西部地区生态环境退化超载的有效途径，也是解决农牧民生存发展问题的根本出路。尤其在一些生态极为脆弱的地区，靠人为的措施难以恢复生态，且投入太大，效果不理想，因此，实施生态移民是一项投资较少、生态恢复效果好的策略。生态移民就是在一些生态环境脆弱的地区，通过实施移民工程，圈定"生态保护区"等围封措施，减少人类活动对自然环境的干扰，依靠自然力量恢复地表植被。我国西北地区干旱少雨，蒸发量又大，树木的成活率很低；而西南喀斯特地区土层极薄，流失后极难再恢复，唯一的办法就是减少这些地区人类活动对自然环境的干预，让其自然恢复。现阶段，实施生态移民工程有许多有利条件：一是国家已启动多项重点生态工程，出台了有关生态保护方面的法规、条例，为生态移民工程的实施提供了政策、法律保障；二是西部生态脆弱区人口密度不大，异地迁移安置和就近相对集中的难度较小；三是西部大开发为生态移民工程的实施提供了便利条件。西部大开发的重点是在具备发展条件的地区开辟新的经济发展带，培育新的经济增长点，加快这些地区工业化和城镇化的步伐，从而为移民安置提供便利条件。移民的另一个重要途径是通过提高西部地区居民的受教育程度，为其创造离开本乡本土到发达地区打工的条件，从而实现劳动力转移和城镇化。

（二）加快推进城镇化进程，促进人口由乡村向城镇的转移

城市作为一种伴随经济发展而出现的人类聚落形态，具有经济上的集聚功能和扩散功能，能够带动周边地区的经济发展，而且城市规模越大、功能越健全，其辐射范围就越广。诺贝尔经济学奖获得者、美国经济学家斯蒂格利茨预言，影响未来世界经济发展的两件大事是美国的高科技发展和中国的城市化。由此可见，城市化已经成为我国经济增长的关键性因素，不加快城市化进程，就难以实现农村经济的现代化，我国国民经济发展就难以跃上一个新台阶。

城镇化是提升中国经济发展水平的唯一出路，是解决"三农"问题和城乡之间差距的根本措施。城镇化能够解决日益严重的农村剩余劳动力问题。农村经济的进一步发展和现代化进程的顺利进行，需要将滞留在农村的大量剩余劳动力转移到城市从事第二、第三产业，摆脱目前严重失调的人口城乡分布格局对国民经济持续发展的制约。城镇化是提高人口素质的重要举措。城市丰富的教育资源

和高效的资源利用有利于人口科学文化素质的提高。城镇化有利于降低人口出生率。城市人口较高的生活水平、较多的妇女就业机会、较高的教育水平,有利于改变人们的生育观念,提高孩子的养育成本,从而能够在很大程度上降低人口出生率。城镇化有利于解决农村地区的生态退化问题。随着城镇化进程的不断加快和城镇化率的不断提高,农村居民的数量会不断减少,农民人均收入会不断提高,对土地等自然资源的压力也会随之降低,为生态退化问题的解决提供了条件。城镇化有利于解决乡镇企业的环境污染问题。市场竞争日趋激烈,加之乡镇企业自身规模小、设备技术落后、资源利用率低、环境污染严重等缺陷,使乡镇企业遇到了前所未有的发展困难。城镇化战略的实施,为乡镇企业向城镇集中提供了机遇,为解决乡镇企业的环境污染问题提供了条件。

加快推进城镇化进程,应尽快废除不合理的导致城乡二元分割的户籍管理制度,建立新型的、全国统一的、不歧视农民的居民登记制度;出台一系列降低进城门槛的政策措施;搞好具有较强公共产品性质的城市基础设施建设。随着经济主体独立地位的加强和市场体制的日趋成熟,资源的趋利性要求就会促使其向具有规模经济效应的城市尤其是规模较大的城市集中,集中到一定程度后,城市作为一个经济体就会向周围地区释放能量,这就是城市对资源的集聚效应和扩散效应,这一过程也就是城市的发展壮大过程。在这一过程中,经济主体的经济理性会最大限度地保证资源的高效利用,城镇化水平的提高、第三产业的发展、产业结构的调整、小城镇的相对集中等方面的问题就会在这一过程中得到解决。

(三)建立"点、线、面"有机结合的跨行政区的空间经济组织体系

从地形特点看,我国东部地区以平原为主,有少量的丘陵和低山;中部地区以丘陵、低山、高原为主,与东部接壤的地区有较大面积的平原;西部地区以高原、高山和荒漠为主,有极少量的盆地和平原。这种地形结构是形成我国人口密度和经济密度由东向西呈现梯次降低分布的重要条件。我国由于季风气候所形成的降雨由东南向西北逐步减少的特点,也进一步强化了我国人口和经济分布的上述特点。根据我国人口和经济分布的特点,应在西部的人口稀疏地区主要采取点状开发,在中部地区应主要采取带状开发,在东部以及与东部紧邻的中部部分地区应主要采取面状开发。当前及今后一段时间,国家应重视发挥各区域的比较优势、特色和功能,在"人口分布和GDP分布基本一致"的总原则指导下,合理划分经济区域,在此基础上再分别确定增长区域和问题区域,对不同区域进行分类指导,实施侧重于块块调控的区域政策。

经济区域应是未来中国区域经济发展的主要空间组织系统,对于它们的宏观调控应立足于提升综合竞争力,坚持立足于动态比较优势基础上的分工协作原

则,促进区域经济的一体化。经济区的确定主要应发挥三大作用:一是经济区内要形成合理的分工协作关系,突出中心城市的作用,各地区与中心城市间的联系要做到畅通快捷;二是基础产业和重大项目的建设,要尽量以经济区为依据,确定空间布局,做到经济区内部不出现重复建设,重大基础设施要尽量做到共享;三是区域性的空间规划以经济区为基础,从某种意义上说,经济区就是规划区。

根据上述思路,我们建议将全国划分为八个经济区。各大经济区的主要目标是搞好分工和协作,共同促进区域经济的发展,实现区域经济一体化。因西部地区地广人稀,且生态脆弱,难以形成完整意义上的经济合作区,应在生态环境不受影响的前提下发展特色经济,因此,将其定位为特色生态经济区。西部特色生态经济区的主要目标是发挥优势,突出特色,保护生态,提高居民生活水平。为表示区别,我们将其命名为"7+1"经济区(表1)。

1.泛珠江三角洲经济区(简称"泛珠")

以广州、香港、厦门等城市为中心,包括广东省、福建省、海南省、广西壮族自治区,湖南省的郴州、衡阳、永州、株洲、湘潭、邵阳、娄底、长沙、怀化、湘西、益阳11个市,江西省的赣州、吉安、萍乡、宜春、新余5个市,香港,澳门和台湾。

2.泛长江三角洲经济区(简称"泛长")

以上海、南京、杭州等城市为中心,包括上海市、江苏省、浙江省、安徽省,江西省的南昌、景德镇、鹰潭、抚州、上饶5个市。

3.泛渤海经济区(简称"泛渤")

以北京、天津、青岛等城市为中心,包括北京市、天津市、河北省、山东省,山西省的太原、大同、忻州、朔州、晋中、阳泉、临汾、长治、晋城、吕梁10个地市,内蒙古的呼和浩特、包头、乌海、鄂尔多斯、巴彦淖尔、乌兰察布、锡林郭勒7个盟市。

4.泛东北经济区

以沈阳、大连、哈尔滨、长春为中心,包括辽宁省、吉林省、黑龙江省,内蒙古的呼伦贝尔、通辽、兴安、赤峰、锡林郭勒5个盟市。

5.中原经济区

以武汉、郑州为中心,包括湖北省、河南省,湖南省的岳阳市、张家界、常德市,江西省的九江市。

6.西南经济区

以重庆、成都、贵阳、昆明等城市为中心,包括重庆市、贵州省,云南省除迪庆、怒江以外的地区,四川省除甘孜、阿坝、凉山以外的地区,陕西省的汉中、安康市。

7.陕甘宁青经济区

以西安、兰州市为中心,包括陕西省除汉中、安康以外的其他地区,甘肃省除酒泉、张掖、金昌、武威、嘉峪关、甘南以外的其他地区,宁夏回族自治区,青海省的西宁市、海东市,山西省的运城市。

8.西部特色生态经济区

考虑到青藏高原及其周边地区、新疆及其周边地区生态环境比较脆弱,人口密度和经济密度比较低,今后这个区域除绿洲地区发展当地特色农牧业和在城市进行当地资源的加工外,总体上要加强保护。我们根据人口密度(每平方公里60人以下)和经济密度(每平方公里30万元以下)两项指标,确定了青藏高原周边地区和新疆周边地区的特色生态经济区的地级行政区,主要包括青海省除西宁、海东外的其他地区,甘肃省的酒泉、张掖、金昌、武威、嘉峪关、甘南,内蒙古的阿拉善,四川省的甘孜、阿坝、凉山自治州,云南省的迪庆、怒江自治州。在特色生态经济区中实施的重大项目,应主要从生态、政治、国防角度考虑,经济回报不能作为主要依据。

表1　我国"7+1"经济区的人口、GDP和土地面积情况
(2001年)

经济区	地区	年底总人口		国内生产总值		面积	
		人数(万人)	占全国比重(%)	总值(亿元)	占全国比重(%)	值(公里²)	占全国比重(%)
	全国	127627	100	106727	100	9626753	100
	"7+1"经济区	125424	100	106706	100	7549212	87
泛渤海	泛渤海经济区	22024	17	22464	21	515836	5
	北京	1383		2846		16808	
	天津	1004		1840		11305	
	河北	6699		5578		187693	
	山东	9204		9610		157068	
	内蒙古七盟市	1127		972		46	
	山西十地市	2787		1619		142916	
泛东北	泛东北经济区	11870	9	11207	11	787346	8
	辽宁	4194		5033		145900	
	吉林	2691		2032		187400	
	黑龙江	3811		3561		454000	
	内蒙古四盟市	1174		580		46	

续表

经济区	地区	年底总人口		国内生产总值		面积	
		人数（万人）	占全国比重（%）	总值（亿元）	占全国比重（%）	值（公里²）	占全国比重（%）
泛长三角	泛长经济区	21582	17	25476	24	408130	4
	上海	1614		4951		6340	
	江苏	7355		9512		102600	
	浙江	4613		6742		101800	
	安徽	6328		3290		139600	
	江西五市	1672		975		57790	
中原	中原经济区	17527	14	11408	11	414326	4
	湖北	5975		4662		185900	
	河南	9555		5640		167000	
	江西九江市	451		233		18823	
	湖南岳阳、常德、张家界三市	1276		873		42603	
泛珠三角	泛珠经济区	24151	19	21613	20	829990	9
	广东	7783		10648		178500	
	广西	4788		2231		236700	
	海南	796		546		33900	
	福建	3440		4254		121400	
	湖南十一地市	5299		3100		169256	
	江西五市	2045		835		90234	
	港澳台（因无数据没有列入）						
西南	西南经济区	19443	15	9485	9	858542	9
	四川（除甘孜、阿坝、凉山）	7858		4342		193953	
	贵州	3799		1085		176100	
	云南（除迪庆、怒江）	4027		2099		355484	

续表

经济区	地区	年底总人口		国内生产总值		面积	
		人数（万人）	占全国比重（%）	总值（亿元）	占全国比重（%）	值（公里²）	占全国比重（%）
西南	重庆	3097		1750		82370	
	陕西汉中、安康	663		210		50635	
陕甘宁青	陕甘宁青经济区	6729	5	3314	3	710497	7
	陕西（除汉中、安康）	2781		1599		155058	
	山西省运城市	485		196		14106	
	甘肃（除酒泉、张掖、金昌、武威、嘉峪关、甘南）	2575		1073		454300	
	青海西宁、海东	325		148		20633	
	宁夏	563		298		66400	
西部特色生态区	西部特色生态经济区	2368	2	1738	2	3883087	40
	西藏	254		113		1274910	
	新疆	1876		1485		1875543	
	青海（除西宁、海东）	158		117		694061	
	云南迪庆、怒江	80		22		38573	

（四）促进重要增长潜力地区快速发展，培育空间结构调整的引擎

重要增长潜力地区是经济发展基础条件较好、未来较长时期内发展潜力最大、能够拉动我国经济快速发展和吸纳人口最多的地区。由于我国各地区发展条件的差异性（如地形条件等）以及可利用的建设用地不多的现实情况，在未来的生

产力布局中不得不考虑采取人口集中化、经济活动集聚化战略,即选择重要增长潜力地区,作为未来人类经济活动的重点区域,以逐步调整我国人口和经济活动的空间分布格局,实现区域间的协调发展。重要增长潜力地区必须以经济高增长地区为核心。经济高增长地区必须满足以下条件:人口密度与城镇密度相对较高;必须至少具备一座在全国有重要影响力的特大中心城市;发展条件较好,战略性资源如土地、水资源等不严重缺乏,至少这些资源不会成为今后经济发展的“瓶颈”。对于这样的地区,政府在未来必须重点关注,正确引导,促进经济快速增长。根据我们的测算,长江三角洲、珠江三角洲、京津冀、山东半岛、闽东南、辽中南、成渝、武鄂黄九地区、中原九大地区是支撑我国发展的经济高增长地区。

对于重要增长潜力地区,重点是培育发展。培育是指主要依靠政府培育重要增长潜力地区成长的基础要素,帮助重要增长潜力地区克服市场劣势,培育市场自我发展能力,最终获得平等进行市场竞争的能力。发展是指以市场为导向,构建成熟的一体化市场,如区域一体化的资本市场、消费市场、技术市场、劳动力市场、产权市场、旅游市场,构建重要增长潜力地区内的产业集群,实现资源利用的效益最大化。通过区域内以交通为核心的基础设施网络的构筑,引导城乡建设、产业合理布局,促进要素流动。

1.沪苏浙地区

沪苏浙地区是我国经济实力最强的经济核心区。由于该地区核心区——“长三角”与边缘区(苏北地区、浙中、浙西南地区)有较大的发展差距、区内经济发展不协调以及各种生产要素流动不顺畅的问题,因此未来该地区的发展重点是继续强化上海对本区域的龙头带动作用,进一步加快城镇化进程,促进都市连绵区的形成,加强政府对区域发展的宏观调控能力,把该地区培育成为我国新兴产业的“孵化器”和对外开放的基地。

2.京津冀地区

京津冀地区是我国北方最大的、现代化程度最高的工业密集区、重工业与新兴产业基地,但同时也面临着淡水资源严重不足、环境污染恶化、区域协调严重不力等问题,未来的发展重点是加强区域内城市的协作与分工,特别是明确天津与北京的定位与区域分工;规划建设跨行政区的各种基础设施;继续强化重工业与新兴产业基地的功能。

3.东北地区

东北地区是我国重要的能源、原材料、装备制造、国防工业和商品粮基地,已经形成了比较雄厚的工业基础,但改革开放以来,东北地区由于国有企业改革的滞后,经济活力不足,明显存在经济结构老化等问题,未来的工作重点是不断转变观念,加强国有企业的改革力度,大力推进市场化进程,加快推进东北老工业基地的振兴,继续强化其在我国的重工业地位。

4."珠三角"地区①

"珠三角"地区是我国最为发达、人口与经济最为密集的地区之一。该地区初步形成了以电子及通信设备制造业为主的珠江东岸电子资讯产业走廊,以传统的电气机械、钢铁、纺织、建材为主的珠江中部产业带以及以家庭耐用与非耐用消费品、五金制品为主的珠江西部产业带,都市连绵区基本成形。但同时也存在产业核心竞争力不强、环境恶化、城市发展空间受限以及区域协调不力等问题,因此未来的发展重点是加强"珠三角"与外围地区的联系、拓展腹地,强化"珠三角"在我国华南经济圈的龙头带动作用,加强区域内各城市间的协调以及与香港、澳门的融合,持续强化广州与香港双核心的作用;进一步推进市场化进程,着力于产业环境的培育,延长产业链,提升区域的综合竞争能力。

5.成渝地区②

成渝地区是我国西部地区人口城市数量最密集的区域,也是西部地区工农业生产最为发达的区域,建议加快整合成渝地区,使成都、重庆两大增长极转化整合成一条巨大的发展轴,并使此发展轴具有两个单一增长极所不具有的功能。加快改革开放的力度,是成渝迅速成为中国西部高速城市化地区、经济活跃地区和带动周边经济健康发展的地区。

6.湘鄂赣核心地区③

湘鄂赣核心地区以武汉为中心,具有承东启西、贯通南北、辐射周边的中枢功能,因此该地区的繁荣对我国中部崛起具有举足轻重的作用。目前核心城市辐射力较弱,区域整体性不强,经济活力不足为该地区重要的制约因素。因此未来的发展重点为进一步提升中心城市的综合功能,特别是发挥武汉的辐射带动作用,带动整个区域的经济发展;优化和调整产业结构;建设沿江经济走廊;以要素市场为重点,培育区域共同市场体系,把此地区建设成为我国内陆地区最大的以钢铁、机械、纺织、电子为主的综合性产业基地,以进一步促进和推动长江经济带的发

---

① "珠三角"地区包括广州、深圳、东莞、佛山、中山、珠海、江门及肇庆、惠州共九市。总面积为28542平方公里,约为全国的3%。

② 成渝地区包括成都市、德阳市、绵阳市、眉山市、自贡市、泸州市、资阳市、内江市的全部县、市、区,重庆市的11个区,江津、合川、永川3个市,綦江、潼南、铜梁、大足、荣昌、璧山6个县,总面积为97440平方公里,总人口5409.72万。

③ 湘鄂赣核心地区包括武汉周边地区(孝感、黄冈、咸宁)、武汉—九江沿江地区、南昌、宜昌、岳阳以及长株潭地区,该地区区域总面积为138700.7平方公里,2001年人口5806.87万。

展,尤其是长江中游地区经济的全面发展,从而加速中国区域经济发展由东南沿海向沿江、内地的推进。

7.山东半岛地区①

山东半岛地区是山东省的经济核心区,在我国经济发展中具有举足轻重的地位,该地区以电力、纺织、煤炭采选等传统产业为主,新兴产业的发展严重不足,区域内空间集聚与区域协调有待进一步加强。针对该半岛地区处于城市群雏形发展阶段以及社会经济发展情况,建议今后继续深化改革开放,特别是强化与日、韩的经济贸易往来;引导人口的空间集聚(包括区外人口向半岛集聚与区域内人口向城市集聚),着力培育都市连绵区,加强区域内城市间的经济协同发展,提高半岛经济的综合竞争力。

8.闽东南地区②

闽东南地区是福建省的经济中心和经济最活跃的地区。该区域产业的部门分工、城市产业系统和城市体系的规划建设尚处于起步阶段,城市之间、城乡之间的分工不明晰,主要城市的产业结构以工商业为主体,一方面由于缺乏国家级项目的支持,除厦门、福州外,基本上没有高层次地域分工的要求;另一方面,又因为工业起步晚,低层次地域分工的要求也不高,所以产业结构相似与行政割据明显。针对闽东南的发展实际情况,今后应提高与台湾经济对接的能力,以及参与珠江三角洲、长江三角洲分工协作的能力,继续发挥沿海的区位优势,发挥外向型经济。相应地要尽快建立贯通长江三角洲和珠江三角洲的沿海铁路大通道以及沿海高速公路,使闽东南能积极主动接受二者的辐射,聚集发展所需的要素,壮大经济实力。

9.中原地区③

中原地区城市相对集中,矿产资源丰富,科教水平较高,是河南经济社会较发达的地区,但同时也存在核心城市辐射力弱、区域内经济建设粗放的不足,因此未来该区域的发展应尽力加快以郑州为中心的中原城市群发展步伐,迅速扩张其经

---

① 山东半岛地区包括日照、东营、济南、青岛、淄博、烟台、潍坊、威海8个地市。土地面积为59700平方公里,占山东省的38.82%;2001年人口3980.7万、GDP6228.72亿元,分别占山东省的4.03%、65.99%。

② 闽东南地区,是由福州地区、莆田地区、泉州地区、厦门地区及漳州地区5个地区组成的,土地面积为41405平方公里,占福建省土地面积的33.86%;2001年人口、GDP分别为2138.08万与3501.68亿元。

③ 中原地区以郑州商贸城为中心,由郑州、洛阳、焦作、新乡、开封、许昌、平顶山7个市组成,区域内城市相对集中,面积为54208平方公里,2001年人口为3525万,国内生产总值为2733亿元。

济实力,增强对周围区域的辐射力、影响力,使其在我国开发中部地区和西部地区的过程中起到重要带动作用,特别在资金、技术、人才、管理经验等各方面起到"二传手"和"中转站"的作用,并通过亚欧大陆桥的东西两个出口,提高中西部地区的开放度,加快外向型经济的发展。

10.关中地区①

关中地区地势平坦、资源丰富、科技实力雄厚,具有较好的发展潜力,将成为我国西部地带仅次于成渝地区的又一经济核心区,但该地区与其他国家意义的重点潜力增长地区相比,具有明显的人口与经济总量集聚不强的特点。水资源缺乏是制约该地区未来发展的重要"瓶颈",即使在现有的经济发展水平下,2000年缺水已超过20%。因此该地区未来的发展重点是争取国家对其水资源的扶持力度,强化西安市的经济主体作用,构筑开放、畅通和高效的基础设施。

(五)着力解决"问题地区"的问题,保障空间结构调整稳步推进

按照欧洲某些国家的说法,土地资源短缺地区、水资源短缺地区、资源型城市和老工业基地、生态脆弱地区以及贫困地区都属于"问题地区"。根据这些"问题地区"不同的情况与困难,国家应采取不同的措施分别予以解决。

1.土地资源短缺地区

主要包括长江三角洲和珠江三角洲。解决的主要措施是加强这类地区的综合开发规划,特别要对城镇布局和工业布局进行调整,减少小城镇,多发展大中城市;合理规划工业开发区,实现工业集聚,并且要对占地面积大的产业和企业适当加以限制。另外,考虑到这些地区的土地用于发展工商业能够创造相当高的价值,可适当放宽农用地变非农用地的政策。

2.水资源短缺地区

主要包括西北地区和华北地区,其中西北地区主要为资源性缺水,华北地区主要为经济性缺水。解决缺水的问题,一方面要加快"南水北调"工程的进度;另一方面要加快建立节水型社会,农业、工业、城市等各领域都要采取节水措施,强化节水意识。对耗水量大的产业,要适当控制甚至压缩其生产规模;在考虑重大项目布局时,新上的大耗水项目尽量不要放在缺水地区,特别不要放在缺水较为严重的城市。

3.资源型城市和老工业基地

这类地区的发展,核心是实现经济转型,既包括经济结构转型,也包括城市功

---

① 关中地区包括西安、宝鸡、咸阳、渭南、铜川地区,区域总面积55473平方公里,2001年人口与GDP分别为2150.93万、1334.88亿元。

能转型。经济结构转型就是要由单一主导产业向多元化主导产业转变,城市功能转型就是要实现由矿业城市和工业基地向区域性经济中心或综合性城市转变。要完成上述转变,仅靠城市自身的力量是困难的,国家要从资金、政策方面予以扶持:一是国家要加大对资源枯竭型城市和老工业基地下岗失业人员的社会保障的支持力度,确保社会稳定;二是加强城市基础设施和生态环境建设,为资源枯竭型城市和老工业基地的经济转型提供基础条件,实现由矿产基地和工业基地向区域性中心城市和综合性城市转变;三是支持资源型企业和装备制造企业提高竞争能力;四是支持资源枯竭型城市和老工业基地发展接续产业,实现产业多元化。

4.生态脆弱地区

主要包括青藏高原冻融区、荒漠化地区和黄土高原区、草原地区。青藏高原冻融区面积约 176 万平方公里,大部分为海拔 3000 米以上的高寒地带,人口稀少,牧场广阔,自然生态系统保存较为完整,但天然植被一旦破坏将难以恢复。荒漠化地区包括东北西部、华北北部、西北大部分干旱地区,该区面积超过 260 万平方公里,多为沙漠和戈壁,自然条件恶劣,干旱多风,植被稀少,生态环境十分脆弱。黄土高原地区总面积约 64 万平方公里,是世界上面积最大的黄土覆盖区,气候干旱,植被稀疏,水土流失十分严重,水土流失面积约占总面积的 70%,该区域水资源缺乏,广种薄收,群众生活困难,贫困人口数量较大。对这类地区一方面要控制人口增长,在局部地区甚至要逐渐减少人口,以减轻环境压力;另一方面在开发资源和上工业项目时,一定要从可持续发展的高度进行评估和论证。

5.贫困地区

国家对贫困地区的扶持,首先,要编制规划,改审批单个项目的办法为审批贫困县开发综合规划,没有纳入规划的项目不予支持。其次,要将进一步改善贫困地区的基本生产生活条件作为国家扶持的重点。以贫困乡、村为单位,加强基本农田、基础设施、环境改造和公共服务设施建设;加快解决贫困地区人畜饮水困难,基本控制贫困地区的地方病;确保在贫困地区实现九年制义务教育,进一步提高适龄儿童入学率。最后,要把提高贫困地区群众的科技文化素质放在突出地位。提高群众的综合素质特别是科技文化素质,是增加贫困人口经济收入的重要措施,也是促进贫困地区脱贫致富的根本途径,必须把农民科技文化素质培训作为扶贫开发的重要工作,实行农科教结合,普通教育、职业教育、成人教育相结合,有针对性地通过各类职业技术学校和各种不同类型的短期培训,增强农民掌握先进适用技术的能力。

6.粮食主产区

农业比较收益低是客观现实。保护耕地和保护粮食安全是我国作为一个大国的基本国策,因此要加大对粮食主产区的支持力度。"十一五"时期,应重点对粮食主产区的农业基础设施建设加大投资力度,大力推进粮食主产区集约化经营规模,初步实现粮食生产的庄园化。在集约化的基础上,大力提高粮食生产的科技水平和机械化水平,通过提高劳动生产效率,增加粮食生产者的收入,同时进一步按加入世界贸易组织的要求落实对农业的补贴政策。

三、"十一五"时期我国空间结构调整的主要任务

(一)启动全国性及区域性的空间规划

在"十一五"时期,即可着手启动全国及区域性的空间规划,将全国及区域性的经济发展置于空间规划和经济社会发展规划的双重指导之下。

首先需要下大力气制订科学合理的经济空间规划,该规划必须立足长远,统筹全国,以科学发展为指导,将经济、社会、自然等多方面因素综合加以考虑:空间规划要以人口分布、资源开发和生态环境保护为主,结合土地和环境承载力、矿产潜在价值、人类居住适宜程度三项指标,分析腹地开发条件和开发潜力,提出国土开发的不同功能区及相应政策;分析水资源、能源资源和耕地资源对我国经济的约束影响及相关对策,制订集约型的资源开发计划,为工业化提供强有力的资源保证,同时减少对生态环境的破坏;分析各地区的人口承载力,结合城镇化、退耕还林和扶贫等工作,提出合理的人口分布调整方案。

以空间规划为依据,结合各区域不同特点,制订经济区和各类型区的区域规划,突破以往以基本行政区为唯一调控单元的规划模式,发挥各经济区在协调空间开发秩序中的作用,统筹协调区域发展中的城镇体系和基础设施建设、产业布局、资源开发利用、生态环境保护等相关问题,促进空间开发秩序的合理化。

在人口和城镇稀疏的地区,区域规划应体现驻点式开发的要求,在重点地区集中建设区域性基础设施,以吸引更多的人口向城市聚集,尽量为广大生态环境脆弱的地区减轻压力;各重点开发驻点之间及与人口和城市密集地区的联络交通线,采取大容量、集中式、以主干线为主的方式加以解决,以提高交通网络的效益。

在人口和城镇密集地区,区域规划应体现网络开发和点轴开发相结合的要求,全面加快跨地区基础设施网络的建设步伐,尽快完善大中城市之间的快速交通通信主干道建设,加快区域经济一体化步伐。按照"人口分布和 GDP 分布基本一致"的原则,"十一五"时期,应注重在东、中部地区规划建设若干座特大或大城市,在东南部地区规划和建设一批重大网络型基础设施项目,保证对土地和空间的集约型使用,避免因人口集聚所带来的负面效应,促进该类地区率先实现地区

协调发展的目标。

(二)建立起协调空间开发秩序的全国区域经济的基本框架

改革开放之初,我国区域经济发展即开始实施所谓"T"形空间布局战略,即以沿海地区和长江干流地区为重点的地区倾斜发展战略;稍后发展为所谓的"π"形空间布局战略,即在"T"形布局框架的基础上,将陇海线沿线地区作为另一条重点开发轴线,形成"π"形空间开发结构。

根据三大地带的梯度开发、西部大开发的战略部署、振兴东北等老工业基地和"中部崛起"战略的要求,考虑到我国人口和城镇布局的基本特点,"十一五"时期,可以在"π"形布局框架的基础上,增加一条南北走向的重点轴线,即京广线(包括京九线)、京哈线沿线地区,构建"开"字形国民经济发展总体布局的基本主干框架。

1.仍然以沿海为我国区域经济的重心和主轴

沿海地带要继续在我国区域经济中起"龙头"的作用,率先向基本实现现代化的目标迈进。该地区要继续贯彻全面对外开放的战略,以技术为导向,以结构的协调化、高度化为目标,跟踪经济全球化和区域经济一体化的趋势以及国内区域分工位于最高技术梯度的要求,更大幅度地利用国内外两个市场、两种资源,注入新的活力,创造新的比较优势,攀登新台阶,为进一步提高我国的综合国力、国际市场竞争能力,更加积极地参与国际经济事务做出更大的贡献。在继续积极引进外资和先进技术的同时,还要积极实施"走出去"的战略,以更好地参与到全球产业价值链去,为解决我国经济快速发展而引发的一些重大关键性资源(如石油等)日益短缺所带来的问题早做准备。

2.继续促进长江干流地区经济的腾飞

长江是我国的黄金水道,长江干流地区是我国经济比较发达的地区。沿江地区是沟通我国东、西、南、北经济联系的纽带和桥梁,具有广阔的腹地和国内市场。要以上海世界博览会、浦东开发开放和三峡工程建设为契机,以上海为"龙头",推动长江干流产业带的建设和发展。目前,以上海、南京、武汉、重庆为中心,联结周围60多个地、市的四大经济协作区的形成,沿江23座城市开发区和各类高新技术产业园区的发展,已使长江上下游连为一体,初步形成了一条在全国占重要地位的长江干流经济走廊,努力促进我国中部地区经济的崛起。

3.加快建设京广线(京九线)、京哈线沿线城市和地区

京广线(京九线)、京哈线覆盖了我国整个中部地区,同时也连接了环渤海地区与珠江三角洲地区,是我国承东启西、连南贯北的重要枢纽地区。区内老工业

基地众多,重化工业比重高,设备制造业体系庞大,亟待全面振兴;农业生产条件良好,尤其是粮食生产基地(包括东北地区的大豆和玉米基地、华北地区的小麦基地以及江汉平原上的稻米基地等)举足轻重,是目前我国主要的粮食和饲料大量输出的地区;沿线地区地势相对平坦、自然资源丰富、腹地条件优越、人口和城镇稠密,具有较大的市场空间、巨大的增长潜力和较高的经济效益。

今后,要以全面振兴老工业基地和加速城镇化进程为契机,加大思想观念转变的力度,全力推进体制创新,以市场化促进包括所有制在内的一系列经济结构的调整;继续优先发展重化工业,努力加快农业规模化、专业化和机械化的步伐,提高农业产业化水平,大力发展农副产品加工业。加快东北老工业基地的改造,恢复东北地区工业在全国工业中的地位和作用;促进以武汉为中心的江汉平原制造业基地和城市群的形成和发展;促进以郑州为中心的中原城市群和晋冀鲁豫交界地区的发展;做好长株潭城市群的规划和建设工作,进一步促进生产要素向该地区集中,提高湖南优势地区的经济实力和辐射能力。

4.继续加大黄河上中游优势能矿资源的开发力度

应以京津冀地区为依托,以黄河及陇海、兰新铁路为纽带,进一步大规模地开发黄河中上游的优势能矿资源。重点建设内蒙古西部鄂尔多斯高原的以煤炭、天然气为主的能源原材料基地和陕西榆林地区以煤炭、石油、天然气为主的能源原材料基地。继续完成黄河中上游梯级水电站的开发与建设。在加大水火电建设的基础上,进一步加快"西电东送"北通道的建设。

5.加快西南重化工业带的建设

以东盟—中国自由贸易区的建立为契机,以珠江三角洲(包括香港和澳门)、闽东南三角洲、海南及北部湾为窗口,以西江航道和南防、南昆等铁路线为纽带,打通出海口,深化川云贵桂优势资源的开发,将其建成我国另一个大型综合性的能源重化工业带。

6.进一步完善沿边对外开放的政策,促进南北边疆地带的发展

加快沿边地区基础设施的建设,尽快改善交通条件,继续简化通关手续,方便广大边民进出口岸,使沿边地区成为我国又一个对外开放的捷径,成为吸引国内外生产要素资源、带动周边地区经济增长的重要经济带。

(三)初步建立各具特色和功能各异的区域经济体系

"十一五"时期,国家应重视发挥各区域的比较优势、特色功能,在"人口分布和GDP分布基本一致"的原则指导下,合理布局经济区域,在此基础上再分别确定增长区域和问题地区,对不同区域进行分类指导,实施侧重于块块调控的区域

政策。

　　东部地区要继续贯彻全面开放的战略，以科学技术为导向，以结构协调化、高度化为目标，提升区域的整体竞争力。要适应经济全球化、区域经济一体化以及产业梯度分布的趋势，进一步加强环渤海地区、长江三角洲地区、珠江三角洲地区、闽东南等地区的核心区建设，并加强这些核心区之间的联系，创造新的比较优势，发挥整体动态优势，更大程度地利用国内外两个市场、两种资源，加入全球产业价值链，积极参与国际大循环，率先向基本实现现代化的目标迈进。

　　东北地区要正确认识比较优势，完善政府社会管理和公共服务职能，维护公平的市场竞争环境，充分利用自身资源、人力资本和工业基础的优势，增强企业活力和竞争力，为符合比较优势的企业的发展创造更大的空间，提高国有企业的自生能力，实现经济的全面振兴，恢复本地区装备制造业在全国工业中的地位和作用。

　　加紧建设京广线、京九线沿线城市和地区，有效发挥中部地区的综合优势，努力促进中部地区经济的崛起。以加速城镇化进程为契机，全力推进体制创新，加快市场化进程，促进经济结构调整，优先发展重化工业，提高农业产业化水平，进一步促进生产要素向中部地区集中，提高中部优势地区的经济实力和辐射能力。

　　随着"东部腾飞、西部开发、东北振兴、中部崛起"的逐步实现，主要表现为三大地带的区域差距会在一定程度上得到缓解。随着"珠三角""长三角"和京津冀三大城市群一体化进程的加快，可以引导中西部地区居民向三大城市群有序流动，依托城市群经济的发展，从根本上解决区域差距问题。应坚定不移地推进城镇化进程，培育更多的区域性中心城市，通过中心城市的辐射和带动，以中西部地区"三农"问题的解决为核心，逐步解决城乡差距、中心区与边缘区的差距问题。

　　前述七大经济合作区在区位条件、资源禀赋、发展基础等方面各不相同，具有各自的比较优势，且内部的经济联系已经较为紧密，建议以其为基础编制区域规划，促进区域经济联动、优势互补、协调发展的国民经济新格局的形成。基于此种考虑，我们建议在各经济区组建经济区协调委员会，各地级市市长任委员，主任由委员选出，或由国务院任命。委员会下设办公室，负责协调和规划工作。

　　（四）进一步完善跨地区的重大基础设施

　　"十一五"时期，空间市场一体化将成为我国区域经济发展的一个重要的方向。这不仅仅是因为加入世界贸易组织后，我国必须遵守世界贸易组织非歧视原则和国民待遇原则的要求；也是我国各地区经济，特别是沿海地区经济规模不断扩大，对外部市场需求越来越大的必然结果。

空间市场一体化需要便捷的区际综合交通通信系统、完善的网络体系以及强大的专业化物流。我国区域经济网络开发距离空间市场一体化的要求还相差甚远,还有许多需要完善的地方。

从铁路网络建设看,2002 年我国铁路运营线路总长仅为 71900 公里左右,铁路线路密度仅为每平方公里 7.49 米,远远低于发达国家的水平,运力紧张和不平衡一直是制约我国地区经济发展的一个"瓶颈"。建议国家进一步加大铁路建设的力度。将沿海铁路、沿江铁路以及京广高速铁路、京哈高速铁路一并加以考虑,尽快完善和充实铁路网建设,进一步提高铁路运行速度,加速双线改造建设和电气化改造步伐,"十一五"时期还应做好一些重大的铁路建设项目的前期准备工作。

建议国家在"十一五"期间,进一步加快国道网、国道主干线的建设步伐,增加国道网及国道主干线的路网密度,提高公路的等级。为保证公路建设的进度和质量,在此特别建议国家实行国道全由中央政府出资修建的政策,而高速公路则全部采用市场化办法,即由企业或外商投资修建。

我国西部人口和城镇稀疏地区,地域辽阔、人口稀少,以驻点开发为主,航空交通具有很大的优势,应该重点加以发展。建议国家在进一步合理调整机场布局的基础上,继续加大民用机场建设的力度,使航空成为我国居民出行距离在 1000公里以上时乘坐的主要交通工具。

(五)基本解决各种问题地区的基本问题

解决各类问题地区存在的问题,保障问题地区经济社会发展的可持续,是制定区域政策、协调区域发展的重要课题之一。"十一五"时期,要完善区域政策体系,下大力气解决当前我国区域发展中存在的较为突出的贫困地区居民生活困难与返贫问题、老工业基地经济下滑问题、资源性城市衰退问题和粮食主产区增产不增收等问题。

"十一五"时期,要完成《中国农村扶贫开发纲要(2001—2010)》目标的要求,基本解决农村的贫困问题,在此基础上,进一步完善和深化扶贫工作,提高贫困线标准,做好下一步更高要求的扶贫规划。基本实现老工业基地振兴的目标,使东北三省的经济地位恢复到改革开放初的水平。对 47 座衰老矿城分别实行不同的政策,依靠发展接续产业振兴部分城市,通过移民解决部分不具备振兴条件的矿城。落实农业补贴政策,按照地区专业化的要求,大力推进粮食生产的科技水平、机械化水平和集约化经营规模,提高劳动生产效率。

(六)采用多种手段逐步解决区域、城乡差距问题

"十一五"时期,国家仍要充分利用财政等手段解决差距问题,具体说来,要统

筹处理区域之间、城乡之间、省域内中心区与边缘区之间的差距这三大差距。

随着西部大开发战略和东北振兴战略的陆续实施，三大地带的区域差距将会在一定程度上得到缓解。未来，随着"珠三角""长三角"和京津冀这三大城市群一体化进程的加快，国家可以采取措施推动中西部地区的居民向三大城市群有序流动，依托城市群经济的发展，从根本上解决区域差距问题。

城乡差距问题的解决取决于国家城镇化战略的实施效果和"三农"问题的解决方案。从这一差距内部看，东部地区的城乡差距并不突出，从差距结构的角度看，未来解决城乡差距的重点是中西部地区"三农"问题的解决。

省内中心区与边缘区差距的解决应借鉴法国的做法，即培育更多的区域性中心城市，通过中心城市的辐射和带动，加快边缘地区的发展。

差距的形成是逐步的，解决差距问题也只能是渐进的。在短期内，对于差距问题可以通过财政收入再分配方式来逐步缓解，如通过财政转移支付等手段实现公共支出均等化和公共福利的均等化，提高欠发达地区人民群众包括教育、卫生、社会保障等在内的生活福利水平等。

(七)改革户籍等制度，以人物互动方式逐步解决地区差距问题

市场效率的实现取决于资源的自由、充分流动。但在我国，长期以来，劳动力资源配置的固有化状态始终未能打破，这无疑在很大程度上影响到经济效率的提高。立足于合理化和优化空间结构的角度，"十一五"时期，国家应加大对户籍等限制劳动力资源流动的制度的改革，在拆除地区堡垒、允许物品畅通的同时实现劳动力流动的正常化，以人物互动方式逐步解决地区差距问题。未来，我们需要拓展改革思路，"南水北调""西气东输"以"物动"体现"以人为本"的思想，在西部、北部生态形势日益恶化的情况下，我们主要应以"人动"体现"以人为本"的理念，引导西部地区的劳动力和一部分人口向发达地区有序流动。

(八)改革长期以来单一的考核标准和指标体系

各地区自然和经济空间差异很大，在国民经济和社会发展的不同阶段承担不同的功能和任务。各区域经济和社会发展的基础不同，处在不同的起跑线上，因而应该有不同的考核标准和目标，如生态保护区应重点考核生态建设与保护方面的指标，老工业基地应该把增加就业、培育接续性产业作为考核的重要内容。如果对不同区域均采用单一的经济增长、税收增长、招商引资等方面的考核标准，有失公平，也不合理，是导致空间开发秩序混乱的重要原因。应针对不同区域的考核标准，建立动态的监管和调控指标体系，根据区域发展和功能变化及时反馈，随时对相关指标体系进行调整，保持对空间开发秩序的有效监控。

要引导各级干部树立科学的发展观和正确的政绩观,正确处理增长的数量和质量、速度和效益的关系,在发展规划上加以体现,在工作部署上加以贯彻,在实际工作中加以落实,统一思想,自觉行动,进一步提高发展质量,努力实现全面小康社会的宏伟目标。

(2003 年,国土开发与地区经济研究所接受国家发改委的委托,研究空间结构调整问题,课题名称为"协调空间开发秩序与调整空间结构研究"。课题组长为肖金成,成员为高国力、王青云、袁朱、刘勇、李娟、王君、欧阳慧、李军培。本文在研究报告基础上由肖金成整理而成,编入马凯主编的《"十一五"规划战略研究》一书,由科学技术出版社于 2006 年出版。)

优化国土空间开发格局研究

　　我国人民在长达几千年的生产和经营过程中,形成了不同形态的空间格局,如人口的聚集、基础设施的建设、城市的发展等。近代以来,随着生产力水平的提高,人们改造自然的能力不断增强,空间格局的变化也在加快。当前,我国正处在工业化、城镇化过程中,经济结构、区域结构、城乡结构正在发生巨大变化,如何优化国土空间开发格局是一个关系到十几亿人口生存发展的重大战略问题。对此,我们进行了探索,提出了优化我国国土空间开发格局的基本思路和设想。

一、我国国土空间开发面临的新形势

　　世界经济格局的调整、我国经济规模的持续扩大、经济发展方式的转变、居民环境保护意识的增强等对我国国土空间格局的调整与优化提出了新的要求。我国东部地区的率先发展顺应了经济全球化的国际大趋势,使沿海地区成为我国经济要素聚集的高地,西部大开发使西部地区的基础设施有了根本的改善,经济发展速度不断加快。国际国内的大背景时刻影响着我国国土空间开发格局的变化。显而易见,新的形势是研究国土空间开发格局优化的重要依据。

　　（一）经济全球化对我国空间格局形成重大影响

　　2008 年的世界金融危机并没有使全球化进程发生逆转,经济全球化将进一步深入发展。以全球经济结构深度调整为主线,以全球市场整合和扩大规模经济为特征的新一轮全球化浪潮将成为推进全球经济增长的主要力量。具有全球市场整合能力的世界城市和以规模经济为特征的城市群将在新一轮全球化高潮中不断发展壮大。

　　近年来,我国对世界经济增长的贡献和在世界经济中的份额明显提高,正成为世界经济增长的重要引擎和世界经济格局调整的"受益者"。根据权威机构对中长期世界经济格局变化的预测,在未来 10~20 年,我国在世界经济格局中的地位将进一步提高。世界经济发展经验表明,每一次世界经济格局的调整,都会改变经济要素流动的方向,都会带来全球城市体系"金字塔尖"的转移,重构新兴国家的国土空间开发格局,其中城市体系、空间组织和空间形态的变化最为明显。伦敦、纽约和东京等"世界城市"以及美国波士华、北美五大湖、日本东海道、西欧西北部、英国中南部等世界级城市群的崛起,无一不是世界经济增长重心转移的结果。因此,面对新一轮的全球化浪潮,面对世界经济格局的调整,我国应在全球生产、贸易、金融、科技、文化格局的重新构建中争取主动,提高我国的国际竞争力和影响力。这就要求我国进一步优化国土空间结构,加快建设具有国际竞争力的大都市和城市群;同时,优化国内的产业布局和区域分工,以尽快融入世界经济体系。

(二)人口增长、经济规模扩大对我国国土空间承载能力提出了挑战

根据国家人口计划生育委员会的预测,我国人口总量将继续增长,2020 年将达到 14.5 亿;到 2033 年,我国人口总量达到峰值 15 亿左右。也就是说,到 2033 年我国还要新增近 1.6 亿的人口。与此同时,今后 10～20 年,我国经济发展仍将保持较快的增长速度。到 2020 年,我国经济总量将在 2010 年的基础上增加 1 倍多;到 2030 年,我国经济总量将在 2010 年基础上增加 2～3 倍。

在资源环境压力业已较大的情况下,如何在有限的国土空间合理布局,以承载人口增长、经济增长带来的高强度经济活动,使我国生态脆弱和环境恶化的地区得到保护和改善,使大都市区、城市密集区等实现可持续发展,实现人与自然的和谐,是必须考虑的问题。

(三)经济发展方式转变对国土空间开发提出了新要求

经济发展方式转变是我国未来 10～20 年面临的重大战略任务。随着经济发展方式的转变,我国区域经济结构也将进入大变动时期。首先,从经济空间变动格局来看,正在不断地由南向北、由东向西转移;其次,区域之间的分工正在从垂直分工、产业分工走向价值链分工,东南沿海地区正在成为产业链的高端区域,向中西部的产业转移逐步加快;最后,空间格局呈现出多层次、多极化、区域化的新态势。这些新的变化要求国土空间开发顺应全国经济战略性转型要求和区域经济发展新趋势,在充分发挥市场配置资源基础性作用的同时,通过区域战略、区域规划、区域政策等手段引导要素合理流动,优化生产要素在整个国土空间中的配置,形成与全国经济发展方式转变相适应的国土空间开发格局,实现国土资源高效利用和经济、社会与自然和谐发展。

(四)广大民众对环境质量提出了更高的要求

改革开放 30 年来,我国经济社会发展过于强调对生态系统的物质和能量需

求,经济活动对生态环境的压力不断增加,自然环境质量下降,人类对生态环境的威胁也随之加大。随着人们生活水平的提高,我国国民意识和价值观在加快转变,对生产生活环境提出了更高的要求,对洁净的空气、清洁的淡水和安全的食品等需求越来越迫切。对生态环境需求的满足也成为人的福利水平提高的重要标志。为了满足我国广大民众的生态环境需求,要求我们在国土空间开发时大力提升环境质量,促进人与自然的和谐发展。

二、优化我国国土空间开发格局的基本思路

经过改革开放30多年的发展,支撑我国国土空间开发的土地资源、水资源、能矿资源及生态环境等基础条件发生了巨大变化,需要更加注重高效、协调、可持续地优化配置国土资源,需要更加注重处理好集聚与分散、开发与保护的关系,需要更加注重国土安全,构建高效、协调和可持续的国土空间开发格局。基于我国的客观实际情况及面临的国际国内新形势,我们形成了优化国土空间开发格局的基本思路。

(一)集中发展,多极化协同集聚

在区域发展上各国均强调均衡发展和分散发展,认为集聚是国家和区域发展中一个长期没有解决的问题。近年来,人们发现集聚是世界多个国家或区域经济发展普遍存在的且对经济社会发展有正面效应的地理现象。诺贝尔奖获得者克鲁格曼认为:在工业品占主导的社会里,资本与人口的流动与聚集,将扩大聚集地的最终消费品市场和中间投入品市场,使厂商降低成本,获得规模效益,消费者从聚集中得到更多样化更廉价的商品和服务;而且,由于集聚经济的存在,各种产业和人口的聚集是一种自我加强的过程,即使初始条件完全相同的地区,也会因一些较小的变化引发"因果循环累积"机制,使生产集中分布。克鲁格曼以此思路为核心的"新经济地理理论"被越来越多的地区所印证,被越来越多的人所认同。

世界银行《2009年世界发展报告》印证了克鲁格曼的集聚经济效应与规模经济效应理论。报告提出:不平衡的经济增长和和谐性发展可以并行不悖,相辅相成。当经济从低收入水平向高收入水平增长时,生产也随之日趋集中,那些距离大型市场较近的地区,其经济发展速度也较快。世界上鲜有平衡的经济增长,随着一个国家城市化进程的推进,经济活动会更趋于集中。发展成效最为卓著的国家往往能制定合理的政策,在实现生产集中的同时,促进不同地区人们生活水平的趋同。

各国的政治家普遍不赞成这种经济不平衡现象。在苏联,政府致力于将圣彼得堡、中部地区和中乌拉尔等老工业区的经济比例从 65%缩减为 32%,迫使生产向东部地区转移。1925 年,东部地区的经济生产仅占 4%,到国家解体时,该比例增至 28%。国家行为导致的空间效率低下很可能加速了苏联解体。过度强调均衡发展,将削弱市场竞争力,旨在降低区际生产与生活水平不平衡的政策很多,但效果往往不佳。

世界银行的报告得出的结论是:生产的空间不平衡难以避免,没有理由去期望经济在各地区平衡地增长。发展者的成功经验表明生产在地理空间上趋于集中的必要性。最成功的国家制定政策平衡不同地区居民的基本生活水平。经济生产集中,而生活水平趋同。通过公共政策、基础设施和干预措施的最佳组合,广泛提供基本服务,进行高效率的基础设施投资,将同时实现不平衡的增长和包容性的发展。

改革开放后,我国也有集中发展的趋势。沿海地区的发展既有战略与政策方面的原因,也有在市场经济条件下经济要素向基础设施完善、自然环境优越、距离主要市场区较近的地区自动聚集的原因。不仅物质要素有向沿海地区集中的趋势,人口也有向沿海地区集中的趋势。从国务院审批的区域规划来看,海峡西岸、江苏沿海、山东沿海、辽宁沿海、河北沿海、广东西南沿海等仍有很大的发展潜力。生产集中固然会带来经济发展差距的扩大,但不应排斥集中,而应通过加快人口集中和加快区域之间公共服务均等化等途径使欠发达地区的民众提高生活水平和公共服务水平。

集中发展并非仅仅是向沿海地区集中。交通条件的显著改善为我国国土空间开发向纵深发展创造了条件。未来的国土空间开发可进一步向中西部地区拓展,在大型综合交通走廊形成新的发展轴,在交通最为发达的区域形成新的城市群。未来,应促进经济要素向发展轴和城市群集中。

我国中西部地区像中原地区、四川盆地、关中平原、长江中上游地区、黔中、滇中、甘肃和新疆的绿洲地区等,土地肥沃,环境优美,交通也非常发达,适宜人的生存和发展。随着西部开发、东北振兴和中部崛起战略的实施以及全国综合交通运输网络体系的形成,中西部地区通过改善投资环境,提高工业化、城市化水平,构建合理的城市体系,就能够崛起一个个发展高地,改变过去经济要素向沿海地区和向特大城市过度集聚的状况,实现多极化协同集聚。

(二)集约发展,高效利用国土空间

我国国土空间很大,但适宜人居住和发展的空间并不大,山地多,平原少,约60%的国土空间为山地和高原,适宜工业和城市建设及耕作的土地仅有 180 多万平方公里。我国生态脆弱区域面积广大,中度以上生态脆弱区域占全国国土空间的一半以上。脆弱的生态环境,使大规模高强度的工业化城镇化开发只能在有限的国土空间展开。

在工业化、城市化过程中,工业和城市需要占用土地,如果不加控制,粗放利用,我国保障粮食安全的耕地面积就很难保证。除一些超大和特大型城市的主城区之外,绝大部分城市和建制镇的人口密度偏低,部分中小城市、建制镇占用的空间较大,而集聚人口和经济的规模偏小。很长一段时间,一些地区粗放利用土地的现象十分严重。不管是大城市,还是小城市,都追求大广场、大马路、大场馆,不仅耗费了巨额资金,挤占了公共服务资金,也占用了宝贵的土地资源。在城市建设上,追求低容积率,影响了城市对产业的承载能力和对人口的吸纳能力。工业发展没有投资强度标准和单位面积产出标准。农民居住用地随着生活水平的提高在不断扩大,大量耕地被占用,出现了很多"空心村"。不合理的城乡人口分布,制约了农村经济的发展和国民经济现代化的实现。在城市化过程中,本应在城市建设用地增加的同时减少农村居住用地,由于社会保障和户籍没有解决,进城农民仍然保留了农村的居住用地,造成了"双重占地"。全国耕地面积从 1996 年的19.51 亿亩减少到 18.26 亿亩,人均耕地由 1.59 亩减少到 1.37 亩,已逼近我国保障粮食安全的"红线"。

今后十几年是我国工业化城镇化快速推进的重要时期,也是空间结构调整的重要时期。既要满足人口增加、人民生活改善、经济发展、基础设施建设对国土空间的巨大需求,又要为保障粮食安全而保护耕地,还要保障生态安全和人民健康,因此,必须调整开发思路,确立集约发展的理念。

工业化、城镇化过程中必然占用大量耕地,甚至占用优质的良田,因为城市一般选择在环境宜人的地方,这和保护耕地、保障粮食安全形成尖锐的矛盾。所以,必须集约利用土地,加倍珍惜土地,向空中要空间,向地下要空间,城市居民必须放弃占用更大空间的要求。只有这样,才能为农业保留更大的空间,为生态环境保留更大的空间,生态环境才不至于越来越恶化。

高效利用国土空间是一项长期的任务,必须通过各项政策的配合。户籍政策、土地政策、人口政策、住房政策、税收政策等都须根据这一方针进行调整。应提高城市建筑容积率,提高城市的人口承载力,积极稳妥地推进城镇化,逐步减少农村人口,逐步减少生态脆弱区的人口,实现土地的集约利用,实现可持续发展。

(三)人口与 GDP 相匹配,产业集中和人口集中相同步

改革开放以来,我国国土空间开发与经济布局的重点主要集中在沿海地区,

沿海地区的经济实力和自我发展能力大大增强。沿海地区的长三角、珠三角、京津冀三大城市群也成为我国经济发展的核心区和引领区。可以说,改革开放 30 年以沿海为重点的国土空间开发支撑了全国经济的高速增长和国家整体竞争力的提升。

但与此同时,也出现以下问题。第一,人口与产业非协同集聚。从全国范围看,我国经济总量和产业活动不断向东部地区集中,而人口分布几乎没有发生太大的变化,中西部地区经济总量占全国的比重却远低于其人口份额。城市群在大规模集聚产业的同时,并没有起到同比例大规模集聚人口的作用,由此导致人口分布与经济活动严重背离。如我国三大城市群的地区生产总值占 36.0%,而人口仅占全国 12.6%,二者之比为 2.86∶1。而国外的城市群经济总量虽占全国的比重较高,但其人口比重也较高。如美国波士华城市群的人口占美国的 17%,GDP 占美国的 20%,二者之比只有 1∶1.18。第二,我国区域差距较大。2008 年,珠三角人均生产总值超过 9000 美元,整个东部地区达到 5331 美元,而中部地区只有 2565 美元,西部地区为 2297 美元,大西南为 2017 美元,贵州则不到 1300 美元。这种人口与经济活动的非协同集聚,与现行的劳动力只能"流动"而难以安家落户的人口迁移政策密切相关。经济要素的集中与人口的集中不匹配,才造成了人均 GDP 和人均收入的较大差距。农民工的就业地和家庭分居两地,造成在全国范围内形成大规模的周期性人口流动,不仅造成巨大浪费,也出现了诸如留守儿童、婚姻家庭等社会问题。

在自然条件、发展基础存在巨大差异的情况下,实现经济总量和经济比重的均衡是很难做到的,但通过劳动力的转移、人口的流动,使人口与 GDP 相匹配,产业集中与人口集中相同步,就能够使各地区人均 GDP 差距缩小,使各地区居民的收入水平与生活水平大体相同,使经济要素的集中不至于影响居民的生活水平。

(四)因地制宜,不同区域采用不同的开发模式

我国国土面积很大,但各区域的自然条件差异巨大。西部地区虽有像成渝、关中等土地肥沃、人口密集、生态环境很好的地区,但多数地区土地瘠薄、干旱少雨、人口稀少,或高山连绵,或戈壁荒漠,生态环境极为脆弱,所以,应因地制宜,根据不同发展条件采用不同的开发模式。适宜人类发展的地区应加快发展,集聚更多的产业和人口;不适宜人类发展的地区应加强保护,逐步减少产业和人口,维护生态脆弱地区的生态功能。

1.在经济发达的产业和人口密集地区采用网络式开发

在产业和人口密集地区采取网络开发模式,加快基础设施网络的建设步伐,

尽快完善大中小城市之间的交通体系，加快区域经济一体化步伐。通过网络型基础设施建设，强化中小城市与大城市之间、中小城市之间的经济联系，充分发挥大城市的辐射和服务功能，促进土地和空间的集约利用，实现区域的网络化发展。按照"经济与人口协同集聚"的原则，实现农民工市民化。

2.在经济欠发达的人口较密集地区采用点轴式开发

在城市数量少、规模小、产业基础薄弱而人口又比较密集的地区，应在加强城市与城市之间经济联系的同时，吸引产业和人口向交通沿线聚集，发展交通沿线的城市和城镇，打造发展轴和经济带。点轴开发模式的优点在于避免分散发展导致的基础设施投资过大、物流成本提高、产业配套能力薄弱等。要注重强化节点城市的服务功能，使交通沿线成为区域的经济隆起带。

3.在人口稀疏、产业基础薄弱的地区采用据点式开发

在人口稀疏、产业基础薄弱的地区应采取据点式开发。一是应集中建设区域性中心城市，以吸引产业和人口向中心城市聚集，提高产业配套能力和对人口的吸纳能力，带动周边区域的经济社会发展。二是在据点式开发的同时，建设通往经济发达地区的主要交通干线，改善交通条件，加强与发达地区的经济联系。三是逐步构建比较合理的城镇体系，建设二级城市和小城镇，使小城镇成为周边农村及边远地区农牧民的服务基地。

4.对生态脆弱地区加强保护，减少人类活动

要通过人口转移，逐步减少生态脆弱地区的人口，减轻生态压力，增强其生态服务功能，并通过财政转移支付、生态补偿等途径弥补其发展机会损失。

人口规模的不断扩大，加大了人口对生态环境的压力。贫穷落后的人们为了满足生存的需要和改善生活状况，超载过牧，毁林垦荒，造成了环境的破坏和生态的恶化。我国生态退化问题已经相当严重，并有日益加重的趋势。不利的自然条件使得西部地区的生态脆弱性增强，而不合理的人类活动则将这种生态退化的可能变为现实。西部生态脆弱区自然条件恶劣，不断增加的人口，使这些地区陷入了"生态脆弱—生活贫穷—人口增加—过度经济活动—生态更趋脆弱"的恶性循环。加速农村富余劳动力向城市和城镇的转移，提高我国的城市化水平，才是解决生态退化的根本，也是我国全面进入小康社会的必然选择。为此，必须提高农牧民素质，解决农牧民的出路和生活问题。随着城镇化进程的不断推进，生态脆弱地区的居民数量将不断减少，对生态环境的压力也随之减轻。

（五）点、线、面耦合，构建"城市群—发展轴—经济区"区域发展体系

遵循空间系统发展的内在规律，增强空间结构的有机组织性，由一盘散沙、无

序开发变成一个有机整体,是我国现阶段国土空间开发面临的重大任务。在市场经济条件下,经济空间的发展演变有可能是有秩序的进一步优化,也有可能是无序发展过程。规范经济空间组织的目的就是引导人类经济社会活动在空间安排上的秩序化,期望通过合理的经济空间组织促进经济社会快速、健康和可持续发展。

1. "中心城市—都市圈—城市群"是区域空间拓展的基本趋势

城市是区域的中心,区域是城市的腹地和支撑。当工业化、城市化迅速推进的时候,中心城市的规模迅速扩大了。在其辐射带动下,形成了城市圈①。当一座城市成为"都市"时,城市圈就演变为"都市圈"。都市圈和周边的城市圈相互融合,彼此覆盖,城市群②就形成了。城市群内,由于交通基础设施比较完善,小城市和小城镇获得了前所未有的发展机遇,因为非常便捷的交通,小城市和小城镇的区位劣势在"弱化",而成本优势在"强化",劳动力密集型的零部件产业开始向大城市周边的小城市和小城镇转移。大城市尤其是特大城市,由于要素成本不断提高,其制造业不堪其压力,而向周边"二级城市"转移,促使大都市的产业高度化。原来功能健全的区域性中心城市转变为功能性城市,城市之间出现了分工,集聚优势又转变为分工优势。城市内部的产业集群转变为城市群内部的产业集群,城市的竞争力提升为城市群的竞争力。城市群的出现大大提高了对农村人口的吸纳能力和承载能力。过去,大城市由于产业链长,就业岗位多,收入水平高,所以,吸引了大量的劳动力,人口增长难以控制。小城镇由于产业层次低,产业链条短,就业岗位少,收入水平低,难以吸纳更多的劳动力和农村人口,但在城市群里的小城市和小城镇,由于聚集了大量从大中城市转移来的劳动力密集型产业,对劳动力的吸引力增强了,人口规模就会迅速扩大。中国特色的城镇化道路即大中小城市和小城镇协调发展的道路只有在城市群里才行得通。

中心城市—都市圈—城市群既是区域空间拓展中城市发展的三个阶段(中心城市是初级阶段,都市圈是中级阶段,而城市群是高级阶段),也是经济不断发展所形成的比较合理的空间结构。都市圈、城市群内部经济联系紧密,分工协作的程度高,较易实现城乡统筹,因此,城市群区域一般也是经济较发达的区域。

---

① 城市圈即中心城市加上其对周边区域辐射的范围。每一座城市都有一个辐射半径,以城市为中心,以其辐射半径画圆,就是中心城市的辐射范围。
② 城市群的定义:在特定的区域范围内具有相当数量的不同性质、类型和等级规模的城市,依托发达的交通条件,以一座或几座特大城市作为区域经济的核心,城市之间的内在联系不断加强,共同构成一个相对完整的"城市集合体"。

2.构建"城市群 —发展轴—经济区"区域发展体系

随着中心城市规模的不断扩大而发展成为大都市,在大都市的辐射带动下形成都市圈,都市圈与城市圈的共同作用形成城市群。这是区域发展的长期过程,但并非所有的城市都能够发展成为大都市,并非所有的大都市都能够发展成为城市群,城市群的形成依赖于所在区域的客观条件及经济发展水平。加快中心城市之间交通基础设施建设,加强中心城市之间的联系,使经济要素向城市之间的交通干线聚集,以线穿点,以点带面,就能使中心城市、都市圈、城市群影响的范围更大,继而覆盖到全国。

一般情况下,一个区域或国家,其经济社会空间组织的形式必然是"点—轴系统"形式,也就是说要使区域最佳发展,必然要求以"点—轴系统"模式对社会经济客体进行组织(陆大道,2001)。当然,由于不同国家和地区地理基础及社会经济发展水平的差异,"点—轴"空间结构的形成过程具有不同的等级和规模。目前,我国经济带与城市群和经济区正在相互耦合,如沿海经济带从北向南依次串联了辽中南、京津冀、山东半岛、长三角、海峡西岸、珠三角六大城市群,以城市群为核心,将形成东北、泛渤海、泛长三角、海峡、泛珠三角五大经济区。这种空间组织模式,不仅顺应了我国经济社会发展在空间上集聚成点、扩散于带、辐射为面的客观趋势,也有利于在一定程度上改变我国人口与产业不匹配、大城市过大、小城镇过小、中等城市过少的空间结构不合理状况,优化我国的国土空间开发格局。

目前,我国沿海发展轴、长江发展轴、京广京哈发展轴已经成为我国国土空间开发的主轴线,以城市群为核心的经济区雏形初现。依托城市群和发展轴形成的经济区将成为我国国土空间开发格局最重要的子系统。城市群、发展轴与经济区的耦合,形成了以"城市群为核心、发展轴为引导、经济区合作为重点"的国土开发空间组织模式。这种空间组织模式,不仅顺应了我国经济社会发展及其客体必须在空间上集聚成点、发挥集聚效果的客观要求,也有利于在一定程度上改变我国人口大流动、资源大调动的局面,达到我国国土空间开发的高效、集约的效果。

三、优化国土空间开发格局的政策建议

优化国土空间开发格局除须构建科学合理的体制机制之外,还须制定具有针对性的政策和采取有效的措施。

(一)完善以促进农民工市民化为核心的人口政策

推进农民工市民化、促进人口与产业协同集聚,是优化国土空间开发格局的重要途径。

按照"放开户籍"与"提高待遇"并行推进的原则,小城市(镇)本地的农民工可以在自愿基础上通过转户成为城镇居民;对于在大城市务工的农民工,可以结合农民在城镇就业和居住的稳定性,先使其享受城镇的公共服务,并根据城市经济能力,不断提高待遇水平。在公共卫生、子女义务教育、就业扶持服务等领域以及权益维护方面,力争实现农民工与本市市民平等对待,在城镇最低生活保障和住房保障领域则逐步扩大对稳定就业群体的覆盖面。

《全国主体功能区规划》对于地方政府在人口迁移政策方面提出了要求,要求优化开发和重点开发区域实施积极的人口迁入政策,加强人口集聚和吸纳能力建设,放宽户口迁移限制,鼓励外来人口迁入和定居,将在城市有稳定职业和住所的流动人口逐步实现本地化。限制开发和禁止开发区域要实施积极的人口退出政策,切实加强义务教育、职业教育与职业技能培训,增强劳动力跨区域转移就业的能力,鼓励人口到重点开发和优化开发区域就业并定居。鼓励城市化地区将流动人口纳入居住地教育、就业、医疗、社会保障、住房保障等体系,切实保障流动人口与本地人口享有均等的基本公共服务和同等的权益。这些政策无疑有利于解决经济活动与人口不匹配的问题,有利于优化国土空间开发格局。

(二)完善城乡建设用地增减挂钩土地政策

完善现行的城乡建设用地增减挂钩政策。城乡建设用地增减挂钩方式是工业化和城镇化加快发展时期,现行土地用途管制和建设用地管理体制内生的制度安排,可以实现农民居住条件改善和节约土地的共赢。这一政策通过以复垦耕地面积作为条件,一定程度上改善了土地无序开发的状况,同时,也在一定程度上起到了提高农村建设用地使用效率,改善农村进城务工人员在城镇社保和住房水平的作用。针对在一些地区出现的问题,2010年年底国务院出台了《国务院关于严格规范城乡建设用地增减挂钩试点切实做好农村土地整治工作的通知》。今后一段时期需要落实国务院的文件精神,对城乡建设用地增减挂钩加以规范和完善,趋利避害,核心是保护农民利益。应增加公众特别是农民的参与程度,充分听取当地农村基层组织和农民的意见,给予村民充分的参与权。

《全国主体功能区规划》中提出:实行差别化的土地利用和土地管理政策,科学确定各类用地规模。确保耕地数量和质量,严格控制工业用地增加,适度增加城市居住用地,逐步减少农村居住用地,合理控制交通用地增长。严格控制农产品主产区建设用地规模,严禁改变重点生态功能区生态用地用途。并提出进行"三挂钩"的探索,即城乡之间用地挂钩、城乡之间人地挂钩和地区之间人地挂钩。可以考虑以主体功能区规划为依据,实施差别化的土地政策,对吸纳外来人员较多的优化开发区或重点开发区的城市和城镇，在建设用地指标上给予支持，可先占后补，近占远补，跨年度平衡。在土地利用总体规划中单列由于人口增加所带来的建设用地需求指标，在全国土地利用计划中予以平衡。探索建设用地指标可以随农民工带到流入地的实施途径，实现劳动力和土地指标跨地区再配置。

保护农民土地权益和提高土地资源配置效率的根本方法在于健全土地市场体系。建立竞争性土地市场的关键是改变土地管理的城乡二元结构。建立开放的土地市场需要改革目前的征地制度，严格限定征地范围，即使是公益性征地也需要按市场价格补偿给农民，同时必须建立和健全第三方评估的机制。

（三）实行有利于产业转移的差别化产业政策

目前我国的产业政策已考虑到东西部之间的差异，实施了针对中西部地区的产业政策，如制定了《中西部地区外商投资优势产业目录》，再如中发〔2010〕11号文件第一次明确提出对西部地区实行有差别的产业政策，支持西部地区发展特色优势产业等。一是在资源环境承载能力和市场允许的情况下，依托能源和矿产资源的资源加工业项目，优先在中西部国家重点开发区域布局，促进中西部地区重点开发地区制造业发展。对中西部的重点开发地区的农牧产品加工业以及劳动密集型产业给予支持，提高中西部地区重点开发地区对农村转移人口的吸纳能力。二是在中西部资源开发地区，需要引导"嵌入型"企业特别是国有大企业的发展与当地经济发展相融合，使当地能够从油、气、煤等资源开发中受益，解决嵌入型企业与当地发展两张皮的问题，此外，还需要通过直购电、分段电价和运费补贴等特殊政策支持西部地区资源加工业的发展。三是严格市场准入制度，对不同主体功能区的项目实行不同的占地、耗能、耗水、资源回收率、资源综合利用率、工艺装备、"三废"排放和生态保护等强制性标准，防止资源浪费和环境破坏。四是建立市场退出机制，对限制开发区域不符合主体功能定位的现有产业，要通过设备折旧补贴、设备贷款担保、迁移补贴、土地置换等手段，促进产业跨区域转移或关闭。

（四）健全引导城市紧凑发展的城市规划和管理政策

在我国人多地少、适宜大规模进行经济开发活动的国土空间较为有限的国情下，加快城市化步伐也成为优化国土空间开发格局的重要途径。随着城市化发展的加快，需要健全城市规划和管理方面的政策，以使城市能够节约和集约用地，能够在发展产业的同时保护生态空间。一是需要修订《城市规划建设用地标准》，参考东京、中国香港等人多地少的城市人均建设用地标准，适度降低我国现行的城镇综合用地标准，提高土地利用强度，通过提高建成区人口密度，而非扩大城市面积提升城市人口容量。二是提高城市规划的科学性和约束力,保证城市内部及组团之间公共绿地、农业用地、防护林以及自然和人工水体不被侵占。三是制定城市综合整治、升级改造、拆除重建等方面的政策法规,防止主观随意性。四是制定加强城市管理的政策法规,使城市管理更加现代化和人性化。

(五)制定对粮食主产区和生态功能区的补偿政策

加强对粮食主产区和生态功能区的保护是规范国土空间开发秩序,优化国土空间开发格局的重要举措。

中央政府已逐年加大对粮食主产区的一般性转移支付力度,并逐步加强对于农田水利设施建设等的支持力度,改善粮食主产区的财政和金融环境。在此基础上,需要探索建立粮食主销区对主产区的利益补偿机制。可以考虑在主销区由财政资金出资建立商品粮调销补偿基金,按采购粮食每公斤粮价一定的比例提取,根据从粮食主产区购入的商品粮的数量,给予从粮食主产区调销商品粮的补偿,多调多补,少调少补。粮食主产区将商品粮调销的补偿基金专项用于农田基础设施建设和种粮大户的补贴,保护农民种粮积极性。

目前我国已针对多类生态功能区域建立了利益补偿机制,今后应逐步将生态补偿制度化。一是需要中央财政加大对生态补偿的支持力度,进一步健全森林生态效益补偿基金制度,不断提高国家级公益林补偿标准。二是在总结试点的基础上,全面实施草原生态保护补助奖励政策,推进资源型企业可持续发展准备金制度,不断扩大湿地生态效益补偿试点。三是在借鉴国内外实践经验的基础上,制定颁布《生态补偿条例》。

(六)完善环境保护的政策

《全国主体功能区规划》对不同类型功能区的环保条件提出了明确要求,提出重点生态功能区要推进天然林资源保护、退耕还林还草、退牧还草、风沙源治理、防护林体系建设、野生动植物保护、湿地保护与恢复等,增加陆地生态系统的固碳能力。在社会主义市场经济体制的背景下,需要综合运用法律、技术和必要的行政力量加强环境保护,制定完善环境保护的政策。一是建立以市场为基础的环境资源价格政策,包括提高排污收费标准、垃圾处理收费标准,完善污水处理收费制度。通过直接投资、补贴、技术研发支持、税收优惠、融资条件优惠等政策措施,降低企业再生、再制造、循环利用资源的成本,从而降低再生资源价格。二是积极引入市场机制,促进排污权交易市场的发展。制定全国性火电等行业主要污染物以及水污染等主要领域排污权有偿使用与排污权交易管理办法以及技术指南,完善交易市场、交易规则、纠纷裁决、责任追究等制度,逐步规范企业排污行为。三是加快开征环境保护税。《全国主体功能区规划》中已明确提出要研究开征适用于各类主体功能区的环境税等措施。国务院日前发布关于加强环境保护重点工作的意见中也提出要研究开征环境保护税。开征环境保护税可分三步走,当前重点将排污费等费改为环境税,在保持企业税负水平不会明显提升的基础上开征环境保护税;"十二五"中期开始向其他污染物征税,包括二氧化硫、废水和固体废物在内的三种污染物和二氧化碳是环境税税目的可能选择;"十二五"后期继续扩大环境保护税的征收范围,与税制改革相结合,构建起成熟和完善的环境税制。我们建议以企业碳排放为对象征收环境保护税,并将全部税收转入环境保护基金,用于碳吸收领域的生态补偿,如按森林面积、草场面积、湿地面积、农田面积等给予生态补偿。既是对生态脆弱区政府和居民保护生态的一种补偿,也是对维护生态,积极进行植树造林的政府和居民的一种鼓励。

参考文献

[1]顾朝林.中国城镇体系——历史·现状·展望[M].北京:商务印书馆,1992.

[2]贾康."十二五"时期中国的公共财政制度改革[R].研究报告,2011.

[3]JIN H H, QIAN Y Y, BARRY R. Regional Decentralization and Fiscal Incentives: Federalism, Chinese Style[J]. Journal of Public Economics, 2005(89):1719-1742.

[4]刘新卫.中国土地资源集约利用研究[M].北京:地质出版社,2006.

[5]陆大道.环境危机已由局部扩散[N].网易财经,2009-08-30.

[6]马泉山.新中国工业经济史(1966—1978)[M].北京:经济管理出版社,1998.

[7]皮建才.中国式分权下的环境保护与经济发展[J].财经问题研究,2010(6):10-14.

[8]PRINGLE S,et al. Rebalancing the economy Sectorally and Spatially: An Evidence Review[R]. UK Commission for Employment and Skills report, 2011.

[9]申兵.我国农民工市民化的内涵、难点及对策[J].中国软科学,2011(2):1-7,15.

[10]汪晖,陶然.论土地发展权转移与交易的"浙江模式"——制度起源、操作模式及其重要含义[J].管理世界,2009(8):39-52.

[11]魏垂敬,党国英.江苏沛县:民主协调建新村[N].改革内参,2011-10-24(34).

[12]肖周燕,苏扬.人口承载力视野的政策应用与调控区间[J].改革,2010
(11):125-131.

[13]张军,高远,傅勇等.中国为什么拥有了良好的基础设施[J].经济研究,
2007(3):4-19.

[14]杨伟民.发展规划的理论和实践[M].北京:清华大学出版社,2010.

[15]李炜光.资源保护从资源税调整开始[J].新理财,2007(9):14-16.

[16]许善达.分税制改革要坚持税收和税源的一致性[N].财经网,2010-2-2.

[17]李炜光.啃下财政体制改革这块"硬骨头"[N].社会科学报,2009-4-23.

[18]杨志勇."十二五"时期的财政体制改革[J].经济研究参考,2011(4):
16-42.

[19]贾康,马衍伟.推动我国主体功能区协调发展的财税政策研究[J].财会
研究,2008(1):7-17.

[20]王雍君.中国的财政均等化与转移支付体制改革[J].中央财经大学学
报,2006(9):1-5.

[21]唐东会.我国财政转移支付若干问题探讨——基于文献综述视角[J].改
革与战略,2010,26(4):69-75.

[22]刘尚希.进一步改革财政体制的基本思路[J].中国改革,2010(5):31-
37,119.

[23]周天勇,古成.中央与地方:财权再分配[J].南风窗,2009(15):45-47.

[24]霍兵.中国战略空间规划的复兴和创新[J].城市规划,2007(8):19-29.

[25]武廷海.新时期中国区域空间规划体系展望[J].城市规划,2007(7):
39-46.

[26]肖金成."十二五"期间编制空间规划的基本思路[J].发展研究,2009
(9):4-8.

[27]史育龙.主体功能区规划与城乡规划、土地利用总体规划相互关系研究
[J].宏观经济研究,2008(8):35-40,47.

[28]汪阳红.改革开放以来我国区域协调合作机制回顾与展望[J].宏观经济
管理,2009(2):38-40.

[29]付永.中国区域经济合作的制度分析[J].改革与战略,2006(2):106-108.

[30]范红忠.中国的城市化与区域协调发展——基于生产和人口空间分布的
视角[M].北京:中国社会科学出版社,2010.

[31]陆大道.中国区域发展的新因素与新格局[J].地理研究,2003(3):
261-271.

[32]陆大道.论区域的最佳结构与最佳发展——提出"点—轴系统"和"T"型结构以来的回顾与再分析[J].地理学报,2001(2):127-135.

[33]陈彦光.城市化:相变与自组织临界性[J].地理研究,2004(3):301-311.

[34]高奴喜.2007年中国都市圈评价报告[M].上海:格致出版社,2008.

[35]魏后凯.新时期我国国土空间开发的新方略[J].绿叶,2009(9):38-43.

[36]方创琳.城市群空间范围识别标准的研究进展与基本判断[J].城市规划学刊,2009(4):1-6.

[37]杨开忠.加快中国西北地区经济发展的战略[J].中国工业经济研究,1996(3):57-62.

[38]王凯.国家空间规划论[M].北京:中国建筑工业出版社,2010.

(本文系《优化国土空间开发格局研究》报告中的基本观点,摘要发表在《经济学动态》2012年第5期。2011年,国家发改委国土开发与地区经济研究所承担宏观经济研究院重点课题"优化国土空间开发格局研究",课题负责人为肖金成、欧阳慧,主要成员为申兵、汪阳红、刘保奎等,该课题成果被评为国家发改委宏观经济研究院优秀研究成果一等奖、国家发改委优秀研究成果二等奖。)

建立国土空间规划体系的设想

　　十八届三中全会通过的《中共中央关于全面深化改革若干重大问题的决定》（以下简称《决定》）中提出："建立空间规划体系，划定生产、生活、生态空间开发管制界限，落实用途管制。"空间规划体系到底包含哪些规划？哪个是上位规划？哪个是下位规划？曾经在多次的会议上讨论过这个问题，但始终没有定论。《决定》提出"划定生态保护红线，坚定不移实施主体功能区制度"，强调了主体功能区规划的重要性。

　　国土规划编制的时间已有很长时间，但到目前为止还未正式批准颁布。早在1981年，我国就提出编制国土规划，但由于种种原因未能正式颁布实施。这一方面体现了国土规划编制的难度，另一方面也表明国土规划的地位尚未确定。国土规划和很多规划有关系，比如说与国民经济社会发展规划、土地利用规划、环境规划、城市规划、生态规划都有关系，和2010年国务院正式颁布的《全国主体功能区规划》也有关系。

　　现在各级地方政府、各个部门都在编制发展规划，有些属于空间规划，有些不属于空间规划。这么多的规划到底谁依据谁，是否应该有上位规划和下位规划之分？否则很难解决规划之间的冲突。空间规划非常重要，在发挥市场在资源配置中决定性作用的同时，还需要更好地发挥政府的引导作用，在市场经济条件下，规划就是政府发挥引导作用的重要手段。如果没有规划，就会出现随意性和盲目性，国土空间就很难得到高效合理利用。

　　国土规划从1981年党中央、国务院决定开展国土开发整治工作开始编制，当时在原国家建设委员会设立了国土局。1982年，国土局合并到国家计委，国土规划工作全面开展。1986年，形成了国土规划纲要（草案）上报国务院，但未能正式颁布实施。1998年，国土规划的职能调整到国土资源部，国土资源部在部分省市开展试点后，于2012年正式启动编制工作，形成了国土规划的初稿，报国务院审批。

　　主体功能区是在国家"十一五"规划中提出的，不仅在中国，即使在世界上也是一个创新。主体功能区规划提出要根据资源环境的承载能力、现有开发密度和未来发展潜力,统筹考虑我国人口分布、经济布局、国土利用和城镇化格局,将国土空间划分为优化开发、重点开发、限制开发和禁止开发四类主体功能区。并提出要按照主体功能定位来调整完善区域政策和推进绩效评价,规范空间开发秩序,形成合理的空间开发结构。

国家发展和改革委员会在"十一五"期间编制的《全国主体功能区规划》,于2010 年 12 月,由国务院正式颁布实施,这是我国在国土空间规划方面的重大创新。《全国主体功能区规划》提出要在适合人类生存发展的地方加快发展,在不适合人类生存发展的地方加强保护,要划定生态功能区。生态功能区要减少人类活动,把生态功能区的人口逐步转移出来。《全国主体功能区规划》的理念非常新,而且非常适合中国国土空间现实。因为在中国 960 万平方公里的陆域国土面积上,并不都是适宜人类居住的,有大片的国土是不适宜人类居住的。恰恰在不适宜人类居住的国土上,却生存了不少的人口,这些人不仅难以就地实现脱贫致富,而且对生态环境造成了很大威胁,需要将这些地区的人口逐步迁移到适合人类居住的地区。

在"十一五"期间,我国推出了很多区域规划,如广东珠三角、江苏沿海、辽宁沿海、吉林图们江等,全国一共颁布了十几个国家层面的区域规划。这些区域规划有一个特点都是跨行政区的。有的是跨省的,有些区域规划没有跨省但是跨市。区域规划说到底属于空间规划。区域不管是大还是小,它都是连续的,有明确的范围和空间布局指向。区域规划与主体功能区和国土规划是有密切联系的。区域规划在空间规划中起到承上启下的作用。为什么国土规划编制时间这么长,原因就是国土空间太大,短期内很难搞清楚。如果一个较小的区域,那就比较容易。我认为区域规划应该是国土规划的二传手,起承上启下的作用。

城市规划是有法律依据的,很多规划却没有法律依据。国土规划没有法律依据,主体功能区规划没有法律依据,区域规划也没有法律依据。国务院不能制定法律,只能制定法规或条例,所以这些规划均没有法律支撑。但是城市规划有法律依据,村镇规划虽小,但也有法律依据。因为全国人大通过并颁布了《城乡规划法》。

但城市规划和村镇规划不是上位规划。因为其规划的范围较小,不仅比主体功能区和国土规划范围小,也比任何一个区域规划范围小。不能说有法律依据就是上位规划,没有法律依据就是下位规划。

根据我的研究,最上位的空间规划应是主体功能区规划,因为主体功能区规划从整体上对国土空间开发秩序进行了规范,并对国土空间进行了分门别类的划分。其次是国土规划。国土规划的内容主要包括人口产业城市布局、基础设施、生态环境保护等内容,主体功能区规划对国土空间进行划分,国土规划在此基础上进一步细化,国土规划相对要细一些,不能和主体功能区规划一样粗。主体功能区规划和国土规划有耦合关系,不能相互冲突和矛盾。

相对于主体功能区规划和国土规划而言,区域规划是跨行政区的,也就是跨省的,几个省是一个区域。因为很多省际边界地区经济比较落后,原因是远离中心,基础设施非常薄弱,属于边缘中的边缘。要通过区域规划把边缘消除掉,所以区域规划很重要。区域规划比国土规划要更细一些。国土规划由于尺度太大,要涵盖很多内容,编制起来难度确实很大。我建议编制规划纲要,将区域规划作为子规划。区域规划尺度可大可小,跨省的区域规划由国家编制,省内的区域规划由各省根据国家的区域规划组织编制。

区域规划是城市规划和村镇规划的依据。譬如说,一个区域的城市规模、城市数量、城市体系、交通设施等要在区域规划中予以明确,而城市规划不能与区域规划相冲突。现实中,城市和城镇规划受地方领导影响很大,规模往往规划得很大。城镇化往往被人误解为"圈地运动""造城运动",有的人认为这是老的城镇化,所以提出新型城镇化,新型城镇化的意思就不是圈地运动和造城运动,而是以人为核心的城镇化。城市规划和村镇规划就是要依据相应的区域规划进一步细化实化。主体功能区规划、国土规划、区域规划、城市规划和村镇规划共同组成我国的空间规划体系。

(本文发表于《今日国土》2009年第4期,系在2009年中国国土经济学会在北京民族饭店召开的安全国土研讨会上报告的基础上整理而成。)

区域规划:促进区域经济科学发展

　　近年来,国家加强了对区域发展的指导,区域规划和政策已成为宏观调控的重要手段,相继批准了多个区域规划:广西北部湾、广东珠三角、江苏沿海、辽宁沿海、吉林图们江、山东黄河三角洲、江西环鄱阳湖、关中—天水、安徽皖江城市带。这九个经济区的区域规划,东部地区四个,东北地区两个,中部地区两个,西部地区一个,涉及十个省份。区域规划成为国家推进区域经济科学发展的新举措。

一、区域规划是促进区域经济科学发展的重要手段

　　改革开放以来,东南沿海地区率先改革开放,经济快速发展,增强了国家经济实力,提高了中国在世界上的影响,引起了全世界的瞩目。但在经济快速发展的同时,出现了产业结构层次低、空间布局不合理、土地粗放利用、环境污染严重等问题。经济发展也不平衡,除了东中西三大地带经济发展差距不断拉大之外,沿海地区内部经济发展也不平衡。如江苏沿海、辽宁沿海、北部湾等属于后发展地区,其发展潜力还很大,如能同步发展起来,对于我国经济发展将起到重要支撑作用。珠三角虽是先发展地区,是我国东部经济最发达的地区,但在国际金融危机的冲击下,暴露出核心竞争力不足、抗风险能力弱、国际市场依赖度高、自主创新能力不强等问题。鄱阳湖之水汇入长江,其生态环境和水资源的质量既对当地也对下游地区产生重大影响。周边地区的经济发展不可避免地对鄱阳湖的生态环境产生影响,如何解决经济发展与生态环境保护之间的矛盾? 如何在经济快速发展的同时,又能有效地保护生态环境? 黄河三角洲与环鄱阳湖地区面临同样的问题,渤海是我国的内海,黄河注入渤海,渤海的生态着实使人担忧。图们江经济区是东北亚六国合作的核心地区,也是东北亚次区域合作的重要组成部分,图们江经济区的发展对国际次区域合作具有重要的拉动作用。安徽皖江城市带毗邻长江三角洲城市群,长期以来接受长三角的辐射和带动,在接受沿海地区及发达国家产业转移方面具有得天独厚的优势,如何改善投资环境? 如何进行产业选择? 如何集中发展、集约发展、集群发展? 不仅是皖江城市带本身的问题,也是全国共

同的问题。随着交通条件的改善、基础设施的完善、产业转移的梯度推进，这些地区的经济发展无疑会加快，如何避免重蹈先发展地区的覆辙，在加快经济发展的同时，实现土地集约利用、生态环境不断改善、产业结构升级、空间布局优化，一句话就是如何实现区域科学发展，只有通过区域规划手段，将科学发展观贯彻于区域规划之中。

所谓区域规划就是在一定的地理空间范围内对经济要素进行布局的制度性安排。在市场经济条件下，企业是市场经济的主体，企业以利润为目标，不可能事事从全局考虑，工厂、道路、住房等又很难移动，因此，政府应从全局考虑，对一个区域进行超前谋划。早在2005年，国务院在《关于加强国民经济和社会发展规划编制工作的若干意见》中就提出："国家对经济社会发展联系紧密的地区、有较强辐射能力和带动作用的特大城市为依托的城市群地区、国家总体规划确定的重点开发或保护区域等，编制跨省（区、市）的区域规划。其主要内容是对人口、经济增长、资源环境承载能力进行预测和分析，对区域内各类经济社会发展功能区进行划分，提出规划实施的保障措施等。"从2006年起，国家发改委就开始进行编制跨行政区的区域规划试点，如长三角区域规划、珠三角区域规划、成渝经济区规划等。但跨省区规划的编制比较复杂，直到2009年年底，也未正式推出。而省域内部的重点经济区由于范围比较小，关键问题容易把握，中央与地方的理念也比较易于对接，所以转向省域内部之后，推出区域规划的速度就加快了。当然，区域规划的重点和难点仍然是跨行政区的规划，省域内部的区域规划是一种尝试，是一个基础，在此基础上编制跨行政区的规划直至编制全国性规划。

区域规划与前几年推出的综合配套改革试验区和区域指导意见并不相同，也和城市规划（深圳）、城市新区规划（横琴岛）不同，有些媒体将其混为一谈，误导了很多人。区域规划比起后者，更明确，更具体，更具有针对性，因此具有一定的约束力，而后者主要在于指导性和倡导性，比较笼统和抽象，其任务和目标也不相同，当然从本质看具有一定联系和一致性。试验区不需要很多，而区域规划则多多益善。从各地经济发展来看，区域规划是滞后了，而不是超前了，是少了，而不是多了，范围是小了，而不是大了。"遍地开花"之说是站不住脚的。

二、规划旨在明确区域功能定位和发展方向

一个特定区域，不论其位于东部、中部还是西部，都具有优势与劣势，都面临机遇与挑战，都和周边地区存在竞争和合作关系，确定区域的战略定位对于未来的发展具有十分重要的意义。一些地方编制的规划往往对此"不识庐山真面目，只缘身在此山中"。纵观上述规划，在战略定位和发展方向方面倍加重视，犹如规

划的点睛之笔,突出、明确、简洁。如《珠江三角洲地区改革发展规划纲要》对珠三角地区的战略定位是:探索科学发展模式试验区,深化改革先行区,扩大开放的重要国际门户,世界先进制造业和现代服务业基地,全国重要的经济中心。发展方向是:率先基本实现现代化,基本建立完善的社会主义市场经济体制,形成以现代服务业和先进制造业为主的产业结构,形成具有世界先进水平的科技创新能力,形成全体人民和谐相处的局面,形成粤港澳三地分工合作、优势互补、全球最具核心竞争力的大都市圈之一。《广西北部湾经济区发展规划》对北部湾经济区的战略定位是:立足北部湾,服务"三南"(西南、华南和中南),努力建成中国—东盟开放合作的物流基地、商贸基地、加工制造基地和信息交流中心;带动、支撑西部大开发的战略高地和开放度高、辐射力强、经济繁荣、社会和谐、生态良好的重要国际区域经济合作区。发展方向是:经过 10~15 年的努力,把北部湾经济区建设成为我国沿海重要经济增长区域,在西部地区率先实现全面建设小康社会目标。《关中—天水经济区发展规划》对关中—天水经济区的战略定位是:全国内陆型经济开发开放战略高地,统筹科技资源改革示范基地,全国先进制造业重要基地,全国现代农业高技术产业基地,彰显华夏文明的历史文化基地。发展目标是:综合经济实力实现新跨越,创新能力有新提升,基础设施建设有新突破,城镇化水平有新提高,公共服务达到新水平,生态环境建设取得新进展。各区域规划对定位、方向、目标各不相同,体现了对不同区域的针对性和指导性,但都体现了对全国及本区域所能发挥的重要功能与作用。

三、规划重在推进产业结构升级和空间布局优化

区域规划虽然是一定地理空间的规划,但空间规划的重要内容是产业发展和产业结构升级。江苏沿海地区发展规划提出:依托连云港、盐城、南通三市产业基础和比较优势,实施错位发展,建立区域产业分工体系,切实转变经济发展方式,加快推进产业优化升级,形成以现代农业为基础、先进制造业为主体、生产性服务业为支撑的产业协调发展新格局。空间布局优化的方向是:以沿海地区主要交通运输通道为轴线,加快沿线城镇发展,进一步强化腹地产业优势,构建产业和城镇带;以三极为中心,以产业和城镇带为依托,以沿海节点为支撑,促进互动并进,形成"三极"(重点加快连云港、盐城和南通三座中心城市建设)、"一带"(依托沿海高速公路、沿海铁路、通榆河等主要交通通道,促进产业集聚,形成功能清晰、各具特色的沿海产业和城镇带)、多节点(以连云港为核心,连云港徐圩港区、南通洋口港区和吕四港区、盐城大丰港区、滨海港区、射阳港区,以及灌河口港区为重要节点)的空间布局框架。集中布局建设临港产业,发展临海重要城镇,促进人口集

聚,推进港口、产业、城镇联动开发,构建海洋型经济发展新格局,成为提升沿海地区整体发展水平的支撑点。

《皖江城市带承接产业转移示范区规划》明确把装备制造业、原材料产业、轻纺产业、高技术产业、现代服务业和现代农业作为重点发展的六大支柱产业,并以现有的产业园区为基础,推动园区的规范、集约、特色化发展,突破行政区划制约,在皖江沿岸适宜开发地区高水平地规划建设承接产业转移的集中区,以适应产业大规模、集群式转移的趋势。还将加快技术创新升级,强化技术创新要素支撑,构建企业主体、市场导向、政府推动、产学研结合的开放型区域创新体系,促进产业承接与自主创新相融合。该规划在空间布局上以沿长江一线为发展轴,以合肥和芜湖两市为"双核",以滁州和宣城两市为"双翼",构筑"一轴双核两翼"产业分布的新格局。

辽宁沿海经济带规划确定:推进产业结构优化升级,做强具有基础优势的先进装备制造业和原材料工业,做大高技术产业,加快发展现代服务业和现代农业,利用信息技术改造提升传统优势产业,提高产品质量,逐步形成以先进制造业为主的现代产业体系。在空间布局优化方面,进一步提升大连核心地位,强化大连—营口—盘锦主轴,壮大渤海翼(盘锦—锦州—葫芦岛渤海沿岸)和黄海翼(大连—丹东黄海沿岸及主要岛屿),强化核心、主轴、两翼之间的有机联系,形成"一核、一轴、两翼"的总体布局框架。坚持走新型城镇化道路,构建以特大城市为龙头、大城市为主体、中等城市及各类中小城镇有序发展的网络化城镇体系。

四、规划把生态环境保护作为重中之重

各个规划都用了很大篇幅具体阐述生态环境保护问题,把生态环境保护、防治污染、发展循环经济以及生态环境保护工程列举得很详细。如珠三角规划提出:优化区域生态安全格局,构筑以珠江水系、沿海重要绿化带和北部连绵山体为主要框架的区域生态安全体系。保护重要与敏感生态功能区,加强自然保护区和湿地保护工程建设,修复河口和近岸海域生态系统,加强沿海防护林、红树林工程和沿江防护林工程建设,加强森林经营,提高森林质量和功能,维持生态系统结构的完整性。加强珠江流域水源涵养林建设和保护,综合治理水土流失。推进城市景观林、城区公共绿地、环城绿带建设,促进城乡绿化一体化,加快建成沿公路和铁路的绿化带,维护农田保护区、农田林网等绿色开敞空间,形成网络化的区域生态廊道。

鄱阳湖规划和黄三角规划更是把生态环境保护作为发展的前提和重点。鄱阳湖是我国唯一的世界生命湖泊网成员,是国际重要湿地,也是亚洲最大的越冬

候鸟栖息地,享有广泛的国际关注。因此,建设鄱阳湖生态经济区,加强生态建设,强化环境保护,推广生态文化,为世界生态环境保护做出应有贡献,有助于我国开展国际生态经济合作交流,展示我国负责任的大国形象。建设鄱阳湖生态经济区,就是要下决心保护好鄱阳湖的生态环境,保护好江西的青山绿水,使江西在经济社会又好又快发展的同时,山更绿、水更清、天更蓝、环境更优美。黄三角规划开宗明义提出坚持生态优先,实现可持续发展原则。牢固树立生态文明观念,在保护中开发,科学确定区域功能定位和产业空间布局,积极发展园区经济,大力发展高附加值产业和高端产品,维护渤海湾和黄河下游流域生态安全。高效生态经济的发展,要体现可持续发展理念,推进产业结构生态化、经济形态高级化,促进经济体系高效运转和高度开放,实现开发与保护、资源与环境、经济与生态的有机统一。其他区域规划也把保护生态环境坚持可持续发展作为重要内容。

五、规划弱化了政策优惠,突出了体制创新和区域合作

很多地区都对区域规划表示出很高的热情,希望有更多的优惠政策,取得国家更多的资金支持。以为带上了这顶帽子,就纳入了国家战略,该地区就成为国家重点支持的地区。从批准的区域规划来看,规划中给予的优惠政策并不多,而突出了体制创新和区域合作。

珠三角规划提出了具体的改革开放和体制创新的任务:以行政管理体制改革为突破口,深化经济体制和社会管理体制改革,健全民主法制,在重要领域和关键环节先行先试,率先建立完善的社会主义市场经济体制,为科学发展提供强大动力。如农村经济体制改革方面,支持有条件的地方发展多种形式的规模经营,逐步实现集体建设用地与国有土地同地同价,建立城乡统一的土地市场,开展城镇建设用地增加与农村建设用地减少挂钩试点,支持惠州、佛山、中山等市开展统筹城乡发展综合改革试点等;财政和投资体制改革方面,提出健全财力与事权相匹配的体制,健全转移支付办法,改革财政资金分配办法,建立和完善通过制度健全、公开透明方式取得财政资金的机制。金融改革与创新方面,提出建立金融改革创新综合试验区,研究开放短期出口信用保险市场,深化境外投资外汇管理改革,选择有条件的企业开展国际贸易人民币结算试点等。在企业体制改革方面,提出创新国有资产运营和监管模式,探索发展多种形式的新型集体经济,鼓励非公有制企业自身改革,建立现代法人治理结构,做大做强。在社会管理体制改革方面,提出鼓励社会组织和企业参与提供公共服务,简化社会组织注册登记办法。推进户籍管理制度改革。实行城乡居民户口统一登记管理制度。改革和调整户口迁移政策,逐步将外来人口纳入本地社会管理,使在城镇稳定就业和居住的农

民有序转变为城镇居民,引导流动人口融入所在城市等。在加强区域合作方面,规划不仅确定了粤港澳合作的重点领域,还提出加强与台湾、环珠三角、泛珠三角、东南亚的合作。首先提出加强与港澳的协调合作,充分发挥彼此的优势,支持与港澳在城市规划、轨道交通网络、信息网络、能源基础网络、城市供水等方面进行对接,加强产业合作,建立港深、港穗、珠澳创新合作机制,鼓励粤港澳三地优势互补,联手参与国际竞争,鼓励在教育、医疗、社会保障、文化、应急管理、知识产权保护等方面开展合作,为港澳人员到内地工作和生活提供便利,共同建立绿色大珠江三角洲地区优质生活圈。

图们江规划的重要内容是长吉图合作与东北亚合作。规划提出在着力推进长吉图开发开放先导区内部联动发展的同时,加强长吉图区域与国内其他区域的经济联系与合作,建立区域性联合推动机制,实现资源优势互补、产业合理分工、基础设施协同共建、区域经济协调发展,全面推动中国图们江区域合作开发。在新的历史起点上推进长吉图开发开放和图们江区域国际合作,要统筹国际国内两个大局,逐步形成全方位、宽领域、多层次、高水平的图们江区域开发与国际合作新格局。

(本文发表于《中国发展观察》2010 年第 3 期。)

编制空间规划的基本思路

改革开放以来，经济获得了快速发展，但也付出了巨大的环境代价。很多地方资源粗放利用，环境受到污染，这些情况引起了中共中央、国务院和全国人民的广泛关注。胡锦涛同志在党的十七大报告上提出："加强国土规划，按照形成主体功能区的要求，优化国土开发格局。"在市场经济条件下，老百姓追求利益，企业追逐利润，都是无可非议的，但国家要通过法律，政府要通过规划进行管理。对国土空间进行规划就成为十分必要和非常急迫的工作。"十二五"时期，应在"十一五"进行的主体功能区规划基础上继续加强对国土空间规划的研究和编制工作。

一、空间规划的概念与性质

空间规划是一个国家或地区对全国和一定区域的空间结构进行调整和合理布局所编制的长期性规划。空间规划依托的是地理空间，空间规划是一个约束性规划，不是一个发展规划，更不是一个开发规划，不需要很细，钱怎么来，什么时间搞，能不能赚钱，规划都不需要涉及。而资源该不该开采，开采到什么程度，河流要不要改道，要不要修水库，要不要行船，规划要明确。资源什么时候开采，由谁来开采，水利设施由谁来建设，不属于空间规划的范围。空间规划就是确定哪些地方禁止开发，哪些地方限制开发，因此，它是约束性规划。

空间规划是上位规划，它应作为其他规划的依据。空间规划叫什么名称，实际上无关紧要，关键是看编制的什么性质的规划。20世纪80年代编制的国土规划实质上就是空间规划，"十一五"期间编制的"主体功能区规划"和"长三角"区域规划、京津冀区域规划也属于空间规划。2003年，时任国家发改委主任马凯在"十一五"规划编制工作会议讲话中指出："区域规划是战略性、空间性和有约束力的规划，不是纯粹的指导性和预测性规划。区域规划的作用是划定主要功能区的红线，主要内容是把经济中心、城镇体系、产业集聚区、基础设施以及限制开发地区落实到具体的地域空间。"国务院2005年10月22日公布的《国务院关于加强国民经济和社会发展规划编制工作的若干意见》（国发〔2005〕33号）提出："合理确定编制国家级区域规划的范围。国家对经济社会发展联系紧密的地区、有较强辐射能力和带动作用的特大城市为依托的城市群地区、国家总体规划确定的重点开发或保护区域等,编制跨省(区、市)的区域规划。其主要内容是对人口、经济增长、资源环境承载能力进行预测和分析,对区域内各类经济社会发展功能区进行划分,提出规划实施的保障措施等。"

我国国土规划的编制始于20世纪80年代。我国对国土规划的定义进行了初步探索,将国土定义为一个国家的人民借以生存和发展的空间,将国土规划定位为长期的、宏观的战略性规划,它的根本任务是要处理好经济发展与人口、资源、环境之间的关系,但第一次国土规划中提出的国土开发整治的任务是展望性、方向性的,基本上不具备约束功能。1985年国家计委开始组织编制《全国国土总体规划纲要》,到1989年基本完成。在组织编制全国国土规划纲要的基础上,还组织编制了部分重点地区的国土规划,各省(区、市)相继开展了本行政区的国土规划编制工作,有些省区还编制了省内经济区、地区或县域的国土规划。据不完全统计,到1993年,全国有30个省(区、市)、223个市以及640个县编制了国土规划,分别占当时全国省、市、县总数的100%、67%、30%。

《全国国土总体规划纲要(草案)》从分析国土资源的特点、优势和问题入手,勾画出国土整治的基本蓝图,明确了重点开发地区的发展方向,提出了实施规划的重大政策与措施。其核心内容包括八方面:国土开发的总体布局、人口与城市化、土地资源利用、水资源供需形势分析、大江大河的治理、农业发展与布局、海洋开发和保护、生态环境污染状况和趋势。

20世纪80年代初,国民经济的快速发展与人口、资源、环境之间的矛盾日益突出,国土资源和生态平衡遭受破坏的情况相当严重。受到日本、德国等国家成功进行空间规划的影响,从中央到地方都十分重视,从而全国迅速行动起来。但由于这次规划包含的内容太多,与国民经济和社会发展计划存在交叉重复,过分强调了产业发展和项目安排,从而难以付诸实施。由于当时政治经济形势发生了重大变化,规划纲要未通过必要的法律程序,编制好的规划文本被束之高阁,不能不说是一个极大的遗憾。

二、发达国家编制空间规划的实践及经验

自20世纪初德国首先编制空间规划之后,美国、日本、法国等国家也都陆续编制了各种类型的空间规划,形成了各自的空间规划体系,对合理开发利用国土资源、创造良好的环境、提高人们的生活质量起到了重要的作用。

（一）德国的空间规划

早在 19 世纪中叶，德国就进入工业化阶段，柏林等城市和鲁尔工业区的规模迅速扩大，迫切需要对资源在空间配置方面进行规划。在此背景下，德国先后开展了柏林及其周围地区和鲁尔工业区等区域的规划工作，对大城市的发展和工业区的资源合理配置及环境整治发挥了重要作用。

德国宪法规定，联邦政府必须向各州提供空间发展方面的导向。1975 年制订的全国性的规划按照各地区的产业结构和基础设施水平把全国划分为 38 个规划区，并且确定了 9 个产业和基础设施两方面都需要改善的地区，4 个产业结构方面需要改善的地区，8 个基础设施方面需要改善的地区。在上述 3 类需要改善的地区中，确定了 10 个列为重点即结构失调已出现危险的地区。

联邦政府不直接规定一个州该做什么或不该做什么，主要提出空间发展的原则。但这些原则是各州编制空间规划的基本依据，甚至也是联邦政府筛选政府投资项目的依据。由于德国是联邦制，州有相当的独立性，联邦对于州的规划无直接管辖权，只有协调作用。州规划在联邦国土规划体系中占有重要的地位。它对于州辖管理区规划和市县规划起着指导和约束作用，大部分属于指导性的，少部分为从平衡角度出发的指令性规划。州的空间规划由州政府下属的规划局或规划委员会负责编制，它也是一种纲要性质的规划。它遵循联邦规划制定的开发整治政策、规定和要求，并根据州的具体情况，在调查、分析和预测人口迁移、经济发展、基础设施建设和土地利用状况的基础上，提出综合经济区和重点经济发展区域，确定各区域的发展轴、中心城市，提出基础设施建设的规划，编制土地利用规划，确定土地利用方向和类型。

（二）美国的空间规划

美国空间规划的起步可以追溯到 1909 年的《芝加哥规划》，该规划因其范围大而著称，它设计了一个放射状加同心圆的高速公路系统，因此，它既是一个城市规划，也是一个区域空间规划。20 世纪 30 年代美国陷入经济危机，为配合"新政"的实施和缓解落后地区贫困状况，美国开始进行田纳西河流域综合开发，使之成为美国区域空间规划之中最为成功的范例。

由于美国采用的是联邦政府与各州分权而治的政体，各州在政治、经济和法律等方面相对独立，而且州政府对地方政府的影响远远大于联邦政府。联邦政府通过跨州的空间规划间接干预州级规划，主要涉及跨州的公共工程项目、资源的开发利用和保护、环境评价与保护重大项目的技术援助等。

跨州空间规划编制、实施过程首先由政府机构的专管人员组织调查区域发展过程中面临的各种问题,确定编制空间规划的依据和原则。然后由联邦政府制定相应的法律,规定具体的开发整治任务、目标,实现规划的经济政策和措施。最后责成或鼓励有关部门和各州积极进行规划的编制与组织实施,并采取国会资助与各州合作的办法筹集资金,设置一个实体性机构负责组织协调和实施。一般来说,跨州的空间规划主要是通过法律及有关部门起如下作用:一是规划全国所有大的公共工程,如公路、水资源利用工程,并提交国会审议;二是向州级地方政府发放补助资金,主要用于交通、医疗、教育等方面;三是制定有关法律和规章;四是通过税收的办法来管理资源的开发利用和保护;五是负责环境评价及保护;六是负责重大项目的技术援助。

美国早期的州级规划只侧重对州内自然资源的管理。联邦政府在 1968 年的《政府间合作法案》(*The Intergovermental Cooperation Act*)中规定:各地申请联邦资金要有州和规划部门的审核和推荐,以保证项目符合全州或区域的总体规划目标。一般来说,各州的规划常见的内容包括:用地、经济发展、住房、公用服务及公共设施、交通、自然资源保护、空气质量、能源、农田和林地保护、政府区域合作、都市化、公众参与等。

(三)日本的空间规划

从 1962 年开始,日本分别制订了五次"全国综合开发规划"。这些规划被定位为全国性的规划。除全国综合开发规划外,日本还制订了大经济区综合开发规划、都道府县规划和市町村规划,形成了从全国到大经济区、特定区域和都道府县以及市町村完整的空间规划体系。地方政府将全国综合开发规划作为指导性规划,在明确了本地区的未来发展方向及发展目标的基础上,制订出综合的地方规划,其中还包括一些具体开发项目规划。

1962 年制订的"一全综"中将全国分成"过密地区""整治地区"和"开发地区"三种类型地区,对"过密地区"政策实施重点是限制新企业和城市规模的扩充,迁出的企业给予优惠;对"整治地区"进行大规模工业开发和配置、建设教育、行政等职能,使其起到分散过密地区人口和转移过密地区生产机能的作用;对"开发地区"重点实行基础设施的完善化,以利于诱导大工业的开发。1969 年制订的"二全综"将全国划分为七个经济圈(首都圈、近畿圈、中部圈三大都市圈和北海道圈、东北圈、中四国圈和九州圈四个地方圈),在三大都市圈,除进一步限制新建企业对土地的占用外,还把一些中心城市的废旧工厂拆除或迁出,进行绿化美化环境。为改善都市圈的生活环境,在东京、大阪、名古屋周围 200 公里以内地区发展周日旅游基地。在四大地方圈,大力发展农业,建立大型畜产品基地。此外,在圈内划定大型工业基地预选地区,重点建设大型重化工基地,分类指导发展。1998 年制订的"五全综"明确提出四个国土轴新概念:(1)东北国土轴;(2)日本海国土轴;(3)太平洋新国土轴;(4)西日本国土轴。前四次规划都是适应经济发展形势的变化的产物,主要在于通过产业布局调整,通过大规模基础设施建设来缩小地区间差别,侧重点在硬件方面。而第五次规划主要是有效地利用现有社会资本,保护自然环境,侧重点在软件方面。现在日本已编制完成第六次空间规划,名为《全国国土形成规划》,其意图更为明显——把保护生态环境放到非常重要的地位。

大经济区是指包含两个以上都道府县在内的地区。目前日本大致分为首都圈、近畿圈、中部圈、北海道、东北、北陆、中国、四国、九州、冲绳十个大经济区。大经济区的开发规划可分为两类,一是都市圈整治规划,二是地方圈综合开发规划。三大都市圈整治规划分别依据《首都圈整治法》《近畿圈整治法》和《中部圈开发整治法》制定。地方圈综合开发规划包括《北海道综合开发规划》《东北综合开发促进规划》《北陆地区综合开发促进规划》《中国地区综合开发促进规划》《四国地区综合开发促进规划》《九州地区综合开发促进规划》《冲绳振兴开发规划》。

(四)法国的空间规划

"二战"后法国工业化和城市化迅速发展,使经济发展与人口、资源和环境的矛盾愈加尖锐。为协调各方面的关系,以便更有效地贯彻国家国土整治政策,1963 年法国政府成立了"领土整治与地区行动代表处"(DATAR)。代表处的主要职责是:(1)开展调查研究,进行前景预测;(2)参与制订国土整治规划并监督规划执行情况;(3)在农业部、工业部、公共工程部、卫生部等与国土整治有关的政府部门之间起协调作用,并以派代表的方式及以信贷、资金补助和贫穷地区专项补助等为手段,参与地区或部门的国土整治工作,促进基础设施、工业企业和就业的合理布局。

20 世纪六七十年代,法国政府制订了一系列国土整治指导方案和区域经济的远景规划,先后确定法国西部、西南部、中央高原以及东北老工业区为优先整治地区。整治方案涉及全国主要交通干线和通信网络、保护和整治,包括滨海地区、中央高原、山区和主要城市。上述举措使法国的国土整治工作确实收到了明显成效:通过对一批建于 18—19 世纪的老工业企业(多属煤炭、钢铁和造船行业)进行改造和大力发展公路、铁路、机场、航运、电信等基础设施,实现了全国工业的合理布局和均衡发展;通过在巴黎等大城市市郊建造新城和实施工业企业外迁建设,有效地扭转了人口和产业向巴黎过度集中的现象;通过对罗纳河等河流、阿尔卑斯山等山地和阿基坦等海岸带进行治理,使一些地区的潜力得到了发挥。20 世纪80 年代以后,法国对先前的区域发展政策又做了诸多重要修订,以保护国家自然资源(包括山区、滨海、森林等)为重点,促进开发与保护协调发展。

流域的综合开发规划对法国经济发挥了十分重要的作用。根据河流的空间分布形态,1959 年划分了六大流域,分别由六个水资源管理委员会进行规划管理。

罗纳河流域综合开发整治是比较典型的范例。罗纳河为法国第二大河,流经的法国西南部是法国的主要农业区,水力资源丰富,又是一条重要的通航河流,同时含沙量较大,年输沙 2 亿立方米,历史上多次出现洪涝灾害。1921 年,法国国会通过法案,批准由罗纳河各公共团体联合,在水电、航运和农业灌溉三方面进行综合开发整治。经过近 40 年努力,全河 20 座水电站、里昂至马赛的航道、船闸、港口及灌溉工程已经按照规划全部建成。罗纳河的引水工程改造了沿河的农业经济,消除了大面积泛滥。由于采用低坝小库方案,大幅度减少了占地。在环保方面,采取了一系列措施保护和恢复原生的生态,种植树草,保护和繁育原有生物。使各项工程与当地自然环境协调一致。

三、空间规划的主要内容

20 世纪 80 年代,我国政府编制的国土规划,虽然对结构体系、空间布局、资源利用、生态保护、重大基础设施建设、重点地区等做了系统的安排,内容丰富,体系完整,但比较公认的是内容过于庞杂,几乎无所不包,很难适应不断变化的形势。任何事物都会发展变化,规划越具体,考虑越细致,越面面俱到,越难适应形势的变化,越难具有约束力,规划的科学性、严肃性、权威性就要大打折扣。实际上,经济社会发展中的一些问题,不是方方面面都需要规划的,要适应变化而变化。但对影响国计民生的重大问题,具有明显外部性的问题,要进行规划,通过规划手段对市场主体进行约束。空间规划主要包含以下八方面内容。

(一)功能区划分

我国国土面积很大,地理条件极为复杂:大面积的戈壁荒漠区,分布广泛的丘陵高山区,干旱缺水的高原区,人口稠密的平原区。必须根据一定的标准,对国土空间进行划分,赋予不同的功能。适合发展的加快发展,需要保护的加强保护,适合居住的可集中更多的人口。应根据上述原则对国土空间进行分析评价,根据不同区域的资源环境承载能力、现有开发密度和发展潜力等,对特定区域进行功能划分,并分别明确其区域内不同区域的主体功能定位和发展方向。"十一五"期间推出的主体功能区规划,正在紧锣密鼓地编制。可把其整体纳入全国空间规划,也可稍做调整,如将禁止开发地区和限制开发地区变更为生态保护区或特色生态经济区,使之更明确,更具针对性,更容易把握。

（二）空间布局与城镇体系规划

明确空间布局框架：包括空间结构、发展轴线、重要节点。划分经济区、明确经济带和经济发展轴线，科学规划区域内城镇体系，主要包括大中小城市的规模结构和职能、明确重点城市在区域城镇体系中的定位和未来发展方向。

在功能区划分的基础上，根据经济要素的聚集情况和经济联系状况，将全国划分为若干经济区，在经济区内构建科学合理的城镇体系。所谓科学合理的城镇体系就是大中小城市分布有序，有若干要素集聚能力强，规模比较大，在国内外有较大影响的大都市，又有若干带动能力强，基础设施比较完善的区域性中心城市，还有相当数量的小城市和小城镇，服务和带动广大的农村地区。对经济比较发达，城市比较密集，已形成城市群雏形的区域，通过规划促进区域经济一体化。对城市比较稀疏的区域，通过经济增长极的培育，发展更多的区域性中心城市，以此带动区域经济的发展。

（三）人口分布与城镇化进程

根据区域空间特点和人口分布现状、趋势，明确不同区域未来人口数量的空间分布以及未来不同时期不同区域的城镇化水平，提出相应的城镇化策略。随着户籍制度的改革和城市建设的加快，城市化水平将不断提高，但城市化不可能是均衡的，必然有高有低，有快有慢。经济发展快的区域集聚的人口就越多，城市化水平就越高，人口的分布也会呈现出明显的分异，因此，空间规划应将人口分布和不同时期的城镇化进程作为空间规划的重要内容。

（四）资源开发与产业发展

资源禀赋对一个国家或区域来说是经济发展的重要条件，但资源开发和利用对生态环境也有至关重要的影响。一般来说，资源是稀缺的，很多资源不可再生。资源开发利用、何时开发利用以及对战略资源的保护涉及国家资源战略，必须纳入空间规划，根据空间规划编制资源利用计划。同时，资源开发与产业发展存在密切关系，多数产业与当地资源相互依托，对资源依赖型产业应通过规划实现产业可持续发展。很多产业不依赖矿产资源，如第三产业、一般制造业等，应根据市场需求发展，没有必要纳入规划。因此，空间规划应根据区域内资源状况，结合区域发展特点，提出重要矿产资源的开发方向、开发时序和开发策略；并结合现有产业的布局特点，提出未来产业发展方向和空间布局。

（五）重大基础设施的布局

全国性的基础设施以及跨省基础设施应由国家统一规划，甚至由国家组织建设，像国道、跨省跨境高速公路、边境公路、铁路、航线与机场、航运及港口、电网、通信设施等,这些设施像人体的血管,保证要素在全国范围内的畅通,保障国家经济社会的发展与国家安全。通过规划,保证各级各类基础设施的衔接,不至于冰灾到来时使一个区域的交通陷于瘫痪。应根据基础设施现状特点,结合未来发展趋势,明确交通、电力、通信、水利等重大基础设施建设的目标,建设的指导性原则以及骨干基础设施项目建设的时序安排。

(六)跨省流域治理及海岸线的保护利用

我国有长江、黄河、淮河、珠江、海河、松辽、太湖七大流域,还有为数众多的跨省河流,洪水、污染、水土流失长期以来威胁着流域地区人民生命财产的安全。多数河流横跨数省,上下游之间水资源利用、水质污染、环境保护方面的矛盾越来越尖锐。流域的综合治理及支流的水利工程要依据统一的规划。应针对各流域生态环境特点以及出现的问题,提出大流域治理的目标和原则、重大工程以及工程的时序安排。

我国的海岸线很长,海岛很多,滩涂面积很大,是不可忽视的资源,如何处理滩涂利用和生态保护的关系,需要引起重视,规划中应对海岸线的利用给予明确,才不至于随着经济的发展使海岸线变成水泥岸线。

(七)生态环境保护

保护生态环境是实现经济社会可持续发展的重要保证。青藏高原、黄土高原、内蒙古高原的生态环境非常脆弱。广大的山区、辽阔的草原、并不多的湿地构成东中部平原地区的生态屏障和水源地。保护生态环境符合人类的长远利益和根本利益。哪些地方应该保护?哪些地方应禁止开发?规划中应给以明确。针对不同区域存在的生态环境问题,结合主体功能区和空间结构调整,提出不同阶段生态环境保护的目标和指导原则、主要任务、重点地区以及保护主体等。

(八)区域内外的经济合作

区域合作包括区内合作和区际合作。我国的行政区是历史形成的,犬牙交错,对经济发展形成重大影响,但频繁调整行政区既不现实也比较困难。所以,在市场经济条件下,要弱化行政区的概念,强化经济区的概念,如现在流行的长三角、珠三角、京津冀、海峡西岸、长江中游等都是经济区的概念。规划中应划分不同层次的经济区,并明确区域合作的基本思路、区域合作的目标、区域合作的组织架构、区域合作的路径选择等。

四、"十二五"期间编制空间规划的建议

"十一五"期间,在全国开展了编制主体功能区规划的工作,将国土划分为优化开发、重点开发、限制开发、禁止开发地区,为进行全国性空间规划奠定了良好的基础,我们建议将主体功能区规划作为全国性空间规划的重要组成部分。"十二五"期间,建议在编制主体功能区规划的基础上,开展全国性空间规划和区域性规划的编制工作。

(一)制定编制全国性空间规划和区域性空间规划的法律

借鉴其他国家的做法,编制规划尤其是编制长期规划,一定要有法律依据。人大应通过一个关于编制全国性规划纲要和区域性空间规划的法律文件即《空间规划法》。在规划法中明确规划的性质、规划的定位、规划的内容、规划的程序、规划的编制主体、规划预算、规划的实施等。日本共编制了五次综合开发规划,每次都由议会通过一个法案,第六次名称改为《全国国土形成规划》,也通过了一个法案。法案很短,也就是一两页纸,不像我国的法律,洋洋洒洒几万字,制定起来耗时费力。我国有《城乡规划法》,《经济社会发展规划》也要经全国人大通过。可见,作为长期规划,作为城乡规划和经济社会发展规划的依据,必须有法律依据。规划编制出来之后,才具有法律约束力,能够真正成为上位规划,成为其他规划的依据。

(二)明确编制空间规划的主体,各部门和各级地方政府应全力配合

鉴于空间规划的重要性,主持编制规划的单位必须是国务院综合部门。有几种方案可供选择。一是由国务院亲自主持编制。其优点是有权威性,各部门和地方政府会全力配合,缺点是将给国务院增加大量工作量,国务院领导也难以倾注更多的精力。二是由国家发改委负责编制。80年代,第一轮国土规划就是由国家计委主持编制的。空间规划涉及的领域很多,需要很多部门和机构协作配合,国家发改委是国务院一个综合部门,具有协调各部门业务的职能,且具有编制经济社会发展规划的职能,可把空间规划与经济社会发展规划衔接起来。三是由国土资源部负责编制。编制国土规划是国土资源部的职能之一,国土规划和空间规划其实是一回事,但空间规划不是一个部门所能完成的,需要多个部门的协调,而国土资源部的综合协调功能较弱,这也就是国土规划编制多年至今尚未完成的原因。四是新组建一个综合协调机构,负责空间规划的编制工作。无论是发改委还是国土资源部,其职能都很多,再加上空间规划,恐难以倾注更多的精力,只能成为这些部门的副业。新组建的机构名称可谓国家区域协调发展委员会,除编制空间规划之外,还负责协调各区域的经济社会发展。考虑到空间规划的重要性,最后一个方案是最可行的方案。

(三)组建空间规划研究院,专职承担空间规划的编制工作

编制空间规划是一项专业性工作,既需要专门化的知识,又需要深入细致的

调查,过细地掌握情况。绝不能将编制任务一级一级分配下去,再一级一级汇总上来,那样的规划是各级地方政府博弈的结果,是不足为据的。编制长期规划也是一项长期工作,而且规划完成之后还要进行调整和修编,因此应有相对固定的专业人员。我们建议组建一家空间规划研究院,从全国选聘一批优秀的规划专业人员,承担空间规划的编制工作,所需资金从财政预算中列支,要保证规划编制的资金需求,不允许在财政预算之外,接受地方、企业及个人的资助,以保证规划编制的公正性。研究院归规划主管部门领导,对规划主管部门负责。

研究院组成之后,首先编制全国空间规划纲要,明确规划编制的指导思想、指导原则、主要内容、区域划分及各区域规划的基本思路,纲要的职能就是为区域性规划提供依据和规范。然后编制区域性规划,全国性规划由各区域性空间规划所组成。可将全国划分为若干经济区,每个经济区成立一家规划研究分院,隶属于国家研究院,负责编制区域性规划。区域性规划不是地方规划,而是国家规划,所以应由国家负责编制,经费也应由国家提供。

(四)空间规划应反复论证和修改,根据规划法确定的程序进行审批

空间规划的编制应主要依靠规划专业人员,但规划编制完成后应征求各方面意见,进行反复论证,由规划编制人员进行修改,使其更科学更合理,而不是屈就于地方的利益。规划纲要完成后,经人大通过后颁发实行,成为编制区域性规划的基本依据。各区域性规划也要通过一定的法律程序,修订和调整也要通过一定的法律程序。

参考文献

[1]方创琳.区域发展规划论[M].北京:科学出版社,2000.

[2]张京祥,芮富宏,崔功豪.国外区域规划的编制与实施管理[J].国外城市规划,2002(2):30-33.

[3]崔功豪,等.区域分析与区域经济规划[M].北京:高等教育出版社,1999.

[4]张沛.区域规划概论[M].北京:化学工业出版社,2006.

[5]武廷海.新时期中国区域空间规划体系展望[J].城市规划,2007(7):39-46.

(该文发表于《发展研究》2009年第9期,原标题为《"十二五"期间编制空间规划的基本思路》。)

实施主体功能区战略　构建空间规划体系

推进主体功能区建设，是党中央、国务院做出的重大战略部署。充分发挥主体功能区在推动生态文明建设中的基础性作用和构建国家空间治理体系中的关键性作用，必须建立空间规划体系，尤其是在市县两级编制"多规合一"的空间规划，推动主体功能区战略在市县层面精准落地，为优化国土空间开发格局、创新国家空间治理模式、实现国家空间治理现代化夯实基础。

一、充分发挥主体功能区在推动生态文明建设中的基础性作用

我国国土面积很大，但适宜人类生存的空间不到 20%，且各区域的自然条件差异巨大。西部地区虽有像成渝、关中等土地肥沃、人口密集、生态环境很好的地区，但多数地区土地贫瘠、干旱少雨、人口稀少，或高山连绵，或戈壁荒漠。所以，应因地制宜，根据不同发展条件采用不同的开发模式。适宜人类发展的地区应加快发展，集聚更多的产业和人口；不适宜人类发展的地区应加强保护，逐步减少产业和人口，维护生态脆弱地区的生态功能。

2005 年，"十一五"规划纲要提出了推进形成主体功能区的思路与设想，根据资源环境承载能力、现有开发密度和发展潜力，统筹考虑未来我国人口分布、经济布局、国土利用和城镇格局；将国土空间划分为优化开发、重点开发、限制开发和禁止开发四类主体功能区，按照主体功能定位调整完善区域政策和绩效评价，规范空间开发秩序，形成合理的空间开发结构。2010 年，国务院批准发布了《全国主体功能区规划》，明确了科学开发国土空间的行动纲领和远景蓝图，并明确该规划是我国国土空间开发的战略性、基础性和约束性规划。"十三五"规划纲要强调：强化主体功能区作为国土空间开发保护基础制度的作用，加快完善主体功能区政策体系，推动各地区依据主体功能定位发展。党的十九大报告指出：构建国土空间开发保护制度，完善主体功能区配套政策，建立以国家公园为主体的自然保护地体系。实施主体功能区战略，对于推进形成人口、经济和环境相协调的国土空间开发格局，加快转变经济发展方式，促进经济长期平稳较快发展，实现全面建设

小康社会目标和社会主义现代化建设长远目标,具有重要的现实意义。

主体功能区作为国家战略,应突出其引领性。通过功能区划分,有度有序利用自然资源,调整优化空间结构,合理控制国土空间开发强度,增加生态空间。推动优化开发区域产业结构向高端高效发展,逐年减少建设用地增量,提高土地利用效率。推动重点开发区域集聚产业和人口,培育若干带动区域协同发展的增长极。划定农业空间和生态空间保护红线,拓展重点生态功能区覆盖范围,加大禁止开发区域保护力度。

二、以主体功能区战略为引领,在市县两级编制"多规合一"的空间规划

我国的市级行政区空间范围一般10000平方公里左右,县级行政区空间范围一般1000平方公里左右,在市县两级编制"多规合一"的空间规划,有利于建立由空间规划、用途管制、差异化绩效考核等构成的空间治理体系,推动主体功能区战略在市县层面精准落实。所谓"多规合一",就是将不同部门编制的土地利用规划、城镇体系规划、交通体系规划和环境保护规划合并编制一本空间规划,避免相互脱节和冲突,一张蓝图绘到底,一届跟着一届干。

空间规划是长期性规划,规划期限一般为10年,展望20年至30年。空间规划是基础性规划,是编制其他规划的依据,凡是与空间规划不一致的规划,均应根据空间规划进行调整。

各市县在编制空间规划时,应根据主体功能区战略要求,划分城乡建设区、农业发展区和生态功能区,划定生态保护红线、永久基本农田、城镇开发边界三条控制线。根据城乡建设面积增减挂钩的原则,确保生态功能区和农业发展区面积不减少和城乡建设区面积不增加。市级空间规划应确定城乡建设区、农业发展区、生态功能区的面积及大体范围,划定城市的边界。县级空间规划应划定县城、城镇及村庄的边界,划定农田的四至范围及生态区的四至范围。空间规划批准发布之后,不得随意调整。如确需调整,必须履行规定的程序,严格按照城乡建设用地增减挂钩的制度,禁止在农业用地范围内建设住房和其他非农业设施,严格限制在生态功能区垦荒种地或开发建设。

所谓城乡建设区包括城市、小城镇、农村居民点、独立工矿区、各类产业园区和基础设施用地等;农业发展区包括一般农田在内的农业生产区;生态功能区是除城乡建设区和农业发展区以外的地区,包括林地、湿地、草原、各类生态保护区及废弃地。

城乡建设应集约、紧凑、高效,实现产城融合。按照发展建设需要,坚持节约、集约和高效的原则,统筹规划城乡建设用地,整合各类产业园区。支持农村居民点的土地整理和农村土地流转，按照"增减挂钩"的原则，全面提升城乡发展水平。

强化农业发展区的耕地保护。严格基本农田的建设标准和保护力度，原则上城乡建设区以外的所有农田和耕地都应尽最大可能地保护。

提高生态功能区的生态涵养功能。生态保护区应划定边界，保护林草资源，实施水土保持生态修复，综合治理荒山、荒丘、荒滩和裸地，限制并规范开山、采石、取土、挖沙等各类生产建设活动，控制水土流失，提高水源涵养能力，全面提高生态环境质量。在不影响生态环境的条件下发展生态休闲旅游业和山区农林产业。

三、建立全国空间规划体系，以主体功能区规划为基础统筹各类空间性规划

空间性规划包括主体功能区规划、国土规划、区域规划、市县空间规划和城市规划、村镇规划。继 2010 年国务院批准实施《全国主体功能区规划》之后，国务院又批准实施了一系列区域规划，又于 2017 年批准实施《全国国土规划纲要（2016—2030 年）》，对国土空间开发、资源环境保护、国土综合整治和保障体系建设等做出了具体部署与统筹安排。这些空间性规划之间是什么关系，哪一个规划是上位规划，哪一个规划是编制其他规划的基础和依据，一直未予以明确。本次会议将建设主体功能区提升到战略高度，并明确将主体功能区规划为其他空间性规划的引领性规划，标志着空间规划体系的正式形成。

编制国家级、省级国土规划，应以主体功能区规划为依据，城镇体系规划、区域规划、环境保护规划等应以主体功能区规划、国土规划为依据，市县层面"多规合一"的空间规划应以主体功能区规划、国土规划、区域规划为依据。各地区、各部门、各行业编制相关规划、制定相关政策，在国土开发、保护和整治等方面，应与主体功能区规划、国土规划、区域规划相衔接。

四、建立实施主体功能区战略的体制机制

应全面总结宁夏、海南、贺州、开化等空间规划试点的经验，全面构建实施主体功能区战略的体制机制。一是强化制度设计，统筹重大政策研究和制定。在编制空间规划、明确保护开发格局、建设规划管理信息平台、探索空间规划管理信息平台、探索空间规划管控体系、推进空间规划管理体制改革等方面，进行深入探索。二是建立有关部门沟通协商机制。地方各级人民政府要建立健全工作机制，研究制定具体政策措施和工作方案；市县发展和改革委为空间规划协调机构，协调解决经济发展、空间布局、生态保护中的重大问题，全面落实主体功能区战略确定的目标和任务。三是强化中央与地方之间的协调联动，明确职责分工，形成推

进实施主体功能区战略的责任机制。

建立专家咨询制度和公众参与制度。成立具有广泛代表性的专家委员会,加强空间性规划编制实施的咨询论证。建立健全公众参与制度。主体功能区作为新的理念和战略,必须形成全民的共识及较高的认同度。加大宣传力度,增强公众对科学、高效、集约利用国土空间重要性的认识,提高全社会参与实施主体功能区战略和《空间规划》实施与监督的主动性,营造有利于依法依规开发利用国土空间的良好氛围。

五、制定《空间规划法》,健全规划法律体系

空间规划作为其他规划的基础和依据,引领并主导其他规划和政策,自身必须具有较高的法律地位和充分的法律依据。在"十三五"期间,应推动《空间规划法》的制定并经全国人民代表大会批准。《空间规划法》应作为其他规划的上位法。推动制定相关法律法规,完善空间性规划编制与实施管理制度,严格规范规划编制、审批、实施及修改程序。

(本文发表于《区域经济评论》2019年第9期。)

空间规划与发展战略

最近各地正在编制或计划编制"多规合一"的空间规划。一个地区的空间规划怎么编制? 规划编制的依据是什么? 有什么意义或能够起什么作用? 作为一位专业研究工作者,在这里谈一些看法与观点。

一、空间规划概念的提出与编制

2003 年,我主持了国家发改委规划司委托的"十一五"规划前期研究课题,题目就是《协调空间开发秩序与空间结构调整研究》,我们写了 20 多万字的研究报告,后来出了一本书,就是由经济科学出版社出版的《中国空间结构调整新思路》。我们在对策一章中提出了在"十一五"期间用五年时间编制全国性空间规划和区域性空间规划的建议。我们认为空间规划是协调空间开发秩序、调整空间结构的有效手段。

为什么要编制空间规划? 因为在计划经济时期,投资项目无论大小,都由政府作为投资主体,需要层层审批。建设要按程序,拨款要按计划,虽然效率不高,但不存在"私搭乱建"问题,说得极端一些,企业建一间厕所也要层层审批,因此对规划的需求并不大。在市场经济条件下,建设项目的投资主体变成了企业,也就是说只要企业有钱就可以上。虽然也需要审批,但审批的依据不明确,往往由部门或地方领导说了算,随意性、盲目性都很强。"私搭乱建"的也不少,浪费了土地,污染了环境,大家才感觉到规划的重要性。20 世纪 80 年代,国家计委借鉴日本的做法着手编制国土规划,1986 年完成了规划初稿,1989 年正式上报,但并未经过法定程序经国务院审批,也未经全国人民代表大会通过。所以我们于 2003 年提出用五年时间编制全国性空间规划和区域性空间规划,然后根据全国性空间规划与区域性空间规划逐级编制省市县空间规划。

空间规划并非我们的创造,德国于 1965 年就颁布了《空间规划法》,以后又多次修订。德国《空间规划法》明确了编制规划的指导思想:必须通过综合性的、系统性的各种层次的空间规划以及对具有重要的空间意义的计划及措施的协调和

278

措施来发展、规范并确保联邦德国的全部空间及其局部空间。社会与经济对空间的需求应符合空间的生态功能,并且应形成长期的大空间范围内的平衡秩序。

在国内,我们提出编制空间规划的建议应是比较早的。我们提出建议不久,中国国土经济学会就召开了"站在国家安全高度研究国土经济学"研讨会。我在会上发言的题目是《中国空间规划编制——基本情况与设想》,后来,中国国土经济学会在民族饭店召开的一次会议上,我又一次发言提出了构建中国空间规划体系的设想,发言记录分别发表在《今日国土》和《发展研究》杂志上。

二、空间规划的主要内容

空间规划是一个国家或地区对全国和一定区域的空间结构进行调整和合理布局所编制的长期性规划。空间规划依托的是地理空间,不是一个发展规划,更不是一个开发规划,不需要很细。空间规划就是确定哪些地方禁止开发,哪些地方限制开发,因此,它是约束性规划。空间规划是上位规划,它应作为其他规划的依据。20世纪80年代编制的国土规划实质上就是空间规划,"十一五"期间编制的"主体功能区规划"也属于空间规划。2003年,时任国家发改委主任马凯在"十一五"规划编制工作会议讲话中指出:"区域规划是战略性、空间性和有约束力的规划,不是纯粹的指导性和预测性规划。区域规划的作用是划定主要功能区的红线,主要内容是把经济中心、城镇体系、产业集聚区、基础设施以及限制开发地区落实到具体的地域空间。"空间规划是一个体系,包括全国性空间规划、区域性空间规划、省市县空间规划。在国家层面、省级以上很难编制包罗万象的空间规划,一般编制空间规划纲要,指导下一层级规划的编制。但市县两级,规划应该有明确的空间指向,是一个落地的有明确边界的规划,当然市域规划与县域规划粗细程度不一样。市域空间规划主要确定三大空间,即建设空间、农业空间和生态空间。县域空间规划必须划定三条红线,即城市建设红线、基本农田红线、生态保护红线。县域空间规划应依据市域空间规划,将红线落实到具体地块,每一块地的四至范围均应明确标注,为土地按用途管制奠定基础。

建设空间就是城乡建设区,包括城市、小城镇、农村居民点、独立工矿区、各类产业园区和基础设施用地等;农业空间也可谓之农业发展区,包括基本农田、一般农田在内的农业生产区;生态空间也谓之生态功能区,是除城乡建设区和农业发展区以外的地区,包括林地、湿地、草原、各类生态保护区及废弃地。

空间规划试点时,有些市县将规划内容搞得很庞杂,把城市规划、土地利用规划、交通规划、生态规划进行简单合并。殊不知,内容越多,越庞杂,可实施性就越差,约束力就越弱。市域空间规划确定三大空间,县域空间规划应划定三条红线。

红线划定,不能越界,如需调整,必须按原来规划审批的程序逐级申报,杜绝长官意志。一张蓝图绘到底就是消除城市规划、土地利用规划、城乡规划、交通规划、生态规划之间的矛盾与冲突,并非完全替代。尤其是城市规划、城镇规划、村庄规划不能被取代。建议将城市规划、城镇规划改为城市设计、城镇设计,以免规划"满天飞"。

三、发展战略是空间规划的基本依据

现在各地对规划十分重视,形成了一种规划崇拜。好像有了规划,一切问题可迎刃而解。各种各样的规划充斥,起作用的并不多。但对战略研究不是很重视,甚至很漠视。有一句老话,"不谋万世者不足于谋一时,不谋全局者不足于谋一域"。研究战略就是观全局、谋长远。但我们的现实情况是谋一时多,谋一域多,谋全局谋长远者少。城市规划的依据是什么?城市规划的依据一是区域规划和全国性规划;二是区域发展战略和城市发展战略,某种程度上,城市发展战略更重要。

什么是发展战略?就是关于区域与城市长期性、全局性、关键性的发展思路。一座城市乃至一个区域必须明确发展方向,预测城市发展的规模,确定空间布局和产业结构,以及交通体系和区域合作模式。这些都是关键性的问题,关键性问题必须深入研究,反复论证,得出的结论才经得起历史的检验。

战略研究应具有长期性,一个城市的发展要前瞻几十年,最少是30年,展望50年至100年。规划的期限一般10~20年,战略研究要比规划期长一倍至两倍。一栋建筑可以存在百年,但我们的道路总是不断拓宽,道路两旁的房子在道路拓宽时不得不拆除,造成的浪费是惊人的。有的城市规划刚批复,城市人口指标就超过了规划期末的指标,再采取措施控制人口或将人口赶走。如果通过战略研究,对未来较长时间的人口规模进行预测,主动采取产业结构调整的措施,就不至于那么被动。

战略研究应具有全局性。区域规划的范围是一座区域,城市规划的范围是一座城市,但战略研究不能局限于一个区域或一座城市。区域的发展和城市的发展并不完全取决于本区域和城市本身。如一座城市的发展还取决于周边的城市和所在的区域,如果周边地区是发达地区,城市就能够获得有力的支撑,反之就会受到较大的制约。如果周边有一座更大规模的城市,且极化效应大于辐射效应,就有可能对城市规模增长造成影响,正所谓"大树底下不长草",反之则有可能"大树底下好乘凉"。因此,战略研究要从全局出发,对更大的区域尤其是周边区域进行研究。

战略研究应具有关键性。应抓住关键问题或关键因素进行深入研究,不能面面俱到,不能过分追求细枝末节。如前面提到的发展方向、功能定位、空间布局、产业结构、交通体系、生态环保等,都是关键问题,应在深入研究的基础上提出战略思路。至于楼建多高,路修多宽,沟挖多深,应由规划或城市设计来解决。

城市规模预测是城市发展战略研究的重要内容:一是人口规模,二是空间范围。空间范围的确定取决于人口规模。一座100万人的城市,空间面积大致需要100平方公里。超过100万人,人均面积要小一些,低于100万人,人均面积可大一些。人口预测是一个关键性指标,但决定人口数量的是产业。工业和服务业创造的就业岗位决定人口的数量。集聚的产业越多,创造的就业岗位就越多,集中的人口就越多。所以,人口预测不能拍脑袋,想多少是多少。有些城市领导希望城市越大越好,把目标定得很高,可能永远无法实现。因为产业聚集取决于多种因素,有许多先决条件,并非仅凭主观意愿就能将城市发展得很大。

研究战略还应对关键因素进行分析。这些关键因素是优势、劣势、机遇、挑战,又叫SWOT分析。虽然只有八个汉字、四个字母,但分析起来并不简单。2000年,我们研究贵州安顺市的发展战略,当地人认为离贵阳市很近,不到60公里,是一个优势,我们却认为是劣势,因为贵阳市的吸引力大于辐射力。黄果树瀑布是安顺的旅游资源,当然是安顺的资源优势,但自从贵阳到黄果树的高速公路开通以后,安顺的资源就变成了贵阳的资源。当然,有发挥优势,化解劣势的问题,还有化劣势为优势的问题,再有就是抓住机遇应对挑战的问题。这些是战略研究的基础,只有系统分析、周密论证才能提出促进区域发展和城市建设的战略性思路。

参考文献

[1]肖金成."十二五"期间编制空间规划的基本思路[J].发展研究,2009(9):4-8.

[2]肖金成.中国空间规划编制——基本情况与设想——在"站在国家安全高度研究国土经济学"研讨会上的发言[J].今日国土,2009(12):27-28,21.

[3]黄征学,王丽.加快构建空间规划体系的基本思路[J].宏观经济研究,2016(11):3-12,41.

[4]王旭阳,肖金成.市县"多规合一"存在的问题与解决路径[J].经济研究参考,2017(71):5-9.

(本文发表于《今日国土》2018年第7期,系在中国国土经济学会举办的国土大讲堂上的演讲基础上整理而成。)

附录:我的区域经济研究 20 年

屈指算来,我从事区域经济研究已整整 20 年。1998 年 6 月,我应聘到国家发展和改革委员会国土开发与地区经济研究所任所长助理,进入了区域经济专业研究领域。在此之前,虽然在中国社会科学院研究生院攻读博士,研究方向是区域经济,师从著名的区域经济学家陈栋生教授,但毕业后在国家计委经济研究所财政金融研究室从事财经研究,此后,便成为区域经济研究的专业人士。专业的人要做专业的事,从此,我放弃了原来熟悉的研究领域——财政、金融与投资,进入到一个不太熟悉、好进难出的专业领域——国土开发与区域经济,一干就是 20年。回想起来,付出了很多,失去了很多,但也有一些收获。借此机会,略述一二。

一、对城镇化与城市群的研究

在去国土地区所工作之前,我于 1998 年 5 月进入南开大学博士后流动站做博士后,南开大学副校长逢锦聚是我的合作导师。进站不久,逢教授要我参加他正在主持的由财政部委托的"中国财政 50 年"研究课题,我承担的专题是"中国城市化道路与乡镇企业的发展"。研究报告编入由财政部刘仲黎部长任主编的《奠基——新中国经济五十年》①一书。为了搞好这项研究,我系统阅读了关于城市化的大量文献,厘清了世界城市化与中国城市化的大致脉络,对城市化有了比较清晰的认识。

进入国土地区所之后,接受的第一个任务就是与时任国家发改委宏观经济研究院副院长刘福垣教授合作,完成"中国的城市化过程"课题,我在《中国城市化道路与乡镇企业的发展》课题报告的基础上起草了研究报告,在这项研究中我关注到一个新的形态,就是城市群。我发现一些学者介绍了国外的城市群,并在研究中国的城市群,所以,我在报告中提出了城市群是中国城镇化的重要载体的观点。

---

① 刘仲黎.奠基——新中国经济五十年[M].北京:中国财政经济出版社,1999.

该报告经刘院长修改后编入国家计委曾培炎主任主编的《新中国经济 50 年:1949—1999》①一书。

在研究城市化的过程中,我认识到城市化的载体是城市和城镇。那么城市化的主体是谁? 我认为城市化的主体就是农民工。我从 1995 年开始关注农民工,那时,我刚进入研究生院脱产学习,有了自己支配的时间,就想研究一些问题。我注意到城市中有一个群体叫农民工。大量农民工进入城市和城镇,从事工商业,不仅为中国工业提供了廉价劳动力,也为城市的发展贡献了自己的力量,但当时的舆论对农民工都是负面的,有人称盲流,有人称流民,称呼农民工还算是客气的。利用暑假,我去北京海户屯乡调研,那里是农民工聚集的地方。乡政府的办事人员告诉我,这里有户籍的只有 1 万多人,而实际居住的人口已超过 5 万,农民工自己集资办了子弟小学,并成立了联防队。调研以后,我起草了一份 2 万多字的研究报告,报告题目是《农民进城的正副效应分析》,报告全文刊登在国家计委经济研究所的《经济理论与实践》内刊上。时任《中国市场》杂志编辑部主任杨书兵将我的报告缩写后分两期公开发表在《中国市场》杂志 1996 年第 2、第 3 期上,文章的题目改为《疏导民工潮的新思路》②。农民工是中国城镇化的主体,我在文章中呼吁为农民工进城定居创造必要的条件,摒弃城乡二元户籍,建立城乡统一的劳动力市场。

1998 年的东南亚货币危机对我国沿海地区的冲击很大,我国提出了扩大内需的战略对策,但效果很不理想,当年的经济增长速度下滑到 8% 以下。扩大内需最有效的途径在哪里? 我想到了城市化。我在对农民工和城市化研究的基础上,写了一篇文章,标题为《城市化:牵动经济社会发展的牛鼻子》。我在文章中提出城市化是农民转为城市居民的自然历史过程,是解决"三农"问题的钥匙,是牵动经济社会发展的"牛鼻子"。该文发表于《河北经济》杂志。

2000 年,"十五"计划纲要提出不失时间地实施城镇化战略,在此之前,我发表的文章用的都是"城市化"概念,在此之后就改成了"城镇化"。尽管有些学者仍沿用"城市化"这一概念,但更多的人改用了"城镇化",更多的人认识到"城市化"与"城镇化"不是两个概念,而是一回事。也有一些人包括一些学者,把城镇化解释成为发展小城镇,为此,我在不同场合,多次对这两个概念进行了辨析。

2005 年,河南省发改委委托宏观经济研究院编制《中原城市群规划》,刘福垣副院长任课题组长,我和周海春、王青云任副组长,我负责空间布局和城镇体系研

---

① 曾培炎.新中国经济 50 年:1949—1999[M].北京:中国计划出版社,1999.
② 肖金成,李保平.疏导民工潮的新思路(上)[J].中国市场,1996(2):19-22.

究专题。我带课题组调研了中原城市群九座城市，提出了"一核三圈，两轴两带"的空间布局设想，"一核"即郑州核心城市，"三圈"即郑汴都市圈、九市核心圈和辐射圈，辐射圈的范围与后来提出的"中原经济区"相吻合；"两轴"即郑汴洛发展轴和新郑徐漯发展轴，"两带"即新焦济经济带和洛平漯经济带。规划研究完成后，河南省人民政府组织编制并批准了《中原城市群规划》。我则组织人员对研究报告进行修改调整，出版了《中原城市群战略与规划》一书①。

2006年，"十一五"规划纲要明确提出城市群是城镇化的主体形态，我便用财政部拨付的研究资金立了一个课题，组织所内研究人员对城市群理论和中国的城市群进行研究，研究报告30多万字，我进行修改后出版了《中国十大城市群》一书②，书中的十大城市群除了长三角、珠三角、中原、山东半岛之外，其他名称均是我命名的，如京津冀、长江中游、海峡西岸、辽中南、川渝、关中等，除川渝城市群的名称没有被接受，其他均已在国家批准的规划中被正式使用。

中共十七大报告提出了走中国特色的城镇化道路，宏观经济研究院向我所下达了"中国特色城镇化道路研究"任务，指定我为课题负责人。我组织所内研究人员起草了研究报告，但到底什么是有中国特色的城镇化道路并未概括出来，经多日苦想，终于悟出来一段话，那就是：以农民工为主体，以城市群为主要载体，大中小城市和小城镇协调发展，积极稳妥地推进城镇化。后来，"农民工"这一概念转称为"农业转移人口"。我是较早提出农民工市民化观点的学者，并持久不懈地呼吁，终于成为中央的决策③。中共十九大报告中提出以城市群为主体构建大中小城市和小城镇协调发展的城镇格局，加快农业转移人口市民化。我读了之后，感觉十分欣慰。

2012年，海南改革研究院组织出版国家战略丛书，约我和党国英教授撰写《城镇化战略》一书④，我用了一年时间撰写，虽然用了以前的研究成果，仍然花费了我太多的精力，年末体检时，我的血糖指标比正常值高了2个点。出了一本书，血糖高了2个点，就算是我对城镇化做的贡献吧。也就是在这一年，我被中国城镇化战略研究会推选为"2012城镇化年度人物"。

2014年，中共中央、国务院批准并公布了《全国新型城镇化规划》，规划中对城镇化进行了规范定义，对我国实施城镇化战略和城镇化意义进行了高度评价，并提出国家负责编制跨省区市的城市群进行规划。随后，我所受国家发改委的委

①　刘福垣，周海春，等. 中原城市群战略与规划[M].北京：经济科学出版社，2011.
②　肖金成，袁朱，等. 中国十大城市群[M].北京：经济科学出版社，2009.
③　肖金成. 城市化发展需要农民工市民化[N]. 新浪财经，2011-5-19.
④　肖金成，党国英. 城镇化战略[M].北京：学习出版社，2014.

托,组织我所研究人员对成渝城市群规划和哈长城市群规划进行了系统研究,为编制规划提供了重要决策依据。

二、对西部大开发的研究

我于 1998 年 5 月进入南开大学博士后流动站,我的合作导师是南开大学副校长逢锦聚教授。我与逢教授一见面,就提出在博士后期间,要研究西部发展问题。因为读博士期间,没有写关于区域经济的博士论文,而写了关于国有企业改革的论文,做博士后就是要还一个账,兑现我对陈先生的承诺,逢教授是研究政治经济学的,没有想到他欣然同意。我的博士后研究题目是西部发展战略与空间布局,这本是我的博士论文题目,因在读博士期间没有认识到区域经济学的难度而中途搁浅,转而研究国有企业改革,后来的博士论文题目是国有企业改革的难点与对策①。我决定利用到国土地区所工作的便利条件完成博士后研究计划。

1998 年四季度,我向宏观经济研究院申报了"西部发展战略研究"选题,但此选题没有被列入 1999 年重大课题,另一个选题"21 世纪中国特区开发区发展战略研究"被列入,经费 8 万元,由我任课题负责人。1999 年年初,国家计委曾培炎主任提出宏观院应研究西部发展问题,所以,宏观经济研究院给我所下达了西部发展战略课题研究任务,因经费已分完,只好将"特区开发区研究"课题经费一分为二,也就是各 4 万元。为了做好研究,所里拿出了部分经费给予支持。

1999 年 5 月,我所"西部发展战略研究"课题组正式成立,我任课题组副组长,课题组组长由时任副所长杜平同志担任。课题组成员进行了分工,分别收集资料,并多次召开课题组讨论会和专家座谈会。杜平组长还分别在兰州和成都召开了西部发展座谈会,座谈会纪要上报了发改委。1999 年 6 月 17 日,时任中共中央总书记江泽民同志在西安发表了关于西部大开发的重要讲话。在此之前,我对中央的决策一无所知,只是和课题组的同志紧锣密鼓地做理论上的准备。我在1998 年写的一篇文章的题目是《东中西部的发展差距与中西部的发展》②,谈的都是中西部,并未把西部单列出来。西部大开发战略的提出使我有措手不及的感觉,因我还未对西部地区有全面的调研和深入的了解,难以提出系统的发展思路和有价值的观点。

1999 年 9 月,我组织了一个调研组去西北地区调研。先乘飞机到了西安,再乘汽车到了延安、榆林,然后到银川,陕西省发改委权永生处长一路陪同,行程

---

① 肖金成. 国有资本运营论[M].北京:经济科学出版社, 1999.

② 肖金成. 东中西部的发展差距与中西部的发展[J].经济纵横,1999(9):3-5.

3700 公里。从银川乘火车到甘肃,又从甘肃飞到新疆。20 天走了四个省(自治区)。回来后,写了几篇调研报告。我还执笔撰写了关于西部大开发的资金筹措专题报告,提出了一系列建议和思路,如加快基础设施建设和改善投资环境以"筑巢引凤",活化存量资金、凝聚内部资金以"筑坝蓄水",提高资金利用效率、发展资本市场以实现"金融深化",把城市发展作为西部大开发的重点,改善基础教育,促进人口转移等。课题成果获得了较高的评价,被评为宏观经济研究院优秀课题成果二等奖和国家发改委的三等奖。接着,我花了几个月时间对研究报告进行修改,交给重庆出版社正式出版,书名为《西部开发论》①。记得 2000 年 4 月,我陪同全国政协陈锦华副主席赴陕西考察,一路上,陈主席都在与我讨论西部大开发问题。我白天陪同考察,晚上继续编辑《西部开发论》。2000 年 4 月,我被国家计委任命为国家发改委国土开发与地区经济研究所副所长,我在这个位置上一干就是 11 年。此后我又组织专家编撰了《中外西部开发史鉴》②一书,为西部大开发提供了重要决策理论依据。

此后,我对西部地区多次调研,到了西部所有省份和主要的地级市,对西部地区的了解不断深入,发表了多篇文章,如 2000 年发表在《宏观经济研究》上的《西部大开发与金融深化》③,2001 年发表在《经济管理》杂志上的《如何解决西部大开发的资金》,还参与编辑了《西部大开发:大战略、新思路》一书。对于西部大开发的研究占用了我大部分时间,我的博士后报告却未能按期完成,直到 2001 年 9月,我才完成了出站报告《西部发展战略与空间布局》,共 20 万字。比较遗憾的是我的博士后报告未正式出版,因研究工作越来越紧张,没有时间整理,只好搁置至今,但其中的大部分内容都由不同的报刊发表出来。

2010 年,西部大开发战略已实施十年,我用了几个月时间,写成了一篇《西部大开发:新的十年,新的思考》,对西部大开发进行了回顾,提出了继续实施西部大开发的若干建议。《中国投资》杂志记者就西部大开发问题采访了我,并发表了"访谈录",标题为:《西部大开发:寻找西部的深圳与浦东》④。2018 年,《改革》杂志约稿,请我写一篇关于西部大开发的回顾与展望为主题的文章,我正好在美国做学术交流,有一些时间,便花了一个多月的时间,写了一篇题为《西部大开发战

① 杜平,肖金成,王青云,等.西部开发论[M].重庆:重庆出版社,2000.
② 杜平.中外西部开发史鉴[M].长沙:湖南人民出版社,2002.
③ 肖金成.西部大开发与金融深化[J].宏观经济研究,2000(8):32-34.
④ 杨海霞.寻找西部的"深圳"与"浦东"专访国家发展改革委国土开发与地区经济研究所副所长肖金成[J].中国投资,2010(9):46-48.

略实施效应评估与未来走向》的长篇文章,发表在《改革》杂志 2018 年第 6 期①。至此,我研究西部发展已整整 20 年,不知是否该画一个句号。

三、对特区、开发区与新区的研究

对特区、开发区的研究始于 1999 年。在此之前,我只知道深圳是特区,浦东是新区,天津和大连有开发区,对其功能、发展以及对所在区域的作用没有关注与思考。作为“21 世纪特区开发区战略研究”课题负责人,我事必躬亲,收集资料,带队调研,撰写调研报告,执笔撰写总报告,无意之中就把自己搞成了这方面的“专家”。我长期在所领导岗位上,从未仅挂名不干事,倒是有时干事不挂名,如 2002 年,我所开展“资源型城市转型研究”,我不但不做课题组长,副组长也不做,仅作为课题组成员。不仅带队调研,还执笔撰写调研报告,所写调研报告还获得了宏观经济研究院优秀调研报告二等奖。当时,特区有 5 个,国家级开发区有 32 家。调研时分为两组,一组调研特区,一组调研开发区,我带队把比较有名的国家级开发区都去了,天津、大连、青岛、上海漕河泾、昆山、秦皇岛等,参加了国家级开发区协会在青岛召开的年会。在江苏昆山的调研给我的印象最深,开座谈会时,只有管委会主任一个人给我们介绍情况,开始我感到很意外。后来,他把昆山开发区从成立到发展的全过程娓娓道来,我感觉是在看一部历史大片。如他讲到,浦东新区宣布成立后,吸引来不少台商,他逐个宾馆拜访,请他们到昆山看一看。他讲了一个故事:有一天半夜,他接到一个台商打来的电话,说他在来昆山的高速公路上发病了,希望直接去医院。他起床后,紧急通知工作人员做好准备,他则亲自到高速路口迎接,陪同他去医院,台商很感动,又动员多家台商到昆山投资。在对开发区调研的基础上,我执笔撰写了题为《21 世纪特区开发区战略研究》的总报告。研究报告在《中国经济导报》发表,占了整整一个版面②。

在研究报告里,我们提出了多个战略思路,如体制创新战略、“三个并重”战略③、滚动开发战略、新城区战略等。但从区域发展的角度来看,其对区域发展影响最大的是增长极战略。特区也好,开发区也好,新区也好,都是所在区域的新的经济“增长极”。“增长极”这一概念是法国学者佩鲁提出的,他认为,一些具有创新能力的产业常常聚集在一些“点”上,这些点发展很快,成为所在区域的经济增

---

① 肖金成,张燕,马燕坤.西部大开发战略实施效应评估与未来走向[J].改革,2018(6):49-59.

② 肖金成.制度创新:开发区的新战略[N].中国经济导报,1999-7-23(15).

③ “三个并重”战略就是在开发区“以工业为主、以外资为主、以外销为主”三个为主调整为“二三产业并重、内外资并重、内外销并重”。

长极，随着"点"的发展，区域被带动起来。我们认为，通过加大投入，改善投资环境，吸引产业聚集，培育区域经济增长极，不仅"点"的发展加快，"面"也能够较快地发展起来。我们发现，深圳的发展带动了珠三角，浦东的发展带动了长三角。一些国家级开发区，如天津、大连、青岛等，对当地经济的带动作用非常明显。"开发区热"从一个侧面说明各地领导认识到开发区对区域经济发展的促进作用，只是在实际工作中出了偏差。

2004 年，天津滨海新区管委会委托我所研究发展战略。我所组成了一个庞大的课题组，我任课题组组长，史育龙、李忠任副组长，成员中有中国社科院的李青研究员、天津发改委经济研究所刘东涛研究员、南开大学经济学院院长周立群教授等专家，历时半年，完成了一个总报告，八个专题报告，包括天津滨海新区的基础条件、功能定位、发展方向、空间布局、产业发展、体制创新、基础设施、生态保护等。提出了把天津滨海新区培育为中国北方地区的经济增长极的思路，为天津滨海新区纳入国家战略做了理论准备，为国家提供了重要的决策依据。随后，编著出版了《第三增长极的崛起》一书①。2005 年，我还参与起草了国务院批复的《关于促进天津滨海新区发展的指导意见》。

四、对空间规划、区域规划、优化国土空间开发格局的研究

2003 年，我主持了国家发改委"十一五"规划前期研究课题"协调空间开发秩序与空间结构调整研究"，提出了"两纵两横"的空间布局设想，即在沿海经济带和长江经济带基础上增加京广京哈经济带和陇海兰新经济带，在"T"字形基础上扩展为"开"字形。提出了在"十一五"期间编制全国性空间规划和区域性空间规划的建议，为"十一五"规划的区域发展部分提供了重要依据和参考，总报告编入国家发改委主任马凯主编的《"十一五"规划战略研究》一书②。在"协调空间开发秩序和空间结构调整"课题研究中，提出了两个均等化——区域之间公共支出均等化和公共福利均等化，提出了西部大开发应把人的发展放到第一位，把提高西部地区公共服务水平放在第一位，把重点放到提高人的素质、提高人的收入水平和生活水平上来，继而，提出了"两个转移"——农村人口向城市转移，欠发达地区的人口向发达地区转移，不仅在增加"分子"上做文章，也要在减少"分母"上做文章，这一观点已被越来越多的人所认同。

全国性空间规划后来演变为"全国主体功能区规划"，我认为"主体功能区"

---

① 肖金成,史育龙,李忠,等.第三增长极的崛起[M].北京:经济科学出版社,2006.
② 马凯."十一五"规划战略研究[M].北京:北京科学技术出版社,2005.

概念的提出是一个创新，可上升为国家战略，在编制各级空间规划时，划分建设区、农业区、生态区三大功能区，而专门编制一个主体功能区规划，很难落地，也很难将规划付诸实施。后来的实践证明，尽管《全国主体功能区规划》于"十一五"规划期末由国务院批准，各省主体功能区规划也陆续推出，但未达到预期效果。我很早就提出构建空间规划体系，长期坚持在市县两级编制"多规合一"的空间规划，建议制定并在人大通过《空间规划法》①。2015 年，中国共产党第十八届五中全会通过的《"十三五"规划纲要建议》明确：以主体功能区规划为基础统筹各类空间性规划，推进"多规合一"。以市县级行政区为单元，建立由空间规划、用途管制、领导干部自然资源资产离任审计、差异化绩效考核等构成的空间治理体系。

我始终认为空间规划是各级政府对所处地理空间做出的制度性安排，目的是正确处理人与自然的关系、人与产业的关系、人与城市的关系。本质上是处理短期与长期的关系、局部与全局的关系、人类个体与整体的关系，避免人们的短期行为造成对自然的破坏。我们知道人类个体的理性极可能造成整体的非理性，如人们为了生存去砍树开荒，去挖煤炼铁，通过化工手段制造生活用品，都是人们理性的选择，不能让人们饿着肚子去保护生态。如人们都向往大城市，因为城市让人们的生活更美好，但如果都进入一座大城市，这座城市就会难以承受，在这个时候，空间规划就成为政府的一个手段。我非常赞同著名学者梁鹤年的观点，他说，规划是一种信仰，因为大家都认为有规划比没有规划好。但编制规划是有难度的，编制科学的合理的规划难度更大，不仅要有科学的理念，还要对客观实际有比较清晰的认识，因此编制空间规划比编制别的规划难度更大。过去的规划都是想方设法利用空间，对大自然近乎无限地索取，而空间规划的主旨是尽可能保护自然，是长期性、全局性、整体性规划，而很多人往往急功近利，无论是地方政府，还是规划编制者，都很难下大功夫。因此，编制空间规划应确定有限目标，而不能确定终极目标。应构建自上而下的空间规划体系，把规划重点放在市、县两级。规划内容要简而不繁，重点是确定三大空间——建设空间、农业空间、生态空间，划定三条红线——城乡建设红线、农田保护红线、生态保护红线。其他内容如城市建设、村镇建设、产业发展应由其他专项规划来完成。现在推行的多规合一，目的是解决规划之间的冲突问题，但不能简单归并，变成无所不包的规划，不仅编制难度大，而且很难科学化合理化。我的这些观点均在不同场合不断地不厌其烦地讲

---

① 肖金成."十二五"期间编制空间规划的基本思路[J].发展研究，2009(9)：4-8.

过多次，也就此写过文章。①

　　编制区域规划我所是主要参与者，但我亲自参与编制的区域规划并不是很多，印象中亲自参与了海峡西岸经济区规划的研究和晋陕豫黄河金三角合作规划的编制。我于2008年组织全所研究区域规划的编制，形成了一批研究报告，并发表了一些文章。后来，由国家发改委组织编制国务院批准的区域规划从性质上说属于发展规划，主要目的是促进重点区域或问题区域的发展。我所瞩目的是跨省域的空间规划，由国家组织力量进行编制，作为全国国土空间规划的组成部分，因为国土资源部组织编制并经国务院批准的《全国国土规划纲要》②，是一个指导规划编制的纲要。跨省域的区域空间规划组合在一起，才是全国国土空间规划。当然，也可以在纲要指导下，由各省组织编制省域空间规划，但规划编制主体已经不是国家，而是各省人民政府。我发现，各省编制的主体功能区规划和国土规划，一定不会跨界，因此，如何衔接就是一个大问题。

　　2011年，我主持了"优化国土空间开发格局研究"课题。这是国家发改委确定的重大研究课题。确定2011年年度课题时，时任国家发改委副主任、中央财经领导小组办公室主任、国家发改委宏观经济研究院院长朱自鑫同志提出，国家发改委的研究机构要观大势、谋大局、出大策，应为中国共产党第十八届代表大会做好前期研究，宏观院最后确定了"构建国土空间开发新格局研究"课题，由我亲自领衔。我深感责任重大，精心组织这次课题的研究。研究一段时间后，我突然感到，研究题目存在问题。我想空间格局是自有人类以来为了生存与发展利用自然、改造自然的结果，是几千年来不断累积形成的，岂能够重新构建。长期以来，我们喜欢除旧布新，推倒重来，但相对于历史的积淀都收效甚微，我们所能做的就是在尽可能的条件下使其不断优化，不使其恶化，就这一点也很难很难。从我们开始，应树立尊重自然、顺应自然、保护自然的理念，在此前提下，逐步改变人们的生存状态，改善人们的生活，并尽可能减少人类活动对自然的破坏。基于这一理念，我打报告提出将研究题目改为"优化国土空间开发格局研究"，报告得到了批准。我们在研究报告中提出了优化国土空间开发格局的基本思路：集中发展，多极化协同集聚；集约发展，高效利用国土空间；人口与GDP相匹配，产业集中和人口集中相同步；因地制宜，不同区域采用不同的开发模式；点、线、面耦合，构建"城

---

① 肖金成.中国空间规划编制——基本情况与设想——在"站在国家安全高度研究国土经济学"研讨会上的发言[J].今日国土，2009(12)：27-28，21.

② 我所参与了国土规划纲要的研究。2014年，我所受国土资源部规划司的委托和国家开发银行的资助，研究中国国土空间开发战略，该项成果获得国土资源部优秀研究成果二等奖。

市群—发展轴—经济区"国土空间开发体系。我们还提出了优化国土空间开发格局的整体设想：打造承东启西、连南贯北的经济带；发展城市群，加快经济一体化和加强辐射力；在中西部和边疆地区有选择地培育经济增长极；以城市群为核心构建跨省市的经济区；支持城市群之外区域性中心城市的发展；强化粮食、能源和生态安全保障，刚性控制农田保护区、资源储备区、生态保护区。有些观点是区域经济学者长期坚持的，有些观点是我们最新提出的。在课题验收时，得到发改委专家们的认同，获得了宏观经济研究院优秀研究成果一等奖和国家发改委优秀研究成果二等奖。"优化国土空间开发格局"写入中共十八大报告，也得到了李克强总理的批示。我们的研究成果由中国计划出版社公开出版。①

我们在报告里提出打造"四纵四横"经济带，"四纵"是沿海经济带、京广京哈经济带、包昆经济带、沿边经济带，"四横"是珠江西江经济带、长江经济带、陇海兰新经济带、渤蒙新经济带。其他经济带我们信心满满，唯有沿边经济带觉得不太靠谱，因为其最不像经济带，城市数量少、城市规模小，离边境线比较远，有的城市离边境线几百公里。随后几年，我每年都组织调研组赴边疆调研，2012 年去广西，2013 年去云南，2014 年去新疆，2015 年去内蒙古，2018 年也就是今年还去了东北三省。我认为，边疆地区战略地位非常重要，必须重视边疆地区的发展，但强边必须安边，安边必须富边，而富边必须发展产业，第二、第三产业应集聚在城市，城市发展了，沿边经济带就形成了。2014 年，接受新疆维吾尔自治区政府的委托和国家开发银行的资助，我所与国际经济交流中心合作研究新疆沿边经济带发展战略。我设计了研究方案与课题研究的基本框架，并主持了新疆沿边经济带空间布局研究专题，参与了总报告的撰写，提出了支持沿边区域性中心城市的发展、培育新的区域经济增长极等思路。研究报告受到时任中共中央政治局委员、新疆区委书记张春贤的重视，多次听取课题组的汇报，全国政协主席俞正声同志做了重要批示。研究成果被国家发改委评为优秀科技成果一等奖。

五、对京津冀合作、长江经济带建设的研究

谈到京津冀合作，不得不谈到廊坊会议。2004 年 2 月 12 日，国家发改委地区司在廊坊召开会议。参加会议的有北京、天津、河北发改委的领导，还有河北各市发改委的同志，我受邀列席了会议。会议由地区司郭培章司长主持，当天中午，我向郭司长提议，搞一个纪要或宣言，会后向媒体公布一下，郭司长当即同意，由地区司的多位同志和我所区域研究室主任汪阳红副研究员负责起草，第二天上午开

---

①　肖金成,欧阳慧,等.优化国土空间开发格局研究[M].北京:中国计划出版社,2015.

会讨论。有人认为叫廊坊宣言有点高了，不知谁说的，1992 年"汪辜会谈"达成"九二共识"，不如就叫"廊坊共识"吧，大家表示同意。《廊坊共识》在媒体上公布之后，引起了很大反响。就是这一次会，京津冀合作才进入了我的视野。2005 年，我主持的《天津滨海新区发展战略研究》课题评审会在北京举行。会后，天津滨海新区管委会主任王二林同志向我提出继续合作，我说如果继续合作就研究京津冀合作课题，王主任当即同意出资 50 万元，资助我们进行研究。我所随即成立了课题组，我任组长，区域经济研究室主任汪阳红任副组长，并联合天津发改委、河北发改委共同研究。我带着课题组成员调研了北京、天津及河北 11 个地级市，对河北进行了全方位扫描，写出了几十万字的研究报告。我起草了总报告并审阅修改了各个专题报告。2010 年，在天津滨海新区的资助下，将研究报告由经济科学出版社正式出版，书名为《京津冀区域合作论》①。

2006 年，我参加了国家发改委在唐山召开的京津冀都市圈规划启动大会，会议由国家发改委副主任刘江同志主持。当天晚上我参加了刘江主任主持的曹妃甸发展座谈会，参会的有河北省郭庚茂副省长、唐山市的领导、国家发改委的几位司长。我在会上发言，谈了曹妃甸发展的思路，我认为，曹妃甸的优势在港而不在岛，应依托唐海县城聚集产业，刘江主任当即表示赞同。

2012 年，我主持了国家发改委地区司委托的京津冀合作重大问题研究，提出了促进形成开放合作的空间结构、促进京津冀地区产业分工与合作、促进交通基础设施一体化、联合防治环境污染、引导产业合理布局的思路，提出了双核引领、四轴集聚、多点支撑的空间布局设想，为制定《京津冀协同发展规划纲要》提供了参考。②

2014 年 2 月，习近平总书记提出京津冀协同发展战略之后，就京津冀协同发展、京津冀城市群建设、北京市大城市病治理、非首都功能疏解、在河北设立国家级新区、培育经济增长极等做过几十场学术报告，也发表了一些文章。③

我读博士时，就了解了"长江经济带"这一概念。20 世纪 80 年代，区域经济学者提出了"T"字形空间布局的设想，T 字母的"一横"是沿海经济带，"一竖"就是长江经济带。长江是一条黄金水道，作为一条东西交通大动脉，长期以来，凸显的是交通功能，能否发展成为一条聚集更多产业和人口的经济带，实现上中下游经济社会一体化发展，在国家经济社会发展中发挥更大的作用，是区域经济学者

①　肖金成，等.京津冀区域合作论[M].北京：经济科学出版社，2010.

②　国家发改委国土开发与地区经济研究所课题组，肖金成，李忠.京津冀区域发展与合作研究[J].经济研究参考，2015(49)：3-29,43.

③　肖金成，马燕坤.京津冀空间布局优化与河北的着力点[J].全球化，2015(12)：17-31,133.

长期关注并不断呼吁的问题。我研究长江经济带,开始于 1999 年,当时,华东师大召开长江经济带论坛,我作为国土地区所的代表参加会议并发言,发言题目就是《长江经济带引领西部大开发》。2011 年,由华润水电公司资助,我组织了一个课题组,研究长江上游地区的区域发展与合作,实地调研了重庆、泸州、宜宾、内江、自贡、乐山、毕节、六盘水、遵义共九座地级以上城市,撰写了 20 多万字的研究报告。① 研究长江上游地区的目的是引起国家的重视,促进川滇黔渝交界地区的发展与合作。

2013 年,李克强总理提出依托长江黄金水道,打造中国经济升级版的支撑带,随即国家发改委组织研究人员对长江经济带进行了系统深入的研究。宏观经济研究院组成了以常务副院长王一鸣教授负责,各所所长及研究骨干参加的课题组,划分综合交通、产业发展、城镇化与空间布局、对外开放、生态环境保护、体制机制创新六个专题,成立了六个研究小组,分专题进行研究。我负责长江经济带城镇化与空间布局专题,组织课题组对长江沿线省市进行了系统研究,按时提交了研究报告。

长江经济带原定的区域范围是"7+2",即江苏、安徽、江西、湖南、湖北、四川、云南七省加上上海、重庆两市,不包括浙江和贵州。研究过程中,我发现将范围限定在九省市,人为割裂了长三角城市群,因为长江经济带最发达的地区是长三角城市群,而浙江北部的城市是长三角城市群的重要组成部分;贵州是长江上游最重要的生态屏障,而长江经济带建设应把生态环境保护放到最重要的位置,所以,我在徐宪平副主任主持的会上建议将浙江和贵州两省纳入规划范围,将长江经济带的范围从"7+2"扩大到"9+2"。在空间范围的划分方面,安徽被划在长江中游,我提出,从地理上看,江西鄱阳湖湖口以下属于长江下游,从经济联系上看,安徽经济联系主要是长江三角洲地区,建议安徽划到长江下游更为合适,这两个建议均被采纳。我们在报告里提出"一轴两带、三群多点","一轴"即长江沿岸发展轴,"两带"即沪昆经济带、沪蓉经济带;"三群"即长三角城市群、长江中游城市群、成渝城市群,"多点"即城市群之外的区域性中心城市。②

2016 年 1 月 5 日,习近平总书记在重庆召开会议并发表了重要讲话,他在讲话中指出"长江拥有独特的生态系统,是我国重要的生态宝库。当前和今后相当长的时期,要把修复长江生态环境摆在压倒性位置,共抓大保护,不搞大开发",并提出了"生态优先,绿色发展"的战略思路。2016 年,我参加了在武汉召开的长江

---

① 肖金成,等.长江上游经济区一体化发展[M].北京:经济科学出版社,2015.

② 肖金成,黄征学.长江经济带城镇化战略思路研究[J].江淮论坛,2015(1):5-10,2.

经济带论坛，我在大会上发言的题目是《开创长江经济带绿色发展新时代》①。我的观点是：长江经济带应在坚持生态优先的前提下，加快推进绿色发展，努力建成中国高质量发展的样板，成为构建现代经济体系的新引擎。

我本是搞业务的，在财政部工作过，在建设银行工作过，在投资公司工作过，却有意无意地进入学术圈，做了一名学者，研究了一些东西，提出了一些观点，获得了一些荣誉和肯定，获得过国家发展和改革委员会优秀研究成果的一、二、三等奖，2012年还获得了中国科学技术协会"全国优秀科技工作者"光荣称号。影响也好，荣誉也好，都如过眼云烟，唯一值得欣慰的是我为中国的区域经济发展付出过，奋斗过，忧虑过，兴奋过，我提出的思路与观点被越来越多的人所赞同，有些已被国家决策所采纳。

---

① 肖金成. 开创长江经济带绿色发展新时代[N]. 瞭望,2018-04-28(18).